썩지 않을 면류관

피터 럭크만 지음

편집부 옮김

말씀보존학회

THE FULL CUP

A Chronicle of Grace

By

Peter S. Ruckman

Bible Believers Press

P.O.Box 7135, Pensacola, Florida 32534

2011 / Korean by Word of God Preservation Society

Seoul, Korea

이 책을 내면서

내 생애에서 가장 복된 일은 예수 그리스도 나의 주님을 만난 일이요, 두 번째로 복된 일은 피터 럭크만(Dr. Peter S. Ruckman) 목사님을 만난 일이다. 내가 처음 럭크만 목사님을 직접 미국 펜사콜라로 찾아간 때는 〈한글킹제임스성경〉 구약을 번역하고 있었던 1990년 8월 중순경이었다. 그때는 성경침례교회도, 말씀보존학회도, 킹제임스성경 신학교도 시작하기 전이었다. 나는 일 주일 예정으로 그 곳에 갔었는데, 목사님이 일주일 더 교제하고 싶다고 해서 2주간을 더 머물렀었다.

내가 아는 럭크만 목사님은 미 육군 보병 중위로 2차 대전 때 더글러스 맥아더 장군 휘하에서 싸웠고, 필리핀에서 일본군과 싸웠다. 그의 아버지는 육군 대령이었고, 그의 할아버지는 준장이었다. 종전후 미국 정부가 미군 5만 명이 피흘려 탈환한 오키나와를 일본에게 돌려준 것에 실망하여 군복을 벗었다.

그는 1947년에 한 방송국에서 아나운서로 일하던 중, 방송국에 설교 녹음하러 왔던 휴 파일(Hugh Pyle) 목사에게 복음을 듣고 방송실에서 구원받았다. 그후 밥 존스 대학교에서 신학 석사와 박사 과정을 마치고 하나님의 부르심을 받아, 브렌트 침례교회를 거쳐 지금의 펜사콜라 성경침례교회(Pensacola Bible Baptist Church)를 38년 째 담임하고 있다.

럭크만 목사님은 킹제임스성경을 150회 이상 정독했으며, 킹제임스성경이 어떻게 해서 이 마지막 시대의 언어로 번역된 하나님의 말씀인가를 정확히 설명할 수 있는 유일한 학자이다. 나의 판단은 사도 바울 이래 가장 성경적으로 사역하며 주님을 섬기고 있는 종이라고 감히 소개할 수 있다. 그는 어떤 세미나나 순회 설교 현장에서도 회중들에게 질문을 받는데, 천체학에서 미생물학에 이르기까지 그 어떤 질문도 단 5초 이내에 성경에서 찾아 그 증거를 제시한다. 그는 10살 때부터 책을 읽었는데, 지금도 하루에 한 권의 책을 읽는다. 지금까지 그가 읽은 책은 2만 4천 권이 넘는다. 또한 강조한 바는 없지만, 그의 I.Q.는 190이 넘는다. 그는 $E=MC^2$ 이라는 책을 써서 아인슈타인의 상대성 원리를 꿇어 앉혔다.

그는 성경 주석서(Bible Believer's Commentaries) 대부분을 한 줄 한 줄 주석하여 지금까지 혼란스러웠던 제반 교리적 오류들을 바로 잡는데 기여했다. (말씀보존학회에서 한글로 번역하여 보급해 오고 있다.) 그 외에도 무려 150여권의 책을 저술했는데, 신약 교회사 2천년 역사에 이처럼 많은 책을 쓴 사람은 그가 첫 번째일 것이다. 그는 늘 이렇게 말한다. "나의 교리는 침례교 교리가 아니라 성경적 교리이다." 그의 저서 중에는 〈반카톨릭 신약 교회사〉가 있다. 기독교계와 각종 신학교들은 카톨릭 교회사를 쓰는데, 그 결과 부지불식간에 카톨릭을 두둔하고, 카톨릭이 마치 신약 교회인양 인정하려 한다. 카톨릭 역시 자신의 위상을 그렇게 여기고 있다. 그러나 카톨릭은 암흑 시대 기간(400-1600) 위그노 대학살과 성바돌로매 광장 대 학살, 스페인의 종교재판, 그외 주로 유럽 국가들에서 6천 5백만 명에 이르는 그리스도인들을 죽인 가짜 교회이다.

럭크민 목사님은 설교자, 성경 교사, 지자, 순회설교자, 감옥 설교자, 거리 설교자이며, 개인적으로는 지금까지 8천명 이상의 혼들을 예수 그리스도께로 이겨 온 구령자이다. 또한 그는 화가요, 음악 해설가이다. 운동으로는 맨발로 매일 4km 이상을 달리며, 줄넘기는 한 번에 1800회 이상 한다. 하키(아이스하키, 필드하키)를 정식으로 배운 선수이며, 하키 골키퍼로서 경기를 수십회 치렀다. 그는 78세 때 태권도 초단을 따기도 했다.

그가 좌우명으로 삼은 성경 구절은 여호수아 1:9이다. 그는 사자처럼 강하고 용맹스럽다. 불의에는 그 누구일지라도 묵과하거나 용서하지 않는다. 그래서 소위 미국의 근본주의 침례교 목사들로부터 거부당하고 있다. 한가지 특이한 사실은 그들 근본주의자들과 보수주의자들이 럭크만의 혁혁한 책들을 거부한다는 점이다. 그 결과 그들은 진리의 지식에 눈 뜨지 못해(딤전 2:4) 그들의 사역을 구령에만 치중한다. 진리의 지식으로 양육하는 일을 하지 못해 그들 교인들은 구원받고서도 또 다시 구원의 복음만을 강조하는 설교를 듣게 된다. 이것은 참으로 딱한 일이다. 우리 나라 교계는 구원의 복음도 잘 전하지 않는터라 미국의 근본주의 침례교회 성도들에도 미치지 못한다. 그러다 보니 구원의 복음에 갈급한 교인들이 구원을 말하는 자들에게 속아 신앙적, 물질적 손해를 많이 보기도 했다.

럭크만 목사님은 시쳇말로 표현하자면 기인(奇人)에 속한다. 보통 사람들이 겉으로 이해하기에는 좀 어려운 인물이다. 하지만 그의 속은 부드럽고 따뜻하며 의리가 있고 사랑이 넘친다.

럭크만 목사님에게는 자서전이 두 권 있다. 우리 말씀보존학회에서는 〈20세기 순회설교자의 회고록〉이라는 제하의 첫 번째 자서전을 1998년에 펴내어 좋은 반응을 얻었다. 이 〈썩지 않을 면류관〉을 뒤로 미루었던 이유는 이 자서전의 정서를 이 나라의 성도들이나 목회자들이 얼마나 이해할 수 있을까에 대한 우려 때문이었다. 하나님께 쓰임받는 이런 종을 쉬 수용하기가 어려울 것이기 때문이다. 또한 이 자서전의 원제는 *The Full Cup*으로서, 우리말로 하면 "내 잔이 넘치나이다" 정도가 될 것이다. 럭크만 목사님은 이 책을 통해 자신의 삶에 베푸신 주님의 은혜가 차고 넘친다고 간증하고 있다. 그러나 "내 잔이 넘치나이다"라는 제하의 책들이 기존에 이미 많이 나와 있고, 또 이 제목이 너무 추상적이기에 고심 끝에 〈썩지 않을 면류관〉이라는 제목으로 내게 되었다. 오히려 이것이 그의 삶에서의 영적 전쟁의 승리와 그의 신실한 사역을 잘 나타낼 수 있으리라 여겨진다.

이 자서전은 사실 럭크만 목사님이 1992년에 쓴 것이다(당시 71세). 그 당시 이미 노년이 되어서 그의 인생 가운데 베풀어진 하나님의 은혜를 정리한 것이지만, 그 후로 벌써 20년 가까이 더 살았고 그동안 더 많은 하나님의 은혜 가운데서 더 많은 왕성한 사역들로 하나님을 섬기고 있다.

나는 우리가 펴낸 럭크만 목사님의 주석서와 책들로 공부한 교단 목사들로부터 여러 통의 전화를 받은 적이 있다: "이송오 목사가 피터 럭크만을 이땅에 소개한 것만으로도 대단한 기여를 한 것이다." 이것은 사실이다. 〈한글킹제임스성경〉과 우리가 펴낸 책들(주로 럭크만의 책들)은 1994년 4월 12일 이래 단 하루도 보급되지 않은 날이 없었기 때문이다.

럭크만 목사님은 금년 11월이면 90세가 되는데, 그가 50년 사역하는 동안 연구했던 모든 것을 담은 "주석 성경"을 펴냈다. 이것은 스코필드 주석 이후에 나온 최고의 걸작이다. 이 주석 성경은 부록만 해도 200쪽이나 된다. 우리는 이 럭크만 주석 성경을 펴낼 준비를 마쳤는데, 그에 앞서 〈향상된 계시〉라는 제목으로 이 부록을 단행본으로 펴낼 것이다.

럭크만 목사님의 두 번째 자서전 〈썩지 않을 면류관〉을 읽어 보면 주님을 섬김에 있어서 자신들이 너무나 이기적이고 초라함을 실감하게 될 것이다. 그를 잘 모르는 사람들은 엉뚱한 시각에서 보려고 하지만, 진리는 영원하다는 진리를 확신하게 될 것이다. 이와 같은 하나님의 종이 이 세기에도 하나님을 섬기고 있다는 새로운 경지를 보게 될 것이다.

2011년 8월

이송오 목사

서 문

이 책은 지상의 수십억 죄인 중 한 죄인의 아주 짧은 이야기이다. (이 글을 쓰는 현재 약 42억 5천만 정도.) 『모든 백성들, 곧 그들 앞에 있었던 모든 사람들의 끝이 없도다』(전 4:16). 솔로몬의 말처럼 한 사람의 인생은 대단할 게 전혀 없다. 『우리는... 땅에 물을 쏟아 다시 끌어모을 수 없는 것같이 되나이다』(삼하 14:14). 이 세상의 "위대한 사람들" - 군 장성들과 교황들과 왕들과 "회장들" - 은 어리석게도 "세상 모든 사람들이" 그들을 알고 있다고 생각한다. 오늘날 지구에는 존 케네디를 누가 암살했는지, 마이클 루터 킹 Jr.(마틴 루터 킹 Jr.의 원래 이름 - 역자 주)를 누가 살해했는지 모르는 사람이 약 20억은 되리라. 전쟁 포로로 시베리아에서 죽은 십만의 독일 청년들을 (전쟁이 끝나고 여러 해가 지난 지금) 애도하는 이들은 그들의 가까운 친척들 일부 뿐이다. 그 중 한 사람의 이름도 모르는 사람이 35억 명은 된다.

1942년 바탄 죽음의 대행진[1]의 공포를 기억하는 사람은 아무도 없

1) 태평양전쟁 초기 1942년 4월 9일에 일본군이 7만 명의 미군과 필리핀군 전쟁포로를 필리핀 바탄반도 남쪽 끝 마리벨레스에서 산페르난도까지 88km를 강제적으로 행진

다. 지옥을 경험한 그 사람들 중 단 두 명이라도 알고 있는 사람은 아프리카와 아시아와 남미에서 단 두 명도 되지 않을 것이다. 텔레비전에서는 지상의 "위대한 사람들"을 과도하게 선전하고 높이지만, 지상의 20억 명의 사람들에게는 텔레비전도 라디오도 신문도 없다는 사실을 알고 있는가? 몽골이나 뉴기니아의 "시골"에 들어가서 프레슬리나 마돈나, 조니 카슨, 바바라 월터를 어떻게 생각하는지 묻는 것만큼 우스운 일도 없을 것이다. 우리는 "오늘 여기 있나 내일이면 사라진다." 죽은 지 10년이 지나면 그 사람을 정말로 그리워할 사람은 10-12명 이상도 되지 않을 것이다. 일 년에 한두 번 이상 그 사람에 대해 생각할 사람은 50명도 되지 않을 것이다.

(이 책에서 앞으로 보겠지만) 오늘날 뉴스 매체에 등장하는 "표지 인물들"은 미래에는 아무 주목도 받지 못한다. 때로 순교자는 너 오래 기억되지만, 세상에서 거짓말을 선전하기에 가장 좋은 재료일 때만 그렇다. 선하나 이제는 인기 없는 공산주의자인 마틴 루터 킹이나, 트로츠키 같은 국제 공산주의자나, 존 케네디 같은 잠재적인 로마카톨릭 독재자는 세상 체제에서는 천 명의 성경대로 믿는 목사와 복음전도자들만큼의 가치가 있다.

이 책은 그리스도인 사역자의 이야기이다. 그는 300와트 전구들이 수 없이 켜져 있는 "아버지의 집"에서 30와트 짜리 작은 전구였다. 이 이야기를 읽다보면 옛날에 살았거나 지금 살고 있는 수많은 사역자들의 영적 지위를 그가 절대로 얻을 수 없는 이유를 이해하게 될 것이다. 그는 주님

하게 한 사건이다. 이 과정에서 전쟁포로 7만 명이 구타, 굶주림 등을 당했고 낙오자는 총검으로 찔려 죽었다. 7천명~1만 명의 전쟁포로들이 행진 도중 사망하여 5만 4000명만 수용소에 도착했다.

의 은혜의 급류를 만나 자신의 주님을 위해 빛나고자 했던 아주 작은 빛이었다. 그는 절대로 무디나 선데이가 기억된 것처럼 기억되지는 않을 것이다. 또한 J. 프랭크 노리스나 밥 존스 시니어가 이룬 것을 이룰 수도 없을 것이다. 존 웨슬리, 마틴 루터, J. 프랭크 노리스, 밥 존스 시니어를 뛰어넘지 못할 것이다. 물론 이 사람들이 항상 나의 "모델"이 된 것은 아니다. 27년간 내 사역은 전혀 다른 것이었다.

뷰챔 빅과 디한 박사가 죽은 지 여러 해가 지났다. 레스터 롤로프와 존 R. 라이스도 몇 년 전에 떠났고, 찰스 풀러와 모르드케 햄도 죽은 지 오래됐다.

이 사람들이 누구인지, 무슨 일을 했는지, 언제 살았는지 전혀 모르는 사람이 30억 이상은 될 것이다. 우리의 "중요성"은 이 정도다. 현대 근본주의자들은 자신들의 중요성을 과장하는 큰 실수를 저지르고 있다. 영원의 품에서 볼 때 그들은 모두 작은 점 하나에 지나지 않는다.-개미 무리 속에 있는 작은 개미 한 마리. 유럽과 아시아와 아프리카와 남미 사람 중 단 천 명도 파피 레빌이나 지미 스트라우드가 누구인지 모른다. 글랜 천크나 휴 파일이 누군지 모르듯이. 1970년 이후 루돌프 발렌티노, 글렌 밀러, 헬렌 켈러, 허버트 후버, 해리 트루먼, 교황 피오 11세, 판초 빌라, 진 터니가 죽었다고 대륙에 사는 사람 중 애도한 사람은 아무도 없었다.

표지 제목을 장식하는 사람들도 이름이 전혀 인쇄되어 나오지 않은 사람들과 같이 나중에는 "빈 여백"이 될 것이다. 〈페이톤 플레이스〉의 저자 장례식에는 25명이 참석했다. 83세에 죽은 옛 농장 여인의 장례식에 200명 이상이 참석한 것을 본 적도 있다. 이름조차 알 수 없는 여인인데도 말이다. 그렇다면 "피터 럭크만"은 누구였는가? 그가 누구였든 누가 관심이나 있는가? 그가 죽고 나면 그의 자녀 대부분과 그를 참으로 사랑했던 훌륭한 그리스도인 아내 한 사람과, 생명의 양식으로 양육받은 것으로 인해 그를 사랑했던 2백 명의 교회 회원들과 그의 사역으로 축복을 받았으나 밥 존스 대학과 펜사콜라 크리스찬 대학과 성경침례대학 등의 배교자들이 "럭크만파"라고 불렀던 소수의 여러 목사들과 "평신도들"과 복음전도자들이 그를 그리워할 것이다. (이들 대부분도 몇 주 후면 별 상실감을 느끼지 않겠지만) 그 외에 "럭크만"은 95%의 사람들에게 전혀 알려지지 않은 채로 지상에 왔다가 떠날 것이다.

그렇다면 수백 쪽에 걸쳐 이렇듯 별 볼일 없는 인물의 "인생사"를 기록하는 요지가 뭔가? 간단하다. 인류는 항상 하나님께서 기록하신 은혜의 사건 기록을 사용할 수 있으며, 여러분이 은혜란 것을 본 적이 있다면 - 이 지상의 한 죄인에게 쏟아 부어진 절대적이면서도 참으로 분수에 넘치는 호의를 피터 스터지스 럭크만의 삶에서 보게 될 것이다.

그는 "소망도 없고 세상에서 하나님도 없이"(엡 2:12) 27년을 살았다. 그러다가 "그 사랑하시는 이 안에서.. 받아들여진" 후(엡 1:6), 주님의 성경인 권위역본(킹제임스성경)을 지키는 문에 배치된 보초병인 "쓰레기장 개"로 43년을 보냈다. "경건한" 청소 동물들에게서 뭔가를 얻어내기 위해 믿지도 않는 성경을 생계 유지용으로 사용하는 이들을 향해 짖어대는 개로 말이다.

하나님께서 아주 작고 미천하고 별 볼일 없는 한 죄인에게 1921년부터 1991년까지 쏟아부어주신 "넘치는 잔"에 여러분도 함께 참여하는 즐거움을 누리길 바란다.

피터 S. 럭크만

이 책에 인용된 성경구절은 〈한글킹제임스성경〉입니다.

목 차

제1장

은 잔

1921년. 발레라는 아일랜드에서 영국에 대항해 반역을 주도했고, 연합군은 공갈협박으로 돈을 모으기 위해 독일로 다시 진군해갔다. 하딩은 미국의 29번째 대통령이 되었고, 카톨릭 IRA는 첫 여성을 살해했다(4월 24일). 터키인들은 그리스인들과 전쟁에 돌입했고, 아돌프 히틀러는 국가사회주의노동당(나치)의 수장이 되었다. 공산주의자 레닌은 (고르바초프처럼) 미국의 재정지원을 받았고, 무솔리니는 이탈리아에서 파시스트의 수장으로 스스로를 내세웠다.

바로 그 해, 델라웨어 주(州) 윌밍톤 프랭클린 거리의 한 아파트에서 피터 스터지스 럭크만이 태어났다(11월 19일). 존 해밀톤 럭크만과 메리 워너 암스트롱 럭크만의 둘째 아들이었다. 그가 태어난 곳은 하워드 파일의 아트 스튜디오에서 한 블록도 떨어지지 않은 곳이었다. 그의 출신 배경은 다른 곳과 비교할 만한 것이 전혀 없었다. 아버지는 메사추세츠 보스톤 출신이었고, 어머니는 캘리포니아 패서디나 출신이었다. 거리가 너무 떨어져 있어서, 그들은 캔자스 토페카에 정착했다(1922).

캔자스는 하퍼 페리를 습격한 존 브라운과 은사주의 운동(벧엘성경대학, 1900)과 시민평등권운동(브라운대 교육위원회, 1954)이 나온 곳이다.

어머니는 중국인 요리사와 일본인 정원사를 자랑으로 여기는 패서디나의 부유한 가정 출신이었다. 아버지 집안은 삼대 째 육군 집안으로 할아버지는 미육군사관학교 준장(필리핀 내란)이었고, 증조할아버지도 미육군사관학교 준장(남북전쟁)이었다. 아버지는 제1차 세계대전 때 대위가 되었고, 2차 세계대전 쯤에는 대령이었다.

피터 S. 럭크만은 의사가 도착하기도 전에 거실에서 태어났다. "그는 성공할 거야."라고들 했다.

그 당시에는 (적어도 암스트롱가와 럭크만 가에는) 아기의 첫 번째 생일에 법정 순도의 단단한 은잔을 주는 관습이 있었다. 그 컵에 아기의 전체 이름과 태어난 날짜가 있었다. 이것이 일종의 "입에 은수저를 물고 태어난 건"지 어쩐지는 모르겠지만, 가족의 돈이 바닥나면 아기를 돌보기 위해 현금화할 수 있는 은을 갖기 위해 그렇게 한 것 같다. 어쨌든 피터 S. 럭크만은 1922년에 은잔을 받았다. 꼭대기 지름이 2인치 반 정도였고 높이는 약 3인치로 아래가 조금 불룩 나온 잔이었다. 그 위에 "피터 스터지스 럭크만, 1921. 11. 19"라고 새겨져 있었다. 그 잔은 오래 전에 사라져 버렸다.

성경에 "은줄"(전 12:6)은 육체의 생명을 상징하며, 그것이 "깨지면" 육체의 생명은 끝난다. 같은 성경에서 인간은 두 번 태어난다는 선언이

존 해밀턴 럭크만 장군 (피터 S. 럭크만의 아버지)

있다(요 3:3-7). ("한번 태어나면 두 번 죽고, 두 번 태어나면 한 번 죽는다.") 그러므로 두 개의 잔이 있다고 생각해 볼 수 있다. 피터는 그의 첫 번째 잔으로 막 마시려고 했다. 그 컵 바닥에서 인생은 『뱀처럼 물며, 살모사처럼 쏘리라.』(잠 23:32)는 것을 알게 될 것이다. 그러나 너무 앞서 가지는 말자.

"엄마와 아빠"가 윌밍톤에서 무슨 일을 하셨는지 어머니의 자매(마가렛 암스트롱) 빼고는 아무도 모른다. 이모는 사업가로 아주 부자가 되었다. 나중에 이모는 워싱턴 D.C 사업가들이 쉬는 큰 규모의 여름 휴양지인 델라웨어 레호보스 비치에 별장을 샀다(오크가 19번지). (그곳은 현재 동성연애자들의 안식처이다.) (피터의 어머니) 메리에게는 캐더린이라는 또 다른 자매가 있었는데, 만성 알콜 중독자로 살다가 죽었다. 담뱃불이 침대로 옮겨 붙어 불타 죽었다. 메리의 형제 알프레드 암스트롱은 예술가였다. 그 역시 만성 알콜 중독자로 살다가 죽었다. 메리는 가족의 전통을 따랐다. 존 럭크만은 일 년에 몇 번 사교모임에서 한두 번 칵테일을 홀짝이기는 했지만 술도 마시지 않았고 담배도 피우지 않았다. 두 분 모두 성공회신자(감독교인)였으며, 토페카로 이사 왔을 때는 그레이스 성당(성공회)에 다녔다. 데이 "학장"이 그곳 "교구목사"였다. 그들은 1922년 토페카로 이사했다. 존 럭크만의 옛 급우가 알프레드 랜던에서 토목기사로 일할 수 있게 존에게 일자리를 주었다. 그 당시 캔자스는 "금주법을 시행하는 주"였고, 주류판매 금지법이 폐지되고 나서도 오랫동안 금주법을 시행했다.

피터 S.에게는 아주 어릴 때 사진이 없다. (가운데 이름은 어머니 집안에서 따온 것으로, 외가 조상인 네덜란드 해적에서 나온 이름이다. 옛 해

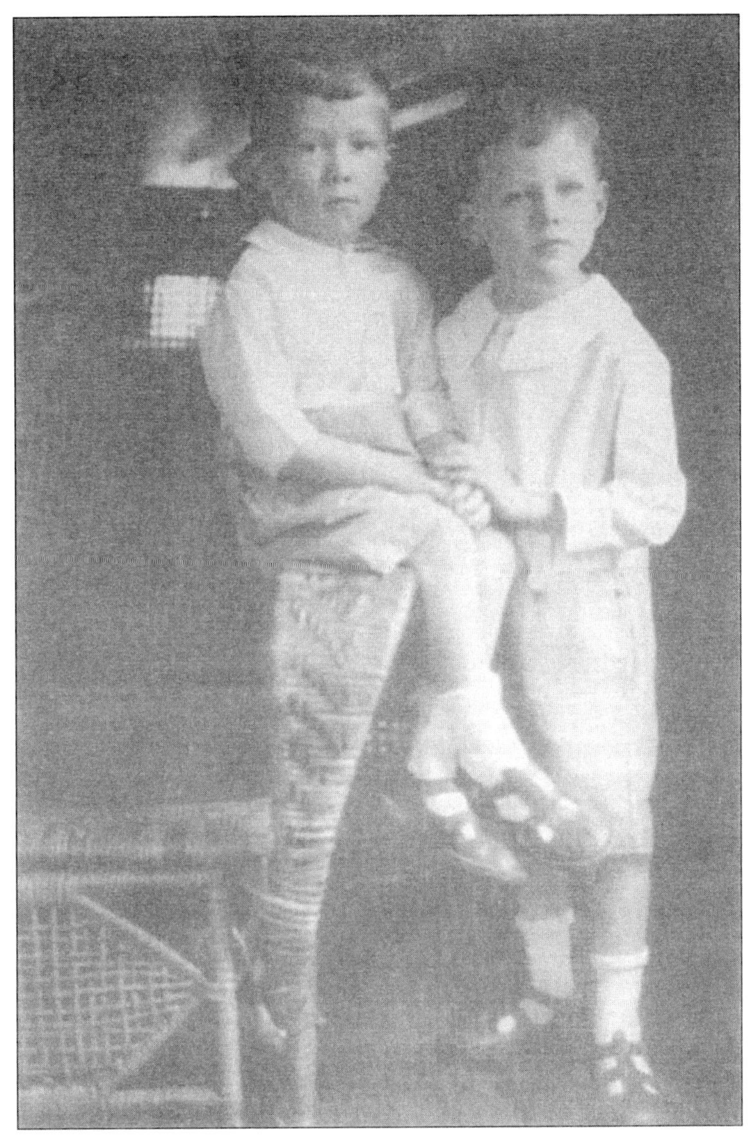

피터 S. 럭크만(왼쪽)과 그의 형 조니 럭크만

적 "스터지스"는 사우스 캘리포니아 찰스톤에서 교수형에 처해졌다.)

피터의 첫 번째 사진에서(세 살 때) 그는 여자아이 옷 같은 것을 입고, 빗질도 하지 않은 더러운 머리 꼴로 신발 끈도 묶지 않은 채, 최신 세발자전거에 올라탄 형을 쳐다보고 서 있었다. 존(첫째)은 단정하게 차려입고 아주 깨끗했으며 최신 밀짚모자를 쓰고 있었다.

다음 사진에는 (코네티컷 하트포드) "앤트 로빈슨" 집에서 두 형제가 나온다. 다섯 살과 네 살이다. 큰 아이는 금발에 푸른 눈으로 진짜 프로이센이다. 피터 S.는 둥근 얼굴에 안색이 검고 갈색 눈과 갈색 곱슬 머리이다. 유럽중앙 산악지대 공화국이었던 외스터라이허(Oesterreicher) 사람 같았다. 그런 사람을 본 적이 있다면 말이다.

"어울리는 것"이 아무것도 없었다.

부유한 캘리포니아인과 보스톤의 MIT 대학원에서 석사학위를 받은 부부가 캔자스 토페카에 사는 것은 허버트 W. 암스트롱과 자자 가보를 노스캐롤라이나 에어리 산에 두는 것과 같았다. 그러나 부부는 거기 있었다. 1924년에 이 부부는 대학가 1524번지로 이사했고(위스번 대학에서 한 블록 떨어진 곳), 1942년까지 거기에 살았다. 대공황이 일어났을 때도 거기 있었고 2차 세계대전이 발발했을 때도 거기 있었다.

피터가 태어나던 해, 캔자스의 법무장관을 지냈던 한 남자가 사망했다. 그의 이름은 C. I. 스코필드였다.

이 가족 양쪽 집안 4대를 훑어도 기록상으로 성경대로 믿는 그리스도인은 단 한 사람도 없었다. 이 가족이 내내 살았던 윌밍톤이나 토페카 집에는 단 한권의 성경도 없었다. 럭크만 부부는 한 달에 한 번 정도 애들을 교회에 데려갔다. 거기 "교구목사"는 단일정부와 무장해제, 통합, 사회주의, 복지국가의 필요성을 설교했다. 목사는 럭크만 부부처럼 이신론자였다. 즉 성경도 없고, 하늘나라도 없고, 지옥도 없고, 중생도 없고, 재림도 없고, 피의 속죄도 없고, 그리스도의 신성도 믿지 않았다. 아는 것이라고는 "사회 정의," "인간이 인간에게 행하는 비인간성의 종식"뿐이었다. 그가 미합중국을 무장해제 시키려고 노력하는 동안, 히로히토, 무솔리니, 프랑코, 히틀러는 자국을 완전 무장시키고 있었다.

이런 것이 바로 존 H. 럭크만 소령이(나중에는 중령) 1922년부터 1942년까지 들었던 설교였다. 육군 정규군의 피가 3대째 정맥을 흐르는 동안 나지막히 욕을 해대며 거기 앉아 있었던 것이다. 거기서 그는 군도(軍刀) 소리를 내며 마루를 걷는 그의 아버지의 천둥 같은 목소리를 들었을지도 모른다. (정말 실제로 그는 장군 복장을 갖춰 입고 군도를 찼었다). 그리고 이렇게 노래하는 소리를 들었을지도 모른다, "고기와 공이 나는 땅에서, 행복하고 화창한 필리핀, 저 멀리 떨어진 그 행복하고 행복한 땅, 그곳 모기들이 물고 쏘고, 원주민들이 훔치고 싸우는 곳, 군인들은 점수를 얻을 때마다 노래하네... 필리핀인들.... 카키색 벌들이 소리 지르네! 성조기 아래서 우리는 총으로 그들을 문명화시키네, 그리고 우리의 사랑하는 조국으로 돌아오리라!"

피터 S.는 필리핀에 갔었지만 그건 아주 오랜 후의 일이었다.

제2장

아이와 그 행동

1922년, 공산당이 중국에 창설되었다(마오쩌둥). 파시스트들은 이탈리아에서 공산주의자들과 전투를 시작했다. 무솔리니는 로마에서 행군했고 독일 마르크는 붕괴됐다. 피터 S.가 두 살일 때(1923) 프랑스는 라인지방으로 진군해 들어갔고, 즉시 나치당이 뮌헨에서 첫 의회를 소집했다. 이때 136,000 독일 마르크가 일 달러 가치밖에 없었다. 독일 내 유태인들은 새로 창설된 나치당의 감시의 눈초리 속에서 "청소되었다." 다음해(1924) 레닌은 사망했다.

엄마는 피터 S.를 "엄마의 갈색 눈의 악동"이라고 불렀는데 이유는 잘 모르겠다. 다른 아이들과 마찬가지로 그는 울고, 자고, 기저귀를 엉망으로 만들고 좋아하지 않는 것을 먹이려들면 아래 입술을 삐죽 내밀었다. 가장 어린 시절의 삶을 모아보자면 형에게 괴롭힘을 당했고, 할머니가 딸

대신 아기를 돌봐주실 때면 윌밍톤에 있는 킬핀 가의 할머니 집에서 시간을 보냈다. 암스트롱 할머니는 "바마"로 불렸다(아무도 모르는 어떤 이유로). 조니가 엄마 아빠와 함께 있었다는 것은 확실하다. 자신과 "바마" 외에는 누가 거기 있었는지 전혀 기억이 나지 않는다. 미취학시절에 대한 네 가지 기억이 있다.

1. 하워드 필의 스튜디오 안으로 걸어 들어가서, 로빈 후드, 아서왕, 원터 클락을 그리는 펜과 잉크를 봤던 기억. 거기에는 하워드 필의 〈해적들의 책〉에 쓸 그림도 몇 개 있었다.

2. 매일 아침 식사에 먹었던 토스트와 햄. 바삭바삭한 베이컨과 버터 바른 토스트. 1924년부터 1928년까지 매일 똑같았다.

3. "빙과"인 "호키포키 스노우볼." 25파운드 얼음 덩어리에서 떼어낸 얼음으로 만든 것으로 위에 산딸기, 레몬, 오렌지, 라임 등을 뿌린 것이있다. 한 조각에 일 페니였다. 이걸 파는 남자는 장비가 실린 작은 수레를 밀며 벨을 울리면서 길을 지나갔다. "호키포키 스노우볼!"이라고 소리를 쳤다. (조개와 홍합이 살아 있어요. 모두 살아 있습니다!)

4. 키플링의 〈정글북〉 같은 그림책과 성경 이야기에 나오는 삽화들. 이상한 것은 삽화가가 그린 그림을 한번 보면 20년이나 40년 후에도 어디서든지 삽화의 스타일을 기억해낼 수 있다는 점이었다. 어떤 만화가의 대역이 원저자가 죽고 난 후 언제 작업을 인계받았는지 구별할 수 있었다.

여름에 피터는 레호보스에 있는 해변에 있었다. 나중에 안 사실이지만 거기에(오크 19번가) 별장을 가지고 있던 "마가렛 이모"가 자매 메리에게 6월 15일부터 8월말까지 여름마다 그 별장을 쓸 수 있게 해주었다. 그러는 동안 "아빠 존"(마가렛 이모는 미스터 럭크만을 이렇게 불렀다.)은 생계를 위해 땀을 흘리며 토페카에 있었다. 메리와 두 소년(그리고 나중에 여동생 마리안까지)은 레호보스에서 여름을 보내곤 했다. 워싱턴 엘리트들을 위한 상류층 개인 소유 해변 모래사장인 호화로운 "듀빌 비치"에서 한 블록 떨어진 곳이었다. 밸란카 집안, 듀폰 집안, 프록토 집안, 클랩퍼 집안 등이 있는 비치였다. 피터의 엄마는 위스키와 진을 가지고 다녔고, 엄청나게 많은 칵테일 파티가 열렸다. 피터는 거실에서 처음으로 도박, 즉 포커와 브릿지를 목격했다. 또 거실에서 처음으로 담배와 위스키를 목격했다. 엄마가 부른 첫 노래의 가사는 지금 반복할 수 없다.

르호보스에는 순박한 델라웨어 어부들과 시장에서 팔리는 청과물을 재배하는 사람들이 살고 있었다. 그들은 럭크만 부인과 두 아이들을 봤다. 그 꼬맹이(피터 S.)는 두 살도 되기 전에 수영을 할 수 있었다고들 한다. 그들 말에 따르면 아기 엄마가 해변에서 술에 취해서 아기에게 눈길을 주지 않고 있을 때, 종종 파도가 아기를 이리저리 휩쓸었고, 물 끝자락에서 위험스러울 때까지 파도 안팎으로 들락거리고 있을 때 누군가 소리를 치며 아기를 집어 올렸다고 한다. 6월부터 8월까지 15년 동안(세살부터 18살까지) 신발도 신지 않은 피터 S.는 물갈퀴처럼 생긴 발을 뽐냈다. 그가 20살쯤 되었을 때 그의 발은 나인 더블 E 사이즈에서 성장을 멈췄다.

대공황이 있기 전에는 양고기와 양고기 그레이비를 먹었던 기억이 난다. 그는 대부분의 아이들이 싫어하는 시금치를 좋아했고, 날 것에 대한 미각을 아주 빠르게 발달시켰다. 익히지 않은 바나나, 사과, 오렌지, 배, 복숭아, 살구, 포도, 무화과, 모든 형태의 모든 과일들을 좋아했다. 아주 어렸을 때 그는 "캔디"는 오직 초콜릿뿐이고, 아이스크림은 "바닐라"뿐이

랜돌프 초등학교 (1990)

라고 마음을 정했다. 독선적이라고 말할 수도 있다.

1924년에 쿨리지가 대통령이 되었다. 1925년엔 스탈린이 트로츠키를 전투사령부에서 내쫓았고, 〈뉴요커〉 첫 호가 가판대를 장식했다. 장제스가 중국의 새 지도자가 되었고, 힌덴버그가 독일의 대통령이 되었다. 스콥스[2] 원숭이 재판이 테네시에서 열렸고(7월 26일), 미국시민자유연합(ACLU)은 학교에서 창조에 대해 오직 한 가지 이론만을 가르치는 것은 "헌법에 위배"된다고 선언했다. (후일 1988년에는 두 가지를 가르치는 것이 헌법에 위배된다고 선언했다.) 4만 명의 KKK단원들이 워싱턴 D.C.에서 행진했고(8월), 빌리 미첼은 항공기 전투에 대해 진실을 말했다는 이유로 항명죄 유죄판결을 받았다.

그 당시에 유치원은 다섯 살에 들어갔다. 그래서 1926년 피터 S.는 유치원에 모습을 나타냈다. 형 조니는 1학년이었다. 피터가 앉아서 블록을 가지고 놀면서 알파벳을 배울 때, 스코틀랜드인이 "텔레비전"이라는 기계를 발명했다(1월 27일). 발명가 존 버드는 "언젠가 모든 가정이 영화관이 될 것"이라고 말했다. 정확한 지적이었다. 텔레비전과 함께 헐리우드 도덕 기준도 같이 들어왔다. 1926년 루돌프 발렌티노가 사망했고, 뉴스 미디어는 온갖 캠페인을 벌여 위스키, 맥주, 와인, 브랜디, 진, 럼을 미국 가정에 다시 들여놨다. 절제가 범죄와 정신이상의 원인이라고 생각했다. 그동안 중국에서는 내전이 일어났다. 피터 S.가 "초등학교"(대학가 1525번지에서 서쪽으로 1마일쯤에 있는 랜돌프 초등학교)에 들어가면서부터 대학(앨리배마 대학, 1944) 졸업 때까지 그에게는 스스로 자초한 말썽거리

---

2) 존 토마스 스콥스가 고등학교에서 진화론을 가르침으로써 테네시 주법을 위반하여 1925년에 크게 공론화됐던 재판.

대학가 1525번지 (1990)

로 가득 차 있었다. 처음 6년 동안 교장실을 너무 많이 들락거려서 그를 교감으로 삼아야 할 정도였다. 그 당시 교장들은 노처럼 생긴 막대를 가지고 다녔는데, 18인치 길이에 4인치 너비였고 두께는 4분의 3인치 정도였다. 이들이 "아동 학대"를 할 때면 종종 바지가 몇 시간 동안 살에 딱 붙어 버리곤 했다. 그렇다고 "회초리를 맞았다"고 집에 가서 부모에게 감히 말하지도 못했다. 그 당시 교사들은 학생들의 눈물 콧물을 뺄 수 있었기 때문이었다. 게다가 아버지가 이 사실을 아는 날에는 집에서 또 한 번 호되게 얻어맞을 게 뻔했다. 아빠 럭크만의 무기는 다락방에 있는 스티머 상자에서 빼낸 8피트짜리 끈이었다. 그는 이 끈을 겹쳐서 성조기의 줄 위에 놓아, 성조기 별이 보이게 두었다. 그는 아주 애국자였다. 피터 S.는 일주일에 평균 한 번밖에 맞지 않는 것에 감사했다. 다섯 번에 한 번 정도만 걸려서 매를 맞았기 때문이다. 사실 그보다 더 많이 맞을 만했다.

1927년 린드버그가 혼자 대서양을 비행했고, 장제스가 중국을 떠맡았으며, 산디노는 니카라구와에서 반역을 일으켰으며, 오스트리아에서는 반란이 일어났다. 처음으로 "유성영화"가 제작되었다. 피터 S.는 축구를 하고 하키를 했으며, 어떤 식으로든 못된 짓을 했다. 홍역, 수두, 백일해와도 싸웠는데, 한 번에 몇 주씩 격리된 집에서 담요를 둘러쓴 채 그 질병들과 씨름하기도 했다. 그럴 때 유일한 오락거리는 침대 옆 라디오였다. 말 그대로 하루에 14시간씩 라디오를 듣고(WIBW, KFAB, KSAC, WDAF 등), 몇 달간이나 방송에 나오는 피버 맥기와 몰리, 에디 칸터, 에드 윈, 럼과 애브너, 빅과 세이드, 백스테이지 와이프, 아모스앤 앤드, 스텔라 달라스, 갱 버스터즈, 어린 고아 애니, 그림자, 잭 암스트롱, 잭 베니

등과 함께 했다. 성홍열로 격리되었을 때 프로그램들이 6주간 방송됐다. 또 한번은 폐렴에 걸렸을 때 2주간 방송을 들었다. 이때 라디오에서 받은 종교적 영향이 딱 하나 있었다. "에드워드 맥휴 복음 가수"라는 이름의 어떤 스코틀랜드인이 매일 15분 동안 나오곤 했고, 피터는 그것을 듣곤 했다. 그 프로그램의 주제 말고는 기억나는 것이 없다: "제가 오늘 누군가를 상처 주었다면, 한 발짝이라도 잘못 갔다면, 제 자신의 의지나 길로 갔다면, 사랑하는 주님 나를 용서해 주소서."

그가 1927년에 처음 들었던 이 방송은 1947년까지는 아무런 열매도 맺지 못했다.

기억하고 있는 또 다른 "종교적인" 것은 성공회에서 했던 이런 식의 기도였다: "우리는 마땅히 해야만 하는 것을 하지 않았고, 해서는 안 될 것을 했으며, 우리 안에는 도움이 없으나 하나님은 우리 비참한 죄인들에게 자비하시도다." 그는 이 기도를 좋아했다. 그 기도가 말이 되기 때문에 좋아했던 것 같다. 그러나 그 이상은 생각지 못했다.

크리스마스가 되자 약간 특이한 이유로 크리스마스 트리 아래서 자는 것을 좋아했다. 14살 때까지 그렇게 했다. 나무 뒤나 아래에 눕는 게 뭔가 좋았다. 그때 당시 그의 집에는 울창한 숲이나 삼림이 없었지만, 그의 피 어딘가에 커다란 숲에 대한 친밀감이 있었다. 그는 나무들과 대양을 좋아했다. 다른 건 없어도 살 수 있었다.

우디 S.가 그에게 부모님의 지갑에서 돈을 훔치는 법을 가르쳐주었다. 한 번에 조금씩, 그래야 발각되지 않는다고 말이다. 그 당시 우유 1파인트에 5센트였고, 2파인트에 10센트, 한 갤런에 25센트였다. (25센트에 면도와 이발을 다 할 수 있었다.) 캐딜락과 팩카드는 690~880달러였고, 포드와 쉐비는 약 300~400백 달러였다. 야구와 인디언카드(카드가 딸린 껌)는 각각 1페니였다. 1페니 크기의 허쉬 초코바라면 오늘날 "50센트" 크기 정도였다.

바닥이 드러나기 바로 전에 허버트 후버(미국 31대 대통령)는 미국이 빈곤의 끝에 가까이 왔다고 발표했다(1928년 8월 9일). 히로히토가 일본 천황이 되었고(1928년 11월 10일), 후버는 취임 선서를 했고(1929년 3월 4일), 처음으로 "아카데미 상"을 헐리우드 배우들에게 수여했다(5월 16일). "검은 목요일"에(1929년 10월 24일) 주식 시장이 바닥을 쳤고, 사람들은 저축대부조합에 가서 저축도 없고 "누구도 아무것도 빌리지 못한다"는 것을 알게 되었다.

은행가들과 사업가들이 자살을 했고, 다른 이들은 거리에서 사과를 팔았다. 그다음 5년 동안 피터 S.는 아침 식사로 오트밀만 먹었고 아빠 존은 시간당 50센트를 받고 측량사 일을 했다. 점심식사는 버터도 바르지 않은 치즈나 땅콩버터 샌드위치로 줄어들었고, 이제 크리스마스 양말에 들어 있는 사과나 오렌지도 진미로 여겨졌다. 피터는 재빨리 체리나무와 사과나무 위치가 나온 이웃의 지도를 작성했다. 어두워지면 자전거를 타고 그런 집에 갔다. 이 순진한 "서리"가 나중에는 자동차와 보석을 훔치는 일로 발전했다.

대공황과 함께 헐리우드의 "현실 도피"가 등장했고, 그와 함께 미국인들에게 잡지와 신문이 성경의 자리를 대신하게 되었다. 피터 S.는 그 당시는 이런 것에 대해 전혀 깨닫지 못했다. 나중에야 모든 것을 분명히 알게 되었다. 국가가 파산했을 때 미국인들은 하나님께 되돌아 갔던 예전과는 달리, 이제는 헐리우드와 뉴욕과 사회주의와 공산주의와 진화론을 가르치는 것으로 돌아갔다.

피터 S.는 타잔 놀이를 하며 엄마 아빠가 출타중일 때 지붕에 올라갔다. 한번은 현관에서 불을 피우다 집을 거의 불태울 뻔 했으며, 두어 번 뜰에 참나무와 연결된 "넝쿨에서 넝쿨"로 (치타나 제인이나 다른 것을 찾아) 다니려했다가 거의 등뼈가 부러질 뻔 했다. 빨랫줄이 바로 "넝쿨"이 있는데 피터가 공중에 약 12피트 높이에 있을 때 끊어졌다. 한번은 걸어서 학교에 가고 있는데 개떼에게 공격을 당해 물리기도 했다. (학교에 가는 길은 1마일쯤 되는 거리로, 가끔 영하 15도일 때도 있었고 어떤 때는 거의 40도가 될 때도 있었다.) 또 한번은 두 소년이 함께 타고 있던 철로 된 그네에 미간 바로 중앙을 맞기도 했다. 그리고 어떤 농부의 밭에서 수박을 훔쳐 달아나다 8피트 짜리 방울뱀을 만나 거의 1피트 정도 거리를 두고 물리지 않은 적도 있었다. 그러다 마침내 3인치 "폭약"이 오른쪽 귀에서 10인치 떨어진 곳에서 터져 고막이 파열되었다.

럭크만은 "양육"되지 않았다. 그는 "약"으로 성장했다. 그는 부모님이 전혀 눈치채지 못하게 집에서 만든 약으로 스스로 치료하는 법을 배웠다. 열 살이 되기 전에 다른 식구들이 잠자는 한밤중에 욕실에서 뜨거운 물에 발을 담그고 있기도 했다. 또 어떤 때는 브로모 퀴넨(말라리아 약)을 복용하고 담요로 몸을 감싸고 말처럼 땀을 흘릴 때까지 있기도 했다. 그는 치즈와 땅콩버터 크래커가 설사를 멈추게 할 수 있으며, 깍지콩 통조림이 변비를 멈추게 할 수도 있다는 것을 알아냈다. 그는 자신의 주치의였다. 그는 식사와 잠자리를 위해서 집에 왔고 그것뿐이었다.

1930년에 뉴스 미디어가 다시 한 번 미국을 술 취하게 하기 위해 캠페인을 벌였다. 이제는 금주법 때문에 만성 알콜 중독이 증가한다고 주장했다(1월 28일). 그레타 가보가 "안나 크리스티"를 소재로 한 영화에서 위스키 한 잔을 부탁하면서 이런 상황을 부추겼다. 프랑스 남부에서 200명이 홍수로 익사했고(3월), 일본의 한 극장에서 난 불로 104명이 불에 타 숨졌으며(3월 10일), 두 번의 다른 불로 499명이 불타 죽었다(루마니아에 있는 어떤 교회와 오하이오에 있는 연방교도소에서). 피터 S.는 그 사망자 수에 포함되지 않았다. 그는 토페카에 있었다. 건조한 공화당주의자들만 있는 곳. 타미 위네트가 1970년대 노래한 것과 같다. "토페카에 있었네, 그들은 8시에 보도에 있었네. 캔자스 서쪽 바깥에!"

제3장

문제와 해결책

캔자스 토페카에는 급진주의자들을 양산해내는 뭔가가 있었다. 180cm가 훌쩍 넘는 캐리 내이션 부인이 토페카에서 도끼를 들고 다니며 술병을 부쉈다(1901년 2월). 남북전쟁에 불길을 놓고 10억 달러 이상의 재산을 파괴하고(1964-1984) 세상에서 가장 위대한 나라의 공립학교 체제를 완전히 망칠 수 있는(공민권법, 1954년과 1964년) 뭔가 이상한 것이 도시에 있었다. 이런 현상을 만들어 내는 것은 분명히 초강경보수주의에 대항하는 반역이었다.

1931년과 1939년 사이, 다른 나라에서는 2억 2천만 명의 자국민을 살해할 준비를 하고 또 다른 4백만 명을 다른 곳으로 내쫓을 준비를 하고 있었다. 그동안 피터 S.는 눈물이 날 정도로 심심해 하고 있었다. 그는 여섯 살에서(1927) 여덟 살 때까지(1929) 적어도 일주일에 한 번 영화를 봤었다. - 어린이는 10센트, 어른은 20센트 - 1929년까지 〈서부 전선 이상 없다〉, 〈빅 하우스〉, 〈시스코 키드〉, 〈윙스〉, 〈마지막 명령〉, 〈모든 육체의 길〉, 〈일곱 번째 천국〉을 봤다. 바보상자 세대와 비교하면 여섯 살 난 아이가 많이 본 것도 아니지만, 루즈벨트가 대통령이 되기 전 중서부 공화당이 득세한 캔자스에서는 많아도 너무 많은 양이었다. 오늘날 텔레비전이 미국인 두 세대를 양산해 낸 것처럼 이 소년의 삶은 영화가 만들어낸 것이었다. 삶은 "영화" 속에서 본 것이었다. 실제의 삶이 아니었다. "비인간화" 과정이 시작되고 있었다. 물론 처음에는 아주 조금이지만, 사람들을 인격으로 여기지 않는 한 인간을 만들어 가고 있었다: 그에게 사람들은 그냥 "무리들"일 뿐이었다.

1929년 경제가 바닥을 드러냈을 때 볼 만한 영화가 많지 않았다. 1931년에(그가 열 살, 형이 열한 살 일 때) 비행소년들이 뭔가 할 일을 찾아 구성되기 시작했다. 아직은 60~70년대 "갱들" 같지는 않았다. 기껏해야 할로윈 때 말 동상에 페인트로 줄을 그어 얼룩말로 만들어 버리거나, 때로는 누군가의 차량 경적에 이쑤시개를 쑤셔 넣고 도망치는 정도였다. 그러나 좀 더 나이든 갱들이 대공황 중에 생존을 위해서 결성되기 시작했고 이 갱들이 갱스터들을 낳았다: 딜링거, 프리티 보이 프로이트, 알빈 카프스, 호모 반 미터, 럭키 루치아노, 잭 레그스 다이아몬드, 알 카포네 등.

문제점: 할 일이 없었다. 사실은 미얀마에 지진에 일어나서 6천 명을 없애버렸다(1930년 5월). 이탈리아에서 난 지진은 2,500명을 쓸어버렸다(7월). 도미니카 공화국에서는 허리케인이(9월) 1,200명을 쓸어갔다. 그러나 피터 S. 럭크만은 거기 없었다. 저항세력 8천명이 죽은 상하이에도

럭크만은 없었으며(10월), 토네이도가 19명을 휩쓸었던 오클라호마에도 없었다. 그는 토페카에 있었다. 밤에 자전거를 타고 엄마 몰래 시내 전차와 경주를 벌였다. (이 전차들은 나중에는 고무 타이어로 된 전기 "버스"가 되었다.) 1936년 이전에 그에게는 자전거 두 대가 있었는데 부모님에게는 브레이크가 고장났다고 말하고 얻은 것이었다.

여전이 할 일이 전혀 없었다. 죠니는 무리에서 일종의 지도자가 되었지만, 피터는 키가 너무 작아서 훌륭한 농구 선수가 되지 못했고, 훌륭한 축구 선수가 되기에는 너무 가벼웠다. 아이들이 그냥 그를 봐준 것이었다. 축구 헬멧은 가죽 모자였고, 야구 장갑은 눈뭉치를 던지는 데나 쓸 수 있는 것이었다. 겨울에 토페카는 영하 30도였고 여름에는 45도를 육박했다. 소년들은 시멘트 위에서 양철 깡통과 나뭇가지를 가지고 롤러스케이트 하키를 했다. 피터 S.는 이 게임을 좋아했다(가장 좋아하는 게임이었지만 60살(1981)이 되어서야 아이스하키를 얼음판에서 하게 되었다.)

삶은 지겨웠고 시간은 느릿느릿 갔다. 스탈린은 3백만이나 되는 자국민을 살해했다. 인도의 간디는 폭동을 일으켜 2만 명 이상의 생명을 앗아갔으며, 마틴 루터 킹 주니어에게 한 본을 남겼다. 인디애나 광산 폭발로 31명이 죽었으나 피터 S.는 거기 없었다. 오랜 세월이 흐른 뒤 그는 인디애나폴리스와 포트 웨인과 게리와 처빌에서 설교를 했지만 폭발에 휘말리지는 않았다. 프랑스에서는 물놀이 중 350명이 익사했고(1931. 6. 14), 양쯔강은 미국이 베트남에서 얻은 사상자보다 더 많은 시체를 조용히 만들어냈다: 일주일도 안돼서 20만 명이 죽었다(1931. 8. 3).

느리지만 확실하게 매춘부들과 뚜쟁이들과 마약중독자들과 갱스터들의 음악(째즈)이 미시시피로 올라올 준비를 하고 있었고, 미주리와 캔자스, 그리고 나중에는 시카고까지 올라왔다. 미국은 정글로 되돌아갈 준비를 하고 있었지만 그때 당시 피터 S.는 아무것도 알지 못했고 그저 인생이 “느리”다는 것만 알았다.

영화관에 갈 돈이 없었기 때문에 몰래 영화관에 들어갈 방법을 찾아냈다. 잡지 살 돈이 없었기 때문에 밤에 손전등을 가지고 거리를 오르내리며 잡지를 쌓아놓은 창고에서 잡지를 훔쳤다. 그렇게 해서 그는 첫 번째 만화책들(〈경이로운 만화〉, 〈작지만 큰 책들〉, 〈원더 만화〉, 〈만화보다 더 재밌는〉 등)을 집어 들었을 뿐 아니라, 그 당시 손에 넣을 수 있는 음란 서적들도 얻었다: 〈시험답지〉, 〈대상선〉, 〈어드벤처〉와 보통 잡지들(새터데이 이브닝 포스트, 펀치, 여성가정 잡지, 뉴요커, 내셔널지오그래픽, 콜리어즈 등)과 더불어 〈충격적인 로맨스〉, 〈프랑스 얼간이 짓〉, 〈음란한 탐정〉 등. 열 살에(1931) 그는 이런 잡지에서 그림을 카피하기 시작했다. 처음에는 연필로 그 다음은 만년필로 했다. 9살 때 〈서부 전선 이상 없다〉를 본 후 그는 군에 매료되었다. 그의 아빠는 존 톰슨 대위가 쓴 〈착검〉이라는 책을 가지고 있었는데, 그 책에는 펜과 잉크 스케치가 가득 차 있었다. 톰슨은 진정한 “스케치인”이었다. 그의 선들을 따라 갈 수가 없어서 피터 S.는 〈뽀빠이〉와 〈미키 마우스〉를 그리느라 시간을 다 썼다. 이에 능숙해지자 〈타잔〉, 〈플래시 고든〉, 〈머트 앤 제프〉를 졸업했다.

여전히 삶은 지루했다. 그의 아빠는 라디오를 듣고선 이렇게 말하곤 했다, “확실한 건 이제 우리가 지루한 시대에 살고 있다고 말할 순 없다는 거야!” 말만 그렇게 한 게 아니라 그렇게 생각하고 그렇게 믿었다. 맞는 말씀이었다. 산티아고에서 난 지진으로 천오백 명이 죽었고(1932. 2), 프랑스 필립 정기선에서 50명이 불타죽었으며(1932. 5), 멕시코에서는 지진으로 300명이 죽었을 뿐만 아니라 알제리에서 열차충돌로 120명이 죽었고, 쿠바에서는 허리케인으로 또 천 명이 죽어나갔다. 누군가가 생을 보호하는 듯한 사람들도 있다. 피트는 지진으로 죽은 7만 명의 중국인에 포함되지 않았으며(1932. 12), 조류에 휩쓸려 익사한 3백 명의 일본인(1933. 3. 3)에도 포함되지 않았다.

몇 십 개의 그림을 그려 함께 붙여서 두루마리를 만들 수 있다는 것을 알게 되었다. 이것을 두 개의 빵 만드는 밀대 위에 올려놓고 커다란 판지로 된 상자에 세워놓은 다음 그 앞에 "스크린"을 잘라 놓는 것이다. 그런 후 불을 끄고 구멍 위에 손전등을 켜고 관객의 눈을 지나 그림을 빨리 연속으로 감는 것이다. 아주 빠르게! 그러면 집에서 만든 영화가 되는 것이다. 또다른 혁신적인 일이 있었다. 군중이 출입구에 있는 동안 표를 사기 위해 선 줄을 뚫고 뒤쪽으로 걸어가다 보면 진짜 극장 안으로 들어갈 수가 있었다. 또 다른 방법은 관리인들이 바깥 청소를 하는 아침 일찍 극장에 가는 것이다. 출구 안으로 미끄러져 들어가서 이미 청소가 다 된 좌석 사이 아래에 엎드려 있는 것이다. 그러면 세 시간 후에 쇼가 시작되었다.

1936년까지 이 소년은 〈위대한 지그필드〉, 〈내 남자 가드프리〉, 〈샌프란시스코〉, 〈로미오와 줄리엣〉, 〈루이스 패스터 이야기〉, 〈두 도시 이야기〉, 〈미스터 디드 도시에 가다〉, 〈댄저러스〉, 〈베키 샤프〉, 〈어둠의 천사〉와 그 외 다른 40편의 영화를 봤다. 이중 일부 영화는 부모님이 돈을 지불하고 소년에게 보여준 것도 있지만, 그건 아주 드문 일이었고(한 달에 한 번 정도) 돈은 얻기가 힘들었다. 나머지는 친구들과 영화관에 몰래 들어가서 본 것이었다. 이런 헐리우드에서 만든 영화 외에도 온갖 만화들과, 로렐과 하디가 만든 모든 영화와, 막스 형제의 영화 모두와, 조로와 프레시 고든의 모든 영화와 탐믹스와 로이 로저의 모든 영화도 있었다. 〈하룻밤에 일어났다〉, 〈게이 이혼녀〉, 〈데이비드 카퍼필드〉, 〈정보원〉, 〈레드 갭의 러글즈〉, 〈캡틴 블러드〉, 〈바운티호의 반란〉, 〈마른 남자〉, 〈비바 빌라〉, 〈무기여 잘 있거라〉와 현재(1990) "영화채널"과 "심야쇼"에서 볼 수 있는 온갖 영화들이 이 소년의 뇌 속으로 들어갔다. 미래의 예술가로서 인위적인 헐리우드 오락이 범람하는 가운데 앉아 있었으니 1936년쯤 피터의 마음 속 상태를 짐작하고도 남음이 있다.

그는 〈애로우스미스〉, 〈챔프〉, 〈상하이익스프레스〉, 〈가드맨〉, 〈지킬 박사와 하이드〉, 〈지속적인 미소〉, 〈그녀는 그에게 잘못했다〉, 〈하루를 위한 숙녀〉도 봤다. 그리고 여러 번 다시 그냥 시간이나 죽이고 만화를 보기 위해 그곳에 갔다. 미키마우스는 1932년에 등장했다. 〈안나 크리스티〉, 〈무법자〉, 〈마귀의 휴일〉, 〈시마론〉, 〈스키피〉, 〈트레이더 혼〉, 〈작은 아씨들〉, 〈파이브 스타 파이널〉, 〈브로드웨이 멜로디〉, 〈용기 있는 자들〉을 소년은 보았다.

헐리우드에서 전달하는 메시지가 있었다. 그 메시지는 간단했다. 그것은 "로마카톨릭교회가 지배하는 적그리스도 휘하의 도덕 기준이 없는 단일 정부 준비"였다.

맞다. 1936년 당시 이 메시지는 그렇게 분명치는 않았지만 "적은 누룩"이 "온 반죽"을 망치는 법이다(갈 5:9). 그것은 "포도 넝쿨을 망치는 작은 여우들"(솔 2:15)이었다. 헐리우드에서는 성과 폭력 사이사이에 도덕적 교훈과 감상적인 인본주의를 넣어서 인간의 본성에 작용케 하는 일을 하고 있었다. 결국 성과 폭력이라는 항목이 이기리라는 것을 알고 있다. 그렇게 해야만 했던 것이다. 성과 폭력이 항상 "이겼다." 잭키 쿠간의 눈물 뽑는 최루성 영화와 셜리 템플의 귀엽고 자그마한 노래들 사이에 점진적으로("궁극적으로는"이라는 말이다.) 밸리 댄서들이 "허리를 내밀고 비트는 춤동작"이 등장한다. (로마의 서커스는 사람들을 산 채로 불태우면서 시작되지 않았다.) 헐리우드는 정글음악과 정글의 도덕관을 통해 미국을 다시 정글로 되돌리려는 준비를 하고 있었다. 한 번에 한 발짝씩 천천히 진행되었다.

1. "처음으로" 두 미혼남녀가 밤에 같은 모텔에서 자는 것을 봤다.

2. "처음으로" 동정할 수 있는 매춘부를 봤다. – 이 여자는 쾌활하고 재미있기까지 하다.

3. "처음으로" "지옥"이라는 단어가 스크린에 나온다. "저주"라는 욕이 스크린에 처음 나왔다.

4. "처음으로" 남자가 스크린에서 여자를 때리는 것을 봤다.

5. "처음으로" 기혼 부부가 함께 침대에 있는 것을 봤다.

6. "처음으로" 옷을 입지 않은 여자가 스크린에 나오는 것을 봤다.

결국 텔레비전을 통해 모든 것이 거실 속으로 침투한다. 거기서는 온갖 욕설이 난립하며 때로는 두 시간에 오십 번이나 욕이 나오기도 한다. 줄거리는 간음과 음행을 하고 칵테일을 마시는 술꾼(혹은 정부 요원)이 사람들을 죽이거나 사람들과 침대로 가는 것 외에는 아무것도 아니다. 셔리 템플, 미키 루니, 재키 쿠갠, 우리 갱, 더글라스 페어뱅크, 글로리아 스완슨, 클라라 바우, 진 할로우, 메리 픽포드, 재키 쿠퍼, 폴 머니, 머나 로이는 (무의식적으로) 미국이 마돈나, 비틀즈, 엘비스 프레슬리, 존 벨루쉬의 도덕관을 가졌으며, 마약에 찌들고 음행하는 문화를 맞이하도록 준비시키고 있었다.

우울함을 달래는 또 다른 방법으로는 코강까지 걸어가서 수박을 훔쳐 강에 던진 후 서늘해질 때까지 강 아래로 수박들과 같이 수영을 하는 것이었다. 강둑에 올라와 발로 수박을 깨서 조각을 집어 나무 위에 올려놓고 얼굴을 그 속에 박고 옥수수를 먹듯 그것을 씹는다. 그것은 지루함을 없애는 아주 좋은 놀이였다.

친구 하나가 다이빙을 해서 다시는 떠오르지 않았던 이후로는 이런 재미는 차츰 수그러들었다. 그 친구는 쓰러진 나무 밑둥의 그루터기에 걸렸던 것이다. 위로 떠오른 건 소용돌이치는 피뿐이었다. 피터의 친구 잭 알렉산더가 뛰어가 도움을 청했으나, 모두가 도운 결과 얻은 것은 14살 난 소년의 익사한 시체뿐이었다.

성적에 문제가 있었지만 전혀 책을 보지 않고도 C학점이나 D학점으로 모든 과목을 통과할 수 있다는 것을 알게 되었다. 어딘가에서 엄청난 더미의 훔친 잡지를 통독하는 동안 일분에 약 삼백 단어를 읽는 습관을 얻게 되었다. 21살쯤에는 일 분에 7백 단어까지 증가했다. 문제는 아빠 존이 자신의 두 아이를 선조들의 발자취를 따라 육군사관학교에 보낼 준비를 하고 있을 때 죠니는 시험에 통과했지만 피터는 낙제했다는 점이었다.

시간은 무미건조하게 흘렀다. 루즈벨트는 황금률을 실추시켰다. 진, 위스키, 럼주, 맥주, 브랜디, 스카치와 더불어 "행복한 날들"이 다시 왔다.

아돌프 히틀러는 독일의 최고 독재자가 되었다(1933. 3). 이라크와 시리아가 충돌해서 자국민 600명을 살해했고(1933. 8), 텍사스의 허리케인으로 32명이 사망했지만, 럭크만은 거기 없었다. 그는 1949년 이후에야 텍사스에서 설교를 했다. 설교할 때 그는 아마릴로, 갤베스톤, 휴스톤, 샌안토니오, 포트 워스, 달라스, 알링톤, 그라함, 비빌, 모나함에서 설교했다. 그러나 그건 오랜 뒤의 이야기이다. 아직 그는 밤거리를 배회하며 "할 일"을 찾아 다니고 있었다. 삶은 무미건조했다. 보니와 클라이드가 죽었고(1934. 5), 캔자스의 혹서로 230명이 죽은 건 사실이었지만, 럭크만은 거기에 포함되지 않았다. 포모사 지진으로 2천 명이 죽고 1만 3천 명이 집을 잃었지만 럭크만은 포모사에 있지 않았다. 그는 토페카에 있었다.

신나는 일을 갈망한 기도 응답으로 빌 펠트스라는 소년을 우연찮게 만났다(그 소년은 2년 후 18살의 나이에 자동차 사고로 죽었다). 그의 소개로 친하게 지낼 일이 없는 여자 아이들 무리에 끼게 되었지만 그는 기적적으로 "깨끗하게" 나왔다. 두 번째 "친구"(둘 다 나이가 더 많았다)는 토페카 북쪽 끝(바로 다리 앞)에 있는 홍등가에 그를 데리고 가서 매춘부를 시켜 그를 "길들이게" 하려고 했지만 그는 나이가 너무 어려서(13살) 상황 파악을 못했다. 오늘날같이 성적으로 강박관념에 쌓인 흑(黑)이 득세하는 세대에서 양육되었다면(1970-1990) 즉시로 침몰하고 말았을 것이다. 같은 소년이(제리 B.라는 소년) 그에게 수간하는 법을 보여주었다. 토페카는 이상한 곳이다.

그러나 피터의 진짜 사랑은 모두가 이타적이고 정신적인 것이었다. 그는 꿈꾸는 자였다. 영화가 그를 꿈의 세계로 이끌었다. 그는 눈을 뜨고 있을 때보다 감고 있을 때 더 분명하게 볼 수 있었다. 그가 처음으로(6살) "반

한" 대상은 루이즈 웨이들링이라는 아름다운 금발의 독일계 소녀였다. 그 아이 아빠는 의사였다. 이 일은 거의 2년이나 지속됐다(1927-1929). 다음으로 눈에 들어온 소녀는(8살) 윌버타 가링하우스라는 독일계 소녀였다. 그 아이의 손도 잡아보지 못했지만 1929년부터 1932년까지 그는 미치도록 그 아이에게 빠져 있었다. 그 아이 뒤를 이어 또다시 독일계였다. 해리어트 앤 슈미츠. 데이트 한 번 못했으면서도 1936년까지 그 아이를 떨쳐 버리지 못했다.

"사랑"은 다 좋았지만 그 역시 무미건조했다. 경찰에게 쫓기며 뛰는 것이 그보다 더 "활기"가 있었다. 그래서 그는 뛰었다. 하룻밤 넘게 그는 사이렌 소리를 들었고, 두서너 밤은 총성을 들었다. 그 당시 어린이들에게는 전혀 "권리"가 없었고, 경찰의 임무를 방해하는 "흑인 활동가들"도 없었다. 등에 총을 맞으면 그건 맞은 사람 잘못이었다. 다음과 같은 이유로.

1. 몸을 수그리지 않았거나,
2. 멈추지 않았거나,
3. 숨지 않았거나, 혹은
4. 총알을 피할 만큼 빨리 피하지 않았거나.

그런데도 여전히 삶에는 뭔가가 부족했다. 400편 이상의 영화를 봤을 때쯤(1931년부터 1935년까지 일주일에 두 편씩), 토페카에서의 삶은 거의 참을 수 없을 지경이었다. 이런 일이 진행되는 동안 사실 파키스탄에서는 2만 6천 명이 살해되었고(1935. 5), 독일에서는 강제수용소가 문을 열었다. 중국에서는 양쯔강이 범람해서 또 다른 20만 명이 그들의 창조주를 만났고(1935. 7), 이 시기의 일본의 중국 침공은 사태 해결에 전혀 도움이 되지 않은 것도 사실이었다. 무솔리니가 에티오피아를 침공하기 바로 전에 플로리다에서는 허리케인으로 2백 명이 사라졌지만(1935. 9), 럭크만은 플로리다에 가본 적이 없었다. 나중에 그는 제이, 밀튼, 페이스드퍼니악 스프링스, 크레스트뷰, 파나마 시티, 애팔라치콜라, 레이크 스프링즈, 레이크 시티, 템파, 세인트 피트, 잭슨빌, 퍼나디나 비치, 헤인즈 시티, 올랜도, 키 웨스트, 포트 마이어즈, 오션 시티, 포트 월튼, 메리 에스터, 텔러헤시, 팔라트카에서 복음을 전파했지만, 그건 나중 일이었다. 아주 나중의 일.

피터 S.가 이제 곧 비행청소년이 될 것임을 안 코네티컷 하트포드의 로빈슨 아줌마가 고맙게도 피터와 죠니가 미네소타 포케가마에서 열린 성공회 캠프에 참가할 수 있도록 길을 열어 주셨다. 그곳은 옛날 인디언 지역이었는데(미사와카 지역), 캠프는 엄격한 "광신적 애국주의"였다. 그곳에 도착해서 우리는 두 인디언 부족으로 나뉘었다. 한 명은 지페와족이 되었고 한 명은 수족(다코타족)이 되었다.

물론 경쟁을 유도하기 위한 것이었다.

"북쪽 땅에는 여러분 모두 잘 알고 있는 부족이 살고 있었다. 이들은 숲과 대초원과 호수와 강들을 다녔다. 전투의 예봉이 올라오고 사냥하는 날이 끝나면 베이컨을 집에 가져오는 사람은 보통 수족이었다! 와우! 숭고한 수족은... "

미사와카 캠프에 있던 나무들! 사방에 큰 나무들이 있었다. 피터 S.는 밖에 나가서 나무 아래 앉아 있거나 그 아래 누워서 가지들 사이로 위를 쳐다보는 것을 좋아했다. 가끔씩 몰래 "부족"을 빠져나와 무단이탈해서 한 번에 한 시간씩 큰 숲을 지나 걸었다. 한 번은 폭우 속에 나가서 빗속에서 커다란 전나무 아래 앉아 있었다. 떨어지는 물, 번개, 천둥, 머리 위로 펼쳐진 커다란 가지들이 좋았다. 숲에 있으면 편했다. 숲과 대양, 바로 그거였다. 나머지는 있으나 없으나 상관 없었다. 그는 그 북쪽 숲을 절대로 잊지 못했다. 그의 투박하고 원시적인 본성이 반응을 보인 첫 번째 클래식 음악 작품은 요한 스트라우스의 작품으로 미샤와카 캠프에 참가한 지 약 일 년 후에 들은 것이었다. 그때는 작품 이름도 몰랐지만 처음 듣는 순간 그의 심금을 울렸고, 곡이 끝날 때까지 들으며 거의 무아지경에 빠졌었다. 피터 S.가 음악에 대해 알고 들은 첫 번째 클래식 음악 곡은 〈비엔나 숲 속의 이야기〉였다.

미샤와카에서 죠니에게 어떤 변화가 있었다. 그게 뭔지 아무도 몰랐지만 그것은 피터의 삶의 진행 경로를 영구히 바꿔 놓았다. 이들이 돌아왔을 때 죠니는 이전 "갱"들과의 모든 관계를 단절하고 스스로를 완전히 고립시켰고, 그가 그렇게 하자 지금까지 형 때문에 피터를 받아들였던 갱들 중 피터와 새로 시작하고 싶어 하는 이는 아무도 없었기 때문에 피터 역시 "아웃"되었다. 죠니는 시험을 통과했는데도 육군사관학교 입학을 거절했을 뿐만 아니라 영화배우가 되겠다고 부모님께 말씀드렸다. 고등학교 졸업 후 그는 (캔자스 종합 대학) 로렌스에 갔지만, 영국에서 사병으로 징집되었다. 거기서 그는 부적격 제대자로 미합중국으로 되돌아왔다 – "중증 장애인." 그리고 다음 40년간을 정신병동에서 정신과 의사들과 함께 보냈다. 1936년 당시 그의 병은 "정신분열증"이라고 불렸다. 그의 병은 모자 관계와 어떤 연관성이 있었다.

피터 S.는 이제 "셉"이라는 개(반은 독일 셰퍼드이고 반은 콜리)와 홀로 남겨졌다.

처음에는 훔친 잡지를 읽고 그림만 그렸지만 다시 삶이 재미없어졌다.

아무도 그와 어울리지 않는다면 혼자 하면 된다. 그러나 무슨 일이 있어도 "액션"은 할 것이다. 인생은 괴로워하기에는 너무 짧다.

에티오피아에서는 공중 폭발로 4천 명이 죽었다(1936). 또 다른 혹서가 토페카를 강타했고, 그로 인해 미드웨스트에서는 3천 명을 묻었다(1936. 7). 그후 스페인에서 내전이 일어났고, 히틀러와 무솔리니는 교황과 완전한 화합을 이루어 선생 선 책략으로 사신들의 비행기와 군대를 보냈다. 빙 크로스비는 "비가 내릴 때마다 하늘에서 동전 비가 내린다," "라스트 라운드 업," "푸른 밤하늘이 금색의 만과 만나는 곳"을 노래하고 있었고, 러스 콜롬보(카톨릭 신자)와 루디 밸리는 망각 속으로 가라앉고 있었다. 1937년 베니 굿맨은 제스 스테이시, 라이오넬 햄프톤, 진 크루파와 함께 파라마운트 극장을 강타했고, 뉴욕은 세상에서 가장 검은 도시를 향해 가는 여행을 시작했다. 아프리카에서 가장 큰 도시보다(요하네스버그) 뉴욕에 흑인이 더 많게 되었다(1990).

영화에서 흑인 음악가들이 백인 음악가들과 함께 연주를 했다. 그래서 미국흑인지위향상협회(NAACP) 민권소송(1954, 브라운대 교육 위원회)이 있기 15년도 더 전에 금주법이 시행되고 공화당이 우세하던 캔자스 한 가운데 "백인구역"에서 피터 S.가 여기 그의 거실에서 "2박자 즉흥 재즈"를 하고 있었고, 항상 입에서 떠나지 않는 사람의 이름은 6피트 2인치짜리 흑인 스타 농구선수 프랭크 슬로터였다.

그런 과정을 지금 되돌아보면, 피터 S.가 18세에 교도소로 직행해서 거기 머물지 않게 할 수 있었던 유일한 것은 그의 독서 습관 때문이었다. 그는 책 읽는데 너무나 익숙해져서 팝콘처럼 책들을 삼켰다. 읽은 모든 것을 다 이해한 것은 아니지만 습관적으로 읽었고, 그것은 중독성 있는 "습관"이었다. 개념들과 철학들과 문화와 이상들을 지속적으로 소비함으로써 하향하는 그의 인생에 일종의 제동장치 역할을 했다. 단순히 학교에서 요구하는 필독서를 모두 읽은 것만 아니라(모비딕, 안토니 애드버스, 사슴잡이 명인, 황야의 부르짖음, 갈가마귀, 주홍글씨, 돈키호테, 이상한 나라의 앨리스, 페어리 퀸), 아이반호, 리어왕, 베니스의 상인, 맥베스, 피그말리온, 분노의 포도, 생쥐와 인간, 제인에어, 폭풍의 언덕, 전쟁과 평화, 레미제라블, 로마제국의 흥망사, 서구의 몰락, 욕망이라 불리는 전차, 시간과 강과 유진 오닐, 조지 버나드 쇼, 클리포드 오데츠와 로버트 앤더슨의 모든 희곡과, 입센, 몰리에르, 아나톨 프랑스, 폴크너, 헤밍웨이, 스타인백, 드모페슨트, 서머셋 모음의 작품들을 읽었고, 디킨즈, 테커레이, 쉘리, 키이츠, 워즈워드, 에머슨의 작품을 읽었다. 그러나 이런 모든 것들이 "안전장치 없는 제트기"의 방향을 완전히 바꿀 수는 없었다. 소설 속의 영웅들이 연합뉴스와 라이프지와 타임지에 나오는 영웅들을 대신할 수는 없었다.

피터에게는 그보다 두 살 더 많은 잭 알렉산더라는 친구가 있었다. 잭의 엄마는 토페카 시내 펠르티에 관현악단에서 일하고 있었다. 매일 수업이 끝나면 둘은 거기 녹음실에 들어가서 오래된 78 알피엠의 빅트로라 음반을 틀었다: "사보이에서 춤을," "춤을 춥시다," "천사들이 노래하다," "베이 미르 비스트 두 숀," "내 마음은 아빠에게 속하네" 등. 피터는 댄스밴드의 드러머가 되기로 결심했다.

문제: 어디서 돈을 구한단 말인가? 답: 도전에 응한다. 도전에 응할 수 있는데 왜 일을 해야 하는가? 친구가 자신에게 뭔가를 하게 하면 그에 대

해 요금을 물린다. 럭크만은 열심을 다해 일을 했다.

재생된 장면:

"아, 럭크만 너 그거 할 배짱이 없지?"

"내가 하기를 원해?"

"응."

"좋아, 내 수고에 보답은 해야지. 벽돌 반 개를 써도 돼, 한 개는 안돼."

"어느 정도 높이에서 너한테 떨어뜨릴까?"

"10피트 이상은 안돼."

"좋아, 거래하지. 얼마면 되겠어?"

"25센트."

"좋아, 하자..."

몇 명의 증인과 함께 - 벽돌을 던져서는 안 되며, 떨어뜨릴 때도 세게 힘을 줘서 밀어서는 안 된다는 것을 확실히 해둬야만 했다. 그냥 떨어지는 것이어야 했다. 그렇게 해서 헛간이나 다른 사람의 집에 가서 벽돌을 아래로 떨어뜨리곤 했다. 온통 피범벅이 되었지만 그는 돈을 얻었다. 오늘날까지도 누군가가 럭크만의 머리를 면도기로 다 밀어보면 꿰맨 자국이 없는 상흔의 흔적을 적어도 여섯 개 정도는 볼 수 있을 것이다. 결국 자신이 고의로 한 일로 부모님께 치료비를 부과할 수는 없는 일이었다.

중학교 마지막 학년이 되자 럭크만은 그 도시의 "저돌적인 인물"이 되어 있었다. 사방에서 아이들이 그에게 몰려왔고 그는 좀처럼 제안을 거절하지 않았다. 게이지 공원 물속으로 다이빙해서 30피트를 하강하는데 1달러를 받았다. 메뚜기를 죽이기 위해 나무에 붙여놓은 "접착물"을 먹고

칠판 강연을 처음 시작한 곳 (1940-1998)

또 1달러를 벌었다. 그의 전리품은 생물학 실험실에 있는 포름알데히드에 절여놓은 죽은 원숭이 한 조각이었다: 그걸로는 2달러를 벌었다. 차마 말로 표현할 수 없는 일을 해서 보스웰 중학교를 졸업하는 날쯤에 그는 50달러를 모았다.

"아, 우리는 보스웰 중학생들! 공부나 일에서나 우리는 학교에 충실하리라. 살아 있는 날 동안 싸우리라. 싸워라! 싸워라! 싸워라!"

제4장

최초의 진짜 히피

1937년 7월 혹서로 또 다른 백 명의 미국인들이 죽었다. 피터 S.는 그 중 한 사람에 포함되지 않았다. 인도에서는 열차 사고로 95명이 죽었다(1937. 7. 17). 홍콩에서는 태풍으로 3백 명이 죽었다(9월 3일). 나치는 뉴렘버그에 25만 명의 군대를 집결시켰고, 백설공주와 일곱난쟁이가 무대에 등장했다. 럭크만은 그걸 봤다. 어느 때보다 더 색을 가지고 놀고 싶은 충동을 느꼈다. 그는 이제 다른 색깔의 잉크로 만화를 그리기 시작했고 점차적으로 펜과 잉크 그림에 크레파스를 쓰기 시작했다. 정식 그림 교육을 받지 않고 되든 안 되든 계속 했다.

토페카 고등학교에 입학했을 때(1938. 9) 그는 벌써 유명해져 있었다. "도전" 때문에 그의 명성이 퍼졌지만, 고등학교에서 그를 지도자로 생각하는 새로운 갱은 중학교 때 재미로 하던 갱들과는 달랐다. 그들은 "갈색 눈의 악동"을 잘못 인도했다. 노련하게 칼싸움을 하고 청부살인을 해야 할 만큼 담력 있고 무모한 누군가를 염두에 두고 있었다. 그는 그렇게까지 할 생각은 없었다.

여름에는 델라웨어 르호보스 해변 개인소유 비치클럽에서 인명구조 일을 했다. (해가 지고) 교대근무시간이 끝나면 술집에서 술을 관리했다. 그는 프록토가 사람들과 갬블가 사람들이 서로 아내를 교환하는 것을 보았고, 탁자 위로 듀센버그차가 팔리고 댄스홀 바닥에 기절하는 것을 보았다. 이런 장면들에 완전히 적응하자 그 다음 크리스마스 방학 때 그는 집에서 (혼자) 도망 나와 해적 골목에서 그림 물감을 팔며 뉴올리언즈 프렌치 쿼터에서 2주를 보냈다. "투시스터코트"와 "발리 클럽," "라루나"에서 드럼을 연주했으며, 토페카에서 간과했거나 놓쳤던 좀 더 많은 더러운 것들을 집어 들었다. 그는 달콤한 17세였다.

다양한 장면들:

쿵! 섹시한 여자가 술집 의자에서 떨어진다. 어떤 남자가 그녀를 일으키려고 몸을 굽힌다. 그의 친구가 말한다. "이봐, 얼간이, 그러면 안 되지. 넘어진 여자는 절대로 돕지 마라. 발로 차버려!"

"자, 자, 해보라니까. 기분이 좋아질 거야?"

"근네, 이름이 보이지 않는데. 상표가 뭔데?"

"그게 무슨 상관이야? 자기, 한 모금 해봐. 기분이..."

"난 그런 자이브 춤은 좋아하지 않아. 색소폰 연주가에게 무슨 일이 일어나는지 보라구."

"자기, 무슨 말이야?"

"템포 말이야! 그 사람이 걷는 속도로 '티스킷 태스킷'(재즈 동요 박자) 하다가, 세 번째 연주할 때는 양철지붕에 빗방울이 떨어지듯 하잖아."

"이 물건 중에서 뭐라도 좀 팔았나?"

"별로. 초상화가 돈이 되지. 모두들 좋아하니까."

"인물화는 못 그리는데."

"나도 그래. 자, 마셔."

"이런 식으로 생계를 유지하면 곧 굶어 죽을 거야, 안 그래?"

"맞아, 그래, 총에 맞아 죽는 것만큼 빨리 죽을 거야."

"근데, 자넨 어떻게 생계를 유지하나?"

"진탕 마시지. 철인들이 있는 곳 말이야. 밀주제조. 오클라호마 같은 금주법을 시행하는 데 가져가서 파는 거야."

해적골목에서 피터 S.는 인생에서 처음으로 성숙한 결정을 내렸다. 예술가나 음악가가 되려면 "최저생계비"를 벌기 위해 다른 일을 하면서 두 재능을 계발시키는 것이 좋겠다는 것이다.

혼자서 뉴올리언즈와 워싱턴 D.C.(다음 크리스마스)로 여행을 떠나면서 갱들 사이에서 그의 평판이 올라 갔다. 그 "갱"에는 모스 주니어, 잭 본브레이크, 코디 모스, 어윈 코울슨, 잭 알렉산더, 로니 노엘러, 에드 프라이스, 조지 맥아프리, 조지 무어, 레스리 스크리노프스키, 게일런 타봇과 다른 몇 명이 있었다.

토페카 고등학교에 필요한 것은 약간의 “액션”이었다. 피터는 그걸 얻었다.

1. 백 개의 탁구공을 모아서 두꺼운 종이 상자 안에 넣어 위를 아래로 향하게 한다. 여기에 길고 무거운 줄을 묶어서 체육관 발열체 꼭대기에 거꾸로 놓는다. 다음 농구 게임 때 줄을 확 잡아당기면 상자가 열리면서 백 개의 탁구공이 쏟아져 적어도 15분간은 확실히 튀게 된다. 그 누구도 단시간에 그것을 다 모을 수 없다. 처음엔 20피트 튀었다가 그 다음은 16피트, 그 다음은 11피트....

2. 누군가의 락커에서 속옷을 훔친 다음 수업시간 사이에 고양이 두 마리를 가져와(이건 두 사람이 필요한 일이다) 락커를 열고 고양이를 넣은 다음 문을 꽝 닫는다. 결과는 대개 예상을 훨씬 뛰어넘는다. 15분 이내에 절대로 그 주인을 찾을 수 없었다. 그동안 복도와 통로는 원시시대 전투 소리로 메아리친다.

3. 수업시간에 잠깐 나와서 화장실로 간다. 그런 다음 문을 열고 통로 아래로 어뢰를 날린다.(이건 작고 둥근 폭죽으로 도화선이 없다. 지름이 약 1인치 반으로 효과가 있었다.) 어뢰는 대리석 통로를 굴러가다가(200피트 위로) 계단 층계참에서 떨어져서 바닥 아래에서 폭발한다. 대리석 통로에는 금속으로 된 락커들이 줄지어 있는데 수소폭탄이 터지는 것 같은 소리가 난다. 위층에서 내려온 것이고 층계참에는 아무도 없었기 때문에 “추적”을 할 수가 없다. 그러나 범죄의 대가를 항상 치르지 않는 것은 아니다. 다섯 번째 쯤 그것이 “화장실”에서 나올 때 교감 선생님(스타크)이 럭크만의 손을 잡았다. “치러야 할 지옥”이 기다리고 있었다. 그날과 그다음 주 내내.

그동안 히틀러는 오스트리아를 합병했고(1938. 3), 영국에서는 광산 폭발로 79명이 죽었으며(5월), 팔레스타인에서 60명의 아랍인이 총에 맞았고 히틀러는 체코슬로바키아로 행군해 들어갔다(10월 5일).

스타크 교감은 "럭크만"에 대해 걱정하는 것만큼 히틀러에 대해 걱정하지는 않았다. 그는 피터 S.를 이상하게도 "럭크만"이라고 불렀다. 대개 어른들은 "피터"나 "피트"라는 이름을 썼고 십대들이나 십대 이전 아이들은 항상 그를 그냥 "럭크만"이라고 불렀다. 그와 가장 친한 친구들은 때로 "럭"이나 "럭키"라고 부르기도 했고 "피트"나 "피터"라고는 절대로 부르지 않았다. 10살 이후로 그의 이름은 줄곧 "럭크만"이었고, 토페카 고등학교에서 뭔가가 잘못되면 그건 "럭크만"이 한 일이어야 했다.

스타크는 본인 생각에 "가장 중요한" 생각이 있었다. 그 당시 "응용 심리학"이 대세였기 때문에 럭크만에게 심리학을 적용해 보려 했다. 듀이와 제임스의 행동주의 심리학이 또 다른 화두였다. 1930년 이후로 그 심리학은 전국교육협회(NEA)의 화두였다. 스타크는 럭크만이 관심을 얻고 싶어서 "사회적으로 받아들여질 수 없는 행동"을 사용하는 좌절한 아이로 결정 내렸다. 이보다 더한 실수는 없을 것이다. (몇 년 후 럭크만의 동년배들은 럭크만이 "불안정하고" "열등감"으로 고통당하고 있으며 이로 인해 〈킹제임스성경〉 운동을 일으키게 되었다고 결정했다. 이들은 스타크보다 더 심한 실수를 했다.)

어쨌든 스타크는 "갈색 눈의 악동"을 초대해서 학생들을 위해 그림을 그리게 했다. (믿거나 말거나) 그는 8×4피트 베니어 합판에 그림종이를 급히 만들어서 사다리를 타고 올라가 학생들을 위해 럭크만이 그림을 그리도록 해주었다. 4칸짜리 연재만화를 사용해서 럭크만은 학교 책상에서 편안한 자세를 취하려고 하는 고등학생 한 명을 계속 그렸다(팔걸이가 하나 밖에 없는 낡은 책상). 그리고 고문실에서처럼 몸을 비트는 모습을 그린다. 그러다가 잠이 들어 꿈속에서 몸을 비튼다. 사형집행인이 그를 더 심하게 고문하기 위해 쫓아오는 악몽을 꾸었기 때문이다. 학생들 중에 "도끼를 든 사나이"가 누구인지 못 알아보는 학생은 없었다. 그는 스타크 교감이었다. 관중은 환호했고 교장 선생님은 얼굴에서 웃음을 쓸어내려야만 했다. 그래야 그의 학생들이 그를 "2%" 중 하나라고 생각하지 않을 것이다.

속도가 올랐다. 어느 날 밤 럭크만은 농구 게임에 난입하려다 경비원이 통로 아래로 아무렇게나 던진 침대 널빤지에 목이 달아날 뻔했다. 2주 후 그와 그 무리들은 "침입해서 들어가려"다 매복한 경찰에 습격을 당했고, 럭크만은 벽과 60피트 굴뚝 사이에 있는 건물 옆을 기어 올라가 도망하려 했다. 공중 40피트에서 플래시라이트가 그를 찾아냈고 화가 난 경관이 말했다. "좋아, 너 풋내기 내려와." 그 당시에는 내려와야 했다. 38구경 권총이 장전되어 있었고 한 발은 경고 사격, 그 다음 한 발은 등에 박히는 것이었다.

그 후 누군가의 뜰에 있는 빨랫줄에 말 그대로 "줄에 걸려 넘어지게" 된 경찰에게서 달아나는 동안 즐거운 밤을 보냈다. 미식축구전술이 아니라 바로 "실제"였다. 운이 좋게도 경찰의 숨소리가 너무 거칠어서 경찰은 친구를 쫓아 바로 그 옆을 뛰어가는 럭크만의 숨소리를 들을 수가 없었다. 말소리도 내지 않았을 뿐만 아니라 숨소리도 내지 않았던 것이다.

그 다음 2년간 "아빠 존"은 두 번 경찰의 전화를 받았다. 스티머 락커에서 빼낸 끈으로 "마무리"를 했다.

스타크 교감은 셔츠를 입고 돌아다니며 또 다른 긴급회의를 소집하고 "연두교서"를 보냈다. 거기서 그는 토페카 고등학교의 학생들은 2%에 해당하는 소수의 말썽쟁이들을 제외하고는 세상에서 가장 훌륭한 학생들이라고 선언했다. (이 학교에 2천 명의 학생이 있었는데 그렇다면 40명이 올바르지 않다고 말한 셈이다. 지나친 것이었다.) 그 이후 자신들의 행동이 받아들여지는 "엘리트"들이 통로에서 럭크만을 만나면 이렇게 말하곤 했다, "안녕, 2%."

그러나 그는 전혀 개의치 않았다.

속도가 더 올랐다. "와이어 브러쉬 스톰프"와 "프로이와 함께 하는 평발의 프루지"가 귀에 들리는데 금주법을 시행하는 공화당원의 삶을 살 수는 없는 노릇이다. 1939년 3월에 스페인 내전이 끝났지만 럭크만은 "싸움을 시작도 하지 않았었다." 침실 창문으로 들어가기 위해 때로 나무를 기어오르며 이제 갱은 두 번째 이야기를 시작하고 있었다. 갱의 일원이 가리키는 쪽, 즉 본인 뒤쪽에 있는 뭔가를 바라보느라 서랍 문을 열어둔 채 몸을 돌이키는 순간 금전 등록기가 털렸다. 차에 치인 척하며 배를 깔고 뒷골목에 누워 있다가 차에서 사람들이 내리면 다른 친구가 차를 몰고 가버렸다. 풋내기가 차에서 내리면 울타리 뒤쪽에 있던 소년들이 달려들어서 벨트를 벗기고 신발 끈을 같이 묶어놓고 차를 타고 가버린다. "영화"라는 교실에서 이런 훈련을 했다. 영화를 보고 온갖 속임수를 배웠다.

아주 천천히 럭크만의 영웅들은 로파롱 캐시디, 더 쉐도우, 보욱 카터, 리치토펜, 잭 뎀프세이, 진 튜니, 잭 샤키, 월트 디즈니, 아티 쇼에서 딜링거, 프리티 보이 프로이트, 알빈 카피스, 호머 밴 미터, 베이비 페이스 넬슨으로 바뀌었다.

최고의 상황이 벌어졌다. 약 넉 달 동안 아빠의 차를 훔쳐 탔다. 처음에 열쇠를 훔친 후 몇 주 기다렸다가 밤에 앞쪽 현관문 위로 나와 있는 2층 창문에서 내려와 기둥을 타고 미끄러져 내려온 다음 거리로 나가곤 했다. 집에서 30피트 떨어진 곳이나 중립적인 장소에 차를 두고 아무도 엔진 소리를 듣지 못하게 했다. 그러다가 전기 버스가 지나가면 "시동을 걸었다." 제리 브라운이 도시 외곽에 잠그지 않는 주유펌프 위치를 알아뒀다가 그쪽으로 가서 매일 밤 기름을 가득 넣고 타곤 했다.

제리는 대개 여자 친구를 데리고 와서 여러 장소에서 럭크만 앞에서 시연을 보이곤 했다: 골프장, 강둑, 현관 앞 그네 등. 그러나 정말로 럭크만을 그곳으로 "내려가시는" 못했나. 럭크만은 다른 세계에서 사는 듯 했다. 그는 차와 휘발유를 훔치는 게 전율이 있었다. 있는 그대로의 청소년기의 욕정은 그가 영화에서 봤던 것과는 같지 않았다. 이 여자 애들은 실크 스타킹과 이브닝 가운도 입지 않았고 이런 흥청거림 뒤에는 오케스트라도 없었다. 그에게 이런 건 무신경하고 육욕적으로 보였다. "이봐, 제리, 여기서 나가자. 여자 애들은 집에 데려다 주고 하키나 하자."

어느 날 밤 그는 "전부"를 가졌다. 약 60마일 정도 떨어진 미주리 캔자스 시까지 가서 두 상자의 밀주를 가지고 딱히 해야겠다고 마음먹은 것도 없이 "어린" 두 소녀와 함께(한 명은 13살, 한 명은 15살) "폭주 드라이브"를 하며 토페카로 되돌아왔다. 오전 1시경에 순찰경찰관을 지나쳤다. 주변 시야로 지나가는 차 옆을 알아보도록 눈을 훈련해 왔기 때문에 알 수 있었다. 몇 달간 고속도로에서 "치킨게임"을 했기 때문에 아주 능숙하게 되었다("치킨게임"은 두 명의 운전자가 왼쪽 타이어를 흰색 차선에 오게 한 후 각자 시속 60마일 속도로 달리다가 선을 먼저 벗어난 운전자를 "겁쟁이"(치킨)로 간주하는 게임이었다. 1939년에는 그랬다. 미국인 누구라도 "히피"가 어떤지 알고 있었다. 가끔씩 차들이 서로를 지나칠 때 자동차 발판이 "울리기"도 했다.

순찰경찰관이 지나서 캔자스 시티를 향해가고 있었고, 럭크만은 그 경관이 차를 돌리기 위해 브레이크를 밟지 않는 것을 확실히 알아보기 위해 백미러를 봤다. (만약 그가 차를 돌렸다면 해결책은 이렇다: 라이트 두 개를 끄고 어둠 속에서 가장 가까운 길로 차를 재빨리 돌린다. 주거지구로 갈 수 있으면 진입로 안쪽까지 들어가서 고속도로순찰차를 따돌리고, 라이트를 끄고 앞좌석에 고개를 숙이고 누워 있는다.) 경찰차에 브레이크 등이 켜지지 않았기 때문에 그는 계속 운전을 했다. 그러나 그날 밤 그는 새로운 전술을 배웠다. 순찰대원들이 브레이크 등에 불이 켜지지 않게 하는 손 브레이크를 사용한다는 것을 말이다. 15분 내로 차 뒤쪽 30피트도 되지 않는 지점에서 끔찍스러운 사이렌 소리를 들었다. 영화에서 봤던 것처럼 "일이 글렀다."

이어지는 장면:

"여기 있습니다. 럭크만 소령님. 여기서 동쪽으로 20마일 쯤에서 그를 잡았습니다. 두 가지 연방법 위반으로 기소할 수 있습니다. 술 밀매와 무면허운전과 훔친 차로 주 경계를 넘었습니다. 법에 명시된 유괴 혐의도 있습니다. 애를 어떻게 해야 한다고 생각하십니까?"

"그냥 아이일 뿐입니다. 17살밖에 안 됐구요. 제동장치가 필요하죠."

"이 아이에게 제동장치는 충분히 줬다고 보는데요. 이 애의 바보 같은 짓도 이제 지겹습니다. 이 애를 바로 잡지 못한다면 최소한 (비행청소년 갱생을 위한) 직업학교로 보내야겠군요."

"한 번만 더 기회를 주세요. 다시 한 번 법을 어기면 기소를 하셔도 됩니다. 그땐 막지 않겠습니다."

"좋습니다. 럭크만 소령님. 이제 이 애는 당신이 맡으세요. 그렇지만 한 번만 더 탈선하면, 단 한 번만 더 그런다면, 엄벌에 처하겠습니다. 아시겠죠? 팔 개월 후면 18살입니다. 더 이상 어리석은 짓을 봐줄 수는 없습니다."

소년은 그날 밤 그의 아빠와 나갔다. 그들은 "훔친" 차에 탔다.

대질과 설득:

"저런, 벌써 차를 운전하는구나."

침묵.

"피트, 뭘 하고 있었니?"

"아무것도 안했습니다."

"내가 그 말을 믿을 거 같니?"

"아닙니다." (모든 질문에는 3가지 답변만 있다고 아빠가 이미 가르쳐 놓은 상태였다: "그렇습니다," "아닙니다," "변명의 여지가 없습니다.")

또 다시 침묵.

"내년엔 민병대 군사훈련캠프에 가게 될 게다. 장교 임관을 하려면 4년은 다녀야 해. 캠프가 마감이 되었으면, 대학에 가서 ROTC에서 임관할 수 있을 게다. 대학을 진학할 만한 충분한 인격은 갖춰졌니?"

"예, 그렇습니다."

그들은 대학가 1525에서 멈췄다.

그의 방 문 앞에서: "좋다, 피터. 이번이 마지막 기회라는 거 알지? 허친슨이나 레번워스 육군 교도소에 갈 준비는 되어 있겠지? 다음 번에 나는 나서지 않겠다. 우리 서로 이해하고 있는 거지?"

"네, 알겠습니다."

십분도 안돼서 그는 잠에 곯아 떨어졌다. 사실 엄청나게 무거운 짐이 등에서 벗겨진 느낌이었다. 긴장감이 사라졌다. 약 1년간 그가 얼마나 "바로 잡혔"는지 그는 깨닫지 못했었다. 다음날 아침 그는 양처럼 고분고분해져 있었다.

제5장

신병훈련소와 돈 문제

군사 훈련소는 좋았다. 그러나 첫 주는 별로 좋지 않았다. 벽에 손으로 쓴 글씨를 봤기 때문이었다. 거기서 그런 복장을 하고 "자기 좋을 대로" 할 수 있는 사람은 아무도 없을 것이다. 간부단은 1차 세계대전 참전 군인들이었다. 분대는 8명으로 앞줄과 뒷줄로 되어 있었고, 상등병에게 말할 때는 "Sir"라고 말했다. "물론입니다"라고 말할 수도 있었지만, "Sir"라고 말하지 않으면 그날은 벌로 취사근무를 해야 했다.

식당에서 일하는 것을 선택할 수도 있었다. 식당에서 일하든지 아니면 떠나든지. (1939년 여름) 포트 레벤워스 민병대군사훈련소(CMTC)에서의 환영회는 결코 잊을 수 없었다. "좋아, 계집애들, 즐거운 시간들 보내고 여기 있는 시간이 행복할 수 있게 마음을 쓰도록. 그렇지 않으면 아무도 너희들에게 ....을 주지 않을 테니." 이 말에 피터의 마음속에서 반역하려는 화염이 목구멍까지 솟구쳐 올라와 민병대군사훈련소(CMTC)를 제2의 토페카 고등학교로 바꿔 버리려고 마음먹었다. 바로 그 순간 두 가지 일이 벌어졌다. 하나는 한쪽 손을 뒤로 묶고도 거뜬히 혼내줄 수 있다고 생각했던 아가씨 같은 친구와의 주먹 싸움에서 콧물 눈물이 다 날 정도로 호되게 당한 사건이었고, 두 번째는 자기 멋대로 하려고 했던 "반항분자들"에게 무슨 일이 일어났는지를 본 것이다. 헌병대는 모두 키가 6피트 이상이었고 곡괭이 손잡이 같은 지휘봉을 가지고 다녔다. 이곳에선 명령받은 대로 해야만 했다. 그렇지 않으면 거의 죽기 직전까지 얻어맞았다. 정규군에서는 맞아서 죽은 사람들도 있었고, 2.5톤 병력수송차 맨 끝자리에서 떨어졌다는 보고서가 쌓여있었다.

식당에는 1970년대처럼 카페트도 없었다. 의자도 칸막이를 한 공간도 쟁반도 웨이터도 없었다. 긴 의자에 앉아서 휴대용 식기세트로 먹었다. 토스트는 다 탄 것이었고, 베이컨은 날것이었고, 달걀분말에서는 달걀 껍질이 나왔다. 해야만 한다면 커피로 총구 안쪽을 깨끗이 청소할 수도 있었을 것이다. "선택의 여지"는 있었다. 두 가지나 되었다. 그대로 받아들이든지 아니면 떠나든지.

총은 옛날식 스프링필드 30.06구경이었고, 총검은 1942년 M1소총보다 6인치 더 길었다. "군화"대신 "가죽각반"을 두르기도 했는데, 그럴 때면 취사근무가 아침 4시부터 저녁 8시까지 계속되었다. 나무 스토브를 식히는데 1시간이 더 걸렸기 때문이었다.

레벤워스 연병장의 그늘은 종종 40도까지 되었다. 피터는 성인들이 마치 나무에서 떨어지는 낙엽처럼 쓰러지는 것을 보았다. 구급차가 와서 그들을 데려갔다. 스프링필드에서는 쪼그리고 앉은 자세로 사격을 했는데,

엉덩이에 반동이 너무 심해서 노새의 발길에 걷어 차이는 것 같았다. 눈이 멍든 사람도 있었고, 어떤 병사는 노리쇠에 손가락이 너무 가까이 닿아서 엄지 손가락이 부러지기도 했다. "기 게양, 기가 휘날린다. 기 하향! 오른쪽으로 준비, 왼쪽으로 준비, 사선 준비... 발사!"

그는 그걸 좋아했다. 그의 순환계 어딘가에 직업 군인의 붉은 혈구가 흘렀다. 예술가의 피도 아니고, 음악가나 책벌레의 피가 아니라 "병사," "보병"의 피가 흐르고 있었다. 아주 신났다. 얼마동안 그는 자신이 정해진 시간에 잠자리에 들어야 하고 정해진 시간에 일어나야 하며 정해진 방식으로 옷을 입고 "뒤로 세 번 앞으로 여섯 번" 손을 흔들며 걸어야 한다는 것조차 거의 잊을 지경이었다. 총에서는 커다란 문을 꽝하고 닫는 것 같은 소리가 났다. 12살 때 주 방위군 무기고에서 22구경 총을 쏴 본 적이 있었지만 그것과는 달랐다.

그는 총검연습을 좋아했다. 칼싸움은 한 번도 해 본 적이 없었지만 고등학교 내내 칼날이 튀어나오는 나이프를 가지고 다녔다. 행동을 취하기 위해 두 번 칼날을 빼야 했지만 직접 행동하지는 않았다. 마지막 해에는 4인치 주머니칼을 가지고 다녔다. 그리고 주머니에서 칼을 꺼내지 않고 한손만 써서 두 손가락만으로 칼날을 빼는 법을 배웠다. "작은 사람에게는 칼, 큰 사람에게는 곤봉"이라는 말도 있었다.

그러나 총검은 무거운 금속이었다. 그는 그 동작들을 절대로 잊지 못했다. 사역을 시작한지 40년이 지나서도 잊지 못했다: "수비 위치로...! 길게 찔러...! 좌로 베어...! 우로 베어...! 짧게 찔러...!"

그는 그곳에서의 "일반 수칙"을 절대로 잊지 못했다.

1. "하루에 일 달러, 그리고 일은 힘들지 않았다."

2. "서두르지 말고, 걱정하지 말고, 자원하지 말라."

3. "중대 사무실에서 멀찍이 떨어져 있어라. 입은 다물라.

4. "국기가 휘날리면 경례하고, 바닥에 떨어져 있으면 집어 들어라. 집어들 수 없으면 색칠하라."

민병대군사훈련소(CMTC) 제2년, 그는 좀 더 대담해져서 밤에 무단이탈을 하기 시작했다. 중대 근처 무덤을 지나 감시 초소를 몰래 빠져나왔다. 소등 나팔을 불고 한 시간쯤 지나면 출발했다가 아침 4시에 되돌아오곤 했다. 몇 차례 그럭저럭 해나갔지만 좋은 것에는 모두 끝이 있게 마련이다. 어느 날 아침 막 잠자리에 들었을 때 요리사가 손전등을 번쩍거리며 왔다. 취사근무병을 데려가기 위해 온 것이다. 그래서 그날 밤은 오전 3:30부터 30분밖에 쉬지 못했다.

"병사, 납작 엎드려. 오늘은 쓰레기 특별 임무야."

모자를 쓰고 중대가 있는 거리로 비틀거리며 들어가면서 그가 생각해 낼 수 있었던 것은 오마 카이얌의 루바이야트 시집에 나오는 시였다: "종이여, 일어나 보아라, 모피우스가 밤의 사발 속에 칙칙한 별들을 불타는 돌처럼 던져 날게 하는도다." 그날은 운이 두 배로 좋지 않은 날이었다. 그날 밤 처음으로 진짜 성관계를 가진 상대를 만났다(성경에서는 "간음"). 다른 군인을 따라 춤추러 온 기혼녀로 다른 군인과 춤추다가 댄스홀 밖에서 피터를 만나 그를 자기 집으로 데리고 갔다. 그는 달콤한 18세였다.

1939년 6월 15일 프랑스 잠수함 피닉스 호가 63명의 승무원을 태우고

해져 바닥으로 가라앉았다. 같은 달 나치는 독일경찰 한 명을 죽인 혐의로 천 명의 체코인을 체포했다. 3개월 후에 제2차 세계대전이 발발했다. 8월 23일 러시아와 독일은 폴란드를 분할할 목적으로 평화협정에 서명했다. 9월 1일 독일은 폴란드를 침공했다. 프랑스와 영국은 9월 3일 독일에 선전포고를 했다. 독일 언론은 영국을 폭격할 것을 요구했고, 미국에서는 "훌륭한" 옛 알버트 아인슈타인이 루즈벨트에게 핵폭탄 사용을 제안하는 글을 썼다(1939. 8. 2). 피터가 고등학교를 다니던 마지막 해(1939년 가을과 1940년 봄)에 소련이 핀란드를 공격했고(그런데도 호전적인 전쟁을 한 것에 대해 뉴렘버그에서 재판을 받지 않았다), 영국은 설탕과 고기와 버터를 배급해주기 시작했다(1940. 1). 로마카톨릭 교도 아돌프 히틀러는 - 교황 피오 12세와 협약을 맺고 - 아우슈비츠와 폴란드에 로마카톨릭 수용소를 세우고 로마카톨릭 사령관 루돌프 회스에게 책임을 맡겼다. 그런 다음 독일인들은 스칸디나비아와 벨기에와 네덜란드를 침공했고(1940. 5), 영국 해외 파견군은 자신들의 털끝 하나 건드리지 못하게 하기 위해 됭케르크 해변을 출발했다. 6월 14일 히틀러는 파리로 진군해 들어갔고, 곧이어 콩피에뉴에 있는 기차, 즉 1918년에 자신들이 모욕당했던 바로 그 기차 안에서 프랑스에 항복을 강요했다.

다시 토페카로 돌아온 럭크만은 세상 체제에서 벗어나 "자연의 추이"를 따르기 위한 마지막 노력을 했다. 민병대군사훈련소(CMTC)에서 돌아온 그는 갱에서 남은 자들을 모아서(20명 중 5명 정도만 남았다) 남미로 달아나기로 결심했다. 소년들은 짐을 꾸리고 저녁 8시에 약국 앞에서 만나기로 했다. 그러나 럭크만 중령(피터의 아버지)이 낌새를 챘다. 그는 피터 S.를 불러서 거의 1시간 동안 대화를 했다(혹은 중령이 말을 했다고 보는 편이 더 낫겠다). 약국에서 소년들은 안절부절하고 있었다. 피터는 어떤 일이든 결코 늦지 않는 인물이었지만(친구들은 그를 '작은 번개'라고 불렀다), 그날 밤 그는 8시 30분이 되어서야 약국에 도착했다.

다시 한 번의 설득:

"피터, 너는 재앙을 향해 가고 있고, 게다가 그걸 네가 알고 있다는 생각이 드는구나. 1차 세계대전이 일어나기 전 남미의 유전에서 일한 적이 있어서 그곳 사람들과 상황을 잘 안다. 그런 여행은 네게는 맞지 않아. 육군 장교가 되지 않을 거라면 신문 기자 같은 저널리스트가 되어야 해. 너는 만화를 그리고 읽고 쓰는데 재능이 있으니까. 남미에 가면 사람들이 너를 묻어 버릴 거야. 아니면 네 스스로 묻히던지. 술을 마신 지 얼마나 됐니?"

"3년 정도 됐습니다."

"친구도 수입도 없는 외국에 가서 뭘 할 생각이니?"

"저기, 일을 얻을 거예요."

"어떤 일? 글쎄, 정원 일을 해 본 적이 있고, 거리를 측정하는 일을 한 적이 있지. 구내매점에서 팝콘을 판 적도 있고. 목욕탕을 청소한 적도 있고, 해변에서 인명 구조 일을 했지. 그 외에 무슨 일을 했지?"

"저기, 별로 많지 않아요. 만화 그림을 20개 정도 그리기도 했는데..."

"팔지는 못했지, 팔 수가 없었지."

"그리고 시에 관한 책도 한 권 썼어요..."

"그것도 역시 팔지 못했지. 시에 대한 수요가 없으니까. 대학에 가서 장교로 임관하는 건 어떠니? 댄스밴드 드러머나 예술가로 버는 소득은 사실 아무것도 아니란다. 너도 알잖니, 그렇지?"

물론 잘 알고 있었다. 프렌치 쿼터(뉴올리언즈에 있는 "예술"의 거리)에서 2주를 보냈었다.

"피트, 그뿐이 아니다. 너와 함께 하는 그 불량배들은 전혀 재능도 없단다. 그중 두 명은 중퇴자지. (아빠가 어떻게 그걸 아셨을까?) 뭘 해서 먹고 살거니?"

침묵.

"피트, 세상에서 가장 위대한 영예는 자신의 조국을 지키기 위해 군을 이끌고 작전을 수행하다 죽는 거라고 가르쳤었지. 내가 무슨 말 하는지 알만큼 군 경험도 했잖니."

물론 경험했다. 그는 톰 페인과 도로시 파커와 더불어 클라우제비즈 장군과 폰 몰트케도 읽고 있었다.

"죽음이 확실한 곳으로 병사를 이끌면서, 불필요하게 병사들을 끌어들일 필요가 없다는 것을 알면서도 명령을 내리겠니? 명령을 받지 못한 상태이고 후퇴할 수 있는 상황인데 병사 모두를 잃을 것을 알면서도 목표물을 공격하는 일을 하겠냐는 말이다?"

"아닙니다."

"아들아, 저 애들은 너라면 어디라도 따라갈 애들이란다. 그들에게는 네가 바로 장군이지. 그 애들은 부모보다도 너에게 더 복종할 게다. 그리고 너는 그 애들을 확실한 파멸로 인도하고 있고. 알고 있지, 그렇지?"

침묵.

"피트, 나는 너를 말릴 수 없고 내가 무슨 말을 하든 너는 너의 길을 갈 거라는 것을 안다. 그렇지만 네가 그런 일을 하는 이유는 바로 내 말에 개의치 않는다는 것을 보여주기 위해서지. 올바른 일이라고 생각하면서 그 일을 하고 있다고는 생각지 않는다."

더 깊은 침묵.

그렇지만 요점은 전달됐다. 마룻바닥을 쳐다보면서 얼굴이 벌게진 채로 주먹을 불끈 쥐고 이를 갈며 피터 S.는 자신이 채찍질당하고 있다는 것을 알았다. 여전히 아무 대답도 하지 않았다.

"좋다." 중령은 말했다(곧 대령이 될 즈음). "가라. 그 애들에게 무슨 일이 생기면 그건 네 책임이다. 네가 지도자니까. 그 애들은 너를 따르는 것 뿐이니까. 보병학교 포트베닝 훈련소 모토 알지? '나를 따르라!' 그 애들은 너를 따라 파멸로 들어가고 있고 어쩌면 젊어서 죽을지도 모르지. 해산!"

그는 발꿈치를 돌려 문밖으로 걸어 나갔다. 약국으로 가는 길 내내 피터는 울고 있었지만, 곧 자신의 행동에 대해 비난받을 감수를 했다.

"애들아, 거래는 물 건너갔어. 우린 가지 않을 거야!"

"안 간다고? 이봐, 미쳤어? 짐도 다 쌌는데! 이 짐 가방을 봐!"

"우린 안 갈 거야" 그는 뚱하게 말했다.

"무슨 일인데? 럭키, 기가 꺾인 거야?"

"아니야."

"그럼, 이유가 뭔데? 왜 마지막 순간에 겁을 집어먹은 건데?"

"이유 같은 건 없어. 무슨 말을 하든 이해 못할 거니까." 피터 S.는 말했다.

그들은 절대로 이해하지 못할 것이다. 한번은 그의 아빠가 허리 아래를 때린 적이 있었다. 8피트 짜리 줄보다 더 무거운 걸로 그를 때렸다. 아빠는 피터의 조상이 가진 군의 영예에 호소하고 있었다. 그때까지 그런 건 전혀 효과가 없었다. 그런데 이제 효과를 나타낸 것이다. 그는 토페카에 머물렀고 고등학교를 졸업하고 1940년 가을에 캔자스 주립대학에 등록했다(캔자스, 맨하탄). 주말에 가끔씩 방문차 토페카로 되돌아오기는 했지만(한 달에 약 한 번 정도) 그런 경우는 드물었다. 1941년 그의 아빠는 완전히 대령으로 승진했고, 포트 맥클레란 근처 전초기지인 앨러배마 바이넘에서 전시 근무명령을 받았다(앨러배마, 애니스톤). 그곳에서는 벌써 핵폭탄에 사용된 원소들을 다루는 일을 하고 있었다.

1940년 크리스마스 때쯤 피터가 마지막으로 집을 방문하는 중에 그는 눈을 맞으며 집으로 걸어가고 있었다(평상시처럼 혼자. "게헨나로 내려가든 보좌를 향해 위로 가든 혼자 여행하는 자가 가장 빨리 여행한다네." 키플링). 그는 "계집질"을 하며 밖에 나와 있었고(성경에서는 "음행"), 자정쯤 대학가로 걸어 올라가고 있었다. 땅에는 2인치의 눈이 쌓여 있었고 눈이 조금씩 더 내리고 있었다.

갑자기 누군가 뒤에 있다는 감이 왔다. 거리에는 아무 소리도 들리지 않았다. 이는 낯선 사람을 알아보는 거리에서 획득한 오래된 본능이었다. 뒤를 돌아보니 100피트쯤 뒤에 그림자만 보이는 한 모습이 있었다. 모자와 오버코트를 입은 키가 큰 사람처럼 보였다. 사람을 추격하는 블러드하운드인지 아니면 단순히 우연인지를 알아보기 위해 럭크만은 같은 속도로 300피트를 더 걸어갔다. 다음 거리 가로등에서 럭크만은 가로등 기둥 쪽으로 가서 주머니에 손을 넣고 나이프를 열고 기다렸다. 바로 불빛 아래 있으면 그 사람의 실루엣이 나타나지 않고 자신을 향해 다가오는 사람이 자신을 분명히 보기 전에 먼저 상대방을 볼 수 있다. 빛이 상대방의 눈에 들어가기 때문이다. (대학교육을 받지 않아도 이런 걸 알 수 있다니 놀라울 뿐이다!)

빛에서 10피트 되는 지점에 그 낯선 이가 멈춰 서서(그 역시 거리에서 놀아본 것이 틀림없다.) 무뚝뚝하게 말했다, "너, 럭크만이지?"

"그래, 맞아. 넌 누군데?" 럭크만이 말했다.

그 그림자는 웃음을 터뜨렸다, "네 옛 친구 우디야, 이봐! 날 몰라? 우디라구, 네 옛 친구!"

럭크만은 조심스럽게 앞쪽으로 걸어 나와서 그 그림자를 살폈다. 우디 슈나이트를 마지막으로 본 게 8학년 때였다. 이 친구는 거의 8인치는 더 컸다. 적어도 그렇게 보였다.

"나야, 우드로우 윌슨 슈나이트. 윈디 시티에 있었어. 대단했지." 우디가 말했다.

그렇다. 우디였다. 럭크만은 주머니 속의 칼날을 접고 손을 내밀었다. 그들은 악수를 하고 계속 거리를 걸어갔다.

"요즘, 좋은 일이라도 있냐?" 우디가 물었다.

"어, 별로. 난 대학에 가서 공부를 해서 저널리스트가 될 거야."

"뉴스 보이! 아하, 럭키, 그건 네 스타일이 아니야. 그런 건 재미없어. 칠레에 가서 최고가 되어 보지 않을래?"

"어, 글쎄, 무슨 최고?"

"기운 내! 여길 봐!" 이렇게 말하며 W.W. 슈나이트는 방망이 끝만큼이나 두꺼운 백 달러짜리 지폐 뭉치를 내보였다.

럭크만은 휘파람을 불었다. “어, 그 돈을 어디서 다 얻었지?”

“큰 돈이야, 럭키, 아주 많아.”

“무슨 일을 했지? 우디, 은행이라도 턴 거야?”

“아니야, 내가 뭘 하는지 너도 알잖아. 친구, 연락하라구. 같이 한 번 해보자. 럭키 내가 너에게 자금을 대줄 수 있어. 자! 너는 대학생 같은 거 하지 마. 대도시로 가자. 내가 뒤를 봐줄게.”

“그럴 수 없어. 하고 싶어도 할 수 없어.”

“왜 안돼? 럭크만? 대단한 거 아냐. 같이 가자!”

“그럴 수 없어, 우디.”

“이보라구, 이렇게 많은 돈을 마지막으로 본 게 언제지?”

그는 한 번도 그렇게 많은 돈을 본 적이 없었다. 백 달러 지폐는 고사하고 1929년 이후로 그렇게 많은 1달러 지폐 뭉치도 본 적도 없었다.

“우디, 너한테 말하겠는데, 난 할 수 없어. 아빠한테 약속한 게 있어. 빠져나오기 힘든 상황이야. 참고 견뎌야 해, 적어도 다음 1년은.”

“그래, 좋아, 럭. 그치만 넌 노다지판을 놓친 거야. 그럼 신문의 만화란에서나 보자!”

그들은 대학가 15번지에 도착했다. 우디는 커다란 오버코트를 입은 육중한 모습을 하고 어둠 속으로 사라져갔다. 그는 동쪽으로 방향을 틀어서 15번가 거리 아래로 도시를 향해 갔다. 럭크만은 집에 와서 잠자리에 들었다.

4개월 후에 토페카 데일리 캐피탈 뒷면에서 이런 기사를 봤다, “우드로우 윌슨 슈나이트, 형을 선고받다.” 그는 기사를 읽었다. 우디는 차들을 훔쳐서 주 경계를 건너 다시 페인트칠을 하고 새 번호판을 달았다. 체포

되어 재판을 받고 4가지 소인(訴因)으로 기소되었는데, 각 소인마다 10년 형을 선고받았다. 20살에 40년 형이라니! 전체 형량을 모두 복역한다면 1980년까지 감옥에서 나오지 못한다. 그 당시에는 아무리 변호사가 좋아도, 혹은 행동이 아무리 반듯해도 "40"년을 언도받으면 30년은 복역했다.

시간은 계속 흘러 갔다.

제6장

그 학생

1940년 7, 8월에 독일이 영국을 기습 공격했다. 트로츠키는(스탈린의 명령으로) 도끼를 들고 죽음에 뛰어들 것을 강요받았다(8. 21). 이탈리아는 그리스를 침공했고(10. 28) 미국은 처음으로 병사들을 모집했다(10. 29). 모든 사람들이 "지난해를 보내고 새해를 맞이할 때"(1941), 히틀러는 불가리아와 유고슬라비아와 그리스를 헤치고 북아프리카까지 돌진해 들어 갔다.

럭크만이 캔자스 맨하탄에 갔을 때 시그마누(Sigma Nu) 남학생친교회에서 그에게 "가입을 권유"했나. 자신들의 명성을 드높여줄 "모교의 약자 마크의 부착이 허락된 운동 선수"가 필요했기 때문이었다. 수영에서 그가 모교 마크를 부착할 운동 선수가 되리라는 것을 알았던 것이다. 피터는 첫 해에 몇 번의 기록을 세웠다. 평영에서 두 번, 배영에서 한 번. "럭크만"과 "물"은 거의 동의어였다. 육지에 있을 때보다 바다나 수영장에 있을 때가 더 편했다. 민병대 군사훈련소 수영대회에서 네 번 1등을 했고, 그 전에 미사와카 캠프에서는 네 번, 그 후 토페카 게이지 파크에서 열린 수영대회에서 두 번 더 1등을 했다. 그러나 "시그마누의 빛나는 별"로서의 그의 체류는 – "만 명의 형제들이 너를 마음에 간직하고, 만 명의 다른 이들이 너와 함께 하고 있으며, 대학 생활이 끝날 때..." – 1년 후에 갑작스럽게 끝이 났다.

상급생들이 1학년들을 "괴롭"히는 것은 오랜 전통이었고, 시그마누에서는 상급생들이 전에 말한 랜돌프 초등학교의 노처럼 생긴 막대기 같은 걸로(18인치 길이에 4인치 폭에 4분의 3인치 두께) 하급생의 엉덩이를 때리는 동안 몸을 굽히고 있어야 했다. 럭크만은 그 정도는 "참을 수" 있었고 때로는 그렇게 했다. 사교클럽 내에 페이지 와그너라는 늘씬한 체격에 시가를 물고 다니며 생각을 솔직히 털어놓지 않는 한 인물이 있었다. 그는 가학성애자였다. 그는 새로 온 도날드슨이라는 "형제"에게 윌헬름 보거, 에밀 베드나렉, 로버트 풀카나 한스 스타크(아우슈비츠의 새디스트들과 고문자들: 1941–1944)를 고무시켰을 방식으로 작업을 시작했다. 와그너는 잘못한 하급생을 "훈련"시키는 것이 아니었다. 그는 여러 가지 실수들에 벌을 가했는데, 순전히 재미로 하루에 두세 번씩 그 젊은 친구를 때리는 일을 즐겼다. 도날드슨은 잘 생긴 검은 머리의 청년으로 사냥개 이빨처럼 깨끗했다. 술도 마시지 않았다. (회고해 보면 그가 그리스도인이었을지도 모르겠지만 그 당시 럭크만은 그리스도인과 이슬람교도도 구별하지 못했을 것이다.)

어쨌든 럭크만은 약 3개월 동안 쭉 도날드슨과 와그너의 관계를 지켜

봤다. 그리고 마침내 결론을 내렸다. "벼락출세한" 와그너는 단순히 질투심에 휩싸여 "쓸모없는 인간"을 때림으로써 실제로 육체적인 쾌감을 얻고 있었다. 럭크만은 매조키즘과 새디즘에 대해 읽었고 다른 것도 읽었다. 제임스 조이스의 〈젊은 예술가의 초상〉과 〈더블린 사람들〉과 악명 높은 〈율리시즈〉 외에도 칼 멘닝거가 출판한 모든 책들과 융과 파블로프와 프로이트의 모든 책을 읽었다.

어느 화창한 봄날 럭크만 혼자서 남학생 친교회 건물 지붕에서 "선탠"을 하고 있을 때, 페이지 와그너가 손에 노 같은 막대기를 들고 등장했다. 럭크만은 일어서야 했지만, 그렇게 하지 않았다.

와그너: "쓸모없는 럭크만, 쓸모없는 도날드슨은 어딨지?"

럭크만: "실컷 때려보시지. 직접 찾아서."

"너 지금 누구한테 말하고 있는지 알기는 하는 거야?" 와그너가 물었다. 럭크만은 매트리스에서 일어나면서 말했다, "물론이지, 자신이 시기하는 사람들을 때리면서 즐기는 겁쟁이에게 말하고 있지. 그게 바로 내가 말하고 있는 상대지."

그는 위협적으로 매를 흔들며 자신의 손바닥을 쳤다. "엎드려, 얼간이 럭크만!" 그가 명령했다.

"내 엉덩이에 뽀뽀나 하시지." 럭크만이 말했다.

와그너의 입이 벌어지며 입에서 시가가 떨어졌다. 자신의 감각을 회복하는데 5초 정도가 걸렸다.

"너, 너...!" 그는 말을 더듬었다.

럭크만은 똑바로 그에게 걸어갔다. 신장은 같았지만(5피트, 8인치), 럭크만이 그보다 약 10파운드 무게가 더 나갔다. “갈색 눈의 악동”은 상급생과 눈에 눈, 턱에 턱, 코에 코를 맞대고 있었다. 거기서 다시 한 번 토페카에서 했던 길거리 싸움이 만개했다.

“한 마디만 더 해봐, 알겠지? 한 마디만 더. 너 저쪽에 난간 보이지? 땅까지 25피트 높이군. 시멘트에 떨어지겠는걸. 알겠나? 한 번만 더 입을 열면, 어떤 말이든, 한 마디만 내게 더 하면, 와그너, 저리 넘어간다! 알겠나, 얼간이?”

페이지 와그너는 매를 옆에 떨어뜨렸다. 턱이 쫙 벌어지고 눈이 튀어나왔다. 뭔가 말하고 싶어 했지만, 뭔가 말하려 했지만 아무 말도 나오지 않았다.

“한 마디만 해봐, 어떤 말이든지, 내가 너를 난간 너머로 던질 수 없다고 생각한다면 한 마디만 해 봐.”

두 사람 모두에게 운이 좋게도 그는 한 마디도 하지 않았다.

그가 떠난 후 럭크만은 누워서 햇빛 아래서 잠이 들었다. 말을 했다 해도 달라질게 뭐가 있겠는가? 그 바보가 무슨 말이라도 했다면 그는 그를 던져버렸을 것이고, 판사에게는 레슬링을 하고 있었는데 난간에 너무 가까이서 하고 있었다고 하면 그만이다. 본 사람도 아무도 없었으니 그 풋내기를 죽였다 해도 누가 무엇을 증명할 수 있겠는가?

그 풋내기는 살았지만 럭크만은 “해고” 됐다. “형제들”이 다음 위원회 모임에서 럭크만을 “위험인물”로 찍었고 그는 마을로 나와 하숙집으로 들어가야 했다.

시그마누 남학생친교회 건물 (KSAC)

다시 예전으로:

다시 할 일이 전혀 없다. 유일하게 재미있는 일은 댄스 밴드에서 드럼을 치는 일이었다. 메인 밴드는 매트 벤튼이었다. 럭크만은 스링거랜드에 갈 수 있을 정도인 삼백 달러를 벌었다. 한번은 무용수가 바깥 건물에서 칼로 등을 찔린 일이 벌어졌다. 솔로 드러머가 밀러의 "앤빌 코러스"를 하면 밴드는 무대를 떠난다. 그리고 럭크만은 남아서 그들이 다시 돌아올 때까지 백 개의 악보 마디를 두들긴다. 무용수들은 춤을 멈추지 않는다. 우디 허맨의 "나무꾼의 공"이 나가는 동안 브릿지가 빠져 나와 현이 헐렁해졌다. 그는 너무나 "소외감"이 깊어서 줄들이 헐렁해진 것도 깨닫지 못하고 방음판을 다섯 번 쳐댔다. 밀러의 〈진주 목걸이〉 음반이 나가고, 굿맨의 〈진주 목걸이〉, 아티 쇼의 〈비긴 더 비긴〉과 〈사랑이라 불리는 것은 무엇인가?〉를 틀었다.

수많은 여자들, 수많은 인생들, 수많은 죄들.

"우리가 만났던 날을 기억하지 못해요. 시간과 장소가 아직 희미하네요. 장소는 잊었지만 당신이 거기 있었죠... 당신이 내려오도록 연기가 계단을 만들어주고 당신은 나의 품으로 왔죠. 이 축복이 절대로 끝나지 않기를, 이전에 그랬던 것처럼 우리는 새로이 사랑하고... 당신은 별을 밝히는 천사의 빛... 내가 아는 가장 사랑스러운 것들은 당신... 종달새야, 내게 할 말이 있니? 내 사랑이 어디 있는지 말해주지 않겠니?... 당신은 지금과 영원히 내 마음 속에... 별들의 영광이 사라질 때까지... 무역풍이 부는 저 아래... 내 마음이 모든 것을 품는 그 낯익은 장소에서 나는 당신을 보게 될 겁니다... 당신이 바로 나의 마음이 진정으로 숭배하는 유일한 이이며, 내 창문이 당신 창 맞은편에 있어서 정말 좋아요. 갈색의 잎들이 떨어지고 있었죠, 기억하나요? 비 내리는 그 9월을. 태양이 타다 남은 장작불 같았던 비 내리는 그 9월을... 이제는 내가 흘리는 감출 수 없는 눈물을 보고 친구들이 비웃네요. 그래서 나는 웃으며 사랑스런 불꽃이 죽어갈 때 '연기가 눈에 들어갔다'고 말하네."

그들은 〈재즈 애호가 모임〉, 〈달빛 세레나데〉, 〈앤빌 코러스〉, 〈일몰 세레나데〉, 〈황홀한 매력〉, 〈달무리〉를 연주했다. 가수들과 가사들은 여전히 주로 백인적이었지만, 최고는 흑인이었다. 케이 스타와 페튤라 클라크가 "흑인들"처럼 노래를 시작하기 아주 오래 전에 마타 틸톤과 헬렌 포레스트와 헬렌 오코넬은 혀짤배기 소리를 내고 단어를 질질 끄는 소리를 내고 있었다.

헐리우드는 바쁘게 움직였다. 이제 전쟁이 진행되는 상황에서 그들은 자신들의 힘을 효율적으로 사용할 수 있었다. 흑인 군대가 징집되고 있었다. 흑인들은 재즈 음악가들로 그리고 운동선수들로 - 아마도 독일인보다 더 뛰어난 것으로 - 이미 언론의 관심을 받고 있었다. 1938년 제시 오웬즈가 베를린에서 몇 경기에서 우승하자 엄청난 뉴스 미디어 판이 벌어졌다. (아직 끝나지 않았다) "검은 것"이 "아름다워지려" 하고 있다. 느리지만 확실하게 미국은 "성경으로 돌아가는" 대신 "정글로 되돌아가고" 있었다. 그 당시 럭크만은 아무것도 몰랐지만 그는 그런 것들에 완전히 노출된 상태였다. 1941년까지 그는 〈케인 시민〉, 〈요크 병장〉, 〈몰타 매〉, 〈바람과 함께 사라지다〉, 〈안녕, 미스터 칩〉, 〈다크 빅토리〉(헐리우드는 여전히 살인과 스파이를 주제로 하는 줄거리와 반나체의 댄서들 사이사이에 감상적인 인본주의를 삽입하고 있었다), 〈필라델피아 이야기〉, 〈집으로의 긴 여행〉, 〈캡틴 커레이저스〉, 〈막다른 골목〉, 〈잃어버린 수평선〉, 〈잃어버린 주말〉을 봤다. 만성적인 알콜 중독자로 레이 밀랜이 찍은 마지막 영화. 그건 알콜 중독의 저주였다. 항상 그런 식으로 시작한다. 그리고 마약과 코카인과 마리화나에 대해 긍정적인 관점을 갖는 것으로 끝난다.

럭크만은 영화를 너무 많이 봐서 그의 마음은 영화영사기로 바뀌어 버렸다. 말 그대로 그는 어떤 이미지라도 빈 벽이나 종이나 다른 어떤 것에 투사할 수 있으며 선을 따라 카피할 수 있었다. 그는 이제 대학 노트와 교과서를 스케치로 가득 채우기 시작했다. 뭔가를 그리기 위해 자신이 보았던 영화를 다시 기억해냈다. 이런 영화에는 〈다크 빅토리〉, 〈스미스씨 워싱턴에 가다〉, 〈무대코치〉, 〈생쥐와 인간〉, 〈대지〉, 〈끔찍한 진실〉, 〈스텔라 달라스〉, 〈스타 탄생〉, 앤디 하디의 모든 영화, 애보트와 코스텔로의 모든 영화, 로이 로저스의 모든 영화를 포함하며, 거기에 〈오즈의 마법사〉, 〈킹콩〉, 〈허리케인〉, 〈이세벨〉, 〈머스킷총을 든 세 병사〉, 〈보이즈 타운〉, 〈요새〉, 〈알제〉, 〈더러운 얼굴을 한 천사들〉, 〈리틀 시저〉, 〈니노체카〉, 무삭제 디즈니 만화, 〈흰색 깃발들〉, 〈피그말리온〉, 〈너는 가져갈 수 없다〉, 〈위대한 환상〉, 〈흰 깃털〉, 〈미행〉, 〈흰 코케이드〉, 〈별봄맞이꽃〉, 〈보물섬〉, 〈비바 빌라〉, 〈더 로드 백〉도 포함된다. 이것들이 주된 것들이었고, 헐리우드가 광고하는 그 엄청난 물량 어딘가에 적어도 또 다른 200편의 영화가 있었다.

헐리우드는 미국 내 가정을 위한 주제로 성과 폭력을 향해 느리지만 확실하게 움직이고 있었다. 조금씩 검열의 "빗장들"이 "예술"이라는 이름으로 열려지고, 살인과 음행이 "그랜드 오페라"에서 사회적으로 받아들여짐에 따라 미국 사람들은 점차적으로 여자들이 옷을 벗는 것과 결혼한 사람들이 다른 기혼자들과 키스를 하고, 방문객이 집 안으로 들어올 때마다 칵테일을 주는 것을 보는데 익숙하게 된다. 폭력 장면이 매번 더 생생하게 찍히게 된다. 결국 "리얼리즘"이 진리가 아닌가?

죄수를 고문하거나 화장실로 들어가는 사람들을 제외하고 음행하는 성도착자 두 명보다 더 "리얼"한 것이 뭐가 있겠는가?

거기가 바로 헐리우드가 향해 가고 있는 곳이다. 현대 미국의 "도시" 문화를 만드는데 50년간 사용해 온 핑계가 바로 "리얼리즘"이다. 성경은 절대로 "실제"나 현실을 다루는 것으로 인식되어서는 안 되며, 헐리우드에서 가끔 별 볼일 없는 "소도구"로 사용될 뿐이다.

1. 성경은 재판 장면에서 사람들이 선서하는 데 등장한다.

2. 어떤 나라나 서양 영화에서 성경은 (이 일을 다시 시작한 지 얼마 안 된) 예전의 청부살인업자의 손에서 사용되거나, 할머니나 어머니나 그녀의 자손들이 문맥에서 벗어난 채로 인용하곤 한다.

3. "좋은 책"이라고 말하기는 하지만 "성경"이라고는 하지 않는다.

4. 빙 크로스비나 팻 오브라이언이 카톨릭 사제 모습으로 포즈를 취할 때는 성경이 나오지 않는다.

럭크만은 현실의 실체를 알지 못했다. 성경만이 이 모든 것들을 올바른 조명으로 비춰주는 유일한 책이기 때문에. "현실"에 대해 그가 지닌 유일한 빛이라고는 책이나 영화에서 추상적으로 얻은 것뿐이며 그렇지 않으면 전적으로 비현실적인 가정과 사회적 배경에서 얻은 것이었다. 즉 캔자스 토페카 거리에서 얻은 것뿐이었다. 민병대 군사훈련소만이 그가 진짜 "현실감"을 맛본 곳이었으나 이곳에서조차도 그렇게 현실적이지 않았다. 그건 시민의 삶이 아니었기 때문이다. 그건 군인의 삶이었다. 럭크만은

28세가 되어서야 차를 갖게 되었고, 33세가 되어서야 자신의 집에서 살 수 있었고(1940년 이후), 38세가 되어서야 개인 수표를 쓸 수 있었다.

민병대 군사훈련소는 최소한 얼마간이라도 럭크만에게 안정감을 주었다. KSAC 라디오 방송국에서 그가 보여준 유일한 급진적 변화는 6개월간 저널리즘을 전공한 후에 있었다. 그는 정말로 그의 첫사랑(라디오)의 취향을 가지고 있었고, KSAC에서 희곡 방송 후 라디오 예술로 그의 전공을 바꾸었다. 그는 자신이 "30살"로 생을 마감하지 않는다면 라디오 아나운서가 되기로 결심했다. 그러나 30살이 되는 것이 더 확실해 보였다. 세상은 전쟁에 휩싸였다. 그는 ROTC에서 별 노력도 안했는데 A학점을 받았다.

독서는 절대로 소홀히 하지 않았다. 그는 대쉬엘 햄메트와 에드나 퍼버의 작품을 읽었다. 그는 드레이서와 펄벅의 작품을 읽었다. 그는 어스킨 칼드웰, 거트루드 스테인, 제임스 써버, 제임스 힐튼, H.G. 웰즈, 앤드레 말록스를 읽었다. 사로얀, 피츠제럴드, 토마스 울프에서 멈추지 않았다. 스터드스 론니간, 토털라 플랫, 왼손잡이를 기다리며, 어리석은 자의 기쁨, 북회귀선을 10월제의 맥주처럼 마셨다. 데일 카네기도 제외되지는 않았고, 쉘돈(그의 발걸음에서)도 제외되지 않았다. 이 두 책이 눈물이 날 정도로 지루했지만 읽었다. 쉘돈의 작품에서 구원 계획은 전혀 제시되지 않았다. 구원받지 않은 자유주의자인 쉘돈은 그리스도인이란 "예수 그리스도께서 여기 계시다면" 하셨을 일을 하는 사람이라고 말했다. 일본인들이 진주만을 폭격했을 때쯤 럭크만은 하버드의 높이 5피트의 서가에 있는 고전 책을 거의 반쯤 다 읽었다. 말로, 톨케인, 로링스, 쉬우드, 나다니

캔자스 맨하탄의 KSAC 방송국

엘 웨스트, 그라함 그린, 리처드 라이트와 타임, 라이프지, 아고지, 콜리어즈와 포스트 잡지들도 읽었다.

이 모든 것을 읽으면서도 그는 세상에서 가장 중요한 책에는 절대로 걸려 넘어지지 않았다. 세상의 가장 잘 팔리는 책이 그의 시선에서 비껴갔고 그건 참으로 이상한 일이었다. 의회 도서관에 있는 5백만 권 이상의 책들 속에서 그는 책 중의 책을 본 적도 없었다. 스티븐슨, 포에, 스캇, 호돈, 멜빌, 쏘로우, 휫트만, 디킨슨, 트웨인, 존슨, 아담스, 프로스트, 엘리어트, 헤밍웨이, 타킹톤, 스티븐즈, 크레인, 드레이서가 그 뒤에 있었다. 그는 헨리 제임스와 존 듀이가 그때까지 쓴 모든 책을 다 읽었지만, 베드로, 야고보, 요한, 바울이나 모세가 펜으로 기록한 것은 단 한 줄도 본 적이 없었다.

1941년 6월 30일 히틀러는 "바르바로사 작전"(독일의 소련 침공작전)을 실행했다. 그는 자신의 친구 조 스탈린을 공격했다. 독일인들은 9월까지 레닌그라드를 포위했고 10월까지 모스크바를 포위해버렸다. 그들은 거기에 너무 늦게 도착했다. 오래전에 나폴레옹에게서 뭔가를 배웠어야만 했다. 8월이 되기 전에 모스크바에 도착하지 못하면 그 이상은 가지 못하리라는 것을 말이다. 그들은 그 이상을 갔지만(스탈린그라드, 세바스토폴, 오데사) 그건 대재앙이었다.

12월 7일, 일본인들은 진주만을 폭격했다. ROTC 부대는 모두 경계태세를 갖추었고, 럭크만에게는 그 군단 작전 지역에 머물지 아니면 앨라배마에 있는 그의 아버지 작전 지역으로 옮길지 선택의 기회가 있었다. 이 말은 앨라배마 대학에서 3,4학년을 보낸다는 뜻이었다. 그는 옮기는 것을

선택했다: 아마도 이것이 그의 생명을 구했을지도 모른다. 앨라배마에 있는 ROTC는 1943년 이후에야 군전문훈련 프로그램(ASTP)으로 바뀌었다. 그의 부대는 1942년 여름에 군 캠프로 갔다. 그 덕택에 럭크만은 바탄 죽음의 대행진과 필리핀 코레히도르섬과 웨이크 아일랜드와 괌과 과달카날과 뉴조지아와 보우게인빌과 캐서린 패스를 모면할 수 있었다. 어떤 사람들은 누군가 지켜주기라도 하듯 불운을 모면한다.

투스카루사로 오는 길에 럭크만은 전형적으로 어리석은 작전을 했다. "계집질"로 결국 토페카 출신의 젊은 숙녀와 얽히게 되었고 그녀와 결혼하고 싶어 했다. (그녀가 알지 못하게) 반지 하나를 사서, 앨라배마로 가는 길에 그 당시 그녀가 폭격기 공장에서 일하고 있었던 오클라호마 시에 "깜짝 방문"을 했다. 한겨울(1942. 1)에 소식도 알리지 않고 그녀가 사는 집으로 택시를 잡아타고 가서 기다렸다. 4시간을 기다렸다. 그녀는 새벽 2시쯤에 남자 친구와 또 다른 커플과 함께 술에 취해서 왔다. 그녀는 눈 속에서 럭크만 바로 옆을 지나쳐 걸어 갔다. 그가 부르지 않았다면 그녀는 그가 거기 있다는 것도 몰랐을 것이다. 그녀는 친구들을 집 안으로 들여보낸 다음 그에게 집안으로 들어오라고 했다. 그는 딱 잘라 거절하고 그의 "뉴스," 즉 반지와 씨름하기 시작했다. 그녀는 네 살난 아이에게 하듯 그의 등을 토닥이며 그런 건 할 수 없다고 했다. 집안에 있는 그 술주정뱅이와 약혼을 한 것이었다. 그 사람은 (약 30세쯤으로) 나이가 더 많았고, 결혼이니 약혼이니 하는 말들은 모두 불가능했다. 15분쯤 후에 그녀는 춥다고 불평하면서 집 안으로 들어갔고 그는 다시는 그녀를 보지 못했다. 그는 오클라호마 시티에 있는 한 호텔로 되돌아갔고 개처럼 술에 취해 반지를 창문 밖으로 던져 버리고 두 번 다시 여자라는 족속을 믿지 않겠다고 맹세하면서 앨라배마로 향했다. 그 후 그는 "풋내기들을 속이곤" 했다. 적어도 영화에서는 그런 식으로 말했다.

그는 1942년 겨울 유랑자 "양키" 모습으로 투스카루사에 도착했다. 세상 지혜로 가득 찬 채 세상에 분노하고 화를 내며... 그는 5피트 8인치였고, 몸무게는 160파운드였으며 너무나 성질이 더러워서 자기 자신마저도 사랑하지 않았다. 그는 거의 4년간 맥주를 마셨고 거의 2년 동안 담배를 피웠다. 그는 오직 "액션"만을 찾아 남쪽으로 내려왔다. 맨하탄에는 대단한 게 없었다. 모두가 알듯이 KSAC 풋볼팀은 게임당 평균 터치다운이 하나면 괜찮은 해이다. 수영코치인 쿠니 몰이 특히 좋지 않은 시즌에 질문을 받았을 때 했던 말과 같았다: "글쎄요, 적어도 익사한 사람은 없잖아요."

제7장

젊은 예술가

"딕시에서 남쪽 길"이 아주 다르게 되어버렸다. 그곳에 대한 첫인상은 가난에 찌들고 쓰레기 같으며 "다 되어" 간다는 느낌이었다. 몇 년 후에야 그는 이것이 먼저 삶을 즐기고 그 다음에 "생계를 유지한다"는 철학 때문임을 알게 되었다. 그는 몰랐지만 군도(軍刀)같은 이빨을 가진 곰덫으로 걸어가고 있었다. 성경은 메이슨 딕슨 선(Mason-Dixon Line)[3] 아래쪽에서 살아남았다. 생애 처음으로 그에게 복음이 "증거"될 것이다. 세례받고 견진성사를 받은 "감독교인"인 럭크만의 종교심은 버나드 쇼나 버트란트 러셀 정도의 수준이었다. 복음 선도지를 본 적도 없었고, 실제로 성경 본문을 설교하는 것도 들어본 적이 없으며, "구원받으셨습니까?,"

3) 메릴랜드 주와 펜실베이니아 주의 경계선으로 미국 남부와 북부의 경계. 과거 노예제도 찬성 주와 반대 주의 경계이기도 함

"당신은 영원을 어디서 보낼 겁니까?" 같은 질문들은 그에게는 낯선 것이었다. 바빌로니아 설형문자가 폭주족에게 낯선 만큼이나.

그는 라디오 아트를 전공으로 선택했고 부전공으로 심리학을 들었다. 그의 라디오 아드 교수는 CBS에서 은퇴한 프로그램 감독 존 카알라일이었는데 그 역시 아마추어 예술가였다. 그는 럭크만의 그림 몇 개를 보고 나서는, 프로들이 사용하는 자신의 이젤판을 럭크만에게 주면서 말했다, "여기, 이건 전문가가 가져야 할 물건이지."

오클라호마 시티에서 겪었던 처참한 사랑에 대한 반향으로 럭크만은 가능하면 많은 '점수'를 따려는 새로운 열성으로 작업에 임했다. 치유 불가능한 낭만주의자였기에(영화가 효과를 발휘한 것이었다.) 그는 다시 캠퍼스에서 젊은 여자 예술가와 빠르게 사랑에 빠졌다. 그녀는 학장의 딸로, 처녀였다. 럭크만이 그녀를 유혹했다. 그러나 이번에는 상황이 아주 좋지 않게 전개되었다. 그는 "그리스도인"을 집적거렸던 것이다. 전에 KSAC에서도 그런 일이 있었는지 모르지만 알 길은 전혀 없다. 그 "그리스도인들"이 (혹시 있었다면) 입을 꾹 다물고 있었기 때문이었다. 이번 "그리스도인"은 그렇지 않았다. 모든 것이 완비된 밤 중의 밤. ("장면이 준비되었고 미풍이 노래하고 모든 것이 익숙해져서 잘 할 수 있는데, 아가씨, 언제 시작할까요? 그 아가씨는 키스할 수 있고 그 밤은 멋지고, 어리석은 자의 마음 속에서는 어떤 꿈이라도 가능한데...") 그는 어리석은 자였다. 맞다(잠 10:23), 그러나 아직 그 사실을 알지 못했다.

그 밤의 장면:

중요한 순간에 그 소녀가 말했다(등을 대고 누워서 별들을 쳐다보며),

"피터, 너 하나님을 믿니?"

그런 식으로 이야기가 나왔다. 진지하면서도 조용히, 느리면서도 고의적으로: "피터, 너 하나님을 믿니?"

이런 순간에 왜 그런 말을 한단 말인가? "사랑"(성경에서는 "음행")할 준비가 된 데이트 상대자에게 그런 질문을 하다니! 무슨 질문이 그렇단 말인가? "피터, 너 하나님을 믿니?"

수저하지 않고 그가 납변했다, "나의 하나님은 너야."

정말 맞는 말이었다. 그의 하나님은 섹스였다. 나중에야(아주 오랜 후에야) 그는 교육받은 모든 미국인들에게는 세 개의 신이 있다는 것을 알았다: 돈과 섹스와 교육 - 순서 그대로다. 그의 신은 정욕이었다. 그의 신은 자아였다. 도덕과 윤리와 행위를 결정짓는 그의 최고 권위는 그 자신의 의견이었다. 그는 "누구에게도 매여 있지 않았다." 그는 "자유 사상가"였고, "자유로이 돌아다니는 사람"이었으며 "자유로운 홍정가"였으며 책임질 사람도 아무도 없었다. 적어도 그런 식으로 행동했다.

더 이상의 대화는 없었다. 소녀는 복음을 증거하려는 시도를 포기했다. 그러나 자기 딸에게 일어난 일을 알게 된 학장은 두 가지 조치를 취했다. 먼저 딸을 멕시코로 2주간 휴가를 보냈다. 그리고 이전에 그녀가 사귀던 한 해군 장교에게 연락을 해서 둘을 다시 맺어 주었다. 럭크만은 자신의 "애정 생활"이 완전히 떠나고 기가 내려진 것을 보자 다시 술에 취해 오클라호마 시티에서 했던 맹세를 새로이 했다: "더 이상은 절대로…!" 즉 정욕과 섹스는 괜찮지만 사랑이나 결혼은 실용적이지 못하다는 것이다.

다음 2년 동안(1942-43) 그리고 졸업 때까지(1944) 이 젊은이는 그림을 그리거나 댄스 밴드에서 드럼을 치는 일로 시간을 보냈다. 학과 공부도 하고, 책도 읽고, 영화도 보러 가고 술 마시고 음행을 하면서 보냈다. 그러다가 정신을 차려 보니 전에는 한 번도 같이하지 않았던 이탈리아의 로마카톨릭 무리들 속에 있었다. 이제 그의 친구들은 닉 트렐리찌와 토니 버티니, 알 알로이즈, 조 자사와 조돔노나비치였다. 파티에는 파스타, 핏자, 페페로니, 와인, 라자냐가 나왔다. 럭크만은 70대와 80대 세대들이 부러워했을 만한 명성을 얻었다. 『어리석은 자들은 죄를 비웃으나...』(잠 14:9)

1942년 일본인들은 싱가포르를 침공했고 그다음으로 필리핀을 침공했다. 그들은 필리핀 코레히도르 섬과 바탄을 차지했다. 3만 6천명의 미국인들과 필리핀인 군인들이 포로가 되었다. 영국 공군이 퀼른을 폭격했고(5. 30), 미드웨이 전투가 치러졌으며(6. 7) 롬멜은 다시 영국을 카이로까지 밀어 붙였다. 미국 군대가 과달카날(8. 7)과 북아프리카에(11. 11) 상륙했다. 그들이 캐서린 패스에서 롬멜을 쳤을 때 그들은 거의 전멸했다. 롬멜의 가스 공급을 차단하기로(시실리와 몰타를 경유하는) 로마카톨릭 교황이 결심한 후로 몽고메리는 마침내 독일군을 꼼짝 못하게 했다. 교황이 스탈린그라드에서 "벽에 손 글씨"를 봤을 때인 1942년 11월에 이런 결정이 내려진 것이다. 파티마의 "러시아를 위한 평화 계획"이 "공습으로" 없어질 위기에 처했다. 미국인들은 카톨릭교도인 아돌프 히틀러(와 카톨릭교도인 베니토 무솔리니)에 대항해 전쟁에 들어갔고, 파울로스 장군은 스탈린그라드에서 군 전체를 잃을 위기에 처했다(제6군 30만 명). 롬멜이 아프리카에서 후퇴했을 때 원자핵분열에 관한 기술이 나타났고(12. 2) 미국과 독일 모두 원자 폭탄을 만들기 위한 작업에 착수했다.

럭크만은 헤겔, 스피노자, 니체, 레싱, 칸트, 아스트룩, 포이에르바하,

전시에 펜과 잉크로 스케치한 그림

배트케, 쿠에넨, 셈러, 엥겔스, 막스, 스트라타 스미스, 다윈, 볼테르, 루소, 데카르트, 프로이트, 파브로프, 흄, 홉즈, 스트라우스, 콩트, 레드비터, 블라바츠키(신지학), 헨리 버그슨, 리츨, 사르테르, 장미십자회 들을 읽고 있었다. 그는 엘 알라메인, 엘 알게리아, 톱룩, 디에페, 미드웨이, 세바스토폴, 카하코브, 싱가포르, 트리폴리, 홍콩, 카바나투안에서 죽을 수 있었는데 살아 남았다. 누군가 보호라도 하듯 마력적인 삶을 사는 사람도 있다. "하나님께서 어리석은 자들과 술주정뱅이들도 돌보신다면" 럭크만은 두 배의 보호를 받았다. 삼대 째 직업 군인을 하는 집안에서 (보병 장교) 그는 위에 기술한 "작전"에 참가하지 않았다. 심지어 그는 미국인들이 도쿄를 폭격했던 둘리틀 공습(Doolittle Raid)에도 있지 않았다(4. 18).

1943년 가을에 ROTC가 ASTP(군 전문훈련 프로그램)로 바뀌었고, ROTC 학생들은 모두 유니폼을 입고 캠퍼스에 있는 병영에 배치되었으며 특별 식당에서 식사하러 이리저리 행군하고 다녔다. "병영"은 시그마누(Sigma Nu) 남학생친교회관으로 바뀌었다.

"시간과 조류는 아무도 기다려주지 않는다." 태양은 뜨고 진다. 태양이 뜨고 지는 동안 아우슈비츠, 트레블링카, 부헨발트와 몬타우젠에 있던 수천 명의 죄수들은 모두 채찍에 맞아 죽고 굶어서 죽고 일하다 죽고 고문당하고 처형당하고 있었다. 럭크만이 육신 안에서 반역하고 자신의 지성을 사실들과 수치들과 사상들과 철학들로 채워 넣으며 또 다른 반역의 하루를 맞이하기 위해 아침에 일어날 때, 수백 수천 명이 폭격당한 도시와 폭격으로 망가진 병원과 땅 속의 구덩이와 살을 에이는 추위 속의 병영에서 일어나 지상에서 지옥 같은 또 다른 하루를 맞이하며 단순히 살

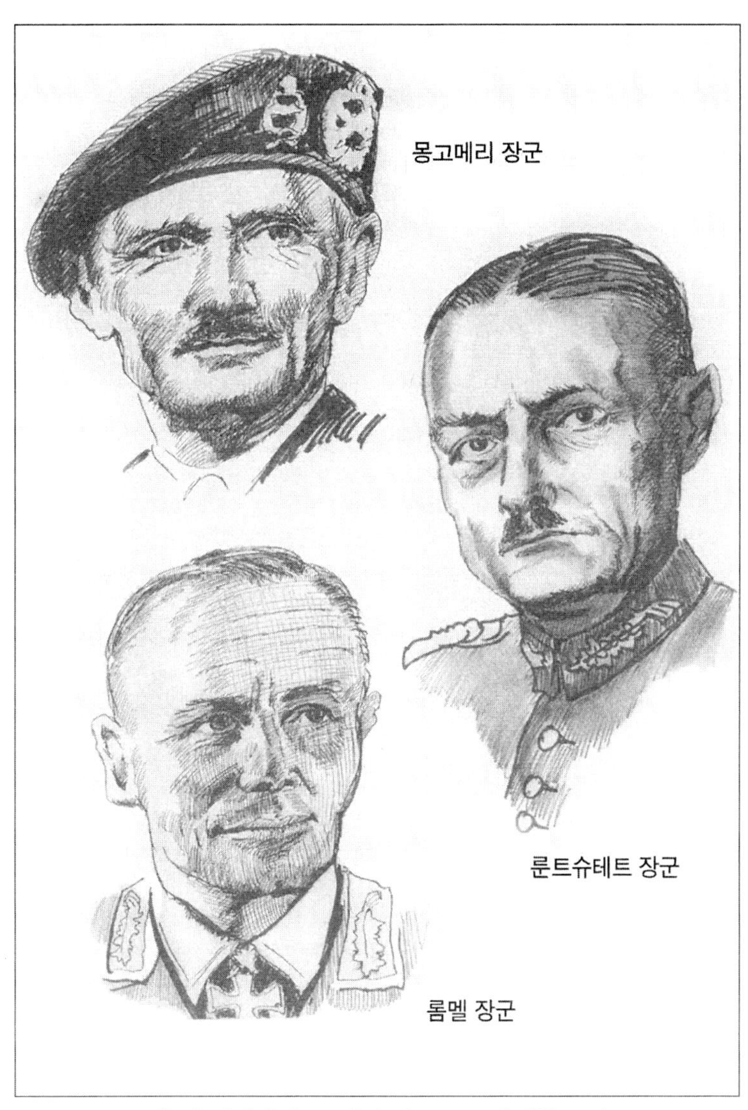

제2차 세계대전 중 펜과 잉크로 스케치한 그림

아남기 위해 애쓰고 있었다.

베를린이 폭격 당했다(1943. 1. 30). 미국의 납세자들의 도움으로 공산주의자들이 스탈린그라드를 차지했다. 이들은 조 스탈린(피묻은 살인자)에게 "T-34" 탱크를 만들도록 3천4백만 달러를 지원했다. 마지막 남은 유대인이 바르샤바 게토에서 완전히 사라졌다. 현장에서 발견되어 강제수용소로 보내졌다. 미국인들이 시실리에서 쓰러져 죽었으며(7. 23), 나폴리에서 쓰러지고 살레르노에서 쓰러졌으며 엔지오에서 묻히고 카시노 산에서 산산조각 났다(1943. 8-10). 연합군 폭격기들이 독일 함부르크를 공습해서 일어난 화재로(7. 28) 히로시마에 떨어진 원자폭탄으로 죽은 사람보다 더 많은 시민들이 불에 타 죽었다.

럭크만은 바보였을지는 모르지만 이런 글들을 읽을 수는 있었다. 잠재적으로 그는 죽은 오리나 마찬가지였다. 그의 군 주특기는 전투보병 소대장이었다. 5월이면 졸업을 할 것이고(1944), 6월에는 장교후보학교(OCS)에, 그런 다음 대학살로 들어갈 것이다. 새해가 된 후 열 달도 살지 못할지도 모른다(1944). 보병 전투에 대한 환상 같은 것은 없었다. 그는 보병 장교의 가정에서 자랐고 어릴 때부터 〈착검〉(톰프슨)과 〈서부 전선 이상 없다〉(레마르크)를 익혔다. 전투는 존 웨인이 나오는 영화 같지는 않았다. 보급품이 바닥나고 눈 속에서 얼어 가고, 파편에 맞아 어린 아이처럼 울부짖고, 위생병이 오기 전에 피 흘리고 죽어 가며, 포로가 되고, 은밀한 부위를 절단하거나 무릎 뼈를 관통한 탄피들과, 자기 앞과 옆에서 사람들이 쓰러져도 엄한 표정의 잿빛 얼굴을 하고 진흙 구덩이를 뚫고 묵묵히 나아가는 것이다. 대포 폭격 속에서 자신의 엄마를 부르며 소리치는 것이었다(꽝! "엄마야!" 쿵! "엄마!" 꽝!). 혹은 이성을 잃고 이빨로라도 땅을 파고 그 안으로 들어가려고 하는 것이다. 체스나 두면서 연대 야영지에 있는 군장성이 아니라면 보병 전투를 "전투의 여왕"이라고 부를 만한 것은 아무것도 없다.

회상 장면:

1941년 캘리포니아 샐리나스 간이 숙박소 안의 한 침상. "침대 하나 침 뱉을 깡통 하나에 10센트." 늙은이들이 잔기침을 하고 침을 뱉고 콜록거린다. 한 남자가 정신착란으로 소리 지르며 일어난다. 럭크만은 누워서 들으며 (여느 때처럼) 생각한다. "이봐, 피터, 너도 언젠가 늙을 거야. 너를 돌봐줄 사람을 찾는 게 좋을 걸. 부자와 결혼해, 친구. 부자 여자를 만나. 그러면 이런 처지가 될 때 이런 간이 숙박소에서 살 필요가 없을 테니."

50살 먹은 노총각 유대인인 연설 과목 교수와(트라우트맨) 춤춘 후에, 캔자스 맨하탄 거리를 걷고 있다. 새벽 1시다. 드럼 세트는 이미 택시에 실어 클럽하우스로 보낸 후였다. 물건을 가득 싣자 택시에는 자신이 탈 공간이 없었다. "피트, 무슨 생각하는지 다 알아. 창문에서 새어 나오는 저 불빛들을 바라보면서, 저 집들이 행복한 가정들이라고 생각하고 있지? 거기서 무슨 일이 일어나고 있는지도 모르면서 말이야. 내게도 가정이 있었지. 저 집들도 겉으로 보이는 것만큼 그렇게 행복하거나 안전하지는 않아."

여전히 고통스러웠다. 무슨 고통? 그는 사랑이나 돈이 있는 곳을 찾을 수 없었다. 가정을 그리워하고 있는 건가? "가정을 그리워한다." 그는 가정을 가져본 적이 없었다. "가정"이 무엇인지도 몰랐다. 개처럼 거리를 쏘다녔다. 길 잃은 개처럼. 그래서 개를 그토록 좋아하는지도 모르겠다.

바뀐 시그마누 남친교회에서(이제는 군병영) 럭크만은 결심했다. 상냥

하고 깨끗하고 부유한 여자를 찾아서 결혼하겠다고 결심했다. 그렇게 하면, 혹시나 그가 부상을 당해도 한평생 그녀가 자신을 부양해 줄 것이고, 그가 전사하면? 그렇다 해도 달라질게 뭐가 있겠는가? 최소한 머리통이 날아가기 전에 "가정 생활"의 맛이라도 조금 보게 될 것이다. 되돌아오지 못한다 해도 (그리고 그는 되돌아올 것이라고 생각하지 않았다.) 최소한 독신생활뿐 아니라 "결혼" 생활도 좀 해보게 될 것이다. 인생에서 반이 비워진 컵을 가질 필요가 뭐가 있겠는가?

럭크만은 유럽작전지에서 독일과 전투하다 죽을 것이라고 생각했다. 사실 수천 명의 그의 동료들이 웨니웨톡과 트루크 제도에서 머리가 날아가고 있었고(그리고 팔과 다리를 맞아 잘려나가고 1944. 2), 나중에는(3월) 수천 명이 더 홀랜디아와 사이판과 괌과 티니암에서 수만 달러를 그들의 집으로 보냈다. 그러나 그는 여전히 독일인들과 싸우다 죽을 것이라고 생각했다. 그건 그의 아빠가 했었던 일이기도 했다. 독일인과 싸우는 것은 시간을 보내기에 즐거운 일은 아니다. 독일인은 가감 없이 말해서 지금까지 세계 최고의 보병이며, 독일의 포대는 2천 야드에서도 88구경 포탄을 바지 뒷주머니에 명중시킬 수 있다. 독일의 사상자 비율은 영국이나 미국에는 약 2:1, 이탈리아나 프랑스에는 3:1, 러시아나 아프리카에는 약 5:1정도 된다. 독일인들은 생각해봐야 할 대상이다.

럭크만은 앨라배마 헤일 카운티 내 작은 농장 출신의 최고 미인과 데이트를 하고 있었다. 그녀를 존중했기 때문에 "그녀를 만들려고" 애쓰지 않았다. 그녀는 술도 마시지 않았고, 담배도 피우지 않았으며, 춤을 추거나 영화도 보러 가지 않았다. 그가 그녀를 만났을 때 그녀 나이는 열일곱 살 밖에 되지 않았다. 그녀가 18살일 때 결혼했다. 그녀는 이 모든 자격을 다 갖춘 것처럼 보였다. 그녀의 아빠는 앨라배마 그린스보로 가까이에 있는 워리어 강 근처에 수백 에이커의 비옥한 "저지대 땅"을 소유하고 있었다. 가장 가까운 우체국이 "팝 메이"(농부)의 집과 그린스보로 사이 어딘가 길에 있는 넓은 장소인 소여빌(Sawyerville)이었다. 그에게는 두 아들과 두 딸이 있었다. 증명된 바와 같이 이들 모두는 그리스도인임을 고백하는 사람들이었다. 그런데도 앨라배마 대학생이었던 이 소녀(제니 베스)는 결혼한 지 5년이 된 1949년까지 그에게 이와 관련된 어떠한 말도 하지 않았다. 그 5년 동안 그는 그녀가 성경을 읽거나 기도하거나 교회 문을 지나 걸어 가는 것은 단 한 번도 본 적이 없었다. 그러나 어쨌든 그녀는 "깨끗"했다.

"메이 엄마"(제니의 어머니)는 조지아 앨라배마와 캐롤라이나 사람들 말처럼 "조금 달랐다." 그녀의 조상은 위그노교도였다(결혼 전 그녀의 성은 쾌럴이었다). 그녀에게는 두 명의 자매가 있었는데 이들 세 자매는 모두 성경대로 믿는 침례교도였다. 피터 럭크만은 자신이 전혀 통제할 수 없는 상황 속으로 막 걸어 들어 가려는 중이었다. 그의 온갖 간사함과 지식과 지성과 이중성과 절대적인 한계에 대한 반역을 시험하는 상황 속으로 말이다. 메이 엄마는 거의 5년 동안 하나님께서 자신의 아이들 중 하나를 설교자로 만들어 주시기를 기도해 오고 있는 중이었다. 아무도 주님의 부르심을 느끼질 못했지만 그 중 둘은 하나님께서 자신들을 부르시는지 알아보기 위해 크리스찬 학교에 몇 달간 가기도 했었다.

이들은 테니시 클레브랜드에 있는 작고 특정 교파와 관련이 없는 학교에 보내졌다. 그곳은 "밥 존스 대학"으로 1928년 감리교 복음전도자가 파나마 시(린 헤븐)에 세운 학교였다. 그는 앨라배마 도단(Dothan) 근처 땅콩 농부로 자란 사람이었다.

아무런 관련 없는 사람들이 예상 밖의 이상한 연관성으로 묶여지고 있었다.

"양키들의 땅"에서 난 맥주를 마시고 음란하고 저주하며 시가를 피우는 예술가이자 댄스 밴드 드러머가 앨라배마 "옥토 지대"에 사는 성경대로 믿는 침례교도 집안과 결혼을 하려는 것이었다. (그 집안에서 유일하게 술을 마시는 사람은 팝 메이라는 사람인데, 그는 임종 시까지 구원받지 못했다.) 메이 엄마는 성경대로 믿는 기도하는 여인으로, 그녀의 자매는 텍사스 포트 워스의 J. 프랭크 노리스를 따랐고, 이 자매(로사 이모)는 앨라배마 딕슨 밀(Dixon Mills)에 살았는데 그곳은 노리스가 소년일 때 침례를 받았던 곳이었다.

시내 감독교회에서 밤에 비밀리에 결혼이 이루어졌으며(1944. 3), 15달러짜리 결혼반지와 호텔로비에 있던 여행 중이던 세일즈맨 두 명이 이 결혼의 증인으로 초대되었다. 졸업 때까지 이 결혼은 비밀에 부쳐졌다. 그동안 럭크만은 그가 원할 때면 언제든지 이용할 수 있는, 이미 만들어진 "섹스 파트너"를 갖게 되었다. 제니는 "첫사랑"이 가져다주는 열정적이고 헌신된 마음으로 그를 사랑했다. 피터는 파병 후 결코 살아서 돌아오지 못할 것이라는 생각으로 그녀와 결혼을 했다.

하지만 그것은 잘못된 생각이었다.

문제는 간단했다. 문제는 너무나 간단해서 럭크만 같은 복잡한 인격을 가진 사람은 그것을 이해하기는커녕, 절대로 그것을 믿지 못했을 것이다. 문제는 "장부담당자"께서 계셨다는 것이다. 이 모든 것을 지켜보면서 기록하시는 어떤 분이 계셨다. 이 분은 프랭클린 가 집 소파에서 어머니의 자궁에서 한 아기가 나오는 것을 지켜보셨고, 그 아기가 질병들과 방울뱀들과 경찰의 덫과 주먹 싸움과 자동차 절도와 춤과 음주 운전과 파티와 유혹들과 강의 급류와 대양의 파도와 술집들과 댄스홀과 극장과 군훈련장과 체포 등을 헤치고 살아남게 하셨다. 그분에게는 책들이 있었다. 그 분은 럭크만의 앉고 일어서는 것을 알고 계셨고, "멀리서도 그의 생각을 아셨다." 조만간 추수 때가 올 것이다. 그것이 바로 삶과 자연의 법칙이니까(갈 5). 럭크만은 1940년대 뿌렸던 것을 1970년대에 거두게 될 것이었다. 그는 편의상 결혼을 했고, 15년 후 그 결혼이 깨질 때까지 그것은 한쪽만의 일방적인 결혼이었다. 그녀는 모든 것을 주려했고 그는 모든 것을 받았다. 그러나 책을 담당하시는 분께서는 기억력이 좋으셨다!

"이 젊은 예술가"가 메이 엄마의 집에 갔을 때 그녀가 한 첫 번째 질문은 "젊은이, 자네는 구원받았는가?"였다.

주저없이 그는 대답했다. "물론입니다. 저는 안전합니다." 그리고 그 방을 걸어서 나왔다. 그는 자신이 받은 질문이 무엇인지조차도 몰랐다. 그에게 그 질문은 "자네, 건강한가?"나 "잘 지내나?"와 같았을 뿐이다. 여러 해가 지난 후 그는 이천 명 이상의 사람들에게 얼굴을 일대일로 대면하고, 또 다른 4백만 명에게는 강단과 텔레비전과 라디오를 통해서 그와 동일한 질문을 하게 될 것이었다.

팝 메이(제니의 아빠)는 10초 내에 제니의 미래의 남편을 평가했다. 크리스마스쯤에 그 젊은이가 그들을 방문한 후에 그는 가족들에게 이렇게 말했다, "저 피트 럭크만이라는 친구! 저 친구는 전혀 아니야...!"

이보다 더 맞는 말은 없었다.

하지만 어쨌든 이 일은 이루어졌다. "피터 S. 럭크만 부부. 앨러배마 소요빌 출신." 이것이 앞으로 3년 동안 그가 온갖 우편물에 적은 "집주소"였다. 앨리배마 주소를 쓸 때 그는 자신이 언젠가 모빌, 버밍햄, 애니스톤, 개드센, 몽고메리, 웨텀프카, 그린보로, 딕슨 빌즈, 베이유 라바트레, 셀마, 애트모어, 린든, 폴리, 엘버타, 로버트데일, 그로브 힐에서 설교하게 되리라고는 전혀 눈치채지 못했다.

졸업 때가 되었고(1944. 5), ROTC 학생들은 다른 캠프로 행진해 갔다. 보병부대는 조지아 포트 벤닝에 있는 보병학교로 갔다. 이들이 갔을 때 연합군은 노르망디 해변에 상륙했고, 또 다른 만 명의 학생들이 목숨을 잃었다. 독일의 첫 번째 V-1 런던 강타와 더불어 로켓 시대가 열렸고(1944. 6), 연합군은 일곱 언덕 위에 앉은 창녀에게로 들어 갔다. 거기서 교황은 대실패를 했음에도 안전하고 조용하게 보호받으며 앉아 있었다. 그의 바티칸 시티는 포탄 자국도 나지 않았고, 총알 자국도 나지 않았다. 전혀 손상을 입지 않았다. 교황이 아돌프 히틀러와 베니토 무솔리니(그들은 아웃당했다, 1943. 7)와 협약을 맺었다고 해서 처칠과 루즈벨트와 조스탈린과 한 "약속"에 금이 가지는 않았다. 이 카톨릭 독재자들 중 살아 있거나 죽은 후에 파문을 당한 사람은 없으며, 스페인의 로마카톨릭 독재자 역시 마찬가지였다(프랑코).

그 학생은 보병학교로 갔다: "나를 따르라."

제8장

장군의 손자

"90일간의 기적"은 끝났다. 이들이 벤닝에 도착하자 정부는 이들 중 "야전부대"에 있었던 사람은 아무도 없었다는 듯 행동했다. 그래서 럭크만이 CMTC에서 받았던 2년간의 군사훈련이 무시되고, 군인들은 모두 장교후보학교 이전의 기본 훈련을 6주간 다시 해야 했다. 이 말은 피터 S.가 (23살에) CMTC 2년, ROTC 4년을 끝내고도 실탄을 차고 6주간 "기동 훈련"을 받았다는 말이다. 보병 전투 준비가 된 사람이 있다면 그건 바로 그였다. 장교후보생으로서의 또 다른 12주의 훈련이 그 앞에 기다리고 있었다.

그러나 이번에는 훈련이 "흥미로웠다"고 고백할 수 밖에 없었다. 미국은 이 전쟁에 진지하게 임했다. 한국전의 참패나 베트남에서의 익살극이 아니었다. 훈련에서 실탄을 사용했다. 진정한 장교 육성을 위해 훈련 중 실수로 인한 2%정도의 사상자를 정부도 인정하고 있었다. 105구경과 155구경에서 뿜어져 나온 총탄이 머리 위로 날아갔다. 부대 바로 앞에서 "폭탄"이 터지는 것을 봤다. 실탄이 장착된 박격포 사격과 진짜 수류탄 투척과 실탄을 넣은 소총 발사를 포함해 공격 시 실탄을 사용했다. "예술가"는 사그러들기 시작했다. 이 "음악가"는 얼마동안 차이코프키, 베토벤, 브람스, 아티쇼우, 토미 앤 지미, 도로시, 패트 월러, 스트라우스, 빅터 허버트, 스탠 켄톤, 우디 허만, 레스 브라운, 라흐마니노프를 버렸다. 삼대 째 내려오던 피가 다른 방향에서 다시 돌기 시작했다: 죽이든가 죽든가.

겹쳐지는 다양한 장면들:

A. 강단에 브론츠스트 소령이 있다. 그는 당시(1944) 동양의 검은 띠를 찬 비(非)동양인 다섯 중 하나였다. "수비 태세... 헙! 한 시간 후 훈련장이 기울기 시작했다. 앞이 깜깜해졌다. 눈앞에 점들이 춤추기 시작했다. 왼쪽과 오른쪽과 뒤쪽에서 몸이 땅에 부딪히는 소리가 들렸고 그때 소총끈이 털썩 치는 익숙한 소리가 들렸다.

"검 끝을 공중으로! 꽉 잡아! 꽉 잡으라고 했지!" 의식을 잃은 적은 없지만 아무것도 보이지 않았던 순간들은 있었다.

B. 가스 마스크를 썼고 먼지 가득한 길 아래(럼프틴 가) 머리 위로 총알이 날아다닌다. 비행기에서 길바닥으로 기총 사격을 가하는데 머리를 시궁창에 박고 누웠다가 일어나서 땅을 차고 달린다. 마스크를 쓰고 땀범벅이 되었고 땀이 입술까지 흘러내린다. 자신의 땀으로 익사할 지경에 이른다. "횡경막"으로 리듬에 맞춰 숨을 쉴 수가 없다.

C. 밤에 덤불을 헤치고 나간다. "새벽 4시 전에 이 소나무에서 집합!" 나침반들과 야광 다이얼과 방위각. 오는 길에 "적"이 있는지 살피라. 몸에 가루가 묻은 사람은 "사상자"이다. 덤불에서 소리가 나는데 정체를 알 수 없다. 머리 위로 예광탄들이 발사된다. 오, 방울뱀 소리 같은 그 소리들을 나는 기억하고 있다. 목숨을 잃지 않으려면 뛰어라! 토페카에서 수박 서리하던 때처럼!

D. 보병 전문가 뱃지를 달았다는 것은 경량 박격포와 중량 박격포, 경량중량 대전차 총들과 30구경과 50구경 기관총, 45구경 소총, M1, 카빈총 자격증을 가졌다는 의미이다. 그 당시 사람들은 진지했다. 죽이든가 죽음을 당하든가.

E. "헤이, 럭크만의 장모가 뭘 보냈게? 성경이야! 헤이, 럭크만에게 성경이! 믿을 수 있겠어?"

네다섯 명의 병영 친구들이 그의 어깨 너머로 그 물건을 보고 있는데, "아, 얼간이들, 이런 걸론 총알을 멈추게 할 수 없어."라고 말하고 쓰레기통에 성경을 던져 버렸다. (이 작고 검은 책이 미국 남북전쟁과 1차 세계대전에서 총탄을 계속해서 막았었다는 사실을 몇 년 뒤에야 알게 되었다. 가슴 위쪽 주머니에 성경이 있었다면 그쪽으로 날아든 총탄을 신약으로 막을 수도 있었다. 이 두 전쟁에서 이런 일이 십여 차례 일어났다.) 럭크만은 그것을 버렸다. 그리고 그 책을 지키시는 분이 이 일을 체크하고 계셨다.

F. "럭크만, 이 지형에서 지금 뭘 하려는 거지? 이 상황에서 너의 분대

원들에게 어떤 명령을 내릴 거지?"

G. "좋아, 저격수를 찾도록. 어딨지? 제군들이 저격수를 찾았다고 생각하면 저격수가 손을 흔들도록 할 테니까" 아무도 저격수를 찾을 수 없었다. 백 야드 떨어진 나무숲 속에 있었으니까. 모두가 포기할 때쯤 가죽끈에 K-9 "징집병"이라고 쓴 줄을 단 사람이 나온다. 그는 들판 속으로 20야드를 달리다가 코를 킁킁 대며 새 사냥개처럼 한 지점에 시선을 고정한다. "손 흔들어." 전술 장교가 고함을 지른다. 나무속에서 "저격수"가 손을 흔든다.

H. "꽝꽝꽝꽝꽝꽝꽝" 수랭식 30구경이 발사됐다. 훈련지에 물을 뿌리는 방법은 두 가지 있었다. "병사 전진!" K-9 조정관이 말하면 독일 셰퍼트 하나가 "급보"를 가지고 훈련지를 가로질러 출발한다. 그는 돌진하고 몸을 웅크리는 동작을 완벽하게 연이어 실시하면서 크게 자란 수풀 속으로 몇 백 야드는 족히 되는 거리를 간다. 그가 "땅을 차고" 나갈 때는 4~6 피트 떨어진 또 다른 지점으로 실제로 기어가거나 굴러가다가 다시 일어나서 단숨에 입지를 확보하고 다시 출발하는 과정을 되풀이 한다. 훈련된 사람이 아니라면 잘 할 수 없다.

I. "리처드슨, 네가 내 물통에서 물 가져 갔지?"

"아니야, 럭크만, 난 계속 배낭 옆에 누워 있었는데."

"4분지 일은 차 있었는데. 하루 종일 살피고 있어서 안다구. 날씨는 덥고 이건 H_2O라구."

"저런, 럭크만, 난 아는 바가 전혀 없는데."

"너, 이 더러운 개 XX. 너 지금 웃고 있지. 네가 지금 거기 누워 있는 것만큼이나 확실하게 네가 내 물을 가져간 게 틀림없어. 네가 아까 공격하러 4천 야드 달렸던 때가 언제인지 난 알고 있으니까!"

그날 밤 보초 근무 때 그의 친구 리처드슨의 침낭으로 기어가서 참호 나이프를 그의 목에 갖다 댔다. 부드럽게 칼날을 가지고 장난을 쳤다. "너, 이 XX. 네가 내 물을 훔쳤어! 너 XX!" 그러나 그 악당의 목을 가르지는 않았다. 뭔가가 그를 막았다. 공포는 아니었다. 조심성도 아니었다. 뭔가가 그를 막는 손이 있는 듯 했다. 그는 침낭에 비웃음을 던지고 마침내 기어 나와 말했다, "그 더러운 XX. 그의 목을 귀에서 귀까지 잘라버릴 수도 있었는데. 그 얼간이는 자신이 뭐에 죽었는지도 몰랐을 걸!"

J. 사상자: 쿵! 머리 위로 포탄이 날아가는데 가시 철사에 얽혔다. "베일리, 엎드려, 너 미친 XX. 100야드 앞 고지를 공격하고 있잖아!"

"어, 저기, 아주 먼 거리인데요."

"그래, 그래도 맞을 수 있으니까 엎드려!"

"아, 럭크만, 너는 항상 뭔가에 사로잡혀 있구나!"

휙! 파편 하나가 4피트 높이의 나뭇가지에 엎드려 있던 병사의 왼손을 쳤다. 손 전체가 옅은 붉은색이 되었고 그는 소리를 지른다. 뒤쪽으로 가는데 어디선가 호루라기 소리가 들린다. 착검을 한 럭크만이 목표물 공격에 합류한다.

K. 야경: 실탄을 장착하고 공격에 가담한 소대에서 2천 야드를 달린 후

캠프에서 5마일 뒤쪽을 행군하고 있다. (그 당시 미국은 진지했다). 그의 발목이 부러졌다. 전투화 끈을 맬 수도 없다. 줄 뒤에서 고통스럽게 절룩거린다. 졸업을 2주 앞둔 시기이다.

"럭크만, 무슨 일이야? 발목이 아픈 건가, 그런가?"

'새잡는 개'였다(에디 코플랜드 중위).

"아닙니다."

"좋아, 그럼 줄을 따라 잡아!"

"예, 알겠습니다!" 그는 그렇게 했다.

10분 후 "럭크만 어떤가?"

"그냥 괜찮습니다."

"줄에서 좀 뒤쳐졌군, 안 그런가?"

"네, 맞습니다."

"따라 잡아!"

"네, 알겠습니다."

고난을 참을 수 없다면(딤후 2:3) 도대체 어떻게 군인이 되겠는가? 이제 곧 그가 그만둘 거라는 생각을 누군가 할 수 있는 특권을 주거나 그만두느니 차라리 죽는 편이 더 나을 것이다. 그는 줄을 따라 잡았다. 발목은 치유되었지만 삔 채로 치유되었다. 그후 10년 동안 그는 자기도 모르게 그의 몸무게를 모두 한쪽 발에만 싣는다. 그래서 나중에 왼쪽 신발에 버팀대를 숨겨두고 사용해야 했다. 그렇지 않으면 그의 다리가 저려서 감각이 없어지곤 했다. 이는 결국 그의 왼쪽 등 근육과 왼쪽 팔에까지 영향을 미치게 되었다. 그러나 그는 졸업을 했다.

L. "뭔가 할 말이 있으면 와서 말하라고 하셔서요."

코플랜드: "그렇지, 그랬었지, 상등병."

"저기, 레아이즈를 도와줄 수는 없나요? 12주간 그와 함께 있었는데, 지금까지 제가 본 가장 훌륭한 군인 중 한 사람입니다. 태평양에서 8주간 전투 경험도 있고요."

"뭔가 새로운 이야기라도? 상등병"

"아닙니다. 저는 다만 그렇게 좋은 사람이 실패하는 것을 보고 싶지 않을 뿐입니다. 그는 온갖 화기에도 발사 전문가입니다. 제 의견으로 레아이즈는 병영에 있는 군인들 반보다도 더 훌륭한 장교감입니다."

"글쎄, 럭크만, 그를 위해 주자가 되어준 걸 알면 그가 고마워하겠지만, 후보생이 페닉스에서 술을 잔뜩 먹고 헌병 두 명과 낙하산병 한 명을 물씬 두들겨 팼다면 그런 사람은 내보내야지!"

"네, 맞습니다. 그러나 그는 인디언입니다. 위스키가 인디언에게 어떤 영향을 끼쳤는지 아시잖습니까?"

"미안하네, 럭크만, 시간만 낭비하고 있는 것 같군. 대령님이 벌써 명령을 내렸네. 명령은 수행될 걸세."

"그렇지만, 레아이즈 같은 신장의 사람이 헌병 두 명과 낙하산병 한 명을 때려눕힐 수 있다면, 그는 아주 훌륭하고 강력한..."

"됐네, 럭크만! 해산!"

M. 옆방에 있는 병사는 옛날 101 공군 출신의 술 취한 하강 전문가였다. "그래, 럭크만, 그들의 얼굴 표정을 봤어야 했어! 하, 하, 하! 내가 문 쪽으로 가서 줄을 벗어서 그 새대가리한테 주면서 이렇게 말했지, '여기

요, 나를 위해 간직해 두세요.' 그리고는 뛰어내렸지! 하, 하, 하! 그 얼굴을 봤어야 했다구. 호, 호, 하하, 하하하하!"

N. 부겐빌에서 돌아온 미 육군: "이봐, ×자식 하나가 있었는데, 내가 그 녀석 손가락을 숫돌에 올려놓고 뼈까지 갈아버렸지. 고통으로 죽으려고 하더군. 내가 세 번째 손가락을 처리하기 전에 걷어차는 거 있지."

"글쎄, 어떤 녀석이 소리 지르는 걸 들으면서 걷어 채였단 말이야?"

"그래, 그랬다니까, 끔찍했지. 너희 친구 중 하나가 밤새 소리 지르는 걸 듣고도 그를 구하러 갈 수 없다면 어떤 기분일 것 같나? 다음날 아침 그 자국을 따라가다가 손이 잘리고 입에 뭔가 잔뜩 쑤셔 넣어진 채 산채로 껍질이 벗겨진 그를 발견한다면 어떤 기분일 것 같나? 제기랄, 어떤 기분일 것 같냐 말이야? 다른 누군가가 산 채로 소리지르는 걸 들어 보고 싶지 않나?"

맞다, 거기에 요점이 있었을지도 모른다. 동물처럼 살아보라. 그러면 얼마 후에 동물처럼 생각하게 될 것이다. 캉, 세인트 로, 아브란체즈, 모테인, 팰레이즈, 쳄보이즈에서 수천의 미국인들이 죽은 후 연합군이 파리로 행군해 들어갔다(1944. 8). 러시아가 바르샤바에 반격을 가했고, 교각 하나를 "너무 지나치게" 얻기 위해 애쓰다가 5천명의 미국인들과 영국인들과 독일인들이 영원으로 들어갔다(마켓가든 작전 시 아른헴 지역). 럭크만이 장교후보생 학교를 나왔을 때, 독일군의 V2호가 런던을 공격하기 시작했고, "빅4"(처칠, 루즈벨트, 스탈린, 장제스)는 국가연맹 이후 최고의 실패작을 만들려고 준비하고 있었다. 4명의 신사 – 세 명은 그리스도인이라고 고백하고(이들 중 둘은 감독교인이었다) 한 명은 무신론자 –

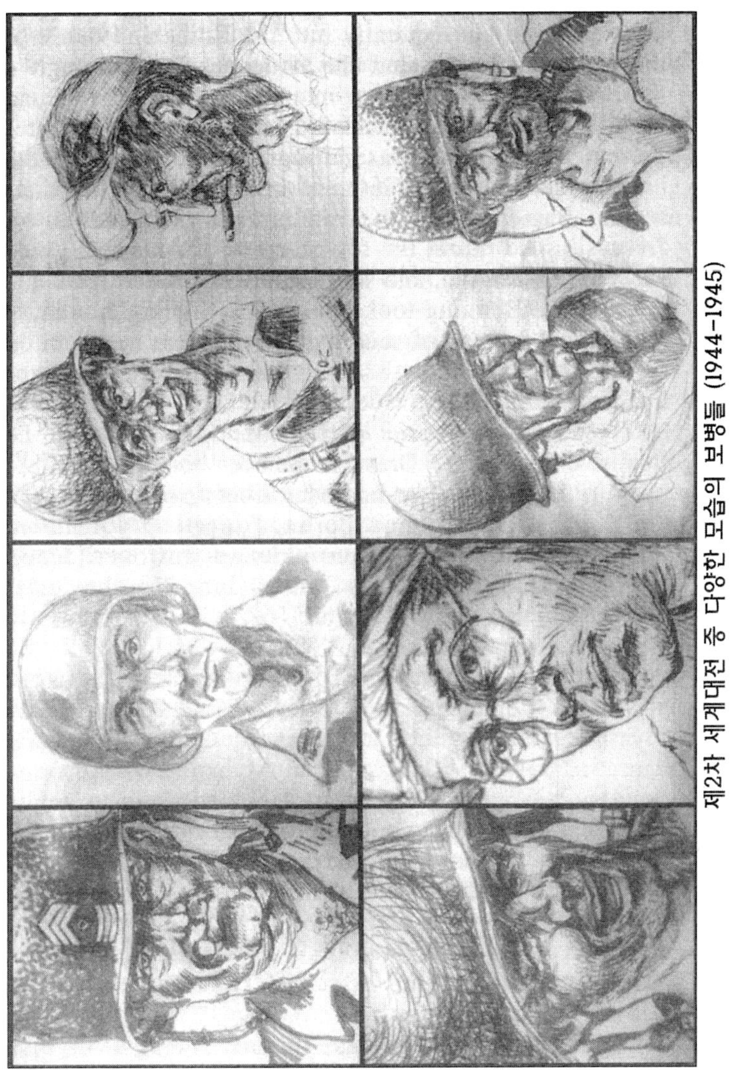

제2차 세계대전 중 다양한 모습의 보병들 (1944-1945)

가 "UN"을 창설함으로써 "모든 전쟁을 끝내기 위한 전쟁"을 하면 "지속적인 평화"를 얻을 수 있다고 생각하게 되었다(10. 9, 덤바톤 오크스). 계획은 간단했다: 중국, 러시아, 영국, 미합중국이, 전쟁을 시작할 수 있는 잠재력이 있는 공격자라고 판단하면 누구든지 공격한다는 것이다. 광대는 서커스에만 있는 것이 아니다. 루즈벨트는 회담의 추천사항을 칭찬하며, 훌륭하고 오래된 "엉클 조"(미국)는 믿을 만하다고 말했다. 딩동 소리는(얼간이들) 모두 벨 속에만 있는 것이 아니다.

육군 소위가 되자마자 럭크만은 201보병 연대에 배속되었고 그 다음에는 사우스캐롤라이나 포트 잭슨에 배치되었다. 이 부대는 원래 국가방위부대로 알루산 열도의 키스카와 아닥에서 귀환한 상태였다. 이 말은 럭크만이 해외로 파병당하기 직전 마지막 순간에, 보병교체부대 훈련을 위해 왔다 갔다 했다는 뜻이다. (그리고 결과적으로 휴어트겐 포리스트의 라인랜드 전투와 아르덴 돌격지 - 불지 전투 - 혹은 레이테와 마닐라 전투로 들어간다는 의미이다.) 미국은 거의 바닥까지 와 있었고, 독일군이 베스통과 세인트 비스 둘레 전선을 돌파했을 때 미국전역에서 보병을 "징발"해야만 했다. 그리고 훈련을 가속화시켜 하룻밤 새에 전투에 내보냈다. 베닝의 고급 간부들이 럭크만의 배경을 훌끗 보더니 그를 작전에 투입하기 위해 해외로 보내는 대신 처음에 캐롤라이나 포트 잭슨으로 보낸 다음 그 후에는 보병교체부대 훈련을 위해 앨라배마 캠프 럭커로 보냈다. 다시 한 번 그는 목숨을 부지했다. 마침내 그가 "배를 타고 전쟁터로" 나가기 전에 드레스덴이 공습으로 폭격당했고(1945. 2), 아우슈비츠가 해방되었으며(1월 27일), 러시아인들이 베를린에 들어갔고 히틀러가 자살했으며(4월), 오키나와 전투가 끝났다(6월). 그리고 유엔이 창설되었다(6월

26일 - 국무장관 스테트테니우스가 선언서에 서명했다). 한국전, 베를린 장벽, 베트남전, 이스라엘-이집트, 이스라엘-아랍 전쟁들과 거기에 더해 키프로스, 쿠바, 니카라과, 라오스, 산살바도르, 티베트, 중국, 아프가니스탄, 이라크와 이란, 헝가리와 다른 곳에서 전쟁을 시작하기 위해서 말이다. 유엔은 인류 역사상 가장 큰 전쟁광임이 증명되었다. 전세계의 동성연애자들 수도인 샌프란시스코에서 50개 회원국을 시작으로 유엔이 시작되었다.

1933년 이후 조용하면서도 드러나지 않게, 언론에서 거의 눈치 채지 못하게 미국 내 첫 인종폭동이 세상의 살인자들 수도인 디트로이트에서 일어났다. (1989년에 하루에 다섯 건의 살인 사건이 있었다).

그때까지 미국에서 가장 위대한 친공산주의 사회주의자였던 루즈벨트가 사망했다(마틴 루터 킹은 나중에 루즈벨트를 능가했다). 그리고 해리 S. 트루먼이 정부를 인수했다. 당시의 "빅 쓰리" 중 한 명이다(트루먼, 처칠, 스탈린).

럭크만의 첫째 아이가 1945년 6월 27일 앨라배마 투스카루사 드루이드 병원에서 태어났다. 그는 사냥의 여신의 이름을 따서 그 아이의 이름을 "다이애나"라고 지었다(행 19:27,28 참고). 아이가 태어나고 곧바로 명령이 내려졌다. 독일에서 전쟁이 끝났다(5월 7일에 항복). 그래서 그는 독일인들과 싸우지 않게 되었지만 "떠오르는 태양"(일본)은 아직 지지 않았기 때문에 그는 태평양 작전무대로 갔다. 그곳에 일본 본토 공격을 위한 군대를 집합시키기 위해 루손 섬(필리핀)에 무대가 세워지고 있었다. 럭크만이 케이프 멘데시노에서 포드 오드(프리스코)를 출발했을 당시 아이오 짐마와 오키나와와 사이판은 미국 소유였다.

그런 후 최악의 일이 벌어졌다(다른 사람의 관점이 아닌 럭크만의 관점에서). 수백만의 미국인들의 생명을 구하기 위해(동시에 수백만의 일본인들의 생명을 구하기 위해), 해리 트루먼이 에놀라 게이에게 히로시마에 폭탄을 투하하게 했다(8월 6일). 일주일도 안돼서 또 다른 폭탄이 나가사키에 떨어졌고(8월 9일), 럭크만이 탄 상선 "리버티 호"가 진주만에 닻을 내리고 있을 때, 일본과의 전쟁이 바로 코앞에서 끝났다(1945. 8. 15).

럭크만은(사람들은 항상 그를 이렇게 불렀다. 그의 선배들조차도 그를 열에 한 번 정도만 피터라고 부를 뿐이다.) 케이프 멘데시노호 돛 활대 끝에 앉아 있었다. 면도칼 같은 총검과, 사냥개의 이빨만큼이나 깨끗한 카빈총과 배낭을 멘 군복차림으로. 군 배경을 가진 가정에서 자란 후 6년간의 보병훈련을 받은 럭크만이 있었다. 그는 한 발의 총도 쏘지 못할 것이었다. 맞은편 병원선에서 불꽃 놀이 축포를 발사했다. 해안포대에서는 구름 속으로 대공포를 일제히 쏘아댔다. 탐조등이 흔들리며 탐색하고 있었고, 해변에는 온통 성조기가 휘날리고 있었다. 배의 갑판에서 수송대는 더 이상 순항선과 호위 구축함이 필요치 않았으며, 병원선에 있던 일부 부상당한 군인들은 목발을 흔들어댔고, 걸을 수 있는 사람들은 갑판을 이리저리 뛰어다녔다.

다시 예전으로:

"자. 이제 무엇을 할 것인가? 할 줄 아는 게 뭐가 있는가? 이런 경험을 하고 접시돌리기로 다시 돌아가서 공익광고를 할 수 있다고 생각하는가? 6년이다: 2년간의 민병대군사훈련소, 4년간의 ROTC, 4개월간의 장교후보학교, 9개월간의 군대 훈련. 아는 것이라고는 죽이는 것뿐이다. 이걸 떨쳐버릴 수 있다고 생각하는가? 〈서부 전선 이상 없다〉에서 폴 바우머가 뭐라 했는가? 그의 말을 나는 기억하고 있다. "우리는 돌아갈 거야. 그렇지만 사람들은 우릴 이해 못할 거야. 우리와 함께 왔던 나이든 사람들은 전쟁이 일어나기 전에 그들이 했던 일과 천직으로 돌아가고 그들이 떠났던 곳으로 가겠지. 그러나 우리에게는 돌아갈 곳이 없어. 우리가 인생에 대해 배운 거라고는 죽음뿐이야. 우리의 삶에 대한 지식은 죽음에 한정되어 있어. 세일즈맨처럼 우리는 차이나는 것을 이해하고, 도살업자처럼 우리는 필요를 이해하지. 우리는 노인들처럼 슬프고 어린 아이들처럼 피상적이야. 우리는 길을 잃은 것 같아."

두 시간 후 로켓 소음이 가라 앉았다. 수송 중이던 군대 대부분은 갑판 아래 있는 자기들의 침상으로 돌아갔다. 럭크만은 "꼭대기"에 머물렀다. 그는 호놀룰루의 빛들 속에서 어둡고 기름진 물들에 반사된 난간을 응시했다.

바우머가 뭐라 했던가? "우리는 돌아가겠지만 오는 세대는 우리를 제쳐 놓을 것이야. 그들은 우리를 이해하지 못할 거야. 우리는 스스로에게조차 필요치 않게 될 거야. 우리 중 일부는 환경에 적응할 수도 있지만 절대로 완전하게 하지는 못할 거야. 결국 우리가 파멸할까 두려워."

때로 이 세대의 자녀들이 빛의 자녀들보다 더 현명하다. 그는 길을 잃었고 그는 파멸을 향해 가고 있었다. 그에게는 거둬야 할 24년간의 죄의 날들이 있었고 아직도 그 앞에 몇 년이 있었다.

"게헨나를 향해 가든 위로 보좌를 향해 가든 혼자 여행하는 사람이 가장 빨리 가네." 1800년대 사람들이 말했듯 럭크만은 아주 빠른 젊은이였다. 24살이 되기 전에 그는 예술가의 삶과 음악가의 삶, 학생의 삶, 군인의 삶을 알아 버렸다. 그는 출발해 달렸고 절대로 멈추지 않았다. 어떤 사람들이 50년, 60년간 경험할 일을 어떤 이들은 20년에 다 경험하기도 한다. 문제는 너무 빨리 "끝"에 도달한다는 점이다. 엘비스 프레슬리도 이런 문제에 봉착했고, 비틀즈도 마찬가지였다. 에롤 프린과 마릴린 먼로도 그랬다. 이건 제트족(여행을 많이 다니는 부자족)의 특징인 것 같다.

진주만에 정박한 케이프 멘데시노호 돛대 끝에서 럭크만은 어떤 식으로든 "액션"을 하리라고 맹세했다. 그는 배에 타기 전날 밤 프리스코에 살았었고, 이제 동양에 가게 되면 동양인들을 "본"으로 삼을 계획을 하고 있었다. 그러나 이런 행보는 27살쯤 끝이 날 것이다. 1944년 거기서 그는 자신을 위한 삶이 5년 내로 끝날 것이라는 것을 깨닫지 못했다. 27살의 성숙한 나이에 그는 "죽을" 준비를 하게 될 것이다. 그는 시거를 한 모금 더 피우고는 잠자리에 들었다.

항구에서 며칠을 머문 후 케이프 멘데시노호는 태평양을 가로질러 항해했다. 전쟁은 끝났지만 군의 점령지는 늘어났고 미국 재산과 미국 군대와 관련된 천 가지 자잘한 문제들을 해결하는 데는 수개월이 걸리게 된다. 상선 멘데시노는 속담에 나오는 "중국으로 가는 느린 배"였다. 프리스코에서 마닐라 피에르 파이브까지 5주가 걸렸다. 작전에 참가할 기회가 모두 사라진 후 럭크만은 여행에서 가장 "지루해 하는 사람"이었다. 배에는 매뉴얼 말고는 읽을 책이 전혀 없었다. 당연히 그는 이 모든 것을 읽었다: 응급 처치, 사막에서 살아남기, 북극에서 살아남기, 핵무기, 소총부대 공격, 소총소대 공격, 자동무기, 소총중대, 대대 공격, 적항공기 탐지,

야전응급처치, 군장식, 군의식 등등. 그는 자신에게 있는 모든 책을 다 읽었고, 다른 사람들에게 있는 책도 모두 다 읽었다. 뭔가를 생각하지 않으면 인생이 너무 지루하게 생각되었다. 그는 다른 배에서 온 운동과 레크레이션 담당 장교에게서 수채화물감 세트를 얻었고, 처음으로 자신의 손으로 수채화를 그렸다. 그건 엉망이었다. (지금도 처음에 그렸던 두 작품을 가지고 있다. 하나는 진주만을 그린 것과 멘데시노호까지 다가온 낚싯배들을 그린 것이었다.)

이 배는 존슨 섬을 지나 루손 섬을 향해 가고 있었다. 3일에 한 번씩 누군가가 갑판을 돌아다니며 "육지다, 육지다."라고 소리치며 돌아다니곤 했고, 모두들 갑판 위로 나와서 "어디? 어디?"라고 외치면, 이 건방진 녀석은 "일마일 곧장 아래로"라고 대답하곤 했다. 처음 이 거짓말을 했을 때 오백 명이 나왔지만 다섯 번째에는 약 25명 정도 나왔다. 선원들의 어리석음과 함께 날짜 변경선을 가로질러 갔으며(이 배는 상선이었다.), 마침내 럭크만 할아버지가 노래했던 "돼지고기와 콩의 나라, 행복하고 해가 비치는 나라 필리핀"에 도착했다. 팜팬갠 지방에 엔젤레스까지 좁다란 기차길을 놓고, 거기 필리핀 정찰병 모집 창고에서 럭크만은 1946년 가을까지 머물렀다. 군대와 장교들이 모두 배치 받은 후에 럭크만은 그 창고로 배정을 받았고 그 후 곧 86사단으로 전근했다(유럽에서 온 블랙 호크 사단). 리처드슨 대령이 그의 연대 사령관이었다.

처음에 럭크만은 운동과 레크레이션 장교였다. 그러나 곧 백병전 교관으로 옮겨갔다. 그는 필리핀 정찰병들을 훈련시켰다. 그는 자신이 훈련받았던 방식으로 그들을 훈련시켰다. "다른 이들이 공격하기 전에 먼저 공격하라." 개가 개를 먹는 정글의 법칙, 무제한적이며, 죽이든가 죽임을 당하든가. 목구멍과 눈에 가격할 때는 항상 "주는 것이 받는 것보다 복이 있다"(행 20:35). 1945년에 럭크만 장군의 손자를 봤었다면 - 185 파운드, 28인치 허리, 입에는 시가를 물고 손에는 총검을 든 필리핀인 만큼이나 갈색으로 그을리고 방울뱀 만큼이나 야비한 - "갈색 눈의 악동"이 도착했음을 알았을 것이다. 그 소년은 더 이상 소년이 아니었다. 그는 성인 남자였다. 그는 행동주의 심리학과 국가교육협회와 헐리우드와 뉴스미디어와 라디오와 과학과 철학과 군의 산물이었다: "맥주 양조기술자의 기술로 만들어진 최고의 작품"이었다. 그는 살아 있는 마귀였다: 저주하고 싸우고 욕하고 거짓말하고 훔치고 술 마시고 도박하고 음행하고 신성모독하고 온갖 짓을 다 했다. 그는 엘비스 프레슬리나 버트란드 러셀처럼 성경에서 "음행하는 호색가"로 부를 존재였다. 그를 만든 이들은 그를 단순히 "세련된 사교가"나 "문화 활동을 즐기는 남자"나 "허용할 만한 라이프스타일을 가진 한 개인"이나 다른 위선적인 변명을 대며 한 죄인을 보호하고 그에게 존경심을 줄지도 모르지만, 럭크만에게는 존중할 만한 것은 아무것도 없었다. 그의 지휘관은 그에 관한 보고서를 이렇게 기록했다, "이 사람은 특이하게도 장교로서는 엉성하고 지저분하지만 타고난 지도자이며, 그의 소대원들은 어디든지 그를 따를 것이다. 그는 자신이 내린 명령에 복종할 수 있으며 그의 부하들에게 이렇게 말할 수 있다, '내가 이것을 할 수 있다면 너희도 할 수 있다.' 그리고 그렇게 한다. 럭크만에게는 자기만의 생각이 있으며 어떤 명령에 대해 논쟁할 기회가 주어지지 않을 때 때로 고집 세고 뚱한 태도를 취한다. 명령에 복종은 하겠지만 분개하면서 할 것이다. 내 의견으로는, 해야 할 일이 특히 힘들고 거칠고 더러운 일인데 아무도 그 일을 할 수 없는 상황이라면 럭크만이 그 일에 맞는 사람이다." 그는 "소위"라는 호칭조차 붙이지 않았다. "럭크만"이라고 불렀다.

그러나 그가 모든 명령에 복종한 것은 아니었다. 생은 너무나 지루했다. 뭔가 움직임을 위해 럭크만은 후크불라합(필리핀 공산주의 게릴라)과 접촉해서 "재미"로 1.5톤의 무기 수송차를 이용해 부자에게 "강도질"을 해서 가난한 사람들에게 주었다. 그는 침낭과 랜턴과 라디오와 다른 보급품들을 밖에 밀반출했다. 길에는 방어벽이 있었다. 흥미진진했다. 머리 위로 예광탄이 발사되었으나, 오히려 그게 도움이 되었다. 체포되어 리벤워스로 보내질 가능성이 항상 있었지만, 그래도 재미있었다. 그는 육군에서 6천 달러 상당의 (최신) 홀리크래프터 라디오 세트를 줄세워 놓고 머리가 둥근 해머로 그것들을 뭉개 버리는 것을 봤고, 최신 2.5톤 트럭을 줄세워 놓고 크랭크함에 물이 세게 하는 것을 봤으며 엑셀레이터에 시멘트 블록을 내려 놓고 그것들이 꽉 붙게 하는 것도 봤다. 가난한 사람들을 도와줘서 안 될게 뭐가 있는가! 그는 출발했다! 많은 것들로 그를 책망할 수 있지만 아무것도 안하고 가만히 있다고 그를 책망하지는 못할 것이다.

필리핀 여자들, 수많은 여자들이 여기저기 깔렸다. 클라크 필드 근처 댄스홀에서 일어난 폭동, 그곳에 낙하산 부대원들이 타미총을 들고 나타나서 여자들과 진한 사이가 된 흑인 몇 명을 날려 버렸다. 밤마다 술과 여자들 - 미혼이건 기혼이건 전혀 상관없었다. - 럭크만의 아내와 딸은 메이 엄마와 농장에 있었지만 럭크만에게는 윤리도 도덕도 양심도 없었다. 생은 괴로워하기에는 너무 짧았다.

그 밤의 장면:

"좋아, 스웨데"(스웨데는 2m 키에 105kg이었다). "똑바로 펴고 오른쪽으로 날아봐. 안 그러면 롤리 폴리를 데려올 테니."

"롤리 폴리가 누군데! 스웨데를 혼내줄 수 있는 사람을 알고 있단 뜻이야?"

"물론이지. 롤리 폴리는 할 수 있어, 스웨데 그렇지?"

"그래, 허, 허..." 툭! (스웨데가 기절한다.)

나중에 그는 롤리 폴리가 190cm에 140kg 몸무게의 마닐라 레포 데포에 있는 소위라는 것을 알게 되었다.

"여기 미군 있나?"

"없습니다." (한 동남아인이 말한다) "아주 미안하게도 여긴 없습니다."

플래시라이트가 수십 명의 얼굴을 훑는다.

"좋아, 미군을 보면 출입금지 구역에 있으며 시간도 지났다고 말해줘. 캠프로 빨리 돌아오지 않으면 방책을 쳐버릴 거니까. 알았지."

"네, 알겠습니다. 말하겠습니다. 만나면 잘 말하겠습니다."

헌병이 나가고 럭크만이 웃는다. 미국에서도 그는 종종 사병들이 장교클럽에 들어와 술을 마실 수 있게 해주었다. 그러나 이건 그보다 더했다. 그을린 얼굴, 수염, 터틀넥 스웨터를 입은 그는 동남아인으로 통했다. 게다가 필리핀 원어민과 대화가 가능할 정도로 팜팬갠 방언을 사용할 줄도 알았다. 앤젤레스에서는 따갈로그어가 그렇게 많이 사용되지 않았다.

앨범에 넣을 사진 찍기: 훈련을 빙자한 객기

총검과 소총으로 무장해제시키는 시연. 말레이시아인 한 명이 서서 말한다. "여기서는 괜찮지만 전투에서는 효과가 없는데요, 소위님." 이 남자는 말레이 반도 출신의 모로족으로 키는 180cm였다. 그는 1943~1945년까지 중국-인도-버마 극장에서 훈련강사였다.

"좋아, 덩치. 그럼 전투에서 어떻게 하는지 한번 보여주시지." 피터 S.는 말을 하고 총검이 부착된 소총을 그에게 던진다. 모로는 서두르지 않는다.

럭크만은 소총을 들고 있다. 동양인이 그걸 떨어뜨리고 그를 친다. 그는 훅을 피하고 동양인 발을 걸어 넘어뜨린다. 동양인은 그를 바닥으로 던진다. 그들이 바닥에 떨어지자 그는 떨어진 소총을 집어 들려고 했지만 동양인이 바로 그를 무릎 꿇게 한다. 토할 것 같았지만 엄지손가락을 그 동양인의 눈 속으로 찔러 넣고 싶은 심정이었다. 그 남자는 툴툴거리며 한번 더 발차기를 하기 위해 발을 뒤로 당겼다. 그러나 럭크만에게는 소총이 있었다. 발차기를 피하기 위해 구르면서 발로 뛰어오르며 소총으로 그 남자의 머리를 가격한다. 그 모로족은 소리 없이 빙그레 웃으며 한손을 들고 말한다, "소위님, 그만, 됐습니다. 더 이상 못하겠습니다."

인화된 사진: 객기에 대한 결과

"도대체 사병과 뒹굴며 먼지 속에서 뭘 하고 있었나? 장교와 신사의 행동이 아니라는 걸 몰랐나?"

"그치만 그 녀석이 제 부하들을 불러 모았기 때문에 제 부대원들 앞에서 체면을 잃을 수는 없었습니다."

"총검술 매뉴얼을 읽어보기는 했나?" "예, 그렇습니다. 가능하면 실감나게 하려고 했습니다."

"럭크만, 이러다가 상황이 어려워질 수도 있네. 자, 이봐, 자네 소대는 연대에서 가장 잘 훈련된 소대로, 지난주 사열에서 부대 표창을 받았지. 이런 일로 자네 기록을 망칠 이유가 뭔가?"

"그렇지만 그 녀석이 제 부대원을 소집해서 중대원들 앞에서 제게 도전했습니다. 동양인 한 사람 앞에서 체면을 잃을 수는 없죠. 그리고..."

"자네 나한테 설교할 셈인가, 소위?"

"아닙니다."

"그럼, 지면 어쩔 건가? 그 다음엔?"

"그땐 제가 한발 물러나 다른 교관에게 그들을 가르치도록 해야죠."

"세상에, 장교를 골라 이 연대에 임무를 배정하지 않았나? 내가 여기 왜 있다고 생각하나?"

"아닙니다. 제 말은 그게 아니고, 그저 단지..."

"럭크만, 이걸 보게. 자네에게 내린 명령일세. 4주간 패래나퀴에서 임시 근무가 잡혔네. 소란이 가라 앉으면 다시 돌아올 수 있을 걸세."

"네, 알겠습니다."

패래나퀴는 마닐라 바로 바깥쪽이고 마닐라에는 도서관들이 있었다. 그래서 다시 시작되었다. 이번에는 동양서적들이었다. 럭크만은 거기에 푹 빠졌다. (조로아스터에게 바친) 젠 아베스타, 이것은 아베스타와 쿠흐다 아베스타 두 부분으로 되어있다. 그리고 아다쉬어의 강력한 행동들에 관한 책(기원 후 600년), 바가바드 기타("성스러운 노래")가 포함된 마합하라타(2십만 행으로 이루어진 "시"), 라마야나, 팬챠탄트라, 자타카스, 슈카샙타티(앵무새의 70가지 이야기들), 논어 등을 읽었으며, 그 다음으로 코란, 리그 베다, 사마 베다, 야쥬르 베다, 아샤바 베다, 우파니샤드, 트리피타카와 수트라를 읽었다. 이것들은 "송가와 기도와 주문과 찬양"의 책들이었다. 이 책들은 사실 아무것에도 감명받지 않았던 한 젊은이에게 강한 인상을 남겼다. 그의 생애 처음으로 그는 하나님에 대해 생각해 보기 시작했다. "하나님" 같은 뭔가가 주위에 있다면, 적어도 하나님 같은 뭔가에 대해 생각하기 시작했다. 그의 "극단적" 행동들도 제거되고, 필리핀 게릴라 조직인 "훅"과의 관계도 끝나고, 그의 "애정 생활"(현대의 자유주의자가 사용하는 말)도 "제대로 안 되는" 상황에서 독서와 그림 외에는 할 일이 전혀 없었다. 그는 리잴 스타디움과 마닐라 만을 그렸고, 필리핀 세탁부들과 다물래그(물소)를 타고 있는 소년들을 그렸다. 기술도 더 늘었고 수채화 물감도 잘 사용할 수 있게 되었다.

엔젤레스로 다시 소환되는 대신 그는 패래나쿼에 더 머물라는 명령을 받고 죽음의 행진에서 "살아남은 자들"을 돕고, "44점을 얻은 사람들"을 본국으로 귀환시키는 일을 도왔다. 그 당시에는 해외에 더 있어야 하는지를 결정하기 위해 "포인트 제도"를 사용했다. 한 달에 1포인트였다. 35-40포인트를 모은 사람은 1945년에는 모두 본국에 갈 수 있었다. 30-34점은 1946년 초반에 집으로 갈 수 있었다. 25-30점인 사람은 후반기에 갈 수 있었다. 1942년부터 난파선 주위에 떠다니는 것들이 여전히 있었다. 이것들은 수거되어 2.5톤 트럭에 실어서 피에르 파이브로 보냈다. 30살인데도 도저히 50살 아래로밖에 볼 수 없었던 한 병사의 얼굴을 그는 절대로 잊지 못할 것이다. 그는 말라리아 예방약인 아타브라를 복용해서 중국 사람처럼 노랗게 되어 설문지에 답을 하는 동안 머리부터 발끝까지 떨고 있었다.

설문지 답변이 끝나자 럭크만이 말했다, "어깨에 더블 백 메고 트럭에 타도록."

"저기, 소위님, 저... 저... 저는 돌아갈 수 없습니다."

"할 수 없다니? 돌아갈 수 없다는 게 무슨 말인가?"

손이 떨리고 있었다. 혀로 마른 입술을 핥았다. 눈동자는 텐트 여기저기를 거칠게 훑고 있었다. "어... 제가... 어... 제가... 너무 오래 여기 있어서, 소위님! 여기 너무 오래 있었습니다." 그러더니 갑자기 그는 울기 시작했다.

뭔가 부드러운 것이 피터 S.의 전투복 아래로 내려갔다. 그것은 마치 낯선 사람처럼 다가왔다. "이봐, 자네는 아주 오래 여기 있었어. 여기를 보게. 내가 자네를 도와주지. 자자." 그는 그 남자의 백을 집어 들고 트럭에 타도록 도와주었다. 트럭이 출발하고 나서도 그 남자는 계속 울고 있었다. "그가 없는 사이 아내가 이혼한 걸 생각해 보라. 매독이나 임질에 걸렸는데 아내조차 만날 수 없다고 생각해 보라. 그가 정신이 나갔다고 생각하는가? 피터 S. 자네는 어떤가? 자네의 상황은 어떻게 돌아가고 있나?"

시간은 계속 흘러갔다.

토조 장군이 할복했고(1945. 9), 러시아가 유럽을 인수하기 전에 독일이 재무장할 때가 되었다고 제안한 후 조지 패튼이 "우연히" 살해되었다(12월). 악명 높은 세 명이 피고인 자리에 없는 상황에서 뉴렘버그 재판이 시작되었다: 아돌프 히틀러, 조셉 스탈린, 드와잇 아이젠하워. (아이젠하워는 [킬하울 작전에서] 러시아인들을 피해 도망쳤던 2만 명 이상의 사람들을 본국으로 송환하라는 명령을 내렸다. 그들은 러시아 지역으로 되돌아가서 감옥에 갇히거나 살해되었다. 1946년 1월 10일 유엔이 첫 번째 회의를 열었고, "철의 장막"이 동유럽에 쳐졌고(3월 5일) 이것은 1989년 몰락 때까지 계속되었다.

아래쪽 파래나퀴에서도 상황은 그렇게 좋지 않았다. 토페카나 투스카루사에서 경험했던 것보다 더 심한 불안감이 이제 럭크만을 사로잡았다. "액션"이 없어서가 아니었다. 술이나 여자로는 치유되지 않는 그런 아픔이었다. "아픔"이 뭔가? 거기에 손조차 댈 수 없었다. 그는 부츠 속에 잭나이프를 넣고, 양말 속에 돈을 말아 넣은 다음 한밤중 마닐라 내 차이나타운에 가서 문제 거리를 찾아다녔다. 그러나 찾아다녀도 만족이 없었다. 그는 정글에 있는 댄스홀 밖에서 자신의 중대 지휘관과 주먹싸움을 하고 그 녀석을 납작하게 혼내주고 토하게 했다. 이 때문에 중위로 진급할 수 있는 기회를 놓쳤지만 전혀 개의치 않았다. 뭔가 그의 급소를 갉아먹고 있었다. 그것이 무엇이었을까?

그는 손금 공부를 했다. 주술 공부도 했다. 흑마술과 백마술과 골상학과 초능력과 초월주의를 공부했다. 명상과 "영적세계 프로젝트"를 실천했다. 여전히 뭔가 빠졌다. 도대체 그게 뭐란 말인가?

느리지만 분명하게 그의 마음 속에 계획이 하나 세워졌다. 동양인들은 헤겔이 멈춘 곳에서 부처가 다시 시작했다는 확신을 그에게 주었다. 헤겔에게는 해답이 없었다. 해답이 무엇이건 간에 그건 티벳 근처 어딘가에 있어야 한다. 전혀 비합리적인 이 생각이 계속해서 그를 사로잡았다. 그는 계속 생각했다. "불교의 근본에 도달하면 답을 찾을 수 있을 거야." 답이라고? 무슨 생각을 하고 있는 건가? 뭐에 대한 답이란 말인가?

이제 지성이 내면을 향했고 이와 함께 이 예술가는 내면으로 돌아섰다.

술이 점점 더 심해졌다. 자정에 술에 취해 들어와 수채화 그림을 그리곤 했다. 그는 자신의 그림을 "정신병리학적 상징"이라고 불렀다. "노년의 두려움," "죽음의 공포," "질병의 공포," "미지의 공포," "평화," "만성 알콜 중독자," "별들의 무관심," "답변할 수 없는 질문" 등을 그렸다. 그의 대표작은 폭풍 속 뗏목에서 칼싸움을 하고 있는 두 남자 그림이었다. 둘 다 넝마 조각을 걸치고 있었고 뗏목에는 싸울 거리가 전혀 없었다. 30피트 파도에 거의 집어삼켜질 것 같은 뗏목에 플래시가 비취고 있었는데도 미끄러운 나무판 위에서 두 남자가 칼을 꺼내 들고 싸울 준비를 하고 있었다. 그림의 제목은 "인간 본성"이다.

정글은 점점 더 습해졌고 밤은 점점 더 어두워졌으며 낮은 점점 더 길어졌다. 필리핀에서 지금 무엇을 하고 있는가? 전투하러 여기 왔지만 전투는 끝났다. 그는 점점 더 많은 술을 마셨고 점점 더 많은 그림을 그렸다. 그는 자신도 모르게 전사들의 종교, 즉 선불교에 빠져 들고 있었다. 불교에는 두 부류가 있다(소승 불교와 대승 불교). 여기서 세운 학교가 "디하나"인데(명상학교), 여기서 중국의 "선"이 나왔고, 일본의 선불교가 나왔다. 그 단어는 원래 "명상"이라는 뜻이다. 선은 불교와 도교에서 나왔고, 중국의 "수트라"와 "트리피타카"(산스크리트)에 기초를 두고 있었고 명상은 "사마디"로 들어가는 수단이었다. (간단히 말하자면) 개종자가 태어남과 다시 태어남의 주기에서 자유롭게 됨으로써 "깨달음"(프라지나)을 얻는 것이 비결이었다. 계속해서 거두고 씨 뿌리고 씨 뿌리고 거두는 것이 "카마"를 이루고 있었다.

럭크만은 직시해야 했지만 그러고 싶지 않았다. 즉 자신이 비참하고 비참함을 벗어날 방법을 찾으려 하고 있다는 사실을 직시해야 했다. 그것이

보드히 다마가 처음 의도한 것이었다. 생은 그에게 식초가 든 잔을 쏟아 부었다. 이를 악물게 했다. 단순히 "나는 행복하지 않아요."라는 말로 그가 처한 상황을 분류할 수는 없었다. 자신이 처한 상황을 "단순화"시키는 것은 너무 지나친 처사였다. 도대체 "행복"이 뭔가? 지나온 길을 되돌아보면 럭크만은 (에롤 프린, 조 나마스, 로드 바이런과 드러나지 않은 수천 명의 사람들처럼) "행복"했다고 말할 수 없다. 재미있었던 적은 있었다. 그렇다. 자극을 받기도 했다. 그렇다. 문제도 있었다. 맞다. 몇 번은 배꼽 빠지게 웃었던 적도 있었고, 심지어 서너 번은 기뻐서 이리저리 뛰어다니기도 했었다. 그렇지만 "행복"했는가? 행복이 뭔데?

이제 그는 기절하지도 않고 24시간 내내 맥주 통을 비울 수도 있었다. (이모와 삼촌은 만성 알콜 중독자로 죽었고 그의 엄마도 나중에 그렇게 될 것이다.) 그림이 더 거칠어졌다: "카마," "두려운 비웃음," "거짓 구세주," "중요 통계학," "안전이라는 환상" 등등. 그러다가 마침내 술에 취해 인사불성이 되어 다빈치의 주목할 만한 부속물이 달린 "최후의 만찬"을 그렸다. 와인병 몇 개가 아직 똑바로 서 있는 식탁에 유리잔들이 버려져 있고, 시몬 베드로의 발이 식탁 아래로 삐져나와 있으며, 요한과 주께서는 자신들의 와인잔을 사시 눈으로 쳐다보고 앉아 있고 유다는 의식을 잃은 상태로 식탁 위에 쓰러져 있고 마태와 유다와 다른 제자들은 서로 "건배! "축배!" "위하여!"를 하고 있는 그림이었다.

럭크만은 이 그림을 가지고 돌아다니며 병사들과 중대 장교들에게 보여주었다. "하, 하, 하! 저걸 봐! 이봐, 최후의 만찬이야! 아주 멋지지! 최고잖아!" 아무도 웃지 않았다. 사실 미소 짓는 사람조차 없었다. 어떤 이들은 얼굴이 벌게지고 어떤 이들은 충격으로 핼쑥해졌으며 어떤 이들은 꼼짝하지 않고 응시하기도 했다. "뭔가가 있어. 럭크만, 이건 우습지 않아." 지휘관이 말했다. 그러나 럭크만은 이게 폭소를 자아내게 한다고 생각했다. 그는 원작 중 최고의 원작을 "능가"했다. 그는 그것을 비웃었다.

그러나 또 다른 분이 비웃고 계셨다(시 2). 그는 그분의 비웃음을 듣지 못했다.

책을 지키시는 분이 또다시 등장하셨다.

럭크만은 1946년 여름 86사단으로 돌아와 교관으로 배치 받았다. 게다가 "포인트 제도"가 바뀌었다. 86사단 병사들은 대부분 본국으로 돌아가고 있었다. 그들은 30점을 모았고, 이제는 25점만 되면 본국으로 갈 수 있었다. 럭크만은 1년 하고 한 달 정도가 남았고 본국에 갈 수 있는 포인트가 더 낮춰질 수도 있었다. 일 년도 남지 않았을지도 몰랐다.

그런데 여기서 모든 것이 멈춰버렸다. 그는 폴 바우머를 기억했다(1918), "그러나 여기서 나의 생각이 멈춘다. 확실한 건 욕망과 감정과 정서는 있지만 목표도 목적도 없다. 우리가 1916년으로 되돌아간다면 폭풍을 불러일으킬 수 있겠지만 그러나 이제 우리는 지치고 쇠약해지고 쓸모없어진 상태로 되돌아갈 것이다." 그가 뭐라 했는가? "결국 우리가 파멸할까 두렵다."

럭크만은 연대 본부에 처박혀 두 가지를 알아냈다. 복무기간이 끝났는데 있고 싶은 30세의 군인이라면 자원해서 일본으로 가는 것이 가장 좋은 선택이다(총사령부, 맥아더). 이게 사다리를 타는 길이었다. 두 번째 선택은 본국으로 가도 "재계약"을 안 하면 복무 기간을 마쳐야 한다(럭크만은 1947년 6월에 끝났다). 그럴 경우 즉시 일본이나 독일로 보내지게 될 것이다. 그는 일본으로 자원해서 가기로 결심했다. 일본은 선불교의 본향이었다. 예술가의 상상을 펼치며 그는 벌써 그곳에서 중국을 거쳐 티벳으로 가고 있었다. "잃어버린 수평선!" 그는 그렇게 해서 1947년 본국으로 갈 기회를 거절했다. 본국으로 가는 대신 "제니 베스"와 다이애나에게 짐을 꾸려 일본에서 그를 만나라는 편지를 썼다. 이런 결정을 중대 지휘관에게 알리자 생애 처음으로 중대장은 그에게 성경 한 권을 들이댔다.

그 중대장은 오레건 출신의 셀프 중위였다. 셀프 중위는 185cm 키에 캠페인 모자를 뽐내고 팔자 수염을 기르고 있었으며 대개는 어깨에 진짜 살아 있는 원숭이를 데리고 다녔다. 그는 45구경 권총을 차고 다니며 이렇게 말했다, "이 권총으로 딱 두 번 쐈지: 독일인 한 명과 팬케이크 하나."

오늘날까지 럭크만은 그 중위가 그리스도인이었는지 모르지만, 럭크만이 아내와 아기를 보기 위해 본국으로 가지 않는 것을 알고, 그에게 카톨릭 사제 같은 태도로 쏟아 부으며 "국가에 대한 의무"는 "가정에 대한 의무" 다음이라고 "의무"에 대해 그에게 설교했다. 럭크만은 "종교적"이 되어서 말했다. "하나님에 대한 의무는요?" 그 사제는 이 질문에 대답은 못했지만 그가 본국으로 돌아가 가족과 함께하기를 "하나님"께서 원하신다는 것을 럭크만에게 확신시켰다. 가족도 없이 럭크만과 장교 클럽에서 정기적으로 술에 취했던 "군목"이 럭크만에게 끼친 영향력은 스타크 교감 선생님 정도였다.

그러나 86사단이 배로 떠나기 전 주에 셀프 중위는 〈킹제임스신약성경〉을 가지고 잡역실에 나타났다. "자네는 항상 뭔가를 읽고 있는군. 성경에 있는 뭔가를 읽어 주지." 오늘날까지 그가 어느 구절을 읽어 주려 했는지 아무도 알지 못한다. 럭크만이 무례하게 이렇게 말했으니까, "어,

저리 치워요! 그런 헛소리는!" 셀프 중위는 성경을 치워 버렸다. 럭크만은 성경을 "돼지 고기"라고 불렀다.

성경을 지키시는 분이 또 다른 메모를 남기셨다.

셀프 중위와 그의 중대는 떠났다.

럭크만은 새로운 운동 및 오락 장교들을 위해 뭔가를 가져오기 위해 마닐라로 가야 해서, 셀프 중위가 가는 부대의 트럭들을 따라 갔다. 그들이 떠날 때 그는 부두에 서서 그들에게 손을 흔들었고 그들은 배의 선미에 서 있었다. 럭크만은 그들을 완전히 쓰러지게 했다, "젖먹이들, 안녕! 게이샤들에게 너희들에 대해 모두 말해줄게! 얘들아 안녕! 럭크만이 이렇게 말하더라구 전해줘..." 셀프 중위는 선미 난간에 기대어 있었다. 그는 손을 흔들어 답례해 주지 않았다. 그의 얼굴은 슬픈 표정이었다. 럭크만이 엔젤레스를 돌이켜 회고해 보면서 그 일을 생각해 보면 그 "올드맨"은 상처 입은 것 같은 표정이었던 것 같다. 그의 얼굴은 상처받은 표정이었다. 자신들의 주님을 증거하는데 실패한 그리스도인들과의 경험을 하기 시작한 몇 년 후까지 럭크만은 그것을 변비 탓으로 돌렸다. 셀프는 실패했다. 럭크만 소위가 한 번도 만나보지 못한 어떤 분과 셀프 중위 사이에 뭔가가 마음에 진행중이었다.

이제 우울함이 격렬하게 자리 잡았다. 중대에서 알았던 친구들 모두가 떠났다. 마닐라를 떠날 수 있는 비행기가 마련될 때까지 그는 한시적으로 모든 임무에서 해방되었다. 이는 림보에서의 2주였다. 아무 활동도 하지 않고 2주간 있는 것은 럭크만에게는 다른 사람이 2년간 지옥에 있는 것과 같았다. 재충전된 힘으로 그는 뭔가 재미를 찾아 파헤쳤다. 그는 십일간의 "홍청망청" 여행을 떠났다. 여기에는 온갖 드라마, 무서운 이야기,

경찰과 강도, 제임스 존스의 〈여기서부터 영원까지〉에 나오는 한 장에 있는 요소들이 다 포함되었다. 마지막 밤의 "기록"은 그가 지금까지 세운 모든 기록을 능가했다. 나이트 클럽에서 사슬이 달린 금속 공(일본인들은 이것을 맨리키구사리라고 부른다.)으로 사람들을 쳐서 15피트 날려 버린 싸움을 누군가가 시작했고, 그 싸움에서 거의 죽을 뻔한 후 그는 걸어서 엔젤레스부터 디포트까지 갔다. 자정이 한참 지난 후였다.

달빛 없는 특별한 밤 별들이 유난히 밝았다. 거리에 오고 가는 사람은 아무도 없었다. 엔젤레스에서 반마일 지점까지 지프나 4륜 마차도 지나가지 않았다. 그의 관점에서 볼 때 그날 밤은 평소와 전혀 다를 바 없는 밤이었다. 이날 밤 뭔가 악의에 찬 특이한 영이 그를 붙잡고 있었다. 그 영이 그 주 내내 그를 억누르고 있었다. 그의 등에 타고 올라서 그가 내딛는 매 발걸음마다 무게를 더하는 듯 했다. 그는 반쯤 취했지만 걸음걸이는 달팽이 걸음처럼 느슨해져 있었다. 한두 번 별들을 올려다보고 한숨을 쉬었다. 악귀나 귀신이 그를 쫓고 있는 것을 감지라도 한 듯 그는 한두 번 뒤를 응시했다. 아무도 없었다.

독백:

"이게 다 뭐야? 왜 이리도 비참하고 불안한 거지? 제기랄! 뭐가 다른데? 누가 도대체...? 저리 가, 저리 가라니까! 내 등에서 떨어져. 누가 네까짓 거 의견을 묻기라도 했냐? 이 더러운 녀석..., 그 자식을 꼼짝 못하게 하고 지갑을 빼앗아 버렸어야 하는데!" 또다시 50걸음을 간다. "끝이 없는 건가? 오늘밤 모든 기록을 깼군, 이봐, 친구, 뭐에 대고 욕 하는데? 못 참겠어! 해 보려는 이건 또 뭐야? 아, 지옥에나 꺼져라!"

그 밤의 장면:

그는 필리핀 정찰병 모집 배치소에 있었다. 그 주변에 원모양의 커다란 덤불이 있었고 이 덤불의 바로 맞은편에 다물래그 구멍(물소가 뒹구는)이 있었는데, 우기에는 그곳 물과 진흙 속에서 물소들이 뒹굴곤 했다. 당시에는 바싹 말라 있었다.

"제기랄! 도움이 필요해. 도와줘요. 도움이 필요하다구. 도와줘요. 도와줘요!" 그는 큰 소리로 소리 질렀다. "도와줘요!"

별들이 반짝 거렸다. 이 전초 기지에는 조사를 담당하는 경비병조차 없었다.

그는 물소 구덩이 한가운데 멈췄다. 깊이가 5피트에 넓이가 8피트 20인치 길이였다. 그는 똑바로 거의 차렷 자세로 서서, 모자를 벗고 바로 머리 위를 올려다 보았다. 수천의 다이아몬드가 한밤중 동양의 둥근 천장에 박혀 있었다. 반짝이는 끈처럼 보였다. 동양의 술탄이 자신의 영광의 옷을 움켜잡아 묶어주는 그런 끈 같았다. 침묵만이 있는 그때 럭크만이 큰소리쳤다, "도와주세요!"

이전보다 더한 침묵만이 그를 맞았다. "책을 지키시는 분"이 저 위에 계시다 해도 누군가 벨을 누를 때마다 응답하시는 건 아니었다. 적어도 피터 스터지스 럭크만 같은 사람들에게는 응답하지 않으셨다.

"그 위에 누구 있어요? 사람들이 당신을 뭐라 부르든지 하나님 거기 있나요?" 럭크만은 소리쳤다.

별들 몇 개가 그에게 즐거운 듯 반짝거렸지만 대다수는 절대적으로 수동적인 무관심으로 내려다 보았다. 이것이 그가 그렸던 "별들의 무관심"이었다. 경험하지 않고도 이런 것들에 대해 알았다. "무관심" 속에 눈먼

한 남자가 대도시 거리 중심을 혼자서 비틀거리며 걷는 모습이 나온다. 거리에는 차도 사람도 없다. 뭔가를 느끼기라도 하듯 양손을 앞으로 내밀고 더듬으며 맹목적으로 손을 뻗는다. 양옆으로는 고층 건물들이 하늘까지 닿아 있다. 머리 위로 온통 별들이 있다. 그러나 모든 것은 조용했고 무관심했다. 완전히 홀로된 상태였다. 그는 눈멀고 비참한 상태에서 도움을 구하려는 헛된 시도를 하며 혼자 있었다.

럭크만은 무릎을 꿇었다. 그는 울고 있었다. 그는 더러운 옷소매로 얼굴을 닦은 다음 주먹으로 땅을 치기 시작했다. 왜? 왜? 왜? 이게 다 뭐란 말인가? 그는 땅에 배를 깔고 누워서 계산하기 시작했다. "너는 여행하고 싶어 했지. 그래 이봐, 여행을 했지. 여행은 해답이 아니야. 너는 스포츠를 원했어. 그래, 메달도 따고 기록도 올렸어. 그러나 그건 해답이 아니야. 너는 '사나이'가 되고 싶어 했지. 그렇지 - 클라크 케이블, 게리 쿠퍼, 존 웨인, 시스코 키드 같은 사나이. 자, 이제 너는 여기서 판초 빌라처럼 남자다움을 과시하며 있다. 그런데 네가 뭘 가졌지? 사랑을 원했지? 그래 아름다운 푸른 눈의 금발머리와 사랑도 가졌지. '섹스'를 원하나? 어떤 사람들이 평생 할 만큼 충분히 했지. 돈은 뭐에 쓰려고? 콩 사려고? 책에는 뭐라고 기록되었는데? '건강'이 지상에서 최고의 선물이라고 하지 않던가? 자, 건강도 가졌다. 몸과 정신의 모든 기능을 함부로 쓰기는 했지만 말이다. 이제 뭐? 술을 원했지? 그렇지? 충분히 마시지 않았나? 전함을 띄울 만큼이나 많은 쿠바 리브라스, 럼과 톰 콜린즈, 사이드카즈, 바카디스, 맥주를 마시지 않았던가! 이제 뭐? 청구서는 제때 지불되고 어느 누구에게 그 무엇도 빚진 것도 없다. 시, 희곡, 음악도 쓸 수 있고 데생도 하고 그림도 그릴 수 있다. 책에서는 '재능'에 대해 뭐라 하는가? 그런데 이제 여기 진흙구덩이에 얼굴을 박고 있군."

그는 땅에서 구르며 다시 똑바로 위를 쳐다보았다. 그의 마음은 소용돌이 치고 있었다. 몇 초 내로 머리통을 날려 버리지 않으면 폭발할 것 같 같았다. "도와줘요...!" 소리쳤다. 이번에는 쉰 목소리가 나왔다. 별들은 아름답게 아래로 빛을 발하고 있었다. 아니야, "아름답게"가 아니었어. 그건 아무것도 아니었어. 광활해서 다 품을 수 없는 우주가 그의 머리 위로 펼쳐져 있었다. 마치 익사해가고 있는 사람 위로 천 개의 대양이 펼쳐져 있듯. 그는 바닥에 있었다. "하나님!" 그는 소리쳤다, "하나님, 당신이 거기 계시다면..." 그는 가까스로 말을 이었다. "거기 계시다면 나를 도우셔야죠! 도움이 필요합니다! 하나님, 내가 당신에게 조금이라도 의미가 있다면 도와주십시오. 당신이 그 위에 있고 누군가가 당신에게 조금이라도 의미가 있다면, 도와주세요! 도와주세요...!"

그는 다시 배를 깔고 구르며 사이사이에 말을 했다. "하나님, 도와주시지 않으면 저는 가망이 없습니다." 이는 그가 수백 편의 영화에서 들었던 대사였는데 지금은 이 상황에 맞는 대사였다.

그는 약 15분 동안 땅 속에서 흐느끼며 누워있었다. 그런 다음 천천히 일어나서 몸에서 할 수 있는 만큼 먼지를 털어냈다. 천천히 물소 구덩이에서 기어 나와 훈련장을 가로질러 "덤불" 바로 안쪽에 있는 퀜셋으로 갔다. 아무 일도 일어나지 않았다. 아무도 답변해 주지 않았다. 30분 내로 그는 등을 깔고 누워서 잠에 빠졌다. 바깥 정글에서는 도마뱀이 소리를 냈다. 하지만 그 소리도 들리지 않았다.

바깥에는 정글 공기가 조용히 남아 있었다. 강압적인 정글의 열기는 계속되었고, 정글의 별들은 빛났고 계속 남아 있었다. "모르페우스가 불타는 돌들을 두어 칙칙한 별들이 날 때까지." 아무리 봐도 (선험적이고 과학적인 관찰과 현상주의의 객관적 관점에서 엄격히 말하자면) 하나님은 없었다. 아무것도 없었다. "옷자루를 패대기치는" 술 취한 보병 장교가 한 사람 있을 뿐이다.

그러나 성경은 말씀하셨다, 『주의 이름을 부르는 자는 누구나 구원을 받으리라』(롬 10:13). 하나님의 시간은 럭크만의 시간이 아니었다. 은잔이 아직 다 차지 않았다. 그 잔이 이제 다 차면 완전히 뒤집힐 것이다.

3일 후 럭크만은 짐을 싸서 마닐라로 돌아가, 찌는 듯이 더운 9월 밤 개조한 도쿄 행 "날으는 상자차"에 뛰어 올랐다. 처음으로 타본 여객선 비행이었다. 다음 몇 년 동안 그는 8백 번이 넘게 여객선을 타게 될 것이다. 앞으로 있을 여행은 사악하고 비참하고 죄로 가득 찬 이기적인 죄인이 일본 기생 게이샤를 경험해 보기 위해 도쿄로 가는 여행은 아닐 것이다. "헛소리"라고 불렀던 그 말씀을 세상 끝까지 전하러 다니는 여행이 될 것이다. 하지만 아직 그 잔은 다 차지 않았다.

제9장

태양이 뜨는 나라

비행기는 이오지마까지 터덜거리며 가다 도쿄에 착륙했다. 비행기에서 내리자 서늘하고 신선한 가을 공기가 그에게 충격으로 다가왔다. 일 년이 넘게 "사우나"에 있었으니 그럴 만 했다. 그의 임무는 라디오방송국 조악(JOAK, 도쿄 라디오)에서 "음악 장교"로 일하는 것이었다. 맥아더 장군이 매일 아침 나오는 대이치 건물 바로 뒤에 있는 유라쿠 호텔을 숙소로 배정받았다. 대학교 때 "라디오 아트"를 전공한 기록 때문에 이런 임무를 받은 것이었다. 사실상 그는 민간인이었다. "30"점을 다 채우기를 바랐지만 적어도 일시적으로는 민간인이었다. 하루 24시간 군복을 입고 "임무"를 수행할 땐 45구경 권총을 소지했었다. 그러나 이때는 병영도 없었고 기지도 사격장도 "참호 속에서 사격"도 없었다. 그는 마치 물 떠난 고기 같았다. 검도와 스모 경기에 자주 갔다. 가라데와 아이키도를 배웠다. 가

킹제임스성경신학교는 피터 럭크만 박사가 미국 플로리다주 펜사콜라시에 설립한 Pensacola Bible Institute (PBI)에 기반을 두고 있습니다. 미국 Pensacola Bible Institute는 1965년 9월 개강한 이래로 지금까지 미국 내 정통 신학 교육의 요람으로서, 미국 내 유수한 근본주의 침례교 신학교들을 압도하고 성경대로 믿는 그리스도인들의 산실이 되고 있습니다. 자유주의와 현대주의를 배격하는 가운데 정통 교리의 수준 높은 신학 교육은 물론이요, 능력 있는 설교자 양성을 위한 강도 높은 훈련으로도 단연 으뜸입니다. 이처럼 본 신학교도 1991년에 세워진 이래로 이 땅에 바른 성경적 지식을 정착하고 신실한 하나님의 일꾼을 양성하는 데 총력을 기울여 오고 있습니다.

기존 신학교는 하나님의 말씀보다는 교단 신학과 학문으로서의 신학에 중점을 두어 가르치고 있습니다. 또한 편협한 교단 교리에 하나님의 말씀을 억지로 끼워 맞춰 가르치고 있기 때문에 이제는 하나님의 말씀에 근거한 신학을 제대로 가르치는 곳이 절대적으로 필요합니다. 이런 절실한 필요에 의해 본 신학교는 모든 교과 과정을 교단 신학이 아닌 하나님의 말씀으로 채움으로써 하나님의 말씀에 대한 올바른 지식을 터득할 수 있도록 구성하고 있습니다. 이렇게 구성된 모든 교과 과정은 성경 각 책에 대한 깊이 있는 수업과 설교의 실전 연습, 제반 목회 생활에 관한 실제적인 수업들로 이루어져 있으며, 무엇보다도 균형 있고 올바른 성경적 지식으로 무장할 수 있는 많은 수업들이 제공되고 있습니다.

킹제임스성경신학교는 설교자와 목회자, 성경 교사, 선교사를 양성하기 위한 곳으로, 3년의 모든 과정을 착실히 이수한 모든 학생들이 각자 하나님의 부르심에 따라 언제 어디서나 전담 사역자로서 사역할 수 있도록 양육받을 수 있는 국내 유일의 온·오프라인 정통 신학교입니다.

입학요강

	신학사(B.D.)	킹제임스성경신학원 신학석사(Th.M.)
수업연한	3년 (6학기)	2년 (4학기)
자 격	• 거듭난 그리스도인으로서 하나님께 쓰임받기 원하는 사람 • 고등학교 졸업자 및 졸업 예정자 또는 동등 이상의 학력이 인정되는 자(연령 제한 없음)	• 본교를 졸업한 신학사 학위 소지자로서 진리의 지식으로 효과적인 사역을 이루려는 분
선 발	서류전형(입학원서, 구원간증, 자기 소개서), 면접(서류 전형 합격자에게 개별 통보)	
학사일정	오프라인 봄 학기 매년 3월초 가을 학기 9월초 개강(총 16주) 월,화,목,금(오후 6:30 – 9:20) 온 라 인 수시접수 가능(한 학기 총 16주 / 100% 동영상 강의)	한 학기당 16주 과정 (화요일 오후 6:30 – 9:20)
원서교부	킹제임스성경신학교 교무처 / 인터넷 접수	

부키 드라마와 사미센과 교토 콘서트에 갔다. 경가극과 그랜드 오페라와 발레와 콘서트를 모니터했다. 그의 충성스런 부하 요코이 상이 이런 여행에 그와 동행했다. 요코이는 러시아어와 영어와 일본어를 말하고 읽고 쓸 수 있었다. 그들은 베토벤, 브람스, 슈만, 슈베르트, 푸치니, 베르디, 림스키, 모차르트, 코사코브, 헨델, 바그너, 멘델스존과 일본 대중 음악(나니와 부쉬)에 시간을 썼다.

그러나 옛 동물적 본능은 결코 사라지지 않았다. 몇 주간 조용하다 다시 일어났다. 그리고 거기서 "사랑"을 찾아 배회했다. 오클라호마시티 사건과 학장 딸 때보다 훨씬 더 좋지 않게 모든 일이 완전히 엉망이 되었다. 이번에는 미국 병사에게 버림받고 자국민에게도 버림받은 어린 일본 소녀가 할복하려는 것을 막았다. 이 소녀에게 그는 "새로운 희망"을 불어넣어 주었고 아내와 가족이 있다는 말도 하지 않았다. 이들은 잘 지냈다. 소녀는 활기를 되찾았고 함께 미국으로 돌아가는 이야기가 오갔다. 소녀에게 희망을 잔뜩 불어 넣어 주었다.

(이런 모든 일은 하나님도 없고 십계명도 없고 하나님에 대한 책임도 도덕 기준도 윤리적 책임도 없다는 생각의 발로였다. 오직 "성인간의 합의"와 "허용할 만한 라이프 스타일"만 있었다. 문제는 1학년부터 대학원까지 현재 공립학교에서 가르치고 있는 것과 정확히 동일한 것에 따라 산다는 데서 기인했다. 사실 거짓말을 하라거나 누군가를 유혹하라고 가르치지는 않는다. 그러나 둘 다 우연히 여기에 사는 동물들인데 도덕적으로 서로에게 언제 책임을 지며 누구에게 책임을 진단 말인가? "되는" 대로 하라. "자신에게" 맞는 대로 하라. 럭크만이 유난히 눈에 띄는 예외적인 마귀이기 때문이 아니었다. 그는 오늘날 미국 대학생의 90%에 해당하

는 지극히 정상적인 마귀였다.

그 밤의 장면:

"유감스럽지만 자네나 이런 모든 상황이 끔찍이도 당황스럽군."(영국군 헌병)

"그녀를 데려갈 순 없습니다. 직업적 기생이 아닙니다. 순진한 소녀일 뿐입니다. 이런 무리에 속하는 여자가 아닙니다."

"안됐지만 명령은 명령일세. 모르겠나?"

(물론 잘 알고 있었다. 대체 그보다 더 잘 아는 사람이 누가 있겠는가?)

"그 여자는 나머지 다른 사람들과 같이 가네!" 쾅! 트럭 뒷문이 닫혔다.

"그 여자는 기생이 아니라구요! 이름은 키누이 상이고 깨끗한 여자라구요!"

"어이, 안됐지만, 잘 가게!"

회상 장면:

전기 열차가 카츄라와 도쿄 사이에서 빗속을 뚫고 나아 간다. 피터 S.는 차가 이리저리 흔들릴 때 같이 흔들리며 손잡이를 잡고 서 있다. 열차에서 "백인"은 그 혼자다. 반경 십 마일 사방으로 백인이라고는 그뿐이다. 그의 눈에 눈물이 고인다. 갈색의 거무스름한 동양인 얼굴들이 그를 차갑게 살핀다. 그들은 전혀 동정이나 연민을 보이지 않는다. 비가 내린다. 이불에도 비가 내리고 논에도 비가 떨어진다. 기차 길에도 내린다. 차들 위에도 내린다. 그의 마음에도 비가 내린다.

"제가 오늘 누군가의 혼을 상처 입혔다면, 제가 한 발짝이라도 딴 길로 갔다면, 제 자신의 뜻이나 길로 갔다면…"

그렇다, 그는 분명 그렇게 했다. 지금까지 26년간 그가 해 온 방식이다. 눈물이 뺨을 타고 흐르기 시작했다. 너무 자주 눈물이 흐른다. 두 달도 채 안됐을 때인 엔젤레스 바깥 물소 구덩이에서 눈이 빠질 만큼 시끄럽게 소리 지르며 울었었다. 그에게 무슨 일이 일어나고 있는 건가? 이 남자가 보병 훈련 교관인가? 이 사람이 중대 지휘관에게 펀치를 날리고 그 위에 앉아 같이 구르며 토할 때까지 두들겼던 그 장교란 말인가? 이 남자가 "치킨"[4] 게임을 하며 고속도로를 일분에 1마일 속도로 차를 운전하며 달리던 바로 그 도둑놈이란 말인가?

"마땅히 했어야 하는 일들을 우리는 하지 않았고, 해서는 안 될 일들을 했으며, 우리에게는 도움이 없으나, 하나님은 우리 비참한 죄인들에게 자비로우십니다…"

그렇다. 맞는 말이다. "비참하다"

럭크만은 불교로 되돌아갔지만 이번에는 다른 문제를 만났다. "팔정도"였다. 여기에는 "올바른 행위"와 "올바른 말"이 포함되었다. 한 발짝도 더 나갈 수가 없었다. 도쿄의 선불교 대가인 스즈키도 그를 도울 수가 없었다. 그는 바르게 행동해야 했다. 그렇게 했다. 그는 키누이 상을 방송국으로 불러서 개인 스튜디오에서 요코이 상을 증인으로 삼고 그녀에게 모든 사실을 털어놓았다. 모든 것을. 둘 다 펑펑 울었다. 요코이는 15분 내내 수동적으로 앉아 있었다. 그런 후 그 역시 울기 시작했다. 울

4) 두 명이 각자 양쪽 끝에서 차를 타고 정해진 트랙을 마주보며 달리다가 먼저 겁을 집어 먹은 사람이 핸들을 돌리는 게임. 핸들을 먼저 돌린 사람을 "치킨"(겁쟁이)라고 부른다.

음이 끝을 맺고 그 소녀는 운명이 자신을 기다리는 곳을 향해 뛰쳐 나갔다. 요코이 상이 그에게 다가와 그를 포옹해 주었다. 존중을 표하는 포옹을 하고 이렇게 말했다. "본국으로 돌아가세요. 제발. 소위님은 본국으로 가셔야 해요." 그는 그렇게 하지 않았다. 다음 세 달을 더 머물렀다. 이 세 달 동안 적어도 육군과 본국과 관련되어 그를 끝장낸 두 가지 일이 일어났다.

또 다른 회상 장면:

거물급들이 참석한 극동사령부 모임. 럭크만은 발코니에 앉아 미국 국회의원들과 이승만, 장제스, 일본 의회 인사들과 맥아더가 다음 세대를 위해 명령을 내리는 것을 목격했다. 대사들과 수행원들이 자신들의 아내와 함께 칵테일을 들고 홋카이도의 "가난한 석탄 광부들"에 대해 농담하는 것을 들었고, 이오지마와 오키나와에 하는 짓을 봤다. 이오지마와 오키나와를 일본에게 되돌려 주려 하고 있었다. 이전 육군 보병이었던 럭크만은 발코니에 앉아 분개했다. 30년간의 그의 생을 투자하려 했던 것이 겨우 이런 것을 위한 것이었단 말인가? 그는 풋내기 얼간이었다. 그와 그의 동료들은 체스판의 졸들이었다. 병사들은 나가서 총에 맞고 진흙과 비와 눈과 얼음 속에서 이런 무리들을 위해 죽어갔다. 이런 무리들이 명령을 내린다. 통역관의 통역을 통해 그들이 논의하는 내용을 들으며 그는 분노에 휩싸였다. 러시아를 곤경에서 도와주고 유럽의 반을 삼키게 한단 말인가? 장군들 중 패튼이 최고의 업적을 이루었는데도 배신자를 쳤다고 뉴스 미디어에서 그를 십자가형에 처한단 말인가? 12,000명의 생명을 희생하고 얻은 이오지마를 되돌려 준단 말인가? 이런 모든 일의 배후는 누구인가? 그는 알았다. 민간인들이다. 그는 지금 뉴스 미디어와 민간인들에게 휘둘리는 미 육군을 보고 있다. 바로 "코앞에" 한국의 일이 닥치고 있었음에도 그 당시 한국이나 베트남을 미리 내다볼 수는 없었다. 한국전이 발발했을 때 맥아더는 자신의 일을 했다. 민간인들이 그를 잘라 버렸다.

거기서 럭크만은 재계약을 하지 않기로 마음을 굳혔다. 6월에 재등록 기간이 되었을 때 그는 연장하지 않고 전역하고자 마음을 굳혔다.

그 이후로 그는 조약과 극동사령부 상관들에게 골칫거리일 뿐이었다. 1946년 크리스마스 때 작전사령부를 무단 이탈해 복귀 명령을 받을 때까지 호놀룰루 해변에서 술에 취해 누워 있었다. 그를 군법에 회부할 수도 없었다. 명령서에 아이첼버거의 서명을 받으려는 대령의 생각을 그가 훤히 꿰뚫고 있었기 때문이다. 태평양 올림픽에 나갈 수영 선수를 오아우 섬으로 보내라는 명령이었다. (럭크만은 대회에 나가서 평영에서 2등을 했다. 4년 동안 맥주와 시가를 피우면서 "물밖에" 있었는데도 말이다.)

대면:

"내 생각을 훤히 꿰뚫고 호놀룰루에 갔다는 게 무슨 말이야?"

"저기, 다 아시는 줄 알았는데요. 제가..."

"너... 내가 다 알고 있다는 걸 알고 있었지! 내가 널 군법 회의에 회부할 수도 있다는 걸 알지?"

"예, 물론입니다."

"저기? 저기라고?"

"변명의 여지가 없습니다."

"럭크만, 너! 육군에 몇 년 있었지?"

"46개월입니다."

"46개월이라구!?! 그런데 왜 군대에 20년쯤 복무한 사람처럼 말하나?"

"네. 시정하겠습니다."

"나가게. 자네 복무 기록이네. 중위 진급을 할 수 있었는데. 자네가 다 망쳐 놨지. 26개월간 '직무등급'에 있었다는 건 알고 있겠지?"

"네, 알고 있습니다."

"자신에 대해 할 말이라도 있나?"

"변명의 여지가 없습니다."

"해산!"

그는 문을 나서면서 대령이 욕하는 소리를 들을 수 있었다.

신비한 경험: 신접

우라쿠 호텔에서 자정이 다 되어 다이아몬드 수트라를 명상하고 있었다. 뭔가가 마음에 사무치며 접촉해 왔다. 스위치 차단기를 내릴 때나 틈 사이를 지나는 불꽃같은 것이었다. 몇 주 동안 그는 문손잡이(때로는 촛불이기도 했다)에 있는 것들을 제외하고 의식적인 모든 생각을 지워오고 있었고, 그 다음으로는 무의식 수준의 모든 생각을 지우고 오직 "지고의 수준"만을 유지하려 하고 있었다. 몇 주 동안 계속 이렇게 했다. 지고의 수준은 의식적인 생각뿐 아니라 무의식적인 생각들도 "메시지들"을 보내는 일을 멈추는 지점이었다. 이 수준에서 특이한 형태의 "단파" 경험이 일어났다. 그 안에 "틈들"이 있었다. "...스으윽 ... 파장들... 켰다, 껐다, 켰다, 껐다... 알려지지 않은 위대한 것들... 움직임 없이 고정된 것... 바다

옆의 그 벼랑들... 고정된... 즈즈즈 ... 깜빡... 가장 큰 나무... 고정된... 등등." 그러나 모든 상념이 단절되는 순간, 완벽한 무(無)가 있다. 그는 진공 상태에 있었다. 게다가 자신의 감각 기관을 인지할 수 없었다. 자신의 몸을 보면서 방에 나와 있는 것 같았으며, 눈(감각 기관들)은 여전히 의자에서 방을 보고 있었다. 훨씬 나중에 히피들이 말한 것처럼 "자연 그대로의 장면"이었고, 마약 중독자들이 나중에 말하듯 "좋은 여행"이었다.

그날 밤 무슨 일이 일어났는지 분명히 말할 수는 없었지만, "정상 자아"를 되찾았을 때는 아침 8시 침대에서였다. 한 가지는 분명히 알았다. 얼마 동안의 "깨달음"의 순간 모든 근심과 걱정과 슬픔과 비참함에서 완전히 자유로웠다. 그것은 분명 비용을 지불하지 않는 코카인이나 아편 같은 것이었다. 그 전에는 그런 자유와 축복을 경험해 본 적이 한 번도 없었다. 분명 사람들이 "행복"이라고 부르는 것이리라.

이것이 바로 "그것이다"라고 믿은 럭크만은 고타마 부처에게 해답들이 있다고 결정을 내리고, 이제 길을 찾았으니 본국으로 돌아가 전역할 수 있었다. ("사람의 뜻으로 나지 아니한"(요 1:13) 거듭남에서 나오는 진정한 자유와 기쁨을 그는 전혀 알지 못했다. 나중에 배워야 했다.)

떠나기 전 마지막 몇 주 동안 럭크만은 자신이 조악에 있는 일본인들에게 아주 인기가 있다는 것을 알게 되었다. 그는 계속해서 스키야키와 정종이 차려진 저녁 식사에 초대되었다. 미국인은 항상 그 혼자뿐이었다. 요코이가 그에 관한 이야기를 퍼뜨리는 바람에 그는 이제 받아들여졌다. 숯불 화로에 빙 둘러앉아 있을 때면 럭크만은 바하와 모차르트와 베토벤, 22색의 동양 음계와 원거리 방송에 대해 논하고 싶어 했으나 그럴 때마다 대화에 틈이 있었고, 어떤 일본인은 (요코이 상을 통해) 그에게 이렇게 말하곤 했다, "소위님, 음악 이야기는 그만. 부처에 대해 말해 보세요." 그들은 럭크만에 대한 이야기를 알고 있었다. 프라지나("열반" 대신 선불교에서 명상의 최고 경지인 "선정")에 대한 그의 경험은 누구에게도 말한 적이 없었으며, 대신 그들은 부처 이야기를 했다. 그들은 증도가(깨달음의 노래)나 유마경, 화엄경 같은 것들에 대해 논했다.

2월(1947) 추운 겨울 어느 날, 장군의 손자는 항구로 내려가 샌프란시스코 행 미해군 전함 제너럴 모건 호에 탔다. 군 생활이 끝났다. 군대 짬밥은 다 먹었다. 적어도 전투가 아닌 모든 경험을 했다. 당분간 전투는 없을 것이다. 그는 배까지 배웅 나온 신실한 요코이 상, 아리마 상, 오코키 상에게 손을 흔들며 배를 타고 저 멀리 사라져갔다.

제10장

파멸의 나락으로

그동안 필리핀 섬들은 자유공화국임을 선포했고(1946. 7), 마오쩌둥은 중국에서 장제스를 대항해 전면전 명령을 내렸고(1946), 영국은 유대인 이민자들이 팔레스타인으로 돌아오는 것을 막았다(8월 13일). 이에 더해 프랑스를 대항해 일어난 한 베트남인이 아직 끝나지 않은 대실패를 시작했다(12월 28일). 아홉 명의 나치 전범들의 형이 집행되었다: 히틀러, 괴벨, 히믈러와 괴링은 모두 자살했고, 1988년까지 계속된 공산주의 러시아의 진노를 감당하기 위해 루돌프 회스가 희생양이 되어 가방을 붙잡고 남아 있었다. 그는 40년 넘게 독방에 있었다.

공민권법을 통과시킨 국회의원들보다 더 사리분별이 있었던 미국노동연맹 회장 윌리엄 그린은 연맹 내 모든 흑인들에게 공산주의자들을 조심하는 게 좋을 거라고 경고했다(9월 15일). 공산주의자들이 실제로는 흑인들을 돕지도 않으면서 이용해 먹을 거라고 경고했다. 경고에 뒤이어 곧바로 최고 연방 법원에서는(소련 공산주의 방식이다.) 각 주(state)들 간의 무역에 관여하기 시작했고, 14번째 수정 조항으로 주들 간의 구별이 희미해지는 가운데, 연방 소련식 판사들은 나라 전체를 워싱턴 D.C. 앞에 무릎꿇게 할 수 있었다.

제너럴 모건 호는 북태평양을 가로질러 나아갔다. 샌프란시스코에 정박하기 전 호놀룰루에서 한번 멈추었다. 제너럴 모건 호는 옛날 케이프 멘디시노 호와 비교해 볼 때 호화 여객선이었으며, 승무원과 승객 명단도 독특했다. 5백 명의 승객 중 반 이상이 20-30대 남자들로, 제대하기 위해 본국으로 가고 있었다. 럭크만은 해가 바뀌면서 재계약을 거절했다. 당시 육군 규정으로는 정규군에서 전역하고 싶은 모든 예비역들은 예비군에 머물겠다는 조건으로 민간인의 삶으로 돌아갈 수 있었다. 럭크만은 이것이 마음에 들었다. 그는 나가고 싶었다. 제너럴 모건 호에는 백 명이 넘는 흑인 군인들이 탑승하고 있었고, 거기다 적십자 간호사들과 여군들과 여군 예비역들이 타고 있었다. 그 외에도 지친 준위들, 강등당한 상등병들, 럭크만처럼 직업 군인의 길을 실패하고 만성 알콜중독자가 된 사람들, 해군부대, 약 50명의 영관급 장교들 등이 마치 "화물"처럼 널려져 있었다.

럭크만은 배에 탄 지 이틀도 안돼서 호놀룰루에 살았던 한국인인 헬레나 순 김과 "관계"를 트기 시작했다. 그들은 계획을 세웠다.

밤에 해먹이나 캔버스 간이 침대 대신 진짜 침대에 누워 럭크만은 되돌아가서 무엇을 할지 생각했지만 소용이 없었다. 그는 아직도 규칙적으로 "주술"을 외웠고 명상을 실천했지만 유라쿠 호텔에서 그랬던 것처럼 다시는 "불이 붙지" 않았다. 게다가 "팔정도"는 사슴이 지나간 길 만큼이나 재빠르게 좁아지고 있었다. 그는 가능하면 빨리 간음을 할 계획을 가지고 있었다. 불교는 해답이 아니었다. 단지 얼마 동안 통과해야 할 일시적인 미봉책이나 가교였을 뿐이다.

호놀룰루에 정박한 후 군 수송 지휘관이 아주 어리석은 짓을 하나 했다. 그는 금요일부터 일요일까지 장교들이 해변을 떠날 수 있게 해 주었고, 사병들은 "막사"에 넣었다. 그런데 금요일 밤 거의 소요가 일어날 뻔한 것이다. 하지만 몇 시간 뒤 그는 "분별력이 더 나은 용기"라고 작정하고 병사들을 토요일 밤 동안은 놔두기로 했다. 월요일 아침까지는 닻을 올리지 않지만 일요일 18시까지는 되돌아 와야 했다. 럭크만은 금요일에 내려서 로열 하와이 호텔에서 금요일 밤을 머물고 자신의 첩과 해변에서 반쯤 술 취해 누워 있었다. 그런 다음 토요일 밤을 헬스 핼프 에이커(지금은 "호텔 스트릿")에서 조금 시간을 보내다가 일요일 아침 10시에 배로 돌아왔다. 물건을 조금 챙겨서 적어도 일요일 밤 20시까지는 "에이커"로 되돌아올 생각이었다. 그러나 배에 도착하자 소령이 그에게 명령을 내렸다. 그는 럭크만이 갑판에 16시에서 18시까지 머물면서 술을 수색해 주기를 원했다. 술을 가지고 배에 타는 것은 허락되지 않았다. 백인과 흑인 부대가 갑판 아래 "통합"되어 있었기 때문에 불안한 상황이었다. (제2차 세계대전 때는 술 마시는 곳에서도 도덕성과 훈육을 더 강요했다. 미국은 정글로 되돌아갈 준비를 하고 있다. 그러나 1960년대는 그런 식이었다.)

명령은 명령이었다. 그래서 럭크만은 항구에 머물렀다. 들어오는 병사들을 줄세웠다. 그러나 모두들 거의 같은 시간에(18시 10분이나 15분 전) 왔기 때문에 정각까지 기다리게 했다. 정각에 그들을 줄세웠다. 거의 사백 명은 됐는데, 삼분의 일은 흑인이었다. 셔츠 아래 숨겨진 위스키 병들과 타월로 감싼 것들, 면도 도구를 뚫고 삐죽 나온 것들을 볼 수 있었다. 럭크만은 병사들이 가진 것들을 전부 발 아래 내려 놓도록 하고 조사를 했다. 그들은 열을 지어 차렷 자세로 서 있었다.

자잘한 이야기들:

"병사, 술 있나?"

"아닙니다. 없습니다!"

"면도 도구 상자를 열어 보게!"

"그... 그... 그치만, 소위님, 이러시면 안 될 것... 이러시면... 안 그런가요?"

"열어 보게."

병사의 눈에 눈물 같은 것이 고이며 180cm의 흑인은 몸을 굽혀 상자를 열었다. 수건에 싸인 반 리터 짜리 병이 삐죽 나와 있었다. 그 흑인은 똑바로 앞을 응시하며 차렷 자세로 있었다. 그는 떨고 있었다.

"병사, 그 안에 술 없는 거 맞지?"

"네, 그렇습니다."

"좋아, 닫고 승선하게."

"네, 알겠습니다! 네, 알겠습니다. 감사합니다. 소위님! 감사합니다!"

그는 100리터 이상의 술을 배에 들여 보냈다. 이 사람들은 그럴 만하다. 저 얼간이 군대 수송 지휘관이 육군 병사가 된다는 것에 대해 뭘 안단 말인가? 지옥에나 가라고 해라. 병사들에게 즐거운 시간을 갖게 하고 즐기게 하라. 인생은 괴로워하기에는 너무 짧다.

호놀룰루를 출발하고 12시간 동안 제너럴 모건 호에는 난리가 났다.

번개를 피하려고 애쓰는 연못의 오리들을 연상케 했다. 모든 게 완전 엉망이 되어 버렸다. B와 C 갑판에서 시작된 싸움이 주먹싸움에서 침대를 뒤엎는 것으로 빠르게 발전했고(다윈의 "진화") 여기서 다시 45구경 총알들이 배의 금속면들을 맞추고 튕기는 것으로 발전했다(더 많은 "진화"). 술에 취해 쓰러진 병사들이 비상구와 계단을 막았다. 준위들은 적십자 간호사들을 쫓아다니며 온통 배를 들쑤시고 다녔다. 헌병 두 명은 술에 너무 취해서 무슨 일이 벌어지고 있는지도 몰랐다. 술이 밀주 형식으로 배에 반입되었다는 것을 안 군 수송장교는 럭크만을 불러 설명을 요구하며 사자처럼 소리쳤다, "내려가서 저 병사들을 조용히 시키도록!" (겁쟁이들은 줄에만 있는 것이 아니다.) 럭크만은 "텍스"라는 중위와 갑판 아래로 갔지만, 럭크만은 해치 문을 열고 객실로 들어가는 것을 거부했다. 객실은 "풀가동"된 상태였고 총알이 칸막이 벽에 튕기는 소리를 들을 수 있었다. 럭크만은 정말 바보였지만 그 정도까지 대단한 바보는 아니었다. "텍스"는 조금 창백해졌다. 그는 들어가서 소리쳤다, "병사들!" 찰싹! 위쪽 침상에 있던 누군가가 그의 이마를 주먹으로 쳤다. 텍스는 그 녀석을 홱 잡아당겨서 바로 입을 가격했다. 럭크만은 문을 꽝 닫고 재빨리 "위쪽"으로 돌아갔다. 간호사 몇 명이 소리를 지르며 달아나고 있었고 그 뒤를 술 취한 두 명이 온 힘을 다해 쫓아가고 있었다. 다음 순간 럭크만의 마음속에 42년이 넘도록 떠오르곤 했던 아주 고전적인 음성이 이어지게 되었다.

그런 와중에 군 수송장교가 정신이 없는 상태에서 그를 만났고, 그 소령은 양손을 공중으로 들어 올리고 몹시 화가 난 얼굴로 소리를 질러댔다, "내려 가서 저 녀석들을 조용히 시키라고 했잖아!" 럭크만은 경례를 하고 말했다, "그렇지만, 소령님, 세상 그 누구도 그렇게 할 수 있는 방법이 없습니다. 다만…" 벌게진 얼굴을 럭크만의 코 앞 1인치까지 들이밀고 군 수송장교는 소리 질렀다. "명령에 복종하지 않으면 군사 재판에 회부하겠어! 내가 이 배의 지휘관이라는 걸 똑똑히 알게 해주지!"

"내가 이 배 지휘관이라는 걸 알게 해 주지!" 이것이 바로 42년간 그의 마음 속에 떠오르던 음성이었다. 하지만 그는 아무것도 지휘하지 못했다. 배는 완전히 통제 불능이었다. 떠다니는 재앙 자체였다. "내가 이 배의 지휘관이라는 걸 알게 해주지!"

몇 년 후 사역을 하면서 그는 이 목소리를 백 번은 들었다. 뭔가를 알게 되면 적용은 쉬워 진다. 국가 연맹이 그 말을 했었다. 교황들도 그 말을 했었다. 나폴레옹과 샤를마뉴도 그 말을 했다. 히틀러와 무솔리니도 했다. 교회연합과 유엔도 그 말을 했다. 이는 인간의 영원한 교만이며 영원한 주제이다. 인간은 하나님 없이도 세상을 통제할 수 있다. 하지만 인간이 "경영"하는 세상은 떠다니는 재앙일 뿐이다. 아합은 나봇을 죽이고 그가 더 이상 돌아다니지 않자 그의 포도원을 취했다. 농부들(마 1:38)은 예수 그리스도를 죽이고 예수님이 더 이상 보이지 않자(그들은 그렇게 생각했다.) 그의 포도원을 취하기 위해 내려갔다(사 5장). 인간들은 하나님의 자비와 축복을 발전과 진보로 오해하는 실수를 저질렀다. 하나님께서 역사에서 행하신 것(습 3:8)을 인간들은 자신들의 계획으로 이루었다고 여겼다. "내가 이 배를 지휘하고 있다." 카인이 아벨의 머리를 내려친 이후 "배의 상태"는 바닥에서뿐만 아니라 꼭대기까지 새고 있다. 제너럴 모건 호는 방향타는 고장 나고 스크루는 부식했으며 화물칸에는 불이 났는데 선장은 미친 사람인 배와 같았다. 럭크만은 그 소령의 코 앞에서 웃음을 터뜨릴 뻔 했다. 그는 혼자 생각했다. "이봐, 자네는 자네 입조차도 지휘할 수 없어!" 물론 차마 입 밖에 내지는 못했다.

이에 대한 징계로 럭크만 소위는 여행 기간 동안 자신의 "막사"에 갇혀 있어야 했으나, 그는 전혀 신경 쓰지 않았다.

배가 골든 게이트에 들어서자 스피커에서 안내 방송이 나왔다, "자, 주목! 체크 아웃을 하고..." 그러자 군인들은 모자, 장갑, 방독면, 벨트, 전투화, 휴대용 식기 세트, 오버 코트 등을 던져 버렸다. 그들이 던져 버린 짐들로 배가 지나간 1마일 거리의 바다가 지저분해졌다. 물건에 신경 쓰는 사람은 아무도 없었다. 게다가 많은 물건이 이미 도둑질당한 상태였다.

포트 오드에서 잠깐 머문 후에 럭크만은 앨라배마 투스카루사 행 열차를 탔다. 샌프란시코에서 마지막 밤에 여자 몇을 놓고 술집에서 두 명의 해군과 싸움을 벌였다. 한 명을 바닥에 반쯤 차 버렸더니 그들은 가버렸다. 그들은 술집에 두 명의 "데이트 상대"를 남기고 갔다. "텍스"가 한 명을 차지하고 럭크만이 다른 한 명을 차지했다. 그들은 그날 밤 그 도시에서 잤다. 아침에 기차를 타고 동쪽으로 향했다. 탕자가 돌아오고 있었다. 그의 "체류"를 묘사하기 위해 아무리 많은 쪽 수를 들여 기록한다 해도 성경은 한 문단도 되지 않게 짧게 그 모든 것을 요약해 왔다. 『얼마 후에 작은아들이 모든 것을 모아가지고 먼 나라로 가서 그곳에서 방탕하게 살면서 자기 재산을 낭비하더라』(눅 15:13). 성경이 얼마나 정확하고 간결하게 죄인들을 묘사하는지 놀라울 뿐이다.

그는 투스카루사에 도착했고, 거기 기차역에 그의 아내와 메이의 가족 몇 명과, 두 달도 채 안되었을 때인 1945년에 그가 남겨두고 떠났던 작은 여자 아이가 그를 맞이하러 나와 있었다. 그는 "집"에 왔다. 그런데도 전혀 집에 온 것 같지 않았다. 거기에는 보이지 않는 벽이 있었다. 1918년에 폴 바우어가 했던 말이 뭐였던가? "여기서 나는 집에 온 느낌을 받고 싶다. 이전 시대로 되돌아와 내가 한때 알았던 것들의 일부가 다시 되었다고 생각하고 싶다. 그러나 여기에는 끔찍스러운 소원함이 있다. 집에 온 것 같지 않다. 생각해서는 안 된다. 나는 속하고 싶다. 여기가 집이라고 느껴야 한다. 그러나 생소함이 나를 떠나려 하지 않는다. '떠난다는 것'이 이런 식일 줄은 생각지 못했다!"

메이 엄마는 한 눈에 알아보고 가슴이 철렁 내려 앉았다. 그녀는 이 비참한 주정뱅이를 위해 거의 3년 동안 기도해 오고 있었고, 이제 그가 플랫폼에 발을 내딛는 순간 그녀가 봤다고 생각하는 것이 실제로 바로 거기 있었다. 완고하고 거칠고 신랄하고 사악하고 악의적인 젊은이를 본 것이다. 제니는 그걸 알아보고서도 아무 말 하지 않았다. 그녀는 여전히 사랑하고 있었고 그가 떠나고 없는 내내 자신의 부정한 남편에게 신실했다.

일거리를 찾아다녔다. 앨라배마 모바일에 기덴즈 앤 레스터에서 일거리가 생겼다. 그곳 방송국 매니저가(버스바이) 텔레그라프 로드에 새로운 라디오 방송국을 열었는데(WKRG), 메이 엄마의 친척 중 하나가 럭크만을 거기에 넣어 주었다. 아내와 아이와 함께 그는 크렌쇼우 스트릿(거버먼트 스트릿에 있는 "파이브 포인트" 북쪽)으로 이사했고, 아침조 아나운서와 디스크 자키로 일하게 되었다. 쇼우, 도세이, 굿맨, 래그타임, 째즈, 스윙, 컨츄리-웨스턴 음악으로 돌아갔다. 스페이드 쿨리, 에디 아놀드, 텍스 리터가 최전성기였다. 그는 T.S. 엘리어트, 서머셋 모음, 테네시 윌리엄즈, 밴 드루텐, 조지 오웰, 리처드 라잇, 헤르만 헤세, 존 허세이, 토마스 맨, 맥심 고르키와 다른 수십 명의 작가 작품들과 타임, 라이프, 룩 같은 잡지를 매 호 다 읽었다.

석 달 동안은 음주가 뜸했다. 그러다가 다시 강해지기 시작했다. 문제는 그에게는 뿌리가 없다는 것이었다. "자신을 찾을" 수가 없었다. 그는 아나운서 조합에 가입하고 WKRG에서 일자리를 잃고 칙카소 조선업에서 프로 미식축구 연맹과 함께 4주간 전기 기사 견습생으로 일하러 갔다. 펜사콜라 WEAR에서 아나운서 일자리가 열렸다. 거기 프로그램 감독이 러셀 허슈였다. 그래서 그는 그곳으로 갔다. 1948년 여름쯤 전국 규모의 잡지들에서 밥 풀(WWL, 뉴올리언즈)이나 아더 가드프리 같은 DJ 역량을 가진 것으로 그에 대한 논평 기사가 났다. 더 큰 방송국(WABB, 모바일 프레스 레지스터의 챈들러와 헌)에서 그를 고용했고, 그는 다시 모바일 크렌쇼우 거리로 이사했다.

그동안 영국은 유대인들이 팔레스타인으로 되돌아오지 못하게 했고(발포아 선언을 어기고), 유엔은 분할을 제안했다(1947. 8. 31). 인도는 마틴 루터 킹의 우상(마하트마 간디) 덕택에 살육의 장이 되어 버렸다. 그의 "비폭력 시민 불복종"으로 15만 명의 사상자가 나왔다. 마침내 팔레스타인이 분할되었고 아랍 테러리스트들은 오늘날까지(1990) 계속되는 살육의 캠페인을 시작했다. 간디가 암살되고, 예루살렘에서 14명이 살해되고(1월 4일), 이라크에서 일어난 소요로 또 다른 70명이 죽임당했고(1월 27일), 이집트 군대가 카이로에서 또 다른 25명을 살해했다(4월 5일). 럭크만은 여전히 살아서 숨 쉬고 있었다. 이처럼 누군가가 보호하는 듯한 삶을 사는 사람들도 있다. 5월 중순(1948) 이스라엘은 바이츠만을 초대 대통령으로 하여, 자국이 독립국이며 주권국임을 선포했다. 이 사건은 그리스도의 부활 이후 지상에서 일어난 가장 위대한 사건이었지만 당시에는 럭크만의 주의를 전혀 끌지 못했다. 나중에 그는 1차 세계대전의 모든 사상자들과 정치적 문제들은 오직 한 가지 목적, 오직 한 가지 목적만을 위한 것임을 알게 되었다. 그것은 유대인들을 위해 그 땅을 준비시키기 위한 것이다. 또한 2차 세계대전으로 인한 모든 사상자들과 문제들은 오직 한 가지 건설적인 목적을 위해서였다. 즉 그 땅을 위해 유대인들을 준비시킨 것이다. (어딘가에 책 한 권이 있었다. 럭크만이 한 번도 집어 들지 않았던 책이. 그리고 그 책이 "배를 지휘"하고 있었다!).

그는 맥주병으로 되돌아가 유화를 가지고 놀기 시작했다. 그의 수채화 기술은 성숙했고 1970년대까지 더 이상 발전할 수 없는 경지까지 이르렀다. 메이 엄마는 그녀의 사위를 위해 기도했다. 그녀의 가족 중에는 이미 한 쌍이 이혼을 했고 또 다시 이혼이 생기지 않기를 바랐다.

럭크만은 제니에게 대중 발라드를 부르는 법을 가르쳤다. 그는 기타 반주를 해 주었다. 마침내 나이트 클럽에서 노래하는 일자리를 그녀에게 잡아 주었다. 1948년 겨울쯤에 그 일은 끝이 났다. 모바일 프레스 레지스터 거물이 테이블에서 "부적절한 여성"과 술을 마시는 것을 목격했다. 럭크만은 다가가 아무런 의심 없이 그 남자와 그 "아내"에게 인사했지만 여자는 그의 아내가 아니었다. 실수였다. ("너무 죄송합니다!" "끔찍히도 당황하셨겠군요, 얼간이씨, 이런 모든 일에!")

크리스마스를 일주일 남겨두고(1948) 럭크만은 평상시처럼 술에 취해 직장에서 집에 돌아왔다. 러시아인들이 베를린을 봉쇄했다(6월). 휘트테이커 챔버스와 앨거 히스는 스파이 혐의로 잡혔고, 만주가 마오쩌둥에게 항복했다(10월). 교황 피오는(10월 23일) 이미 국가로서의 이스라엘을 멸망시키고 그 도시를 카톨릭과 모슬렘을 위한 종교 제단으로 "국제화"하기 위해 최선을 다해 왔다. (그는 1990년 이전이나 이후나 이스라엘 국가를 전혀 인정하지 않았다)

럭크만은 거버먼트 거리를 천천히 걷다 카톨릭교회(리틀플라워 교회) 바깥 작은 구유통 앞에 멈췄다. 추운 크리스마스였고 다들 "메리 크리스마스"를 말하고 있었다. 럭크만에게는 모든 것이 "협잡"이었다. 어떤 이유에서인지 그는 구유통에 멈춰 섰다. 그가 어릴 때 가장 좋아했던 캐롤이 거기서 흘러나와서였는지도 모른다. "오 베들레헴 작은 골 너 잠들었느냐, 별빛만 높이 빛나고 잠잠히 있으니..." 별들만 높이 빛나고 있다. 무관심한 별들. "어두운 거리에 영원한 빛이 비추네. 모든 시대의 소망과 경외함이 오늘밤 주 안에서 만나네."

거기에 그가 서 있었다. 173cm, 75kg, 30인치 허리선, 수염을 기른 옅은 회색 정장에 검은 셔츠와 노란 넥타이를 하고, 각 셔츠 주머니에 4개의 시가를 넣고 벨트 아래에 8개의 맥주를 넣은 그가 서 있다. 레코드에서 노래가 흘러나왔다, "기쁘다 구주 오셨네, 만 백성 맞으라..."

이게 다 뭔가? 무슨 세상에 "기쁨"이 있단 말인가? 이 "기쁨"이란 도대체 뭔가? 모든 이들이 미소 지으며 웃는다. 그는 아내와 8개월 동안 싸움을 하고 있는 중이었다. 그녀는 그가 필리핀과 하와이와 일본에서 한 일까지 다 알고 있었다. "세상에 기쁨"이라고? 그에게는 "기쁨"이 없었다. "기쁨"이 뭔가?

커다란 눈물 방울이 갈색의 얼굴 아래로 흐르며 노란 넥타이에 떨어졌다. 대단한 급여? 맞다. 그는 일주일에 80달러를 벌고 있었다(1948년 당시 그건 1980년대 400달러의 가치가 있었다). 건강? 일 년에 단 한 번도 복통이나 치통이나 두통도 없었다. 가족? 건강한 아내와 아이가 있었다. 재능? 그는 드럼과 기타와 더블베이스와 하모니카를 연주할 수 있었고, 시를 쓸 수 있었으며, 만화와 스케치와 그림을 그릴 수 있었다. 뭐가 잘못된 건가? 그는 자신의 양심 앞에서 정죄받은 범죄자처럼 느껴졌지만, 자신의 과거를 보고 있노라면 범죄자들에게 강도질당한 느낌이었다. 범죄자들은 그의 교사들이었다. 누군가가 그를 속였다. 그들이 그를 눈먼 골목으로 인도했다. 또 다른 눈물이 그의 뺨을 타고 내려왔다. 럭크만은 "양심의 가책"을 받고 있었지만 그조차도 알지 못하고 있었다.

갑작스런 충동으로 그는 구유통이 있는 곳을 돌아서 사제 교구관 문 쪽으로 난 길로 걸어갔다. 노크도 하지 않고 문을 열고 곧바로 거실로 들어가 젊은 사제를 대면했다. 기적들 중의 기적, 그 "신부"는 성경을 읽고 있었다! "안녕하세요?"나 "실례합니다"나 "잘 지내시나요?" 같은 말도 없이 럭크만은 물었다, "신부님, 그 선한 책에서는 뭐라고 말하나요?"

이것은 절대적으로 성미에 맞지 않는 일이었다. 이 책은 그가 "헛소리"라고 불렀던 책인 것이다.

사제는 내려다보며 다음 구절을 읽어 주었다. 『악인은 자기의 길을, 불의한 사람은 자기 생각들을 버리고 주께로 돌아오라. 그리하면 주께서 그에게 자비를 베푸시리라. 우리 하나님께로 돌아오라. 그가 넘치게 용서하실 것임이라』(사 55:7).

럭크만은 의자 안쪽으로 거칠게 앉았다(거의 쓰러지는 수준이었다).

사제와의 대화:

"문제가 무엇인가요, 청년?"

그는 사제에게 "문제"를 얘기했다. 자세하게 모든 이야기를 다 해주었다(이 자서전에서는 다 쓰지 않았다). 사제의 얼굴이 창백해졌다. 사제는 온갖 종류의 이야기를 다 들었지만 이런 이야기는 처음이었다.

"큰 문제에 빠졌군요, 진짜 문제에." 사제가 말했다.

"제게 말씀하시는 건가요? 내가 뭘 할 수 있죠?"

"기도해야겠습니다."

"어떻게 기도하는지 모르는데요."

"어쨌든 기도해야 해요."

"저기, 뭐라고 기도해야 하죠?"

"전능하신 하나님께 도와달라고 해야죠."

"좋아요, 그렇게 하죠." 그래서 그는 일어나 집으로 와서 침대에 누워 "하나님, 저를 도와주세요."라고 말하고 잠들었다. 그 다음날 그는 WABB에서 해고당했다. 나이트클럽 사건을 발설할까 봐 사장이 두려워했던 것이다.

럭크만은 나가서 다시 심각해져 집으로 돌아와 아내를 앉히고 그녀에게 1944년 6월부터 1948년 12월까지 있었던 암울하고 비참한 이야기를 모두 다 해주었다. 아내에게 다이애나를 데리고 그녀가 살았던 농장으로 돌아가서 자기를 잊으라고 말했다. 그는 어디론가 떠나 버리고 싶었던 것이다. 하지만 그녀는 그와 다투었다. 이혼을 원하지 않았던 것이다.

마침내 그가 말했다, "좋아, 펜사콜라로 돌아가서 일자리를 얻을 수 있으면 당신과 다이애나에게 소식을 줄게." 아내는 이것 역시 원하지 않았지만 받아들여야 했다. (그녀는 그가 일본으로 떠나기 전 이야기를 들었다.)

새해가 되자(1월 1일) 그는 다시 WEAR에서 레코드 턴테이블로 돌아와 DJ로 일하게 되었다. 그는 밤에는 드럼 연주자로 "힐리빌리" 밴드에서 연주했다. 음주가 증가했다. 빌 헨드릭스의 "걸프 코스트 세레나데"와 버디 펠햄의 "탑 레일 랭글러즈"를 연주했다.

진탕으로 되돌아갔다. 개가 토한 것으로 되돌아간 것이다.

루드위그스사펜에서 화학공장이 폭발해 250명이 죽었고, 양쯔강 홍수로 3백만 명이 집을 잃었으며(1948. 8), 남아프리카에서 일어난 인종 폭동으로 백 명의 목숨이 사라졌지만 럭크만은 계속 살았다. 중국 공산당 군대가 베이징을 차지했고, 미국 건설업계는 미국의 지옥 도시 즉 뉴욕에 17에이커를 차지하게 될 5,400개의 창문이 있는 39층짜리 흉물덩어리 공사를 시작했다. (위생국에서는 뉴욕을 "냄새 도시"라고 부르며 경찰은 "죽음의 도시"라고 부른다.)

럭크만은 시궁창에서 뒹굴었다. 이때 그에게는 자신의 가족을 다시 모을 의향이 전혀 없었다. 아마도 잔뜩 술을 먹고 죽는 것을 제외하고는 그 어떤 것도 할 의도가 없었을지도 모른다. 27살이었지만 삶에 대한 모든 관심을 잃었다. "인생"이 뭔지 말할 수조차 없었다. 그에게 익숙한 것이라고는 "잠시 죄의 낙"(히 11:25)을 누리는 것뿐이었고, 그 잔 바닥에는 독사가 입을 벌리고 있었다. 40세도 되기 전에 43세의 끝에 이르렀다. 그는 이제 그 무엇에도 관심이 없었다. 그는 인생에 너무 지쳐 있었다. 27살에 "소진"되어 버린 것이다.

제11장

읽지 않은 책

팰라폭스 거리 벨 카페에서 맥주를 마시며 앉아 있었다. 오후 열 시쯤이었다. 새로운 정보를 듣다가 평상시보다 조금 더 늦게 조금 더 많이 술을 마셨다는 것을 제외하고는 평상시와 조금도 다를 바 없는 밤이었다. 두 명의 필리핀 해군이 나타나 얼마간 계속된 "사교적인 대화"에 그를 끌어들였다. 그 중 한 명은 원래 엔젤레스 출신이었다. 맥주를 여섯 잔쯤 마셨을 때쯤 포모사와 중국 군대 쪽으로 대화가 이어졌다. 장제스의 군대를 훈련시키기 위한 미국 장교에 대한 수요가 있는데 육박전 교관이 흔치 않다고 럭크만에게 말해주었다. 포모사에 있었던 사람 중 하나(타이완)는 맹세까지 하며 그런 장교들의 수요가 있다고 했다. 방과 식사, 군복 등에 더해서 급료만 해도 일 년에 8천 달러는 될 것이라고 했다. 1980년대 그만한 돈이면 수당을 더해 일 년에 32,000달러는 될 것이다. 맥주 여섯 잔쯤 마셨을 때 그 필리핀인들은 일어나 떠났다.

럭크만은 혼자 자리에 앉아 있었다. 음식점은 담배 연기로 가득 차 있었다. 밤 9시 이후로는 사람들이 점점 줄어들고 있었다. 세 칸 아래쪽에 난잡한 두 여자가 그의 관심을 끌려고 애쓰고 있었다. 그는 그런 일에도 관심을 잃었다. 그는 맥주에 시선을 떨어뜨리고는 천천히 음식점 광경을 살펴보았다. 주크 박스[5]에서는 냇 킹 콜이 흘러나오고 있었다. 그 노래 앞서 페툴라 클라크, 케이 스타, 빅 대몬, 페기 리 등의 노래가 나왔었다. 똑같은 옛 음악이다.

똑같은 옛 음악, 똑같이 오래된 담배 연기, 똑같이 오래된 사람들, 똑같은 맥주, 똑같은 외로움. 럭크만은 200살은 된 듯 느껴졌다. 40살처럼 보였다. 바다를 건너 되돌아가서 다시 시도해볼까? 안돼. 너무 멀리 왔어. 다신 거기로 돌아가지 않을 거야. 치켜 올라간 눈, 갈색 피부. 그 난장판을 다시 겪는다고? 팸팬가에서의 물소 구덩이를 기억해냈다. 안돼. 다시는 안할 거야. 전쟁이 일어나면 작전에 돌입할 수도 있다. 중국에서 아직은 장제스가 쫓겨나지 않았지만 조만간 그렇게 될 것이다. 안돼. 그런 건. 다시 그런 총검 훈련은 하고 싶지 않다. 동양인들 앞에서 "체면"을 유지하려고 애쓰고 싶지 않다.

그는 주변을 멍하니 응시했다. 27살이었지만 차를 가져본 적도 없었고, 19세 이후로 집에서 살아본 적도 없었다. 개인수표책도 쓸 수 없었다. 은행 계좌도 없다. 그에게는 두 벌의 정장과 오버코트와 신발 두 켤레와 스웨터 하나, 약간의 셔츠와 바지, 속옷이 있었다. 어쨌든 무엇을 위한 것인가? 아는 거라고는 사람들을 죽이는 방법 뿐이다. 공격자가 보이지 않는

5) 술집 등에서 동전을 넣고 음악을 틀게 되어 있는 기계

밤에 기다리는 상황에서 뭘 해야 하는지 알고 싶은가? 입을 땅바닥에 처박고 어느 쪽에서 공격자가 올지 모르고 먼저 총을 쏠 수도 있는 상황에서 말이다. 달이 비추는 밤에 그림자 속에 있는 사람을 보고 싶은가? 그 사람의 왼쪽이나 오른쪽을 보라. 똑바로 그 사람을 쳐다봐서는 안 된다. 자, 민간인의 삶을 살면서 그런 걸로 뭘 할 수 있겠는가?

그는 차를 수리할 수 없었다. 잔디 깎는 기계나 토스터기조차 고칠 수 없었을 것이다. 손도끼를 던져서 15피트 나무에 묶인 줄을 끊을 수 있었다. 쇠고리로 뒤에서 목을 조르는 법을 알고 있었고, 경정맥 근처 목뼈 사이를 찌르면 12초 내로 피를 흘리며 죽게 된다는 것도 알고 있었다. 시간을 말하는 게 무슨 상관인가? 길에 140도 각도로 선을 묶어놓으면 밤에 싸이클을 타고 내려오는 사람은 시간당 40마일 속도로 배수로에 곤두박이질을 할 것이다. 가로 90도 각도로 철사를 설치하면 때로는 목도 부러질 수 있다. 지식으로 할 수 있는 일이 놀랍지 않은가? 그는 은행에서 돈을 대출한 적도 없고, 소득세 양식을 기입한 적도 없다. 그에게 좋을 게 뭔가? 덩치가 다가오면 몸을 웅크리고 있다가 손을 십자 모양으로 해서 바깥쪽에서 막으면 된다. 이쪽에서 다가갈 때는 발차기를 하면 된다. 내가 하기 전에 상대방이 먼저 발로 찬다 해도 상대편 발에 덫을 놓을 수 있다. 상대편이 지체할 때 사타구니를 발로 가격하면 움찔하고 놀랄 것이다. 그때 양손으로 그의 눈을 찌른다.-쿠레네코(양 손에 두 손가락씩 모두 네 손가락을 펴서 상대편 눈을 찌른다.) 상대방의 덩치는 상관없다. 눈이 먼 사람은 반격을 그다지 할 수 없으니까.

지옥에나 가라지. 그는 돌아가지 않을 것이다. 동양인 보고 동양인을 훈련하라지. 그는 주변을 응시했다. 웨이트리스가 말했다. "뭐 다른 거 주문해 드릴까요?" "아니요, 계산서 주세요."라고 그는 불만스럽게 말했다. 계산서를 작성하는 동안 여덟 번째 잔을 마저 마셨다. 그는 계산서를 구기고 마지막으로 주위를 둘러보았다.

시간이 다 되었다.

피리 부는 사나이에게 값을 지불할 때가 되었다.

파티의 대가를 지불할 때가 되었다.

그의 때가 다 되었다. 시계가 자정을 지났든 어쨌든 상관없었다. 그는 마음을 정했다. 대단할 게 아무것도 없었다. 없다. "잔인한 세상이여, 안녕." 짧고도 간단하고 달콤하게. 입 속에 총구를 들이대면 된다. 일본인들이 했던 방식이다. 불발이 없다. 관자놀이를 쏘면 때로 총알이 스치고 튕겨나가거나 똑바로 가지 않기도 한다. 바로 입천장 위에 하면 "기대에 어긋나지" 않을 것이다. 뇌를 날려 버리게 된다. 전에도 이런 생각을 한 적이 있었지만 이제는 단순히 생각만 하는 것이 아니었다. 결단을 했다. 어디서 권총을 하나 훔친다. 누구 집에서 권총을 하나 훔치는 일은 식은 죽 먹기보다 더 쉽다. 그날 밤이나 아니면 아침에 총을 구해서 끝낼 것이다. 문제될 게 없다. 아내나 누구에게 유서 같은 건 쓰지 않을 것이다. 지옥에나 가라지! 엉망진창의 모든 것들이 다 지옥에나 가라지!

그는 일어나 계산대로 갔다. 그는 줄에서 세 번째쯤에 있었다. 거기 서서 시가를 들이키고 계산서를 집어 들었다. 이게 티켓이었다. 모든 걸 다 해봤고 아무것도 효과가 없었다. 끝났다. 리메이즈가 말한 바와 같이, "갑자기 죽는 것이다."

그 순간 라디오 아나운서 소리 만큼이나 선명하고 또렷한 목소리가 들렸다, "성경을 봐야 해."

그는 누가 이런 말을 그에게 했는지 보기 위해 고개를 돌렸다. 아무도 없었다. 줄은 그가 마지막이었다. 럭크만은 머리를 흔들고 "환청"이라고 생각했다. 그는 술값을 계산하기 위해 줄로 다시 돌아갔다. 다시 느리고 조용하지만 아주 또렷하게 "너는 성경을 봐야 해."라는 소리가 들렸다. 그는 다시 주위를 둘러보았다. 다시 아무도 거기 없었다. 럭크만은 혼잣말을 했다. "맥주를 너무 많이 마셨군." 그러나 효과가 없었다. 자동기계처럼 멍한 채 계산했지만 그의 마음은 딴 데 가 있었다.

회상 장면:

"자, 그건 네 목소리는 아니었어. 너는 네 목소리를 알잖아. 사마드히와 수트라, 샤스타스, 베다, 퓨라나스를 기억하지? 그래, 자, 그 목소리는 뭐였지? 전에 그런 목소리를 들어본 적이 있나?"

아니, 들어본 적이 없었다. 그건 그의 의식의 목소리가 아닌 것만은 확실했다. 무의식에서 나온 어떤 목소리를 닮지도 않았고, 그가 시험해봤던 절대 수준에서 나온 것도 아니었다. 그 목소리는 뭔가 독특했다. 어디서 나온 목소리일까? 어디서 나온 걸까? "너는 성경을 봐야 해." 누가 그런 말을 그에게 할 수 있단 말인가? 그에게 왜 성경이 필요하단 말인가? 다른 책에서 읽지 못했던 뭐가 그 책에 있을 수 있단 말인가? 그가 뭔가를 놓쳤을 수 있단 말인가? 뭔가를 놓쳤다고? 그가 알지 못하는 뭔가가 거기에 있는데 머리통을 날려 버릴 만큼 어리석단 말인가? 이 읽어 보지 않은 책에 "해답들"이 있다면? 그러면 어쩔텐가?

그는 벨 카페 현관문을 나섰다. 그의 오른편으로 로데오 가구 가게 위로 빛나는 네온사인에서 반사된 붉은 빛이 도로에서 빛났다. 센칼로스 호텔 거리를 가로질러 로마카톨릭 교회인 세인트 미카엘 성당이 있었다. "너는 성경을 읽어야 해." 그 목소리는 집요하게 계속되었다.

"좋아, 내게 성경이 필요하다면 성경을 구하면 되지. 명령은 명령이니까." 럭크만은 큰 소리로 말했다. (고등학교 시절 누군가가 그에게 지옥에나 가라고 말한 적이 있었다. 그래서 그는 뉴올리언즈에 있는 프렌치 쿼터로 갔다. 그 당시 그곳이 그가 찾을 수 있는 지옥과 가장 가까운 곳이었으니까.)

그래서 럭크만은 오후 11시에 "성경"을 찾아 거리를 걸어 아래로 내려갔다. 당연하지만 모든 곳이 닫혀 있었다. 반쯤 술에 취해서 성경을 찾아, 창문 안쪽을 들여다보며 고든 거리 아래쪽(서쪽 방향으로)으로 나 있는 몇몇 집들의 현관까지 걸어갔다. 마침내 그는 싸구려 판자 집 창문 안쪽을 들여다 봤다. 거기 침대 바닥에 낡은 신문지 더미로 반쯤 덮여 있는 아주 낡은 싸구려 〈킹제임스성경〉이 있었다. 앞표지도 떨어져 나간 낡은 성경이었다. 그 방에 사는 사람은 머리를 침대에 파묻고 누운 채로 완전히 곯아떨어진 상태였다. 럭크만은 지렛대로 문을 억지로 열고 방 안으로 들어가서 성경을 훔쳤다. 그런 후 자기 방으로 가서 불을 켜고 침대에 앉아 성경을 무릎에 올려 놓은 후 혼잣말을 했다. "자. 이 책이 다른 종류의 책 이상의 책이라면 내가 이걸 펼 때마다 이 책은 내게 개인적으로 말을 할 거야." (그가 이렇게 말한 이유는 힌두교나 불교 문학의 특징 중 하나가 그런 식이었기 때문이었다. 그는 자신이 손에 동양 책을 가지고 있다는 것을 알지 못했다. 이 책의 저자는 모두 셈족이었다. 게다가 그는 지금 지상에서 지금까지 기록된 책 중에서 가장 오래된 책의 복사본을 가

지고 있었다: 기원전 1700년에 기록된 욥기)

럭크만은 눈을 감고 책을 폈다. 손가락을 한 구절에 대고 눈을 뜨고 읽었다. 에스겔 28:2-3이었다. 이 말씀들은 잭해머처럼 그를 강타했다. 그는 신경질적으로 4,5절을 건너뛰고 6-10절로 갔다. 10절을 끝내자마자 그는 성경을 방을 가로질러 서랍장 아래로 던져 버렸다. 그는 충격에 휩싸여 침대에 앉아 있다가 재빨리 정신을 차리고 말했다. "이런 바보 얼간이 같으니라구. 왜 그렇게 화를 내는 거지. 그냥 책일 뿐이잖아. 책 하나 가지고 뭘 그렇게 화를 내는 거야? 종이에 인쇄된 거잖아. 이 책으로는 벼룩 한 마리로 다치게 할 수 없어. 다시 한 번 훑어 보고 읽어 봐야지." 그는 가서 그 책을 집어 들고 침대로 되돌아와서 그 과정을 되풀이 했다. 이번에는 눈을 뜨고 신명기 28:20-24을 읽었다. 그는 다시 방에다 책을 내동댕이치고 나가 2마일을 걸어서 아직까지 영업을 하고 있는 술집으로 들어가서 술에 만취했다. 오전 2시에 집에 와서 다음날 오전 11시까지 꼼짝하지 않고 잤다.

이제 펜사콜라와 미국에서 지금까지 일어난 적이 없었던 가장 이상한 전투가 시작되었다(그리고 아마도 전 세계에서). 지금까지 촬영된 적도 없고, 방송된 적도 없으며, 인쇄된 적도 없고 그 누구도 출판한 적이 없는 전투였다. 한 남자와 한 권의 책 사이에 결투가 시작되었다. 4주 동안 럭크만은 술에 취해 들어와 책을 펴고 읽었다. 그럴 때마다 그 책은 그에게 산 채로 껍질을 벗기는 것을 제외하고 온갖 일을 다 했다. 그는 비틀거리며 거울 앞에서 그 책을 쥐고 서서 말하곤 했다, "이봐, 나에 대해 좋은 이야기를 해 보라구! 뭔가 내게도 좋은 면이 있을 거야! 한 가지만이라도 좋은 이야기를 해봐!" 그 책을 편다. 펑! 『선을 행하고 죄를 짓지 아니하는 의인은 땅 위에 한 명도 없느니라』(전 7:20). 펑! 『진실로 가장 좋은 상태에 있는 모든 사람도 다 헛될 뿐이니이다』(시 39:5). 팝! 『또 내가 가증스럽고 더러운 것을 네 위에 던져 너를 천하게 만들며 구경거리가 되게 하리라』(나 3:6). 팝! 『내가 너를 다루는 날에 네 마음이 견디어 낼 수 있으며 네 손이 튼튼할 수 있겠느냐?』(겔 22:14) 『내가 네 무덤을 만들리니 이는 네가 야비함이라』(나 1:14). 『주께서 너를 미침과 눈멈...으로 치실 것이며... 또 너는 소경이 어두운 데서 더듬는 것처럼 대낮에 더듬어 찾을 것이며... 주께서 네 무릎과 다리를 고치지 못할 악성 종기로 치시리니 네 발바닥으로부터 네 머리 끝까지 이르리라... 이 모든 저주가 네게 임하고 너를 쫓아가서... 주께서 너희를 멸하시며 너희를 망하게 하시기를 기뻐하시리라... 네 생명이 네 앞에 의심 속에 매달리리니... 아침에는 네가 말하기를 '오 저녁이었으면!' 하고, 저녁에는 네가 말하기를 '오 아침이었으면!' 하리라』(28:28,29,35,45,63,66,67). 『너희 저주받은 자들아, 내게서 떠나 마귀와 그의 천사들을 위하여 준비한 영원한 불 속으로 들어가라』(마 25:41). 『너희는 너희 아비 마귀에게서 나와서 너희 아비의 정욕을 행하고자 하는도다』(요 8:44). 『음욕이 가득 찬 눈을 가지며 죄로부터 단절될 수 없고』(벧후 2:14). 『너희가 너희 조상들의 분량을 채우라... 너희 뱀들아, 독사들의 세대야』(23:32,33).

그는 한 번도 요한복음 3:16이나 요한복음 5:24나 요한복음 10장이나 마태복음 11:21-24에 넘어진 적이 없었다. 성경을 펼 때마다 그것은 "순도 높은 독약으로 졸여진 천둥과 번개" 같았다. 4주 만에 그는 10kg이나 빠졌고 신경 쇠약이 아주 심해졌다.

어느날 밤 극심한 공포 상태에서 그는 세인트 미카엘 성당의 교구관으로 무단 침입해 들어가 설리반 "신부"의 옷을 붙잡고 소리쳤다, "신부님은 실재하는 모든 걸 알고 계시죠?"

그 사제는 미소 지으며 자신의 시가에서 나온 재를 떨고는 이렇게 말했다, "그거야 당신이 뭘 찾고 있는지에 달렸지요."

럭크만은 앉으면서 말했다, "그걸 찾아 지구 반을 돌아다녔는데도 찾지 못했습니다. 스포츠도 지겹고 여행에도 싫증이 나고 여자들과 남자들도 식상합니다. 책과 예술과 음악도 이제 지겹습니다. 저는 모든 것을 가지고 여기까지 왔습니다. 이 생에서 정말 '실재'하는 뭔가가 있다면 그걸 원합니다. 신부님은 가지고 계신가요?" 설리반은 웃으며 말했다, "이봐요, 당신에게 필요한 건 교회에 합류하는 겁니다."

그래서 2월초부터 3월 중순까지 로욜라가 세운 예수회 사제가 가르치는 개심자 과정을 들었다. 4주차 마지막에 럭크만은 그 신부도 럭크만이 몰랐던 것 중에서 한두 개 정도 밖에 알고 있지 않다는 것을 알았다. 그러나 럭크만이 알고 있는 것 중에서 그 신부가 모르는 것은 도서관 하나를 채우고도 남을 것 같았다. 어쨌든 계속 했다: 마리아의 영원한 처녀성, 미사의 희생제, 병자성사, 마리아의 몽소승천, 권위가 있는 교황의 말들, 트라피스트 수도회와 도미니칸 수도회가 강조하는 엄격한 기도와 침묵, 절대적인 회개, 일곱 가지 성사, 고행 등등. 럭크만은 미사에 참석했고 만종이 울릴 때마다 매번 성호를 그었고 묵주도 굴렸다. 재의 수요일에는 하루 종일 이마에 재를 뿌리고 있었고, 종려주일에는 종려나무 잎을 집으로 가져와 선반에 놓아 두었다. 거지들에게 적선도 하기 시작했고, 그리스도께로 개심하기 전에 연보함에 "십일조"도 냈다. "종교"가 누군가를 구원할 수 있다면 피터 S. 럭크만을 구원했을 것이다. 그는 훌륭한 카톨릭 교도가 되었다. 그런데도 여전히 마음에는 정서적인 쉼이나 화평이 없었다.

그는 성경을 증오했고 두려워했지만 읽는 것을 그만 둘 수는 없었다. 어느날 밤 그는 집에 들어와 계시록 3장을 열었다. 그곳에서 그는 자신이 "비참하고, 가련하며, 가난하고, 눈멀고, 헐벗은 것"을 알았다.

그는 웃으며 성경을 던져 버리며 말했다, "자, 이제 그건 거짓말이야! 내가 비참하고 가련할지는 모르지만 분명한 건 눈멀지는 않았다는 거지."

다음날 아침 그의 안경이 깨졌고 수리하는데 이틀이 걸렸다. 안경 없이는 잘 읽을 수가 없었다. 그는 간이 숙소로 돌아와서 성경을 펴고 같은 구절을 찾아서 다시 읽었다.

그는 그 책에게 말했다, "자, 나는 벌거벗지는 않았어, 확실해."

다음날 라디오 방송국 옷걸이에 걸어둔 정장 두 벌 중 한 벌(세탁소에서 방금 가져온)이 사라졌다. 그 뒤로 찾지 못했다. 지금까지 그 옷이 어떻게 됐는지 아무도 모른다. 그는 다시 이 무시무시한 책으로 돌아가 책을 펴고 계시록 3장을 노려보며 말했다, "자, 나는 아직 일주일에 60달러를 번다구. 아직 가난하지는 않아!" 그 책을 내던지며 닫아 버렸다.

그런 말은 절대로 하지 말았어야 했다. 다음날 저녁 댄스 밴드에서 연주하고 있는데 누군가 그의 수표책을 훔쳐갔다. 3주간의 급료를 모아서 거기 두었던 건데 말이다. 그는 수표책도 현금도 절대로 찾지 못했다.

그는 금식했고, 기도했으며, 십일조를 냈고, "마리아를 송축"했다. 그는 미사에 참석했고 여전히 개심자 과정을 계속 듣고 있었고 "사순절" 기간에는 술과 위스키까지 금했다. 그러나 항복의 말도 없었고, 자비도 베풀어지지 않았다. 그 책을 펼 때마다 그 책은 폭격을 가했다. 『보라, 너희는 아무것도 아니며, 너희의 일은 헛것이라. 너희를 택한 자는 가증함이라』(사

41:24). 『너희는 마음의 슬픔으로 인해 울부짖으며 영의 괴로움으로 통곡하리라. 너희는 나의 택한 자에게 너희의 이름을 저주로 남겨 두리라. 이는 주 하나님께서 너를 죽이고 자기 종들을 다른 이름으로 부르실 것임이라』(사 65:14-15). 『내 눈이 너를 아끼지 아니할 것이며 내가 불쌍히 여기지 아니하고 다만 내가 네게 보응할 것이며 너의 가증함이 네 가운데 있으리라. 그리하면 너희는 내가 주인 줄 알리라』(겔 7:4).

끔찍스런 전투다. 적의 위치를 알 수가 없었다. 적을 볼 수도 없었다. 되받아 총을 쏠 수도 없었다. 언제 그가 나를 없애 버릴 것인가? 어떤 식으로 할 것인가? "양심은 우리 모두를 겁쟁이로 만든다." 그래서 피터 S.는 이제 전투를 하는데 기가 꺾였다. 그의 양심은 그가 처음으로 어머니 지갑에서 1페니를 훔쳤던 때부터 그가 함께 간음했던 마지막 여인까지 모든 항목을 들추어냈다. 그 책은 절대로 누그러들지 않았다. 『사람을 신뢰하는 사람과 육신을 그의 무기로 삼는 사람과 그의 마음이 주로부터 떠난 사람은 저주를 받으리라』(렘 17:5). 『나도 너희가 재앙을 당할 때 비웃을 것이요, 너희에게 두려움이 임할 때 조롱하리니 이는 너희의 두려움이 멸망같이 이르고 너희의 재앙이 회오리바람처럼 닥칠 때요, 고난과 고통이 너희에게 임할 때라』(잠 1:26-27). 『너희는 너희의 조상들보다 더 악하게 행하였음이니』(렘 16:12). 『그러므로 내가 너희를 이 땅에서 너희가 알지 못하던 땅으로 쫓아낼 것이며... 거기서 내가 너희에게 은총을 베풀지 아니하리라』(렘 16:13). 『내가 네 무덤을 만들리니 이는 네가 야비함이라』(나 1:14). 『주께서는 네가 나를 버린 네 행위들의 사악함으로 인하여 네가 행하려고 네 손을 대는 모든 일에 네가 패망할 때까지와 또 네가 속히 망할 때까지 네게 저주와 괴로움과 질책을 내리시리라... 주께서는 너를 폐병과 열병과 염증...으로 치실 것이요... 또 너의 시체가 공중의 모든 새와 땅의 짐승들에게 먹이가 될 것이나...』(신 28:20,22,26) 『그들은 너를 구렁으로 내리리니 그리하면 너는 바다 가운데서 죽임당한 자들의 그 죽음으로 죽으리라』(겔 28:8). 『너는 내려가서 할례받지 않은 자들과 더불어 누울지니라. 그들은 칼로 살해당한 자들 가운데서 쓰러질 것이요...』(겔 32:19,20)

그가 "닥치는 대로" 고른 부분은 고린도전서 13장, 로마서 10장, 에베소서 1장이나 수십 개의 다른 부분에는 절대로 한 번도 이르지 않았다. 거의 두 달 동안 대단히 혹독한 것이었다.

그러던 삼 월 초 어느 토요일 저녁 "밴드 내 녀석들"이 밤새 연주를 하자고 제안을 했다. 케롤 클럽에서 오후 7시에서 자정을 거쳐, 그다음 그린 게이블에서 오전 1시에서 오전 5시까지 연주를 하자 했다.

"싫어, 그럴 수 없어. 사순절 기간이어서 술을 마시지 않고 있는데 그렇게 할 때마다 항상 취하잖아." 럭크만이 말했다.

"어, 이봐, 럭크만. 그렇게 종교적으로 굴지 마! 자, 이봐, 시간당 2달러라구!"

그들은 마침내 그를 말로 설득해서 그 일을 하게 했다. 그들은 가서 두 술집에서 연주를 했고 그 "사이"에 여자 몇몇과 잠을 잤다. 그는 아침 6시쯤에 잔뜩 취해서 집에 와서 "미사" 시간에 맞춰 자명종을 맞춰 놓고 잠자리에 들었다. 오전 10시에 한쪽 눈을 뜨고 자명종을 끄고는 다시 잠들었다. 일요일 저녁 6시 30분까지 계속 잤다.

걸어서 화장실로 들어가 불을 켜고 면도를 하기 시작했다. 거울을 쳐다보고 입이 쩍 벌어졌다. 얼굴 전체에 붉은 혹들이 나 있었고 일부는 고름도 들어 있었다. 그처럼 산 사람이라면 한 가지 생각밖에 할 수 없었다.

그에 관해 오래 생각도 하기 전에 벨 카페에서 그의 주의를 사로잡았던 바로 그 목소리가 이렇게 말했다, "네가 너를 네 머리의 정수리에서부터 네 발바닥까지 헌데와 흠들로 치리니 너는 내가 치는 주 전능하신 하나님임을 알게 되리라." 그는 세면기에 면도기를 떨어뜨리고 침실로 뛰어 들어가 침대 옆에 무릎을 꿇었다. 한 사람으로 이루어진 기도 모임. 방은 벌써 어두워지고 있었다. 그리고 거기서 무릎을 꿇고 이제 이마에서는 땀을 흘리며 이 타락한 난봉꾼은 자신의 과거를 다시 떠올렸다. 그러고 있는데 동일한 목소리가 조용히 말했다, "너는 지옥으로 갈 거야." 그런 식으로 말했다, "너는 지옥으로 갈 거야."

그는 방을 둘러보았다. 그가 생각한 대로 그 메시지가 적용될 만한 다른 사람은 없었다. 바로 그였다. 그가 지옥으로 갈 것이다. 럭크만은 어둠 속을 응시했다. 그 옛날 토페카에서 만들었던 영화 영상투사기(제4장 참조)에서 장면이 흘러갔다. 그는 자신이 어디 있었는지, 그가 누구를 봤는지, 그가 누구에게 말을 걸었는지, 그가 했던 말, 그가 했던 일을 생각해 보고 큰소리로 혼잣말을 했다, "그래, 맞아. 피터 S., 누군가 지옥에 가야 할 사람이 있다면, 네가 가게 될 거야. 후보자가 있다면 바로 너야!"

그 목소리가 말했다, "너는 오늘밤 그리스도를 발견해야만 해."

그렇다, 명령은 명령이다. 그래서 그는 일어났다. 신발과 바지를 입고 신발 끈도 묶지 않고, 셔츠 단추도 채우지 않고, 면도도 하지 않고 봄비가 가볍게 내리는 거리로 뛰어 나갔다. 자신이 어디로 가고 있는지도 몰랐다. "그리스도"가 교회에 있다는 것을 제외하고는 아는 바가 없다. 그래서 가든 거리 아래로 뛰어가 "A" 거리로 가서 "A" 거리를 돌아 세인트 미카엘 성당을 향해 동쪽으로 갔다. 두 번째 블록이 나오자 "A" 거리에

벽돌로 지어진 작은 선교 연합 교회가 보였다. 교회 앞쪽으로 "하나님은 당신을 사랑하십니다."라는 네온사인이 있었다. 오후 7시가 지난 시간이었고 럭크만이 어둠 속에서 그 건물로 접근했을 때 안에서 회중이 노래하는 소리가 들렸다. 그는 건물에 가까이 가서 반쯤 열려진 문으로 들여다 보았다. "들어와 무릎을 꿇고 그리스도를 찾으라."

"바보처럼 굴지 마, 그냥 지나가!"

또 다른 목소리가 나왔다. 이건 새로운 목소리였다. 역시 그의 목소리는 아니었다. 새로운 목소리가 냉소적으로 말했다, "하나님이 너를 사랑한다고? 그게 무슨 말인데? 저런, 하나님이 너를 사랑한다면 이제 너를 지옥에 보내지는 않을 거야. 하나님이 그러실까? 그냥 지나가!" 그는 지나갔다.

그 목소리가 말했다, "오늘밤 네가 그리스도를 발견하지 못하면 너는 절대로 그분을 발견하지 못할 거야." 그는 세인트 미카엘 성당으로 뛰어내려가 그 안으로 들어가려 했지만 잠겨 있었다. 그는 라이트 거리로 이어지는 팰라폭스로 뛰어가 제일 그리스도의 교회로 들어가려 했다. 잠겨 있었다. 그는 라이트 거리에서 동쪽으로 뛰어가 언덕 꼭대기에 있는 커다란 돌로 된 감리 교회로 갔다. 그 교회는 열려 있었지만 주일 저녁 회중의 규모가 너무 작아서 이들은 강당 뒤쪽에 있는 안쪽 방에서 모임을 하고 있었다. 비속에서 계단 위를 걷는데 찬양대가 연습하는 것 같은 소리가 들렸다. 그때쯤 그는 흠뻑 젖어 있었다.

두 목소리와의 대화:

"이제, 그리 들어가서 저 복도 아래로 가 무릎 꿇고 그리스도를 찾으라."

"바보같이 굴지 마. 누가 들어오기라도 하면 어쩌려고? 이 마을에 사는 사람들 모두 너를 알잖아. 여기서 2년간 방송을 했잖아. 너 셔츠와 바지를 좀 봐. 면도도 하지 않았잖아. 바보같이 굴지 말라니까!"

"오늘밤 그리스도를 발견하지 못하면 너는 절대로 그분을 발견하지 못할 거야."

그는 안으로 들어섰다. 로비를 반쯤 걸어 들어갔다가 뛰어서 다시 밖으로 나갔다. 복도가 백 야드는 되어 보였다.

"다시 안으로 들어가. 그리 들어가서 무릎을 꿇고 그리스도를 찾아!"

"바보같이 굴지 말라니까! 그냥 숙취일 뿐이야. 이건 현실이 아니라니까. 이 미친 바보! 비속에서 이리저리 뛰어다니며 도대체 여기서 뭘 하고 있는 거야? 집에 가서 잠이나 자!"

그는 잠자려고 집으로 출발했다. 그러나 계단 아래까지 왔을 때 아무런 이유도 없이 몸을 돌려 계단을 다시 올라가 건물 안으로 들어갔다. 강단 아래로 내려가서 머리를 묻었다. 거기에 30분간 있었다. 그가 거기 있는 동안에 남자나 여자나 아이나 단 한 사람도 강단에 발을 들여놓지 않았다.

교회 내 방 몇 개 뒤쪽에서 소그룹의 그리스도인들이 뭔가 연습을 하거나 아니면 "교제"하며 노래하고 있었다. 그들은 "만세 반석"을 노래하고 있었다. 럭크만은 그곳에서 죄로 무감각해지고 무지로 할 말을 잃고 삶에 지친 채 무릎을 꿇고 노래 소리를 듣고 있었다: "... 내가 공을 세우나 은혜 받지 못하네, 쉬임 없이 힘쓰고 모든 정성 다해도, 구속 못할 그 죄를 예수 홀로 속하네. 빈 손 들고 주께 가 십자가를 붙드네..."

럭크만은 기도하려고 애썼다. 그는 어떻게 기도하는지 몰랐다. 아는 거라고는 "마리아께 영광을"과 "우리 아버지" 뿐이었다. 그래서 그는 그의 혼에 있는 것을 그냥 쏟아 부었다.

독백:

"주님, 저는 피곤합니다. 저는 약하고 춥습니다. 주님, 더 이상 이렇게는 못하겠습니다. 너무 피곤합니다. 너무나도 피곤합니다. '집'이 어딘지 모르겠습니다. 주님께 어떻게 되돌아가야 하는지 모르겠습니다. 저는 너무 피곤합니다. 저는 피곤해 죽을 것 같고 완고했으며 속임당하고 강도질당하고 혹평당했습니다. 저는 여기 취한 채로 있고 돈도 없고 가족도 떠났으며 피곤합니다. 여기는 춥고 어둡습니다. 주님, 주님, 나를 다시 데리고 가 주세요. 제 말은 저를 '집'으로 데려다 달라는 겁니다. 주님, 어디가 집입니까? 제가 주님으로부터 나왔다면 되돌아가고 싶습니다. 이걸로 충분합니다. 일분도 더 못하겠습니다. 저는 비참한 죄인입니다. 평생 저는 사람들에게 상처를 주었고 제 자신을 상처입혔으며, 상처입었습니다. 상처입었습니다. 너무나 지쳤습니다. 저를 집으로 데려가 주세요. 집으로 보내 주세요!"

찬양대가 노래했다, "잠시 잠깐 인생 살다 죽음 속에 눈이 감길 때 알지 못하는 세계를 통해 부활할 때 보라 주께서 주의 보좌에 계시네. 만세 만석, 내 쉴 곳, 주 안에 나를 숨겨 주소서."

그는 일어서 소매로 코를 닦고 뺨에서 눈물을 훔치고 밖으로 나와 비 속을 걸어 집으로 갔다.

냉소적인 목소리가 말했다, "잠이나 자. 정신이 나간거야, 럭키. 다음 주에 정신과 의사 진찰을 받고 상황을 바로 잡아. 잠이나 자." 그래서 잤다. 침대로 돌아가 잤다.

그러나 다음날 아침 다섯 시 삼십 분, 뭔가 달랐다. 전송기를 따뜻하게 데워놓아야 하기 때문에 그렇게 일찍 일어난 것이다. 그래야 오전 7시에 WEAR에서 방송을 하게 되기 때문이다. 그 시간에 옷을 입고 일마일 반 정도 걸어서 "아침 식사"를 할 시간을 얻게 된다. 거리 아래를 걷기 시작했을 때 교회 종소리가 들리기 시작했다. 펜사콜라에 있는 교회에서는 새벽 5시에 종을 치는 교회는 없다. 그뿐만이 아니다. 이 종소리에 맞춰 만 명의 목소리처럼 들리는 엄청난 찬양대가 노래를 했다. 이들은 "주를 찬양하라!," "하나님께 영광을!," "할렐루야," "주를 송축하라"를 부르고 있었다. 그는 숙취로 잠이 덜 깬 것처럼 비틀거리며 거리 아래로 걸어갔다. 잠수한 후에 귀에서 물을 빼려는 사람처럼 머리를 흔들었다. 아무것도 없었다. 노래 소리와 벨소리가 거의 십 분 동안이나 계속되었다. 그게 무슨 소린지 어디서 나는 소린지 전혀 알지 못했다.

그는 방송국을 열었다. 오전 나절 어디쯤엔가 휴 파일이 스튜디오로 걸어 들어 왔다. 그는 북 펜사콜라 시 경계선 바로 밖에 있는 브렌트 침례교회 목사로, 전에 럭크만에게 말을 걸은 바 있었지만 럭크만은 그에게 전혀 관심을 표하지 않았었다. 그러나 이번에 럭크만은 방송을 하는 동안 그가 하는 모든 움직임을 주시하고 있었다.

"저기 있는 저 목사 보이지? '사나이'라고 부를 만한 사람이지. 그렇게 생각하지 않는다면 그가 나갈 때 그냥 체크해 봐..."

예전부터 있던 냉소:

"자, 저기 앉아 있는 저 외소하고 말라빠지고 빈혈에 걸린 것 같은 계집애 같은 녀석 보이지? 버터밀크보다 더 센 술은 마신 적이 없을 걸. 저런 사람이 뭘 알겠어?"

"자, 저 사람이 배짱이 있는 사람이라고 생각하지 않는다면 그가 나갈 때 한 번 시험해 봐."

그는 그를 시험해 보기로 했다. 파일 형제가 통제실 문 옆을 지나갈 때 럭크만이 말했다, "안녕하세요, 목사님, 목사님은 뭘 아세요?"

자그마한 체구에 옅은 갈색 머리 젊은이가 몸을 돌려 럭크만의 얼굴을 똑바로 쳐다보며 말했다, "나는 주 예수 그리스도를 아는데, 당신은 무엇을 아십니까?"

저런, 상황이 성가시게 되었다. 그런 질문에 어떻게 답변한단 말인가?

"글쎄요, 나는 그분을 모르는데요?" 어느 누구에게도 겁먹지 않는 럭크만이 답했다.

"그분을 알고 싶나요?" 파일이 물었다.

"물론입니다." 럭크만은 주저없이 말했다.

"저런, 그렇다면 뭘 기다립니까?" 그 설교자가 물었다.

뭘 기다리느냐고? 이런, 어떻게 그런 바보 같은 질문을! 그는 평생 답을 찾으려고 애써 왔고, 두 달이 넘도록 그리스도에 대해 뭔가를 알기 위해 개처럼 애쓰고 있었다.

"뭘 기다리다니 무슨 말씀이신지?"

"이리 와 보세요" 파일 형제는 이렇게 말하고 통제실과 연결 통로 사이에 있는 녹음실로 다시 들어갔다. 그리고 거기서 빙 크로스비, 프랭크 시나트라, 페리 코모, 빅 대몬, 페기 리, 냇 킹 코울, 레드 니콜즈와 그의 파이브 페니즈, 아티 쇼, 베니 굿맨, 스탠 키튼, 토미와 지미 도르세이, 듀크 엘링톤에 둘러싸여 그 목사는 신약성경 한 권을 꺼냈다: 1611년 킹제임스 권위 역본을.

“이게 하나님의 말씀이라고 믿나요?” 파일은 질문했다.

“네, 그렇죠.” 럭크만이 말했다.

저런, 이렇게까지 변하다니! 3년 전만 해도 “헛소리”라고 불렀던 책이 아닌가! 단순히 읽는 것만으로도 뉴스미디어와 대학 교육으로 형성된 “고립된 사고방식”의 편견에서 “자신의 견해를 넓힐 수” 있다는 게 놀라울 뿐이다. 럭크만은 그 책이 어떤 책인지 알고 있었다. 그건 “양날 가진 칼”이었다. 피 흘려 죽기까지 찌를 것이다. 그는 이해하지는 못했지만, 성경에 대한 두 가지 진실을 알고 있었다.

1. 인간이 성경을 대적하는 이유는 성경이 인간을 대적하기 때문이다.

2. 성경이 인간에 대해 모든 것을 알고 말하기 때문에 사람들은 성경을 좋아하지 않는다.

그 역시 그런 전형적인 학자들의 잘못된 태도를 경험한 바 있으며 몇 달 내로 그는 훨씬 더 가까이서 그런 태도를 보게 될 것이다. 한 번은 성경을 고치는 어떤 학자에게 누군가가 말했다, “당신이 성경을 믿지 못한다면 그냥 성경을 그대로 내버려 두는 게 어떤가요?”

그는 정직하게 대답했다, “성경이 나를 내버려 두지 않아요.”

“네, 맞습니다.” 럭크만은 말했다.

휴 파일과의 대화:

“자신이 죄인이라고 생각하나요?”

“아, 물론입니다. 제가 죄인인 걸 알고 있습니다.”

"그리스도께서 죄인들을 위해 죽으셨다는 것을 믿습니까?"

"그렇다고 생각합니다."

"그리스도께서 죄인을 구원할 수 있다고 믿습니까?"

"네, 그러실 수 있을 거라고 생각합니다."

"그리스도께서 당신을 구원할 수 있다고 믿습니까?"

"그건 좀 지나친 것 같은데요. 잘 모르겠어요."

"그리스도께 당신을 구원해 달라고 해보시겠습니까?"

"좋습니다."

"좋아요, 제 손을 잡으세요." 그는 그렇게 했다. "이제 머리를 숙이세요." 그렇게 했다.

"이제, 자신의 말로 예수 그리스도께 구원해 달라고 하세요."

"기도할 줄 모르는데요."

"괜찮습니다. 알고 있는 가장 좋은 방식으로 자신의 말로 그냥 하세요."

"좋습니다. 그렇게 하죠. 하나님, 제가 죄인이라는 것을 압니다. 그리고 하나님께서 저를 구원해 주셨으면 합니다. 저를 구원해 주시지 않으면 저는 분명 지옥으로 갈 겁니다."

그는 기도를 하고 나서 고개를 들었다. 휴 파일이 미소를 짓고 있었다.

"진심으로 기도하셨나요?" 그가 물었다.

"네, 그렇습니다." 럭크만은 화를 내며 답했다.

"그렇다면, 구원받으신 겁니다."

"아무런 느낌도 없는데요."

"어떤 느낌이 있어야 하는 건 아닙니다."

"그렇다면, 제가 구원받은 걸 어떻게 알죠?"

"그냥 알죠."

"아니요, 전 모르겠는데요."

"아니요, 당신은 알고 있습니다."

"모르겠는데요."

휴는 신약성경 요한일서 5:13을 펴서 럭크만에게 읽게 했다. "거기서 하나님께서는 당신이 그의 아들을 믿으면 영생을 가졌음을 안다고 말씀하고 계십니다. 자, 아들을 믿으시나요?"라고 말했다.

"예, 물론 믿습니다. 그렇지만 제 생각에는..."

"생각이라니 무슨 말씀인가요? 성경은 여기서 이렇게 말씀하십니다, '너희에게... 알게 하려 함이라.' 아시겠습니까? 아니면 아직도 구원받았다는 걸 모르시겠습니까?"

"글쎄요, 저기..."

"하나님께서 거짓말쟁이라고 생각하시는 건 아니겠죠? 그렇죠?"

"오, 아니예요, 아닙니다. 아니구 말구요! 하나님이 거짓말쟁이라고는 생각하지 않습니다."

"자, 하나님께서 그분의 아들을 주셨다는 기록을 믿지 못하는 사람은 하나님을 거짓말쟁이로 만든다고 말씀하십니다. 하나님께서는 이렇게 기록하고 계십니다, '너희에게 영생이 있음을 알게 하려 함이라.' 자, 당신은 영생을 가졌나요? 아니면 갖지 않았나요?"

말 그대로 "진퇴양난"이었다. 럭크만에게 전에는 이렇듯 문제되는 사람은 없었다. 파일과 나란히 놓으면 페이지 와그너, 리처드슨 대령, 에디 콥랜드, 셀프 장교, TTC는 식은 죽 먹기나 다름 없었다.

"저기, 됐습니다. 됐어요. 안다구요." 럭크만이 더듬거렸다. 그러나 여전히 구원받지 않은 것 같았다.

2주 후 그는 확실히 알게 되었고, 그 확신은 42년간 계속되었다. 즉 이 글을 쓰고 있는 이 날까지 계속 되었다. 그 주에 파일 형제는 럭크만의 결혼 생활을 살폈다. 새로운 삶에서의 첫 번째 단계는 아내와 화해하는 것임을 알게 해 주었다. 다음 주 앨라배마 소여빌에서 소포 하나가 펜사콜라로 도착했다. 여백에 잠언 3:5,6이 인쇄된 스코필드 주석 성경이었다. 그가 지금까지 생애에서 받았던 최고의 충고였다. 그는 거의 목요일에 4시간, 금요일에 4시간, 토요일에 4시간 성경을 읽었다. 천천히 그는 자신이 읽었던 구절에 조명을 얻기 시작했다. 대부분의 구절은 교리적으로 이스라엘을 향하고 있었지만 그 자신과 같은 죄인들의 개인적인 타락을 다루는 구절들도 여전히 있었다. 색인이 없으면 아직 신구약에 있는 책들을 찾을 수 없었지만 성경에는 저주와 심판 외에 다른 것들도 있다는 것을 알기 시작했다. 성경에는 생명과 보장이 있었다.

토요일 밤이 되었고 미카엘 성당에서 설리반 신부와 하는 "개심자반" 마지막 수업이 다가왔다. 그는 일요일 아침에 "견진성사"를 받을 계획이었다. 그 신부를 보러 갈 때가 되었을 때 "운명"처럼 스코필드 주석 성경을 가지고 갔다. 그는 여전히 "교회에 합류"할 생각이었기 때문에 전혀 이상하게 여기지 않았다. 로마카톨릭 교회가 실제 어떤지 전혀 몰랐다. 그에게 로마카톨릭 교회는 침례교회나 감독교회처럼 그냥 또 다른 "교회"일 뿐이었다. (정말, 그는 많은 걸 배워야 했다!)

그는 안으로 들어가 자리에 앉았다. 30분 후에 럭크만이 말했다, "신부님, 제가 몇 주 전에 여기 처음으로 왔을 때 신부님께서 저를 위해 뭔가 실제적인 것을 가지고 계시다고 하셨죠. 저는 교회에 나올 준비가 되었습니다."

"좋습니다. 아침에 당신을 위한 견진성사를 준비토록 할 겁니다." 잠시 침묵이 흐르다 갑자기 럭크만이 비옷 아래에서 그 책을 꺼내 들었다. 신부는 무의식적으로 자리를 고쳐 앉았다.

"제게 정말로 걸리는 게 하나 있는데요. 동정녀 마리아를 숭배하는 것에 관한 겁니다. 성경 어디에서도 찾을 수가 없더군요." 럭크만은 이렇게 말하고 시사적으로 엄지손가락으로 페이지들을 훑었다. 신약이 어디서 시작하는지도 몰랐다. "마리아를 숭배하는 것에 관한 건 어디 있나요?" 그가 물었다.

설리반 신부와의 대화:

"자, 그리스도께서 십자가에 달리셨던 때를 기억하죠?"

"네." (기억하고 있었지만, 사복음서 어디에서도 찾을 수 없었다.)

"자, 예수께서 '네 어머니를 보라!' '여인이여, 당신의 아들을 보소서!'라고 말씀하셨던 걸 기억하죠?"

"네." 럭크만은 희미하게 그 내용이나 그와 비슷한 것을 상기하면서 말했다.

"하나님의 아들이 죽어갈 때 하셨던 마지막 몇 마디가 그들에게는 '그 여인을 집으로 데려가라.'는 것 이상의 중요성을 지녔다고 주장하는 게 맞지 않을까요?"

"어, 네. 말이 되는 것 같군요."

"알겠지만, 럭크만, 여기서 그분이 하신 말씀은 '내 아들, 즉 하나님의 아들이 되는 사람은 누구나 마리아를 자신들의 어머니로 삼아야' 하며 '마리아에게는 나를 따르는 자는 누구나 당신의 아들'이라고 말씀하신 겁니다. 알겠습니까?"

"네, 그렇지만, 이 마리아 숭배는 다 뭡니까?" "아, 우리는 마리아를 숭배하지 않습니다. 네, 숭배하지 않아요. 그냥 그녀에게 존경을 표하는 거지요. 자신의 어머니에게 하듯이, 알겠죠?"

"어, 아... 아... 네, 물론입니다."

그 목소리: "성경을 펴서 보라."

그는 성경을 폈다. 요한복음 19장이었다. 그 구절을 보고 그는 30절을 읽었다. "어! 왜 여기서 『다 이루었다.』고 말씀하시는 거죠? 죽어가고 있는 상황에서 마지막 몇 마디가 '내 생이 끝났다.'라는 말 이상의 의미를 가지고 있다면 '모든 것이 다 끝났다.'라는 의미인 것 같은데... 구원이 완성되었다는 의미의 말씀 같은데요!"

그 사제는 시가를 세 번쯤 비벼 끄고 압박감 때문에 의자를 다시 고쳐 앉고는 말했다, "럭크만, 그거 좀 치워요. 그걸 너무 많이 읽고 있어요. 이해하지도 못하면서 성경을 읽는 건 좋지 않아요."

그 목소리: "내려다보라."

그는 성경을 보고 한 부분을 확 넘기며 디모데후서 3:16,17을 읽고 있었다. "여기 좀 보세요. 이게 무슨 뜻이죠?" 이렇게 말하고 큰 소리로 읽었다.

PEACE!
LOVE
SHARE
LOVE
PEACE!
TORQUEMADA
HITLER CASTRO
MUSSOLINI
BLOODY MARY
NAPOLEON
BERCHTOLD CHARLEMAGNE

다니엘 8:25

설리반은 다시 자세를 고쳐 앉고 앞으로 몸을 숙이고 말했다. "맞는 말이지만, 성경 말고도 다른 좋은 책들은 얼마든지 있어요. 성경도 성경에 있는 것 외에 '많은 다른 것들이 기록되어야 한다.'고 말씀하고 있죠. 물론 성경은 읽기에 좋지만 다른 책들이 좋지 않다고 말씀하고 있지도 않죠, 그렇죠?"

"그렇진 않죠." 럭크만은 성경의 마지막 책 쪽으로 넘기면서 멍하게 대답했다.

그 목소리: "내려다보라."

그는 내려다보면서 자신의 눈이 요한계시록 22장에 와 있는 것을 알았다. "여기서 왜 이렇게 말씀하고 있는 거죠? 『누구든지 이것들에 더하면 하나님께서 이 책에 기록된 재앙들을 그에게 더 하실 것이요.』 이게 무슨 말이죠?" 설리반은 또 다른 시가에 손을 뻗으며 책상 서랍을 쿵 하고 닫았다. "그거 좀 치우라니까! 그걸 너무 많이 읽고 있다니까! 모든 단어 하나하나 그대로의 의미가 아니야, 럭크만, 지나치게 문자적으로 받아들이고 있어! 성경은 그냥 '것들'이라고 말하고 있을 뿐이야."

그 목소리: "내려다보라."

내려다 보니 19절이 보였다. (그 자신도 사제만큼 놀라고 있었다. 두 구절을 15분 이내로는 찾을 수 없었을 것이기 때문이었다.) 그는 큰 소리로 읽었다. "『또 누구든지... 책의 말씀들에서 삭제하면 하나님께서 생명의 책... 그의 부분을 제하여 버리시리라.』 이건 무슨 뜻이죠?"

"그 책 좀 저리 치워!" 사제는 벌떡 일어서며 소리쳤다. "자네는 좋은 책들을 좀 읽어야겠어!"

이 말을 하고 그는 사궁창 쥐가 배수구 파이프에서 달아나듯 문 밖으로 나가 버렸다. 럭크만은 앉아서 기다렸다. 그는 비옷을 입고 무릎에 성경을 펴 놓은 채 오른손에는 반쯤 피운 시가를 들고 앉아 있었다. 그의 형편없는 무지몽매한 지성의 어디쯤에선가 밝은 빛이 반짝했다. 거리 맞은 편 로데오 가구 가게에서 나온 빛이 아니었다. "좋은 책이라고? 좋은 책?"

그 목소리: "여기서는 뭔가 수상한 냄새가 나지 않나?"

흠, 좋은 책을 좀 읽으라고? 어떤 책을 말하는 건가? 그는 디킨즈, 쉘리, 키츠, 텍커리, 바이런, 스캇, 워즈워드, 에머슨, 테니슨, 키플링, 런던, 포우, 멜빌, 셰익스피어, 괴테, 몰리에르, 루소, 볼테르, 제인 그레이, 톨스토이, 위고, 칸트, 쉘링, 헤겔, 피히테, 멘닝거, 파블로프, 융, 막스, 다윈, 니체, 팔리, 헉슬리, 헤켈, 모옴, 헤밍웨이, 스타인백, 도스 파소스, 앤더슨, 쇼, 입센, 그 외 50명 이상의 책들을 읽었다! 좋은 책을 좀 읽어야 한다고? 어떤 책? 샤스타스, 코란, 몰몬경, 논어, 퓨라나스, 베다, 세르반테스, 아벨라르, 앤셀름, 호모, 아퀴나스, 던스 스코터스, 사르트르, 홉즈, 흄, 데카르트, 오비드, 스피노자, 단테, 아리스토텔레스, 밀톤, 플라토, 아낙시만드로스, 보카치오, 제노, 그 외 50개 이상을 더 읽었다! "여긴 뭔가 이상해." 럭크만은 혼잣말을 했다, 뭔가가 엉망이다.

그 사제는 토마스 아퀴나스가 쓴 〈신학대전〉이라는 다섯 권의 책을 가지고 돌아왔다. 그는 이미 이 책들을 다 읽었다. 그의 새로운 개심자에게 아버지처럼 팔을 얹으며 그를 문으로 안내했다.

"알겠지만, 럭크만, 견진성사를 받을 만큼 아직 준비가 되지 않은 것

같네. 한 주를 더 기다려 보세."

"좋습니다." 럭크만은 이렇게 말하고 문 쪽으로 향했다. 그는 버스를 잡아타고 휴 파일의 교회에 가서 "그리스도를 위한 젊은이" 모임 같은 곳에 갈 계획이었다. 연결통로를 따라 걸어가면서 설리반은 이렇게 말했다, "자네 아내가 오늘 전화를 해서, 자네가 밥 존스 대학에 갈 생각이라고 하던데, 맞나?"

"글쎄요, 잘 모르겠습니다. 생각중이긴 한데. 장모님께서 그곳을 아시더라구요. 저는 들어본 적이 없는데요. 미군 비용으로 4년간은 무료 교육을 받을 수 있습니다. 거기 가서 무료로 라디오 아트 석사를 받으려구요." 럭크만이 말했다.

"자네 같은 사람이 도대체 왜 그런 곳에 간단 말인가?" 사제가 말했다.

"제 아내와 장모님이 그러시는데 그곳에서는 술 마시는 사람도 없고 담배도 피우지 않고 욕도 하지 않고 춤도 추지 않고 영화 보러 가는 사람도 없다고 하던데요. 깨끗한 곳처럼 들려서요. 평생 저는 깨끗한 곳에 있어본 적이 없어요. 그곳에 가서 어떤 곳인지 볼 생각입니다."

그들은 문에 있었다.

"로욜라 대학이라고 들어본 적 있나?" 사제가 물었다.

"아, 예, 들어봤습니다."

"알겠지만 우수한 두뇌들이 가는 곳이지."

번쩍! 번쩍! 이제 어디선가 종이 울리기 시작했다. 교회 종은 아니었다. 자명종에 더 가까운 소리였다. 전에 이런 소리를 어디서 들어본 적이 있었던가?

그들은 작은 현관 밖으로 나가 초봄의 밤 속으로 들어갔다. 비는 부슬 부슬 내리고 있었다. 사제는 계단 제일 위층에서 스토지를 피우며 팔에는 여섯 권의 책을 끼고 서 있었다. 한 권은 하나님께서 쓰신 책이고 다섯 권은 마귀가 쓴 책이었다. 바로 이 시점에서 럭크만은 너무나 깜짝 놀라서 머리를 숙이고 그냥 땅을 내려다 봤다. 그래서 이 사제는 그의 눈에 비친 흥분감을 못 봤다. 그 목소리가 방금 말했다, "자, 봐, 피트! 내가 네게 뭔가 보여줄게. 여기 오네. 놓치지 마!" 사제는 럭크만의 마음의 상태를 전혀 알지 못하고 계속 걸었다.

"뉴올리언즈에 가본 적 있나?" 그가 물었다.

("자, 잘 들어, 피트, 여기야, 이 부분이야!")

"물론 있습니다. 거기에 계속 있었죠." 럭크만이 말했다. 럭크만은 거기 있었다. 고등학교를 졸업하기 전 해적골목에서 그의 이를 뺐다. 그러나 자세한 내용은 말할 수 없었다. 그 목소리는 놀랍도록 실제적이어서 그는 그 소리를 듣는데 몰두해 있었다. ("자, 여기야, 피트, 잘 들어!")

"프렌치 쿼터에 가본 적 있나?" 사제가 물었다.

"네, 거기에 있었죠."

("잘 들어! 놓치지 마!")

사제는 숨을 들이쉬고 밤하늘을 쳐다보며 말했다, "알다시피, 프렌치 쿼터 그쪽 아래에는 좋은 사람들이 있다네. 물론 조금 비도덕적이기도 하지, 그들은 옛 믿음을 지키고 있지!" 그리고 그는 숨을 내쉬었다.

럭크만은 2피트 아래 서서 그 남자의 입 앞 쪽에 있는 두 개의 금니 사이로 연기가 나오는 것을 쳐다보았다. 효과가 참으로 대단했다. 로데오 가구 회사(길 건너)에서 나온 붉은 네온사인 빛이 연기에 비췄다. 그 연기는 뱀처럼 꿈틀거리는 붉은 빛 속에서 사제의 눈을 지나 걸러져 올라갔다.

그 목소리: "저거 보이나, 피트? 저건 사제가 아니야. 저건 마귀야."

"안녕히 계세요, 신부님!" 럭크만은 이렇게 말하고 거리를 가로 질러 뛰어 우체국 옆에 있는 버스 정류장으로 향했다.

중앙을 가로지를 때 그는 그 시가를 기억했다. 그것을 봤다. 18살 이후 담배를 피워 온 그였다.

그 목소리: "그가 너에게 그걸 줬지. 그것 역시 깨끗하지 않을 거야. 너도 그걸 버리는 게 좋을 거야."

그걸 내던져 버리려고 했지만 그렇게 하지 않았다.

그 냉소적인 간섭쟁이: "이게 너의 마지막 담배야, 마저 피워야지."

그 목소리: "뭐가 문제야, 의지력이 충분치 않나? 던져 버려."

냉소적인 간섭쟁이: "의지력이 있다는 걸 알지. 뭘 하려고 하는데? 과시? 이봐, 다 피워야지. 어쨌든 이게 마지막 담배가 될 거야."

그는 두 모금을 더 피우고 시가를 배수로에 던져 버렸다. 이것이 그가 지금까지 피웠던 마지막 담배였다. 그 후 42년간 절대로 담배를 들이마시지 않았다. 비행기나 레스토랑에서 다른 사람이 피우는 담배 연기가 아니라면 말이다. 15분 후에 버스가 왔고, 곧 브렌트 레인 너머에 왔다. 생애 처음으로 성경대로 믿는 첫 번째 침례교회가 있는 곳에 온 것이다.

그에게 가장 인상적이었던 것은 음악이었다. 생애 처음으로 그는 단정하게 머리를 자르고 행복한 미소를 지으며 찬송을 부르는 십대들의 무리를 봤다. 찬송가는 카톨릭의 아베 마리아와 미사곡과 송가들 같지는 않았다. 하늘나라와 영생과 기쁨으로 섬기는 것과 "복음"에 관한 내용이었다.

브렌트 침례교회 (펜사콜라, 플로리다, 1965)

여기에 그가 잃어버렸던 뭔가가 있었다. 그가 배운 교육은 편파적이었음이 입증되었다.

그가 받은 자유주의적인 가정교육과 그의 "최첨단" 활동, 거기다 그가 받은 자유주의적인 대학 교육과 해방된 "라이프스타일" 이상의 것들은 실제로는 그를 편협한 외골수로 만들었던 것임을 알게 되었다. 브렌트에서 보고 들은 것으로 그는 자신의 진짜 문제는 "고립된 사고방식"이었음을 확증했다.

목사가 설교를 했다. 초청을 했다. 럭크만이 지금까지 평생 처음 들은 첫 번째 복음 설교였다. 처음으로 성경적 "구원 계획"이 명확해졌다. 초청 찬송을 부를 때 2절을 부르기 전에 그는 무얼 해야 할지 알았다. 1절도 채 끝나지 않았다. "주님의 피"와 "오, 하나님의 어린 양이여, 제가 갑니다."라는 부분이 불리는 중간 어디쯤에서 그는 통로로 걸어 나가 목사의 손을 잡고, "그리스도를 제 구주로 영접하겠습니다."라고 말했다. 그는 통로로 발을 내딛는 순간 구원의 확신을 가지고 있었다. "썩지 않는 씨"라는 새로운 본성을 심는 일인 "위대한 변화"가 감리교에서 일어났었는지, 아니면 WEAR의 녹음실에서였는지, 아니면 바로 이 순간이었는지는 모르겠다. 차이는 없다. 중요한 것은 이제 그는 확실히 영원한 생명을 가졌고, 그 사실을 알게 되었다는 것이다. 의심의 그림자 없이 알게 되었다. 그날 밤 그와 함께 다른 죄인 하나도 통로 아래로 걸어 나왔다. 12살짜리 소녀였다. 나란히 서서 그들의 결심에 대해 축하해 주는 교회 회원들과 악수를 하는 두 사람!

회중이 이제 노래하고 있었다, "그리스도의 사랑에 우리의 마음을 묶어주는 끈이여." 럭크만은 미소 짓고 있는 그리스도인들과 악수를 하며 서 있었다. 이들 대부분은 다섯 살이나 열 살 때 회심한 사람들이었다. 그는 자신이 천사들과 악수를 하고 있다고 생각했다. 장년부 여자들 중 많은 이들이 서로에 대해 험담을 한다거나, 혹은 일부 십대들이 주차장 차 안에서 부둥켜안고 있다거나, 일부 집사들이 채권을 훔치고 회계 기록을 거짓으로 꾸민다고 말하는 사람이 있으면 그는 기꺼이 싸웠을 것이다. (몇 년 후 예배가 끝나고 한 남자가 그에게 십 달러짜리 지폐를 주었을 때 이런 생각이 어떻게 바뀌었는가? 돈을 왜 연보함에 넣지 않느냐고 묻자 그 남자는 이렇게 말했다, "목사님, 교회에서 제가 이 돈을 연보함에 넣으면 이 돈이 목사님에게 가지 않을지도 몰라요." 그는 아직 주의 "양들"에 대해 알아야 할 것이 많았다.)

그 당시 브렌트 침례교회는 시 경계선 외곽에 있었고 오후 6시 이후에 그 길에 버스가 다니지 않았다. 브렌트 레인에서 펠라폭스까지 북쪽 방향은 온통 피칸 과수원과 농장과 잡목과 풀들과 소나무와 몇 그루의 참나무뿐이었다. 코르도바 몰이나 대학몰도 없었고, 나인 마일 로드에는 네 개의 가게도 두 개의 음식점도 없었다. "카 시티"도 없었고 고속도로 변의 모텔들도 없었다. 럭크만은 돌아가려면 차를 얻어 타고 가야 했다. 하지만 교회를 떠날 때 아무도 그에게 차를 태워주지 않았다. 사실 그가 차가 없다는 것을 아무도 알지 못했다. 그 당시 27살이면 대부분 차를 가지고 있었기 때문이다.

그는 달빛 아래 고속도로를 따라 걸었다. 옛 본성이 즉시로 고개를 들었다, "참 훌륭한 그리스도인들이군! 차도 태워주지 않다니. 위선자들! '하나님께서 축복하시기를,' 온갖 노래를 다 하고 악수하고 난리를 치더니,

집에 갈 차 하나 태워주지 않다니! 그런게 기독교군!"

그런데 마지막 단어가 그의 뇌를 통해 나오기도 전에 차 한 대가 그의 코 앞에서 멈췄다. 후진을 하더니 앞좌석에 앉은 한 남자가 조수석을 가로질러 그에게 소리쳤다, "집에까지 태워다 드릴까요? 럭크만."

"물론입니다." 그는 더 이상 말할 수가 없었다. 마음속에 그런 생각을 하고 있을 때 차가 멈춰 서서 너무나 당황스러웠기 때문이었다. 그는 차에 탔다.

40대의 남자와 그 아내였다. 고속도로를 내려가며 그 남자가 말했다, "오늘 교회에 있었는데, 그리스도를 구세주로 영접하셨죠? 절대로 후회하지 않을 겁니다."

"네, 후회하지 않을 거예요. 당신 생애 최고의 결정이니까요." 그의 아내가 말했다.

"네, 저도 그렇게 생각합니다." 이렇게 말하고 럭크만은 창문 밖을 봤다. 달이 나무들과 비료 공장 건물을 비추고 있었다. 옛사람 아담이 말했다, "당신에게는 말할 공간이 있지. 당신에게는 차도 있고 아내도 있군. 나는 차도 없이 걸어 다니고, 내 가족은 엉망진창인데. 그래 당신에게는 말할 공간이 있지."

그 남자는 럭크만이 무슨 생각을 하는지 알지도 못하고 계속해서 말했다. 그의 입에서 다음과 같은 말들이 나왔다, "그래요, 럭크만 형제, 나는 소년 때 그리스도를 영접했죠. 내가 말해드리리다. 나한테는 엄마도 아빠도 없었어요. 고아원에서 자랐거든요. 그런데도 9살 때 주 예수님을 나의 구세주로 받아들였고, 그 이후로 태양 아래 죽은 돼지처럼 행복하게 지냈어요!"

"좋습니다. 입 다물고 있죠. 논쟁은 그만 하겠습니다." 럭크만은 들리지 않게 작은 소리로 말했다. 그는 자신을 구원하신 분께 처음으로 실제로 말했던 것이다. (그는 자신이 여전히 혼자라고 생각했기 때문에 혼잣말을 한다고 생각했다. 그는 자신의 몸이 "성령의 전"임을 아직 알지 못하고 있었다.)

그날 밤 간이 숙소로 돌아 온 그는 침대 옆에 무릎을 꿇었다. 수천 가지 혼란스럽고 상반되고 화나게 하는 소란스러운 생각들이 그의 머리 속을 내달리고 있었다. "구원을 잃어버리면 어쩌지? 구원을 전혀 받은 게 아니라면? 이 모든 게 진짜라는 걸 어떻게 알지? 전부 다 내 마음 속에서 일어난 일일 뿐이야. 쟈니 형처럼 그냥 정신이 나간 거야. 이런 말도 안 되는 게 어떻게 다 사실이란 말인가? 종교일 뿐이야. '종교를 얻은 것' 뿐이야. 다음 주면 다 끝날 거야. 제니는 어쩌지? 아내는 다시는 돌아오지 않을 거야. 아내가 돌아온다 해도 사랑하지도 않고 사랑한 적도 없는데 어떻게 함께 살 건가? 누군가를 사랑한다는 것에 대해 알기는 하는 건가? 하나님이 너를 사랑하는 걸 어떻게 알아?"라는 생각들이 계속되었다.

그러나 이제 다소 특이한 목소리 - 벨 카페 바깥 거리에서 들렸던 목소리 같은 목소리("너는 성경을 읽어야 해.")는 위협적인 질문들 사이에서 미끄러지듯 조용히(아, 정말 조용히) 말했다, "이제 괜찮아, 피트. 이제 괜찮아."

30분간 이런 일이 네 번 쯤 일어난 후 폭풍이 잦아들기 시작했다. 폭풍우 치는 물처럼 고뇌하고 고통당하는 혼에게 누군가 이렇게 말하고 있었다, "잠잠하라."

"이제 괜찮아, 피트. 이제 괜찮아."

그리고 괜찮아졌다. 그가 앞을 내다보고 미래를 볼 수 있었다면 – 빈곤, 거의 아사 직전, 비방, 위협, 이혼 소송, 배척, 버림받음, 분리 양육권과 심지어 자살충동까지 – 뒷걸음질 쳐서 도망했을지도 모른다. 그러나 위대하신 하나님께서 "사랑의 베일을 길에 펼치셔서" 그가 볼 수 있는 거라고는 어두운 방과 침대보 위에 놓여 있는 훔친 성경뿐이었다. 그 책이 그를 여기까지 데려왔다. 책 한 권 – "예수님의 말씀"이라고 작은 글씨로 붉게 인쇄된 아주 낡고 앞표지도 없는 싸구려 책, 각주도 참고 구절도 없는 책이었다. 그리고 멋진 스코필드 주석 성경 한 권이 서랍장 위에 있었다. 다음 열두 달 동안 그는 이 책을 24번 통독하게 될 것이다. 필리핀에서 그가 "돼지고기"(헛소리)라고 불렀던 그 책이었다. 벌써 두 권이나 가지고 있다. 이후로 그는 영어로 된 열 권의 성경, 헬라어로 된 세 권, 히브리어로 된 두 권, 스페인어로 된 한 권, 독일어로 된 두 권, 웨일즈어로 된 한 권, 네덜란드어로 된 한 권, 프랑스어 한 권, 라틴어로 된 한 권을 갖게 될 것이다. 하지만 그때 그 어둠 속에서 무릎을 꿇고 있는 그가 아는 거라고는 "이제 괜찮다."는 것뿐이었다. 이 낡고 엘리자베스 시대의 고어체로 된 킹제임스 싸구려 성경책이 그의 양식이요 버터요 취미이자 관심 사항이 될 뿐 아니라, 그의 안내자요 상담자요 그의 소득이며 그의 직업이고 그의 생명이자 이 행성에서 그의 유일한 희망이 되리라는 것을 그는 아직 알지 못했다.

한 권의 책, 의회 도서관에 있는 6백만 권 이상의 책들 가운데서 발견한 이 한 권의 책, 이 책은 죄인인 한 남자의 생을 완전히 바꿀 수 있으며, 그를 180도 변화시키고, 마약, 병원치료, 돈, 교육, 친구들, 가족, 상담, 병원의 도움이나 과학의 도움 없이도 전혀 다른 방향으로 그를 가게 할 수 있었다. 여기 책 한 권이 있고, 그 책은 그에게서 흡연, 욕, 음주, 거짓말, 더러운 농담, 자신에 대한 자신감 등을 다 없애버릴 것이다. 이 한 권의 책이 토페카 골목길의 옛 피터 S.를, 뉴올리언즈 프렌치 쿼터의 옛 럭크만을, 보병 훈련소의 옛 럭크만 소위를, 댄스 밴드의 술주정뱅이 "피터 S. 럭크만"을 강연 중 칠판에 그림을 그리며 어린 아이들을 즐겁게 해주고, 그리스도인 오케스트라에서 튜바를 연주하고 독일과 오스트리아와 캐나다와 하와이에서 복음을 설교하게 될 종으로 변화시키게 될 것이다.

『하나님께서 이루어 놓으신 일이 어떠하냐!』(민 23:23)

제12장

그리스도 안에서 아기

밥 존스 시니어는, 처음으로 구원받은 개심자들은 모두 "아기"라고 말하곤 했다. 성장하려면 "젖"이 필요하다(벧전 2:2). 나이가 많이 들어 구원받았을 수록 더 아기이다. 나이 들어 구원받게 되면 너무나 많은 것들을 "고의적으로 잊어"야 한다. 젊은이들은 배운 게 적기 때문에 고의적으로 잊어야 할 것도 적다. 내가 살아 온 속도로 보자면 나는 50세의 평균 남성이 구원받았을 때 고의적으로 잊어야만 하는 것들을 하룻밤 만에 "잊지"는 못할 것이다. 4월, 5월, 6월에 많은 일들이 한꺼번에 연속해서 일어났다. 나에게 이런 일들이 일어나고 있는 동안 공산주의자들이 난징과 상하이를 취했고, 베를린 봉쇄가 끝이 났고, 베트남에서는 바오데이가 분단된 나라를 통치하고자 사이공으로 들어갔다. 중국에서는 홍수로 2만 명의 사람들이 집을 잃었다(1949. 7). 푸에르토 리코에서는 비행기 사고로 54명이 죽었다

(7월 7일). 볼리비아 소요로 150명이 살해되었으나(5월 29일), 나는 볼리비아나 푸에르토 리코에 있지 않았다. 앨라배마 소요빌에 있었다.

먼저 화해를 하려고 했다. 파일 목사가 제니와 나를 만나 성경 구절들을 쭉 훑어 주었다. 우리는 무릎을 꿇고 함께 기도했고 나는 울었다. 제니는 울지 않았다. 그때 아내는 자신이 줄곧 그리스도인이었다고 고백했다(1944-49). 그 말을 증명해 줄 단 하나의 증거도 없이 아내는 자신이 어렸을 때 구원받았다고 주장했다. 나는 그녀의 말을 곧이 곧대로 받아들였다. 다른 방도가 없었다. 나는 신참 그리스도인이었고 그런 문제를 어떻게 다루어야 할지 몰랐다. 미래는 암울했다. 함께 예배에 두 번 참석하기도 전에 그녀는 나에 대해 분노했다. 내가 그날 밤 특송을 했던 찬양대의 한 소녀를 가리키며, 아내가 그녀처럼 노래하면 좋겠다고 말했기 때문이다. 제니는 침착성을 잃었고, 나는 1944-1949년 사이에 내가 그녀에게 가했던 상처를 즉시 알아 봤다. 그녀는 이제 질투를 했고 내가 하는 모든 행동에 어떤 식으로든 의심의 눈초리를 보냈다. 그때 일을 뒤돌아보면 아내만을 탓할 수는 없었다. 제니 베스 메이의 남편보다 더 못된 남편을 가진 여자는 없었을 테니까. 문제는 이제 나는 구원받았고, 성경에 따라 "그리스도 안에" 있는 "새로운 피조물"이 되었다는 것이다.

로사 이모가 텍사스 페인트 워스 출신의 로이 맥칼럼이란 목사를 위해 침례탕에 그림을 그려 달라고 우리를 초대했다. 그림을 그리면서 J. 프랭크 노리스의 성경교사인 로이 켐프가 계시록 강의하는 것을 들을 기회가 있었다. 그는 (아주 형편없는) 만화를 그려가며 설명을 했다. 한 눈에 내가 더 잘할 수 있다고 생각했다. 휴 파일이 나를 부추겼다. 그는 내게 여러 해 동안 선데이스쿨 타임즈에 만화를 그려온 E. J. 페이스가 그린 만화 복사본을 잔뜩 가져다 주었다. 나는 그것들을 공부했다. 그리고 내가 더 잘할 수 있다고 생각했다.

맥칼럼 목사 교회의 침례탕에 그림을 그리려고 무릎을 꿇고 붓과 천 조각들과 물감을 꺼내 그것들을 축복해 달라고 하나님께 기도했을 때, 주께서 조용히 – 항상 조용한 것 같았다 – 말씀하셨다. "필리핀에서 네가 그렸던 그림을 기억하느냐?"

그 그림을 기억하느냐고? 기억한다! 그리스도와 요한이 술에 취한 채 식탁 아래에 발을 삐죽이 내밀고 제자들 몇은 사팔뜨기 눈을 하고 있고, 다른 제자들은 탁자에 쓰러져 있었던 그림... 그렇다, 기억하고 있었다.

"네, 주님, 기억합니다."

"그때 내가 왜 네 손목을 자르지 않았을까?"

나는 이를 악물고 눈을 꽉 감고 (여전히 붓을 꽉 쥐고) 말했다, "아니요, 주님. 왜 제 손목을 잘라 버리지 않았는지 이유를 하나도 모르겠습니다."

나는 긴장하면서 기다렸다. 다음 순간 공중에서 포탄 파편 같은 것이 날아와서 내 손을 잘라버릴 것 같은 생각을 하면서 말이다. 다행히 아무 일도 일어나지 않았다.

10초 쯤 후 그 목소리가 말했다, "좋아, 계속 그림을 그리도록 해." 나는 그렇게 했다. 그 다음 40년간 그렇게 했다. 22개의 침례탕 그림을 그렸고, 책 네 권의 삽화를 그렸으며, 그림을 그려가며 하는 설교 및 강연을 4천 번 이상 했으며, 크리스찬 명예의 전당에 34개의 인물화를 그렸고, 계시록에 넣을 144개의 그림을 그렸다.

로이 캠프가 딕슨 밀즈 시내에서 나와 아내에게 침례를 주었다. 침례가 끝나자 아내는 내가 그녀와 함께 물 속으로 들어가지 않았다고 불평을 했다. 아내의 말대로 나는 그렇게 하지 않았다. 그녀 앞서 물로 들어갔다. 내가 그렇게 한 이유는 아내가 침례를 받을 거라고 생각지 않았기 때문이었다. 내가 경험한 일을 경험하고서 5년이나 침례를 미룬다는 것은 상상조차 할 수 없는 일이었다.

6월에 WEAR에서 했던 일을 정리하고 아내와 딸과 함께 살기 위해 소여빌에 있는 농장으로 되돌아 와서 밥존스 대학에 등록했다. 사우스캐롤라이나 그린빌에 새 캠퍼스를 연 지 얼마 되지 않았다. 농장에서 하루에 80쪽씩 성경을 읽으며, 한 달에 두 번씩 통독을 했다. 성경 통독을 두 번 끝내기 전 내 인생에 대한 하나님의 뜻에 대해 강한 "인상"을 받기 시작했다. 이 문제에서 인도해주던 "목소리들"을 더 이상 분별할 수가 없었다. 하나님의 목소리가 원자 이하의 소리 수준에서 작용하던 뭔가에서 한 권의 책으로 바뀐 것 같았다. 나에게 "무언가로" 여행을 떠나게 했던 바로 그 책. 내가 계속해서 받았던 마음의 부담은 즉시 가서 나의 어머니와 아버지께 복음을 증거해야 한다는 것이었다. 이제 나는 그분들이 구원을 받지 못했고 지옥으로 향하고 있다는 것을 깨달았으며, 성경을 읽을 때마다 부모님에 대한 부담이 더 커졌다. 그것만이 아니다. 하나님께서는 내가 1930년대와 1940년대에 거기서 했던 것들을 상기시키기 시작하셨다. "너의 아버지와 어머니를 공경하라."는 말씀을 볼 때마다 양심의 심한 고통을 느끼곤 했다.

그래서 아버지께서 정착해계신(지금은 은퇴한 대령) 델라웨어 르호보스 해변으로 차를 몰았다. 제니와 그녀의 형제(부바)도 같이 갔다. 하루 낮과 밤과 그 다음날 낮까지 운전을 해서 오후에 르호보스 해변에 이르렀다. 워싱턴 D.C.에서 옛날식 "아니폴리스 여객선"을 이용하는 대신 버지니아에서 새롭게 건설된 커다란 췌사픽 베이 브리지를 가로질렀다. 오크가 19번지에 있는 작은 집까지 차를 운전해 갔다. 그곳의 작은 거실에서 부모님 앞에 무릎을 꿇고 토페카에서 내가 살았던 삶의 방식에 대해 용서를 구했다. 두 분 다 신경이 무척 예민해 계셨고 두 분 다 기꺼이 나를 용서해 주셨다. 그러나 나의 회심에 대해 증거하기 시작하자 두 분 다 갑자기 경직되었다. (물론 내가 했던 "증거"는 부족한 점이 많았다. 정말로 어떻게 증거해야 하는지 잘 몰랐다. 내가 아는 거라고는 어머니와 아버지가 불못을 향해 가고 있으며 그들이 구원받는 걸 보고 싶다는 것뿐이었다. 정말로 회심한 사람이라면 누구라도 아는 것들이었다. 나는 엉엉 울었다가 악을 쓰며 울었다. 정말로 마음의 짐이 컸다.) 그분들은 아무것도 받아들이지 않았다. "저는 아버지가 지옥에 가는 걸 원하지 않아요!"라는 말에 아버지께서 보이신 반응은 "자, 얘야, 너무 심각하게 받아들이지 말아라. 아침에 의사의 진찰을 받아 볼 수 있단다. 도버에 죠니를 진찰하던 훌륭한 정신과 의사가 한 분 있단다."였다. 그분들은 내가 정신이 나갔다고 생각하셨다. 그와 반대로 하나님께서는 내가 태어난 이래 처음으로 건전한 마음을 내게 주셨다.

그분들을 그리스도께로 이겨오려는 2-3일간의 헛된 노력 끝에 앨라배마로 돌아 왔다. 그 삼일 동안 부모님은 르호보스 "옛 생활"에서 내가 흥미를 느낄 수 있을 만한 모든 방법을 다 시도해 보셨다. 내가 해변의 소년이었으며, 구조대원이자 술집 계산대 직원이었던 그곳 옛 생활에 대해 말이다. 그러나 더 이상 아무것도 시도해 볼 수 없었다. 관계가 완전히 깨져 버렸다. 내가 그렇게도 사랑했던 대양에서 나는 수영조차 하지 않았다. "마법"은 사라졌다. 주 예수 그리스도와 안면이 트이면 이 세상에서는 "분쟁 지대"가 일상다반사가 된다.

나는 소요빌로 돌아와 성경 읽기로 되돌아갔다. 하루에 80쪽씩 읽었다. 성경과 함께 제니의 형제 T. 메이가 준 클라렌스 라킨의 〈세대적 진리〉도 읽었다. 설교자로 부르심이 있는지 알아 보기 위해 메이 엄마가 그를 버밍햄에 공부하러 보냈을 때 얻은 책이었다. 한 달에 다섯 번 라킨 책을 읽었다. 그리고 그해 9월, 라디오 아트에서 석사 학위를 받기 위해 밥 존스 대학으로 떠났다. 미 육군에서 4년간 교육비를 지원해 주었다. 그래서 박사 과정까지 등록해서 박사 학위를 받았다.

차도 없었고, 뭔가 해 볼만 한 돈도 없었다. 나는 40피트짜리 합판으로 된 트레일러(중고)를 샀다. 거기에는 화장실도 온수도 냉장고도 없었다. 그 다음 5년 동안 얼음 상자를 넣어두는 구역 옆에서 얼음을 간신히 끌고 와서 등유 스토브 위에 팬을 놓고 물을 데웠다. 이동주택차량용 주차장에 있는 공동 화장실을 썼다. 소득이라고는 일주일에 30달러뿐이었다. 크리스찬 영화를 위한 스토리보드(영화 등의 줄거리를 보여주는 일련의 그림 사진) 작가로 언유주얼 영화사와 일하면서 몇 달러를 벌었다(불쌍하게도 거의 없는 거나 다름 없는 돈이었다). 그리고 새로운 대학 라디오 방송국인 WMUU에서 라디오 아나운서로 일했다. 밥 프래트가 프로그램 감독이었다.

이 영화들에 "새로운 생명"을 불어넣어 주고 있는 동안 에쿠아도르에서 일어난 지진으로 6천명이 사망하고(8월 8일), 아조레스 제도에서 비행기 사고로 48명이 숨졌으며(10월 28일), 과테말라 홍수로 4천명이 더 죽었다(10월 19일). 로마에서는 바티칸이 베드로의 뼈를 찾았다고 주장했으며(10월 7일), 〈바람과 함께 사라지다〉의 저자가 죽었고(8월 16일), 비행기 사고로 11월 달에 149명이 죽었고, 노로닉 호에 승선했던 207명이 불에 타 숨졌다(토론토, 9월 17일). 나는 거기에 포함되지 않았다. 마오쩌둥이 "인민 공화국"이라는 위선적인 말을 하며 중국에 군사 독재를 수립했을 때(스탈린이 한 것처럼) 나는 밥 존스 대학에 있었다.

한국은 침공당할 위기였다. 도쿄에서 내가 "재계약"을 했다면 공산주의자들이 쳐들어왔을 때 나와 나의 아내와 딸은 서울 북쪽에 있었을 것이다. 아내와 딸을 배로 이송하라는 명령(1945년 겨울에 내려진 명령이었다.)은 한국에 있는 군 기지로 가라는 것이었다. 그렇게 나는 전투 현장에서 죽음이 확실한 상황을 두 번이나 피할 수 있었다. 한번은 1944년(제2차 세계대전) 배로 이송되는 것에서 벗어나 보병 재배치 부대를 훈련한 것이었고, 다른 하나는 군복무에 염증을 느끼고 본국으로 돌아오기로 결심했던 1947년이었다. 누군가가 생을 보호하는 듯한 사람들도 있다.

보병 장교의 집에서 자라 1억 명 이상이 폭력적인 죽음을 당한 역사의 기간 동안 자신이 그 역사의 일부였으면서도 죽음을 가까스로 모면한 젊은이는 정말로 운이 좋은 사람이라는 것을 인정해야 한다. 스탈린과 레닌은 합쳐서 5천만 명 이상의 러시아인들을 살해했으며, 마오쩌둥은 최소한 천만 명의 중국인들을 쓸어 버렸다. 제2차 세계대전으로 2천 2백만 명의 목숨이 제거되었다. 한국전과 베트남전을 합하면 또 다른 2백만 명이 멸망했다. 인도, 파키스탄, 쿠바, 니카라과, 산살바도르, 레바논, 키프로스, 이라크와 이란에서 있었던 혁명과 내전으로 또 다른 삼백만 명이 숨졌으며, 조류와 홍수와 지진과 기아와 사고와 대화재로 또 다른 백만 명이 죽었다.

분명한 것은 위에 열거한 사상자보다 내가 더 살아야 할 가치가 있지 않다는 점이다. 나는 그들 9천 9백만 명보다 더 살 가치가 없는 존재였다. 그러나 나는 그곳에 있지 않고 1949년 밥존스 대학에 학생으로 있었다.

나는 이런 것들에 대해 생각해 보았다. 내 삶을 뒤돌아 보고 살펴 보면 (진리와 의와 거룩함의 관점에서) 나는 공포에 질린다. 나 같은 사람이 살아서 40세가 된다는 것은 기적이다. 나는 이 지상에서 30세까지 살 만한 자격도 없다. 나는 이제 28세다. 나의 첫아들이 세상에 태어났다 (1950. 5. 26). 병원에서(그린빌) "창" 바깥 복도를 걸으며 나는 거의 피로 된 땀을 흘릴 지경이었다. 나는 내가 무엇을 받을 만한지 알고 있었고, 하나님께서 "내 행위대로" 보상하실 수도 있다는 생각에(계 2:23) 말로 표현할 수 없는 공포감에 휩싸였다. 내 생애에서 가장 열렬하게 기도했고, 남자 아이가 건강하고 흠 없고 온전하게 태어나자 나는 울부짖음과 동시에 환호하고 있었다. 웬 사치란 말인가! 건강한 남자 아이라니! 참으로 친절하신 기적이라고 할 수 밖에! 성경에 나온 모든 규칙을 어겼던 비참하고 보잘 것 없고 타락하고 불경건한 죄인에게 이런 선물을 주시다니!

내 양심은 여전히 나 자신에게 엄격했다. 나는 혼잣말을 했다, "피터, 너는 구원받았을지 모르지만 네가 하나님께 빚진 것을 하나님께서 반만이라도 요구하신다면 너는 40세까지도 살지 못할 거야." 나는 인생 계획을 아주 단 기간으로 세웠다. 살아서 1970년대를 보리라고는 기대치 않았다. 어린 아이들이 "안녕하세요, 할아버지."라고 부르는 소리를 이 지상에서 들으리라고는 전혀 기대치 않았다.

밥존스 대학에서의 문제는 20세기의 전형적인 "그리스도인들"인 밥존스 대학생들 사이에 내가 내던져졌다는 점이다. 즉 부드럽고 여성적이며 구변 좋고 수동적인 지성인으로, 공격적인 특성이라고는 전혀 없는 사람들 말이다. 우리는 잘 지내지 못했다. 하지만 진짜 문제는 더 깊었다. 하나님께서는 나를 가르치는 일과 설교로 부르셨고, 나는 가르치거나 설교하는 법을 배우기 위해 밥존스 대학에 간 것이 아니라는 점이었다. 나는 새 라디오 방송국에서 방송 일을 도우려 했고 라디오 분야에서 석사 학위를 따고자 했다. 그러나 하나님께서는 내가 라디오 일을 하는 것을 원치 않으셨다. 그분은 내가 강단에 서기를 원하셨다. 하지만 그 당시에는 모든 것이 안개 속에 있었다. 오랫동안 죄에 찌든 한 죄인이 "금단현상"에서 빠져 나온 곳은 여전히 회색 지대였고, 분명하거나 선명한 것은 아무것도 없었다. 게다가 나는 "그리스도인들"에 대해 아는 바가 전혀 없었다. 나는 그들과 살아 본 적이 없었다. 한 "종"으로서 그들을 연구해 본 적이 전혀 없었다.

아내와 나는 끊임없이 다투었다. 내가 그녀에게 성경을 읽어 주면 그녀는 잠자러 가 버리곤 했고 깨어나면 과거에 대해 말하기 시작했다. 아내에게 "잠자는 개를 건드리지 말라."고 여러 번 경고했지만 소용이 없었다. 용서할 수 있다 해도 그녀는 용서할 수 없었다. 내가 과거에 저질렀던 부정 문제가 계속해서 수면으로 떠 올랐다. 사실 매번 논쟁은 아무것도 아닌 것에 대한 것이었다. 제니가 처한 상황에서 문제를 해결할 방법은 아무것도 없었다. 그녀는 나의 첫 아들인 데이비드 패리어를 임신했고, 교통 수단이나 친구도 거의 없는 합판 트레일러에 살면서 최악의 음식을 먹고 있었다. 그녀에게는 살아야 할 목적이 거의 없었다. 우리 사이의 틈은 시간이 지나면서 점점 더 벌어졌다. 나는 그녀에게 말하곤 했다, "그 이야기는 꺼내지 마. 다시 불을 붙이지 말라니까. 당신이 그 불에 탈 거야." 하지만 아내는 계속했다. 그리고 그녀는 이혼 얘기를 몇 차례 꺼냈다.

빌리 그래함이 호머 로데헤버 강당(캠퍼스 내)에서 부흥회를 열기 위해 초대되었을 때 문제가 수면 위로 떠올랐다. 그 당시 밥존스 시니어 박사와 빌리는 여전히 교제하고 있었고, 빌리가 배교하기 전이어서 아직 빌리를 책망하지 않고 있었다. 존 R. 라이스도 마찬가지였다. 그래함이 왔다. 마을에서 온 사람들이 앉을 자리가 부족했기 때문에 학생들에게는 예배에 참석하지 말라는 명령이 떨어졌다. 나는 어찌됐건 그의 설교를 들어야겠다고 결심했고 계단 옆면에 있는 위층 통제실에 숨었다. 나는 빌리의 설교를 들었다. 성령께서 강단을 가득 메우고 계셔서 마치 안개가 낀 것처럼 보였다. 30명이 구원받고 적어도 200명이 다른 결심을 표명하기 위해 앞으로 나왔다. "저게 바로 내가 하고 싶었던 일이야! 그리스도께로 사람들을 이겨오고 싶어. 빌리 그래함처럼 되고 싶다! 복음전파자가 되고 싶다!"는 생각이 나를 휘감았다.

하나님께서는 나에게 조금 다른 것을 원하셨지만, 복음 전파에 대한 열정은 올바른 방향으로 나아가는 첫 발걸음이었다.

초청 시간에 나는 위쪽 조명실에서 무릎을 꿇고 하나님께 울부짖으며 말했다, "주님, 이제 나는 프레트(라디오 방송 관련 동료)와는 잘 지내지 못하고 있습니다. 저는 제가 옳다는 걸 알고 있습니다. 그 사람은 라디오에 대해 아무것도 모릅니다. 그에게는 경험도 없고 우리는 항상 의견이 대립합니다. 제 힘으로 처리할 수가 없습니다. 주님께서 해주세요. 하나님, 저는 제가 옳다는 것을 압니다. 저와 밥 프레트 사이에 심판을 해주시기 바랍니다!"

이 기도는 이런 식으로 기도한 나의 마지막 기도였다. 나는 3일 후 학장실에 불려가 에드워드 학장과 테오도르 머서와 밥존스 주니어를 대면하게 되었다.

밥 존스와의 대면:

"자, 럭크만, 자네 도대체 문제가 뭔가?"

"제 문제가 뭐냐니 그게 무슨 말씀인지요?"

"저기, 자네가 아무하고도 말을 하지 않는다는군. 자네가 여기 온 지 석 달이 됐는데, 그 누구하고도 말을 하지 않는다며."

"아니요, 말을 합니다. 사람들에게 말을 하는데요."

"좋네, 오늘 몇 사람과 말을 했나?"(오후 3시쯤이었다)

"어, 모르겠는데요. 서너 명."

"몇 명이라고? 실제로 몇 명인가?"

"글쎄요. 잘 모르겠는데요. 사람들과 잡담하는 게 익숙하지가 않아서... 대부분의 삶을 경례만 하고 살아서요. 그렇지만 사람들에게 말은 합니다."

"오늘 몇 사람과 말을 주고 받았나?"

"글쎄요, 한... 세 명."

방에서 웃음 소리가 났다. "세 명이라고! 여기서 식당가는 데만도 그보다는 더 많은 사람들에게 말을 걸겠네." 밥존스 주니어가 말했다.

"물론 그러시겠죠. 어쨌든 당신은 이곳 거물이니까 말입니다. 모두들 당신을 알죠. 설립자 아들이니까 모든 사람들이 당신에게 말을 걸겠죠."

그 순간 방의 다른 쪽 끝에서 걸걸한 목소리가 들렸다. 밥 존스 시니어가 대화를 모두 듣고 있었다. 방 뒤쪽 휴대용 스크린 뒤에 서 있었던 것이다. 이제 그가 이쪽으로 걸어 나와서 내게 눈을 고정시키고 말했다, "자네는 맞지 않아."

"제가 맞지 않다니 무슨 말씀이신가요?" 나는 완고하게 물었다. "밥 존스"라고 해서 내게 허세를 부릴 수는 없었다. 자신이 뭐라고 된단 말인가? 밥 존스, 샘 존스, 짐 존스, 빌 존스, 존 존스 등, 내게는 "많은 존스들 중 하나"일 뿐이었다.

"자네는 맞지 않아." 밥존스 대학 설립자가 말했다. "들어오면서 밖에서 자네에게 말을 걸었는데 올려다 보지도 않더군!" (나는 내 아내와 딸과 함께 몇 분 전에 건물 바로 바깥에서 시멘트 벤치에 앉아 있었다.)

"저한테 말씀하진 않으셨는데요." 눈썹하나 깜빡이지 않고 내가 말했다.

"말을 걸었다니까!" 시니어가 소리쳤다.

"걸지 않았습니다." 나도 지지 않았다.

폭발 직전에 밥 존스 주니어가 끼어들어 "아버지, 정말 저 사람에게 말을 거셨나요?"라고 물었다.

"그게... 그의 조그마한 딸에게 말을 걸었지." 시니어는 조금 바꿔서 말을 했다.

"저한테는 말을 걸지 않았습니다." 나는 되풀이해서 말했다.

"그게...!"

주니어가 시니어를 막았다. "됐습니다, 아버지, 제가 처리할 게요."

시니어는 방의 다른 쪽으로 가서 우리에게 등을 돌리고 뒷짐을 지고 혼자 중얼거리기 시작했다. 이 "중얼거림"이 뭔지 나중에야 알았다. 기도하고 있었던 것이다. 그리고 그 순간부터 계속해서 "상황이 급속도로 악화"되기 시작했다(옛날 보병의 표현을 빌자면). 무언가(혹은 누군가) 나를 붙잡고 흔들어 이가 튀어나올 지경이었다. 머서와 에드워드가 말을 하고 있었지만 귀에 들리지 않았다. 밥 존스 주니어도 뭔가 말을 더 했지만 역시 귀에 들어오지 않았다. 별 이유도 없이 나는 코를 훌쩍였다. 그리고 나 자신에게 너무나 화가 나서 발로 나를 차 버리고 싶었다. 완전 바보가 된 기분이었다. 아이스티보다 더 센 음료는 맛본 적도 없는 이런 유약한 애송이들 앞에서 눈물을 보이는 나는 도대체 누구란 말인가? 전문가들에게 괴롭힘을 당해왔던 내가 아닌가? 에디 머피의 말소리를 세인트 프란시스처럼 만들어버릴 어휘를 구사하는 병장들과 소령들, 대령들, 대위들 앞에서 차렷 자세로 서 있었던 내가 아닌가! 그런 내가 여기서 아무 일도 아닌 걸로 갈기갈기 찢겨 산산조각이 나다니! 그게 뭐란 말인가? 그날 나는 절대로 그걸 알지 못했다. 우리는 모두 무릎을 꿇고 기도했고 10분 후 나는 걸어 나와서 아내와 딸을 데리고 트레일러로 돌아갔다.

그 다음 주에 나는 라디오 방송국에서 해고되었다.

나의 라디오 학위가 연기 속으로 사라지는 것을 보고 나는 더 이상 밥 존스 대학에 머물 필요가 없다고 결론 내렸다. 여기를 떠나 다른 곳에서 석사 학위를 따려고 했다. 나갈 준비를 했다. 그런데 집에 돌아오는 길에 재미있는 일이 하나 일어났다. 카톨릭교도였다가 개심한, 젊고 거칠은 글랜 천크라는 사람의 트레일러 옆을 걸어가고 있는 중이었다. 그는 인디애나 출신으로, 제2차 세계대전 때 보병으로 3년간 복무했었다. 그의 트레일러 옆을 지나갈 때 그가 나와서 "자네 피터 럭크만 맞지?"라고 말을 붙였다.

글랜 천크와의 대화: 거리 설교의 시작

"그래, 맞는데." 나는 말했다.

"새로운 그리스도인이지, 그렇지?" "그래, 그런데 어떻게 알았지?"

"간단하지. 자네 얼굴이 킬러 같잖아." 천크가 말했다. 내가 말이 없자 갑자기 그가 "거리에서 설교해 본 적 있나?"라고 물었다.

"아니, 거리에서 설교해 본 적 없는데."

"두려운가?"

나는 발끈했다. "럭크만"이 거리에서 설교하는 걸 두려워한다고? 우습군. "아니, 두렵지 않아."

"좋아, 이번 주말에 거리설교 하러 스파텐버그로 세 명의 다른 친구들과 함께 가는데 와서 해볼 텐가?"

"몇 신데?"

"여기 트레일러에서 12시 30분."

"좋아, 그러지."

나는 그 시간에 나와서 스파텐버그로 가서 거리 설교를 했다. 나는 전도지를 나눠주는 법을 배웠고 처음으로 두 명을 그리스도께로 인도했다. 한 명은 주택가를 걷고 있던 젊은 흑인이었고 다른 한 사람은 삼십 세쯤 되는 백인 트럭 운전 기사로, 자기 차에 앉아 있었다. 나는 처음으로 "소출의 동참자"(딤후 2:6)가 되었다. 그 기분은 내가 뉴욕에서 마닐라까지, 도쿄에서 마이애미까지 온갖 맥주집, 칵테일 라운지, 음식점, 술집, 선술집, 대중 식당, 디스코텍에서 맛보았던 그 무엇과도 비교할 수 없는 그런 맛이었다. 나는 많은 그리스도인들이 "알지 못하는"(요 4:32) "음식"을 집어 들었다. 하루 만에 나는 라디오 과목을 모두 포기하고 밥존스 대학에 머물면서 1학년으로 신학과에 등록하기로 결심했다. "종교"와 연관된 과목은 수강한 적이 없었다. 다만 학부 과정에서 배웠던 다른 과목들, 즉 미적분학, 대수학, 유기화학, 이상심리학, 빅토리아 중기 시, 중세 역사, 물리학, 생물학 등의 과목 학점들을 통해 지원할 수 있었다. 하지만 성경에 대한 것은 1학년 과목부터 해야 했다. 나는 완전히 대학을 다시 다니려 하고 있었던 것이다.

밥 존스 시니어는 뒤에 서서 관심 있게 지켜 봤다. 다른 많은 사람들처럼 그는 내가 분명 낙오할 거라고 생각했다. 해고된 뒤에도 내가 여전히 캠퍼스에 돌아다니는 걸 보고 그는 놀랐고, 몇 번 내게 직접 말을 걸었고 나도 대답해 줬다. 서로에 대한 존중이 자라 갔다.

그러나 구약개론과 신약개론 수업을 들었을 때 더 많은 문제가 나왔다. 수업을 들은 지 1주일도 안돼서 성경 과목 전체에 대한 의심이 들기 시작했던 것이다. 문제는 두 개였다. 먼저 내가 수업에 들어갔을 때 나는 성경을 거의 18번 정도 읽은 뒤였다(라킨의 저서와 함께). 두 번째로 나는 로욜라 출신의 예수회 사제 밑에서 공부를 했었는데, 이제 여기 와서 그 기간 중 일부가 기억나기 시작했다. 아프만(지금은 테네시 템플), 크루첵, 휘트, 페인과 다른 이들의 가르침을 배우는 "종교학부"는 "로마카톨릭"이라고 부르는 어떤 것과 아주 많이 닮아 있었다.

"이레내우스는 말하기를 이는..."

"유세비우스는 우리에게 말하기를..."

"더 나은 번역이라면 이렇게 되어야 하며...."

"RSV에서 더 정확한 본문이 발견되는데..."(1950년대 대학 서점에서 이들은 단순히 ASV가 아니라 RSV 신약을 팔고 있었다.)

"최고의 가장 오래된 사본은 말하기를..."

"가장 권위 있는 학자들 생각에는..."

"여기서는 ASV 본문이 더 정확하며..."

“이 구절에 대한 역사적 입장은...”

다시 경고등이 번쩍이기 시작했다. 로데오 가구 공장에서 나오던 빛인가? 경고 종소리가 들린다. 나는 돌아가서 스코필드 주석 창세기 1장과 창세기 6장의 “하나님의 아들들”을 살펴 보았다. 누군가가 틀렸다. 성경은 태양이 여기 있기 전에 지구가 여기 있었다고 말씀하시며, 창세기 6장의 “하나님의 아들들”이 욥기 38장에 있다고 말씀하신다. 이들은 “셋의 아들들”이 아니었다. 누가 잘못됐는가? 스코필드인가 성경인가? 스코필드 말대로라면 로마서 8:1의 절반이 내 성경에 없어야 하며, 요한복음 3장의 “물”에 대한 참조 구절은 에스겔서의 물 뿌림을 받는 누군가와 관련이 있다는 걸 알았다. 자, 나는 “그리스도 안에서 아기”임에도 그보다는 더 잘 알았다. C.I. 스코필드가 틀렸다. 스코필드, 페팅길, 게베레인과 그의 동료들이 틀릴 수 있다면, 오리겐, 유세비우스, 제롬, 어거스틴은 틀릴 수 없단 말인가? 어느 쪽이 옳은지 어떻게 안단 말인가? 분명하고도 확실하게 나는 사람들의 말들과 하나님의 말씀 사이에서 선택해야 할 입장에 놓여 있었다. 바로 밥존스 대학 교수진들이 나를 이런 입장에 처하게 한 것이다. 나는 성경을 가지고 이 학교에 왔으며, 그 책이 하나님의 말씀임을 믿으며 여기에 왔다. 나에게 말씀하시는 하나님의 말씀을 담고 있는 책으로 믿으면서 말이다. 하지만 이 학교에서 나는 내 믿음에 역행하는 이야기를 듣고 있었다. 혹은 최소한 누군가가 나에게 그 믿음에서 나오라고 말하고 있는 것이다.

나는 이 문제와 씨름했다. 킹제임스성경(AV) 옆에 ASV를 놓고 사도행전 9:5-6, 요한일서 1:7-8, 디모데전서 3:16, 누가복음 2:33, 누가복음 24:50-51, 사도행전 1:3을 살펴봤다. 두 역본이 모두 다 맞을 수는 없었다. 누군가가 하나님의 말씀에서 뺐든지(ASV) 아니면 누군가가 더한(AV) 것이다. 나는 이미 세인트 미카엘 성당에서 얼굴을 맞대고 설리반 신부와 이 문제를 끝낸 바 있다. 성경은 『땅에 있는 사람을 너희 아버지라 부르지 말라.』(마 23:9)고 말씀하셨다. 설리반은 자신을 "아버지"(神父)라고 부르게 했다. 성경은 "한 번의 속죄제를 영원히 드렸다."고 말씀하신다(히 10:12). 하지만 설리반 신부는 이렇게 말했다, "매 일요일 아침 오전 11시마다 속죄제를..." 성경은 "중보자도 한 분"(딤전 2:5)이시며 그분은 남자라고 말씀하셨다. 그러나 설리반은 여러 명의 중보자가 있으며 그중 하나는 여자라고 했다. 그 사제를 꼼짝 못하게 밀어붙였을 때 내가 얻은 해답은 매번 똑같았다. 올바른 해석을 교회에게 의지해야 한다는 것이었다. 나는 구원받은 지 30일도 안 되어 그걸 이해했다. 카톨릭 교회는 내게 두 개의 상충되는 권위를 제시했다(성경과 전통). 이는 제 삼의 권위를 창출해서 이 둘 사이에 중재를 하고 그 차이를 자신들이 결정하기 위한 목적이다. 이로 인해 제 삼의 권위가 최종 권위가 되어 실제로 다른 두 "권위"를 무력화시키는 것이다. 결정적인 순간에 카톨릭 교회가 전능하신 하나님이 되는 것이다. 그들이 하는 말은 농담일 뿐이다. 자신들을 하나님으로 치켜세우기 위한 방편일 뿐이다.

자, 이제 밥존스 대학의 교수진이 말한다. "권위역본은 이렇게 말하지만, ASV는 이렇게 되어 있습니다." 어느 것이 옳은가? "권위역본은 이렇게 되어 있지만,... 가장 오래된 최고의 필사본에는 이 본문이 없다."

그 옛날 에릭 마리 리마크는(〈서부 전선 이상 없다〉에 폴 바우머로 나와서) 이렇게 말하곤 했다, "보병들은 그런 걸 알아 내는 후각이 뛰어나지." 이 말은 진짜와 가짜를 즉시 구별해 낼 수 있다는 뜻이다. 그런 특징을 즉시 이해해야만 살 수 있는 삶이기 때문이었다. 사기꾼, 불교, 육군 장교, 음악가들, 농간 부린 카드 한 벌, 속이는 주사위, 예술가들, 밀주 제조업자들, 경찰들, 살인자들, 부랑자들, 술고래들과 광범위하게 알고 지낸 덕택에 나는 인간들에 관해서라면 날카로운 통찰력을 지니게 되었다. 나는 즉시 상황이 어떻게 되어가고 있는지 알아 봤다. 나에게 두 개의 상반된 권위를 제시함으로써 학자들(학교와 교수진)이 "하나님" 역할을 하고자 하는 것이었다.

나는 42년간 이 문제에 관한 나의 생각을 바꾸지 않았다.

내게 심각한 정신적 문제를 준 건 "도전"이라는 방식이었다. 나는 절대로 행동에는 저항할 수 없었다. 브로켄셔 박사라는 고참자가 준 도전이 없었다면 "종교"학을 듣던 첫 해에 분명 밥존스 대학을 그만뒀을 것이다. 그는 8개 국어를 말하고 읽고 쓸 수 있었다. 그는 유럽에 있는 학교에서 대학원 학위를 받았다. "브록키"는 밥존스 대학의 지성인이었다. 그는 유아세례자이며, 칼빈의 5대 강령을 고수하는 칼빈주의자였다. 모두가 알고 있듯 밥존스 대학은 침례교 학교인 적이 한 번도 없었으며, 지금도 마찬가지다. 그들은 초교파였으며 지금도 그렇다.

어느 날 "브록키"의 수업에서 이 노인이 "부자(Dives)와 나사로의 비유"를 설명하고 있었다(눅 16장). 이 설명은 두 가지 면에서 내 생각과 달랐다. 먼저 나는 이 이야기가 비유가 아니라는 것을 알고 있었고, 두 번째로 성경 어디에서 아무리 눈 씻고 찾아봐도 고어인 "Dives"(부자)를 찾을 수 없었다. "Dives"가 "부자"를 뜻하는 또 다른 언어라는 것을 증명하기 위해 살펴봐도 찾을 수가 없었다. 교수가 질문이 있는지를 물었다.

브록키와의 대면:

나는 그에게 질문을 했다. "박사님, 사실이 아닌데도 왜 자꾸 이 이야기를 비유라고 부르십니까?"

그는 목청을 가다듬고 말했다. "자, 럭크만 씨, 왜 이게 비유가 아니라고 생각하나요?"

"네, 교수님, 예수님께서는 이게 비유라고 말씀하지 않으셨습니다. 예수님께서는 비유를 말씀하실 때면 항상 본문에서 '이 비유를 그들에게 말씀하시기를'이나 '비유로 말씀하시기를'이라고 하십니다. 하지만 누가복음 16:19에는 그런 말씀이 없습니다."

교수는 기침을 하고 책상 위의 종이를 다시 정리했다. (미카엘 성당 사무실에서 설리반 신부가 한 행동과 어쩌면 이렇게 같을 수가 있을까!) "자, 이건 비유예요." 그가 말했다.

"그렇다면 사람들이 지옥에 대한 진리를 왜 '비유'로 부른다고 에스겔이 말하고 있나요?"

교수는 탁자 아래에서 발을 구르며 소리쳤다. "그 말이 무슨 말인가요, 럭크만 씨?"

"네, 교수님, 에스겔이 지옥에 대해 설교할 때 말입니다."라고 말하고 나는 에스겔 20:47-48을 큰 소리로 읽었다. 그리고 "지옥을 믿지 않는 자들이 이렇게 말했습니다."라고 말하고는 에스겔 20:49을 읽었다.

교수는 울화가 치미는 여섯 살 난 아이처럼 탁자 아래서 발로 쿵쿵 소리를 냈다. "럭크만 씨! 럭크만 씨!" 그는 고음으로 소리를 질렀다. "헬라어나 히브리어를 공부한 적이 있나요?"

"아니요, 없습니다."

“좋아요, 그렇다면 자신이 하고 있는 말이 무슨 말인지 알 때까지 조용히 있을 것을 제안하는 바입니다.!”

“네, 알겠습니다, 교수님.”

학생들은 수업 시간 내내 나를 째려보며, 다 알고 있다는 듯 서로 쳐다보면서 미소 짓다가 다시 교과서를 보면서 혼잣말들을 했다, “이런! 저런 인물을 보살펴줘야 하다니!”

다시 한 번 생각해 보자. 럭크만을 돌보는 데는 그보다 훨씬 더한 것들이 필요할 것이다. “세상에서 가장 이상한 대학”에서 봉급을 받으면서, “헬라어와 히브리어”를 안다는 이유로 전능하신 하나님을 거짓말쟁이로 만드는 일을 하는, 성경을 변개시키는 바보들의 “돌봄” 같은 것은 사양한다. 나는 자리에 다시 앉아서 그 교수의 수업을 들었다. 이렇게 혼잣말을 했다, “이런 식으로 눈발이 날리는군, 히브리어와 헬라어를 알아야 거짓을 알아낼 수 있겠지? 자, 히브리어와 헬라어를 듣도록 하지. 뭐가 뭔지 한번 찾아 보자!” 그 자리에서 나는 히브리어와 헬라어를 다 배울 때까지 미 육군에서 지불하는 나머지 학비를 밥존스 대학에 쓰겠다고 마음을 굳혔다. 이런 육신적인 결정은 주로 고집과 악의에서 나왔지만 하나님께서는 그것을 쓰셨다. 나는 “브록키” 밑에서 히브리어를 공부했고, 윌리엄 T. 브루너 박사 밑에서 “누가 잘못됐는지 알 때까지” 헬라어를 배웠다. 그리고 찾았다.

“럭크만을 보살핀다?”

럭크만이 구원받기 전 그를 “돌본다”는 것은 그 이상의 것을 요구했다.

제13장

전투지에서: 마지막 전투

밥존스 대학에서 보냈던 날들은 내 생애 최고의 해들에 속한다고 요약할 수 있다(4년간의 학교 정규 학기와 여름에 들었던 2년간의 속성 학기). 그 기간 동안 한 달에 한 번 정도 성경을 통독했다. 나는 성경에 푹 잠겼다. 당연한 말이지만 나의 "영웅들"도 바뀌었다. 영웅들만 바뀐 게 아니라 친구들도 바뀌었다. 한때 로마카톨릭 이탈리아 출신 "친구들"이 목까지 찼었지만(트레리찌, 치친, 자싸, 알로이스, 버티니 등), 이제 나의 가장 친한 친구들은 프로테스탄트 독일인들이었다(천크, 클링맨, 디에벤도르프, 트림, 바낙, 크레이퍼, 브룬 등). 로마를 거쳐 브래너 고개를 지나 오스트리아를 통과하여 바이에른에 이르는 여행을 하는 것과 같았다.

나는 이제 더 이상 아디 머피, 아트 워머스, 매그 배어, 아티 쇼, 죠 루이스, 프로이트, 클라크 케이블, 딜링거, 베니 굿맨, 보니와 클라이드, 린드버그에 대해서는 전혀 관심이 없었다. 존 웨슬리, 샘 존스, 밥 존스, 마틴 루터, J. 프랭크 노리스, 빌리 선데이, 윌리엄 부스 장군, 빌리 그래함이 새로운 "역할 모델"이 되었다. 예수 그리스도께서 나타나시면 이 세상의 영웅들은 정말로 평범한 것들이 될 것이다. 성령께서 성도의 몸에 거처를 정하시면 워싱턴, 링컨, 나폴레옹, 루즈벨트, 윌슨, 웬델 윌키, 카스트로, 마오쩌둥, 막스, 고르바초프, 프로이트, 레닌, 아인슈타인 같은 인물들을 참된 조명으로 비춰볼 수 있다(롬 1-3장, 고전 1-3장 참조).

그리스도인의 삶은 전혀 무미건조하지 않다는 것이 증명되었다. 오리가 물에 가듯 나는 거리 설교에 나갔다. 탁 트인 야전에서 훈련하는 군대처럼 거기에는 뭔가 도전적인 것이 있었다. 곧 나는 작은 알루미늄 이젤을 가지고 가서 설교하면서 그림을 그렸다. 매주 토요일 아침과 토요일 저녁에 나가 거리 어딘가에서 설교를 했다. 4년간 거리 설교 했던 목록에는 노스 캐롤라이나와 사우스 캐롤라이나, 테네시, 조지아, 앨라배마에 있는 거의 50개의 도시들이 들어 있다.

밥존스 대학 캠퍼스에서 어느 주일 아침 예배 때, 나는 내가 "잘못된 자리"에 있음을 확신했다. 긴 옷을 차려 입은 찬양대, 성직자의 옷깃, 온통 썩어빠진 엉망진창 속에서 바로 로마를 뒤따르고 있었던 것이다. 나는 그곳을 떠나 사우스 캐롤라이나 펠햄에 있는 펠햄 침례교회에 참석했다. 그곳 교회 목사는 헤롤드 사이틀러였다. (그는 밥존스 대학에서 설교하는 것이 금지된 목사로, 학생들도 그의 교회에 가는 게 금지되었다. 다만 밥존스 대학이 1960년쯤 조각나서 학생들을 얻기 위해 침례교회 문을 두드린 이후에는, 초교파를 유지하면서도 그를 초청하곤 했다.)

사실 나는 노스와 사우스 캐롤라이나 산악지대에서 사역의 "젖니를 뺐다.” 주말 모임으로 내가 받은 첫 번째 “봉헌물”은 3달러 30센트였다. 이 돈이 내 생애에서 지금까지 내가 벌었던 어떤 돈보다도 더 자랑스러웠다. 하나님께서 내게 하라고 하신 일을 함으로써 받은 첫 번째 급료이기 때문이다. 1951년 겨울에 첫 차를 샀다. 문이 두 개인 검은색 시보레 쿠페형 자동차였다. 28살 때였다.

그린빌에서 아이 하나가 더 태어났다(둘째 딸, 프리스킬라, 1952. 4. 15). 졸업할 때 작은 알루미늄 트레일러에는 아이가 셋이었다. 처음 2년은 일주일에 30달러로 힘든 생활이었지만 그 이후는 생계를 유지할 표식이 조금씩 보이기 시작했다. 아주 많은 곳에서 설교를 했고 내 이름이 회자됐기 때문이다. 밥존스 대학을 다니던 마지막 1년 반 동안 일 년 내내 매주 일요일마다 어딘가의 교회에서 설교를 했다. 물론 여기에는 여름 기간 모두가 포함된다. 그 당시에는 배교하지 않은 남부감리교회에서 주 복음전도자가 되어 달라는 제안을 받기도 했다. 거리 설교로 온갖 홍보 효과를 얻게 되었고, 나사렛 목사들과 오순절 목사들의 초청도 받았다. 밥존스 대학을 다니던 친구 몇이 감리교와 장로교에서 목회를 하게 되었기 때문에 그곳 교회에서도 설교를 하게 되었다. 1950년 휴 파일은 나를 위한 목사 안수위원회를 열었고, 나는 에스캠비아 베이 협회 내에서 가장 큰 남침례교회에서 남침례교 사역자로 안수를 받았다. 그 당시 휴 파일이 그 협회 “의장”이었다. 남침례교도들은 나를 초대하는데 미적거렸지만 그들을 탓할 수는 없었다. 나는 “은혜 안에서 성장”하고 있었으나 내 설교는 여전히 보병 재배치소에서 소리치는 훈련 교관을 닮아 있었다. 밥존스 주니어는 내가 쓰는 어휘들을 견딜 수 없어 했다. 욕설을 포함하는 어휘는 아니었지만 거리에서 쓰는 저속한 “코이네”였고, 나는 지금도 여전히 그런 어휘를 쓴다.

나는 "현장에서" 성경을 배웠다. 밥존스 대학의 어느 누구도 다른 사람에게 성경을 가르칠 만큼 잘 아는 사람이 없었기 때문이다. 성경을 배우기 위해 밥존스 대학에 간 거라면 새로 개심한 사람이 경험할 수 있는 최고의 실망을 했을 것이다. 초교파이기 때문에 그들이 교리로 가르칠 수 없는 성경적 진리 세 가지가 있었다.

1. 거듭난 성도의 구원은 영원히 보장된다.
2. 물침례는 성도들만을 위한 것이며 그것도 침수에 의한 침례뿐이다.
3. 예수 그리스도께서는 천년왕국 이전에 다시 오실 것이다.

도시 전체에 부흥(샘 존스, 무디, 선데이, 밥존스 주니어)이 한창일 때도 위 교리들을 "근본사항"으로 생각하지 않았기 때문에 밥존스 대학 강령에는 이런 교리들이 전혀 포함되지 않았다. 밥존스 대학은 1970년 이후 "물위에 떠 있기" 위해 침례교도들의 비위를 맞춰야 했지만 1930년에서 1955년에는 그렇지 않았다. 1980년대에는 자기네 학교를 침례교 학교로 불러야할 판이었지만 여전히 "옛 친구들과 동료들"을 잃을까 두려워해서 감히 그러지는 못했다. 1985년에는 더 손을 뻗쳐 〈주의 칼〉(근본주의자들의 신문)을 포용해야 했다. 이 신문은 침례교회들과 침례교 목사들의 침례교 안내서로, 감독교나 감리교나 장로교에서는 얼굴을 내비치지 않는 신문이다.

침례교 지역 교회들에서 부흥 집회를 하는 동안 나는 J. 프랭크 노리스 사람들에게로 뛰어들어 곧 "형세"를 파악했다. 두 종류의 근본주의자들이 있었다. 하나는 "도도하고 건방진 근본주의자들," 다른 하나는 "텍사스 근본주의자들"이다. "도도하고 건방진"에 해당하는 것은 프린스톤, 장로교, 워필드, 메이첸, A.T. 로버트슨, ASV, NASV 무리들이었고, 텍사스 쪽 사람들은 독립 교회를 이루고 전천년주의를 표방하는 J. 프랭크 노리스 쪽 〈킹제임스성경〉 무리들이었다. 나는 울타리 어느 편으로 들어갈 지 재빨리 마음을 정했다. 카우보이 부츠를 몇 개 산 것이다.

이 시기를 회상해 보면 즐거움으로 소리칠 수 있는 날들이었다. 1933-1949년을 회고하는 것과는 참으로 다르다!

겹쳐지는 다양한 장면들:

A. 10마일은 족히 갈 수 있게 확성기 시설이 갖춰진 차를 타고 밤에 고속도로를 달린다. "네 하나님을 만날 준비를 하라," "너희가 생각하지 않은 시간에 인자가 올 것이기 때문이라."

B. 다른 차 앞을 달리며 시간당 55마일 속도로 운전하며 설교한 다음, 휴대용 턴테이블에 옛날식 복음성가 사중창 노래인 찰리 풀러 노래를 틀어 놓고 뒤차에 탄 사람에게 여전히 시간당 55마일 속도로 달리며 초청한다.

C. 버지니아 세인트 산악 지대 설교장에서 눈에 갇혀 꼼짝 못한 일. 눈보라 속에서 체인 없이 빅스토운갭 위로 운전한 일.

D. "복음폭탄"을 제작해서 철도 선로에 투하하기. 그곳에서 작업반이 말 그대로 "백 개씩" 그것들을 주웠다.

E. 이발소와 수영장 홀에서 설교하기. 사람들이 바로 현장에서 구원받는다.

F. 한번은 사람들이 빠져나간 스케이트 링크 위에서 11시 30분에 설교를 했고, 네 사람이 구원을 받았다.

G. 함께 사슬에 묶인 죄수들에게 설교하고 그들이 구원받았다. 작업장, 복숭아 저장소, 주유소에서 설교하기. 한 번은 실외 드라이브인 극장의 영상판 지붕 위에서 설교한 적도 있다.

H. 사람들이 구원을 받았다. 20명, 30명, 40명, 50명, 100명, 200명, 등등.

I. 병원에서의 개인 구령, 시골집을 집집마다 돌며 방문 구령, 주교도소, 연방교도소 안까지 들어가 구령하기(아틀란타와 웨텀프카와 애트모어). 사람들이 구원받았다.

J. 한번은 배편으로 한국으로 갈 준비를 하고 있던 200명의 군인들이 더플 백에 누워있던 철도역 대합실에 판을 세웠다. 그중 40명이 구원받았다.

1950년 6월 25일 북한 공산주의자들이 남한을 침공했다. 육군에서 연락이 왔다. 내게 선택권이 주어졌다. 예비군으로 있으면서 90일 이내에 전시 현역으로 돌아오면 장교직을 유지할 수 있었다. 아니면 제대 후 30일 이내에 이등병으로 징집될 수 있다는 조건으로 군을 나갈 수 있었다

(장교직은 포기하고). 나는 믿음으로 서명을 하고 장교직을 포기하고 나오는 쪽을 택했다. 기적적으로 "긴급 상황"은 30일내로 내가 군으로 되돌아가야 할 만큼 그렇게 악화되지는 않았다.

그동안 유엔은 한국에서 전투에 참여하기로 결정했다. 군사행동을 이끌도록 선택된 "얼간이"는 훌륭한 노장 더글라스 맥아더였다. 1950년 7월과 8월에 미국인들이 해외로 파병되었고 수천 명씩 죽어나갔지만, 9월에 해군이 인천에 상륙해서 서울을 해방시켰다. 그러나 11월 중국 공산주의자들이 참전했고 유엔군을 38선까지 후퇴하도록 밀어붙였다. 38선에서 1951년 겨울을 싸우며 보냈다. 1951년 4월 민간인 해리 S. 트루먼이 맥아더를 해고했다. 문제는 간단했다. 미국이 배짱을 잃어 버린 것이다. 중국과의 전쟁 위험을 감수해서라도 전쟁을 승리로 이끌기보다는 미국은 겁에 질려 공산주의자들과 공존하기로 결정했다. 1951년 11월에 휴전 협정에 서명을 했지만 공군 폭격이 계속되었고 유혈이 낭자한 대실패는 1953년 4월이 되어서야 종결되었다. 수백만의 미군 포로들이 사라져버렸고 다시는 모습을 드러내지 않았다. 미국은 처음으로 전쟁에 졌다. 또 다른 전쟁에 질 것이다.

그러나 이번에 나는 "나의 주님을 위한 전장"에 있었다. 옛 노래 가사처럼, "먼 나라에서 나는 울부짖으며 걸었네, '죄인이여, 주께로 오라.' 나는 나의 주님을 위한 전장에 있네!" 나는 앨라배마 그린스보로에서 의사 한 명을 그리스도께로 인도했다(노만 박사). 그는 수화 사역을 시작했고 밥 해링톤의 구원에 어느 정도 역할을 감당했다(보본 거리의 체프레인). 파나마 시티에서는 변호사 한 명을 주께로 인도했고, 앨라배마 포리에서는 벌목꾼을 주께로 인도했다. 개인 사역으로 24명의 카톨릭교도들을 그리스도께로 인도해 올 참이었으며, 네 명의 캠벨주의자들, 두 명의 제칠일재림교도들, 두 명의 여호와 증인, 감독교회 "평신도 전례 집회자"를 주께로 인도했다. 나는 성경을 "현장"에서 배웠다. 카톨릭 사제들, 콜럼버스 기사단의 평신도들, 왕국회관 책판매원들, 캠벨주의 장로들, 몰몬교의 "사도들," 칼빈의 5대 강령을 주장하는 근본주의 침례교도들과 일대일로 얽히면서 성경을 배웠다. 그들이 나를 "깔아뭉갤 때"면 집으로 돌아와 해답을 찾을 때까지 성경을 뒤적이며, 서로 뒷받침 해주는 구절들을 가진 나만의 "주석 성경"을 만들어서 그런 상황에 다시 부딪혔을 때 문제를 해결할 수 있게 했다. 밥존스 대학의 교수진과 직원들은 나에게 전투 준비를 시켜줄 만한 능력이 절대적으로 없었다. 그들에게는 다른 누군가의 의견에 대해 누군가가 선호하는 것을 선호하는 누구의 의견에 대한 의견밖에 없었다. 공부를 하면 할 수록 나는 더 많이 증거했고, 복음 증거를 많이 하면 할 수록 더 많은 공부를 했고, 이렇게 하면 할 수록 나와 교수진들과 직원들 간의 "의사소통의 틈"도 더 커졌다.

나는 "주니어"와 도대체 잘 지낼 수가 없었다. 우리는 〈아침의 와인〉에서 눈을 마주치지 않았다. 배우를 선정하는 문제, 대본 문제, 다른 모든 문제에서도 눈을 마주치지 않았다. 온갖 "예술가들 시리즈"에 참석하라는 명령을 받았을 때(모든 학생들이 그러는 것처럼), 나는 그에게 진실을 말하고 그 명령을 철회시켰다. 나는 수십 개의 심포니와 오페라를 모니터하고 방송했었고, 대다수의 오페라가 어떤지도 알고 있었다. 즉 간음과 살인이다. 밥존스 주니어는 소위 말하는 "온실 속의 지성인"으로, 트루먼 카포트나 앤디 워홀처럼 일종의 가짜 예술가이다. 그는 미술이나 음악 분야에서 개인적인 경험을 한 적도 없고 인생의 경험도 없다. 그는 훌륭한 배우였지만, 그것이 그의 재능이 지닌 한계였다. 그가 쓴 글은 그저 평범한 수준이었고, 단 하나의 악기도 연주할 수 없었으며, 파리 한 마리도 그릴 수 없었고, 헛간 하나도 페인트칠 할 수 없었다. 그는 세상에 있는 가장 훌륭한 그리스도인 회화들을 완전히 간과했다(1800-1900년대 프로테스탄트, 독일인과 벨기에 북부 플라망 화가들). 그리고는 보웬 박물관을 시시껄렁한 로마카톨릭 색으로 채워 넣었다. 물론 "가치 있기"는 했지만 영적으로는 "최후의 만찬"이나 "모나리자" 정도의 가치 밖에는 없었다. 밥존스 주니어는 내게는 너무나 유약했다. 나는 그의 아버지를 좋아했다. (보병에게는 그런 걸 구분하는 훌륭한 코가 있다). 시니어는 거칠고, 서툴고, 무례하고 공격적이었다. 다른 사람들처럼 그 역시 죄와 결점이 있었지만 그는 직설적으로 말하는 사람이었다. 그는 허리 높이 중앙에 스트라이크를 던졌다. 그는 나의 야구장에 있었지만, 그의 아들은 아니었다. 그 아들도 이것을 알고 있었기 때문에 상황이 좋지 않았다.

이런 것들은 보병에서 배운다. 패튼 같은 사람들에게는 모두 아이젠하워 같은 사람이 있다. 맥아더 같은 사람들에게는 웨스트모랜드 같은 사람이 있다. 트루스캇 같은 사람들에게는 모두 루카스 같은 사람이 있다. 찰리 풀러 같은 사람들에게는 모두 댄 풀러 같은 사람이 있어야 한다. M. R. 디한 같은 사람에게는 모두 리처드 같은 사람이 있어야 한다. 밥존스 시니어에게는 "주니어"가 있어야 했다. 마틴 루터와 멜란히톤이 다시 반복되는 것이 확실하다. 콤즈와 헨더슨은 로링즈와 빅을 대신할 수 없다. 그래함은 빌리 선데이 자리를 채울 수 없으며, 랙키와 로버트슨인 척하는 제닝스와 아프만은 말하기도 너무 우습다.

회상 장면:

해마다 열리는 성경 강연회에 제임스 맥긴레이와 밥 슐러, 호머 로드히버가 직접 손에 트럼본을 들고 2,500명의 사람들을 인도한다. 빅 밥 퍼슨즈(190cm, 130kg)와 함께 조지아 산으로 떠난 여행: 죄인들이 여기저기서 구원받는다. - 200명, 300명, 400명. 부랑자 사역을 통해서 술주정뱅이들이 구원을 받는다(멤피스, 캔자스 시티, 세인트 루이스, 샬레스톤, 잭슨빌, 모바일, 펜사콜라 등). 거리에서 면도칼로 자신의 팔목을 긋는 남자, 38구경 총을 장전해서 전 부인을 죽이러 가는 남자, 내 머리를 잘라버리겠다고 위협하는 남자, 권총으로 나를 날려 버리겠다고 위협하는 남자, 거실에서 무릎을 꿇고 하나님께 구원해 달라고 울부짖는 남자, 교회 예배 중에 "이 얼간이! 너는 미쳤어!"라고 폭풍처럼 소리지르던 남자, 그들이 구원받는다.

도시에서의 위험들, 시골에서의 위험들, 공중에서의 위험들: 비행기 안전 장치가 얼어서 착륙할 수 없었다. 랜딩 기어가 꼼짝도 하지 않아서 내려 오지 못한다. 활주로에서 10피트밖에 남지 않았는데도 아직 그걸 찾지 못한다. 한 차만 겨우 지나갈 수 있는 좁은 다리에서 두 차가 마주보고 시속 50km로 지나가는데 두 대 모두 긁힌 자국 하나 없다.

"여기서 나가! 그런 소린 듣고 싶지 않아!"

"신사 여러분, 죄송하지만 지나가다 우연히 듣게 되었는데, 오늘은 지옥만큼 덥지 않다고 말씀드리고 싶군요. 지옥은 훨씬 더 덥죠!"

"선생님, 실례지만 '저주받을 돈'이라고 말씀하셨나요? 돈이 사람을 저주하는 때는 돈 때문에 예수 그리스도로부터 멀어질 때죠."

"그런 전도지 원하지 않아요! 그런 건 수십 개 읽었어요!"

"럭크만 형제, 빨리 와요. 그가 죽어가고 있어요. 당신과 이야기하고 싶어해요."

"네, 알겠습니다. 목사님, 기도와 허심탄회한 이야기, 항상 그렇죠!"

"목사님께 더 많은 능력을, 그리고 여기 이것 가져가시고 스테이크나 사 드세요!"

사람들이 통로를 뛰어 다니고, 의자에서 뛰어 오르고, 나뭇가지를 흔든다. 찬양대의 노래가 회중의 외침 소리에 잠긴다.

밀주업자들이 예배 내내 교회 지붕에서 위스키 병들과 맥주 깡통을 던진다. 진입로에서 방울뱀이 발견되고, 교회 선풍기에서도 방울뱀이 잡혔다. 쥐가 강단 아래에서 뛰어나와 회중 사이를 통과한다. 그것도 초청 시간에.

500명이 구원받고, 550명이 구원받으며, 600명이 구원받고, 650명이 구원받으며, 700명이 구원받고, 900명이 구원받는다. 20명이 설교자로 부르심을 받고, 30명이 설교자로 부르심을 받으며, 40명이 설교자로 부르심을 받는다.

성경을 쉰다섯 번 통독하면서 여전히 내가 놓친 부분을 찾는다. 네슬어판 헬라어 신약을 한 번에 한 단어씩 번역하면서 본문에 나오는 모든 이상한 것들에 대한 비평기재 내 모든 변이들을 찾아보았다.

뉴저지에서 탄약선이 폭발해 20명이 사망했다(1950. 5. 19). 1950년 6월 비행기 사고로 180명이 죽었다. 캘리포니아에서 B-29가 트레일러 캠프에 떨어져 17명이 죽었다(8월). 8개월도 안 되서 15,000명의 군인들이 한국에서 전사했다. 뉴저지에서 통학 기차가 선로를 이탈해서 84명이 죽었다. 사이공 항구에서의 폭발로 54명이 죽었고(1951. 5), 산살바도르에서 일어난 지진으로 또 다른 100명이 사라졌다. 1951년 말까지 한국에서 4만 명 이상이 죽었다.

나는 살아서 숨 쉬고 있었다. 왜? 나도 모르겠다.

해가 뜨고 졌다. 맥아더는 불가능한데도 십자군을 모아 미국 정부에서 공산주의자들을 내쫓기 시작했다. 그때쯤 뉴스 미디어도 공산주의자였고, 노동 연합도 공산주의자들이었으며, 전국교육협회는 버트란트 럿셀 만큼이나 "붉은색"이었다. 4개의 베트남 부대가 베트남에 있는 프랑스인을 공격했으며, 둘리스와 케네디 가문이 교황과 막 관계를 시작하면서 베트남전을 미국으로 가져오려 하고 있었다. 1951년 5월 12일 수소 폭탄 실험이 있었고, 여론 조사에서는 "평균 미국인"이(여론 조사에 여자들과 어린이들을 포함시킨다면) 연간 1,436달러를 번다고 발표했다.

이 모든 것들이 안개로 뒤덮인 것처럼 내 옆을 지나갔다. 나에게 있어 구령은 무릎 선 정도였고, 성경은 목 깊이까지였고, 나의 세 번째 대학 교육을 시작하는 데는 머리까지 잠겼다. (1950년 가을까지 성경 관련 모든 학부 과정을 마치고 대학원에 진학했다.) 나의 헬라어 교수인 윌리엄 T. 브루너는 나의 헬라어 성적이 너무나 좋아서 3년간의 학부 헬라어 과정을 건너 뛰고 곧바로 대학원 헬라어 문법 공부를 할 것을 추천했고 나는 그렇게 했다.

그 기간 내내 지속적으로 악화된 유일한 것은 나와 제니와의 관계였다. 책을 지키시는 위대하신 분께서 그분의 새로운 가족의 일원으로서 나에게 "봄철"을 주시고 계셨다. 그러나 그분은 기록을 잊지는 않으셨다. 분명 나의 죄들은 피 아래 있었고 더 이상 기억되지 않았지만(히 8:12), 씨는 이미 뿌려졌다. 수확의 때가 오고 있었다. 법을 위반하면 법을 위반한 값을 지불해야 한다. 사람들의 법을 위반해도 그러는데, 하물며 하나님의 법을 위반하면 그 대가를 받아야 한다. 내 사악했던 길(1933-1949)에 대해 내가 궁극적으로 지불해야 할 값을 1951년과 1952년 그때에 알았더라면, 나는 그 자리에서 내 목숨을 취해갔을지도 모르겠다. 그러나 자비하신 하나님께서는 참으셨다. 모든 것에는 "때와 시기"가 있는 법이다(전 3:1). 확신컨대 하나님께서는 가장 사소한 것까지도 잊지 않으셨다.

1. 내 부모님에게서 훔친 돈.

2. 무단으로 침입해서 강도질한 집들.

3. 내 영향으로 부패한 젊은이들.

4. 내 행위와 말로 슬퍼한 성도들.

5. 나를 영웅으로 따랐던 망가진 젊은이들.

6. 내가 속였던 어딘가에 있을(아마도 지옥) 일본인 소녀.

7. 내가 범했던 여자들과 이제는 가정이 사라져 버린 간음한 여인들.

8. 27년 간 축적된 나쁜 습관들, 나쁜 생각들, 나쁜 친구들. 성경은 말씀하셨다, 『어리석은 자들의 친구는 멸망하리라』(잠 13:20). 『말씀을 멸시하는 자는 누구라도 멸망할 것이나...』(잠 13:13). 『반드시 너희의 죄가 너희를 찾아낼 것임을 알라』(민 32:23).

문제는, "죄는 그 사람을 찾았을 때보다 더 쉽게 떠나지 않는다."는 점이다(밥 존스 시니어). 사실 나는 보통 그리스도인보다 더 경험이 많았다. 사실 많은 그리스도인들이 영적 성숙에 도달하기 전에 내가 먼저 도달할 것이었다. 내가 대부분의 그리스도인들보다 구원받은 걸 더 많이 항상 감사할 거라는 것 역시 사실이다. 그러나 나는 값을 지불했다. 결혼 생활에서 나는 여전히 모든 것을 "받고"만 있고, 제니는 모든 것을 "주고" 있었다. 항상 그런 식이었다. 사실 나는 이제 "새로운 피조물"이었지만(고후 5:17), 제니가 결혼한 상대는 술 마시고 욕하는 예술가이자 음악가였다. 그녀는 설교자를 원하지 않았다. 처음부터 원하지 않았었다. 그녀는 끊임없이 "옛 사람"을 "부활"시키려 노력했다. 그리고 마침내 부활시켰을 때는 우리 "배"는 둘 다 밀물에 밀려 들어 왔다. 그녀의 배는 에베소서 4:32과 에베소서 5:24를 불순종하는 곳으로, 내 배는 에베소서 5:25와 전도서 12:1을 불순종하는 곳으로.

하나님께서 얼마나 오래 동안 기억하시는지 여전히 배워야 했다.

나는 아내를 부흥 집회에 데려가곤 했다. 하지만 내가 군중을 살펴보면 나는 즉시 여자들을 쳐다본다는 비난을 받았다. "제단"에서 회심자들을 안내하기 위해 앞으로 나와 회심자와 기도하라는 부탁을 받으면 여자의 드레스를 내려다봤다는 비난을 들었다. 한번은 펜사콜라에서 있었던 부흥 집회에서 제니가 결혼 반지를 내게 우편으로 보냈다. ["돕는 자"(창 2:18)로부터 오는 "축복"이 어떤 건지 상상할 수 있으리라! 사람들이 구원받고 바르게 살려고 하는 그 순간에!) 이런 일들은 계속되었다. 논쟁은 결코 멈추지 않았다. 내가 정말로 우울해졌을 때 - 때로 헌금이 현실적으로 아무것도 아닌 때도 있었고, 모임 내내 아팠던 적도 있었다. - 제니는 밥 존스 시니어 박사에게 가서 개인적으로 그와 대화를 나누었다. 자신이 힘든 짐을 지고 있어서 그런 것이 아니라, 나와 그분간에 "동료애"가 아주아주 가깝다는 것을 감지했기 때문에 그런 것이었다. 우리 둘 사이에 자신을 끼워 넣고 싶었던 것이다.

시간은 계속 흘러갔다.

밥존스 대학에서 지금까지 있었던 일 중에서 가장 위대한 일일지도 모르는 일이 의도된 계획 없이 일어났다. 전혀 중요치 않게 보였기 때문에 아무도 알아채지 못했을 것이다. 그 일이 일어났을 때 나는 분명 눈치 채지 못하고 있었다.

대학원 이후의 전공을 선택할 때가 되었을 때 내 상담 교수는 집배원 출신의 윌리엄 T. 브루너였다. 그는 8년간 루이즈빌 A. T. 로버트슨 박사의 문하생이었다. 브루너는 신약에 나오는 8천개의 어휘를 모두 암기하고 있었을 뿐 아니라 지금까지 기록된 가장 전문적인 헬라어 문법도(로버트슨이 쓴 문법책) 비평할 수 있었다. 나는 전공을 헬라어로 할지 신학으로 할지 자문을 구하러 그에게 갔었다.

브루너 교수와의 대화:

춥고 칙칙한 겨울 오후였다. 파리 마운틴이 올려다 보이는 학생 회관 그의 연구실에서 브루너 교수를 만났다. 그 당시 캠퍼스에 3m 이상 된 나무는 없었다. 연구실엔 브루너와 나뿐이었다. 몇 마디 일상적 대화를 한 후에 그가 말했다, "럭크만 군, 사역에서 뭘 할 생각인가? 설교를 할 생각인가? 가르칠 생각인가?"

"설교를 하고 싶습니다. 빌리 그래함처럼 복음전도자가 되고 싶습니다."

"자, 그렇다면 럭크만 군, 내가 자네라면 헬라어 문법이 아니라 신학을 전공할 걸세."

"그렇지만 교수님, 2년 내내 헬라어에서는 A 학점만 받았는데요."

"그래, 나도 알고 있네. 분명 자네는 헬라어를 잘 할 걸세. 하지만 자네가 생각해봐야 할 다른 게 있네."

"그게 뭡니까?"

여기서 브루너는 나에게 등을 돌리고 창문 쪽으로 걸어 갔다. 그는 자신의 독백을 다 끝마칠 때까지 나를 보기 위해 등을 돌리지 않았다. 나에게 상담을 해 준다기 보다는 자신에게 설교를 하는 듯했다. 이런 식의 독백이었다.

"럭크만 군! 몇 년 전 나는 위대한 헬라어 교사인 루이즈빌의 A. T. 로버트슨 박사의 주문에 빠졌다네. 나는 그 밑에서 8년을 공부했고, 4년은 개인적으로 단독 수업을 받았었네. 헬라어 신약 성경에서 내가 찾을 수 있는 거라고는 문법과 구문론 밖에 없네. 럭크만 군, 나는 사람들을 그리스도께로 인도하려고 노력했다네. 그렇지만 할 수가 없었지. 나는 구령자가 되고 싶었지만 한 명의 혼도 그리스도께 인도한 적이 없네."

(이 말을 듣는 동안 나는 깨달았다. 내가 이 학교에 다니는 동안 그 어떤 교수들에게도 구령 간증을 들어보지 못했다는 것을, 심지어 "설교자반"을 맡고 있는 스텐홀름 학장에게 조차도 말이다.)

"지난주에 나가서 지옥을 믿지 않는 농부에게 복음을 증거했네. 나는 그에게 내 헬라어 신약을 보여주고 원본에서는 그런 장소가 있다는 것을 그에게 입증해 주려 했지. 그런데 럭크만 군, 그가 그냥 나를 보더니 이렇게 말하더군, '선생님, 당신 문제가 뭔지 아세요?' 내가 모른다고 했더니 그 친구가 '너무 많이 아는 게 문제예요.'라고 하더군."

이에 나는 "신학을 전공하겠습니다."라고 말했고, 그렇게 했다.

처음에 석사 학위, 그 다음에 박사 학위를 받기 위한 학업을 끝내는 동안 세상은 평소와 다름없었다. 베트남은 온통 지옥이었고(1952. 10), 국제 연합(UN)의 정신에 따라서 미국은 모든 공립학교에서 기도를 금지시켰다. 대신 "1분 명상" 시간을 줌으로써 이교도들의 인도를 받게 되었다. 국제 연맹(1930)에서는 공식적으로 기도는 했지만 예수 그리스도의 이름은 빼버렸다. 이제 국제 연합(1950)에서는 기도할 때 "하나님"이란 말조차 하지 않는다. 감히 무신론자들, 불가지론자들, 과학자들을 불쾌하게 만들지 못하는 것이다. 이런 가련하고 미혹된 얼간이들은 "땅에는 평화"(눅 2:14)만을 떠들어대며, 그 구절의 앞부분인 "지극히 높은 곳에서는 하나님께 영광"을 제거해 버렸다. 즉시로 45개의 전쟁이 발발했고, 오늘날에도 전쟁은 계속된다(1992).

아이젠하워가 대통령에 당선되었다. 그는 과거(1945) 2만 명의 동유럽인들을 러시아에 넘겨 주어, 강간당하고 고문당하고 투옥되고 살해되게 했던 사람이다. 그리고 옛날 피에 굶주린 살인자 "조 아저씨"(루즈벨트가 스탈린을 일컫던 말)가 "우연히" 뇌졸중에 걸렸다(1953. 3. 5). 베트남인들과 프랑스인들 사이의 전쟁이 가속화되었고, 내가 졸업했을 때(1953) 엘리자베스 2세가 영국 여왕의 왕관을 썼다(6. 2).

나는 전혀 관심이 없었다.

다시 그 목소리:

어느날 밤, 참나무와 소나무 아래, 여자 기숙사 뒤편에서 트레일러 마당으로 오는 길.

"피트, 나를 위해 선교사가 되어 해외로 가라고 하면 어쩔 거니?"(그 "목소리"가 최소한 일시적으로 다시 들렸다.)

"글쎄요, 모르겠는데요. 뭐, 가죠."

"일본으로 되돌아가라고 하면, 갈 거니?"

(저런, 그곳은 엉망이었다!) 잠시 후에 "좋습니다, 그렇게 말씀하신다면..."이라고 말하고 걸음을 계속 걸었다. 그러나 그 목소리가 다시 들렸다.

"혼자 가라고 하면? 갈 거니?"

나는 달빛 속에서 땅에 무릎을 꿇었다, "그렇지만 주님, 제게는 가족이 있습니다. 혼자서는 갈 수 없습니다."

"가라고 하면? 혼자 갈 거니?"

잠시 후에 나는 "좋습니다, 좋아요, 하나님, 가야 한다면, 좋습니다." 나는 무릎을 일으켜 세웠지만, 책을 지키시는 분은 아직 끝나지 않았다.

"거기 가서 설교하라고 했는데 회심자가 전혀 없으면?" "회심자가 없다구요? 저런, 주님, 사람들이 구원받는 걸 봐야 하는데요! 지옥에 갈 건데! 제가 낭비한 시간들을 보세요. 27년이라구요! 열매가 있어야 하지 않을까요?"

"그러나 눈에 보이는 열매를 전혀 주지 않으면? 그때는 어떻게 할 거니?"

10분 후에 나는 눈에서 눈물을 닦고 일어서기 시작했다. 무릎을 펼 수가 없었다.

"피트, 거기서 나를 위해 죽으라고 하면? 나를 위해 죽을 만큼 사랑하니?"

"네, 주님, 그렇지만 빨리 끝내 주세요, 그러실 거죠?" 나는 죽는 온갖 방법을 다 알고 있었고, 그 생각을 하면 육체적으로 거의 통증을 느낄 정도였다. 살아 있는 쥐가 머리를 갉아 먹게 하거나 발꿈치에서 시작해서 위로 올라가게 할 수도 있다. 모래 속에 사람을 묻고 머리 위에 꿀을 바른 다음 군병개미들을 불러 비명을 지르는 동안 개미들이 한쪽 눈구멍으로 들어가서 다른 쪽 눈구멍으로 나오게 할 수도 있다. 게스타포는 눈알을 제거하고 그 안에 살아 있는 바퀴벌레를 넣은 다음에 눈꺼풀을 꿰매서 닫아 버렸다. 러시아인들은...

"오 세상에, 하나님, 빨리 하세요, 빨리요! 하나님을 위해서 제가 죽어야 한다면 빨리 끝내 주세요!"

그걸로 끝났다고 생각했다. 그러나 그렇지 않았다. 나는 아내에게 신실했고, 청구서들을 지불했고, 내 자녀들을 위해 희생했고, 기도하고 십일조를 하고 복음을 증거하고 성경을 암송하고 전도지를 나눠주고, 술도 마시지 않고 담배도 피우지 않고 욕도 하지 않고 "자유주의자들"을 후원하지도 않았기 때문에 내가 헌신했다고 생각했다. 기독교 대학 캠퍼스에 있는 수많은 죄인들도 이런 실수를 하고 있다.

"천천히 시간을 끄는 고통스러운 죽음이라면?"

"하나님, 제가 어떻게 그걸 견딜 수 있을지 모르겠어요. 저는 심한 고통은 참을 수 없습니다. 주님이나 다른 걸 부인할지도 모르구요. 그걸 제가 어떻게 참을 수 있을지 모르겠네요."

"나를 위해서, 나를 위해서 그걸 견뎌 주겠니?"

30분 후에 나는 일어나서 트레일러로 돌아 갔다. 일어났을 때 나는 "거덜"이 났다. 완전히 거덜이 났다. 나는 "다 팔려 버렸다." 그날 이후 "내 주머니에는 10센트 동전"도 없었다.

캘리포니아에서 11명이 지진으로 죽었고(1952. 7. 21), 텍사스 와코에서 비행기 사고로 28명이 더 사망했으며, 남아프리카 킴벌리에서 14명의 저항자들이 살해되었고(11월), 카사블랑카에서 폭동으로 50명이 살해되었다(12월). 대영 제국에서는 폭풍으로 동해안이 황폐화되고 200명이 죽었다(1953. 2). 멕시코 시티에서 카트가 붕괴돼 60명이 죽었다(2. 21). 터키에서는 지진으로 1,000명이 사망하고 또 다른 5만 명이 집을 잃었으며(3월), 일본에서 화산 폭발로 5명이 숨지고(2. 27), 제트 여객기 충돌로 캘커타에서 40명이 더 죽었으며(5. 2), 텍사스의 토네이도로 124명이 숨졌고(5. 12), 뉴잉글랜드에 또 다른 토네이도가 또 다른 92명을 끝장내버렸다.

나는 생존했다. 왜? 모르겠다.

멤피스에서 사람들이 구원을 받았고, 샤로트에서 구원받았으며, 애쉬빌, 바이어슨 시티, 테네시 브리스톨, 조지아 애터풀거스에서 사람들이 구원받았다. 1,000명이 구원받았고, 1,200명이 구원받았으며, 1,400명이 구원받았다. 또 다른 10여 명이 설교자로 부르심을 받았다. 존 로링스 교회에서 한 번에 2,000명에게 설교했으며, 뷰챔빅 교회에서 한 번에 3,000명에게 설교했다. 다른 교회들에서는 40명이 "꽉 들어찬 집"에서 설교했다. 교회가 분열되고, 목사들이 해고되기도 했다. 부흥회 기간에 한 집사는 앞 줄 의자에서 쭉 뻗고 잠을 잤다. 업무회의: 한 회원이 성경으로 다른 회원의 입을 쳤다. 업무회의: 간음하는 피아노 연주자와 오르간 연주자가 "연주"하는 동안 그들의 친척들은 목사를 저주했다. 폭도가(말 그대로) "기분을 상하게" 했다는 이유로 나와 목사를 잡으려고 밖에서 기다리고 있었다. 사랑니를 뺀 후 뼈 수술로 인한 출혈로 강단에 피를 쏟기도 했다. 아시아 독감으로 (집회 기간 동안) 일주일 동안 호텔 침대에 누워있다 매일 밤 강단에 서서 기침을 해대고, 잔기침을 하며 침을 뱉던 일도 있었다. 겨울에 난방을 심하게 한 교회에서 쓰러져, 한 형제가 대표기도를 하는 동안 강단에서 무릎으로 교회 뒤쪽 끝까지 기어간 일도 있었다. 그때 회복될 때까지 눈 속에 누워 있다가 주일학교 교실을 가로질러 되돌아와 기도가 끝날 때 다시 나타났다.

산악 지대 사람들이 환성을 지르며 달렸고, 교회가 꽉 차서 말 그대로 사람들이 "창문에" 있었다. 기도의 제단이 눈물로 가득차서 밀걸레로 밀 수 있을 정도였다. 기도의 제단으로 가는데 다른 사람의 도움을 거절한 채 통로에서 제단까지 기어갔던 성인 남자도 있었다. 어떤 술주정뱅이는 내 옷깃을 잡고 말했다, "저는 작년에 목사님 설교로 여기서 구원받았습니다. 그런데도 술을 끊지는 못했습니다. 그렇지만 목사님 설교만이 내가 지금까지 이해할 수 있는 유일한 설교였다는 걸 알아주셨으면 합니다. 오늘밤 목사님이 설교하는 걸 듣기 위해 여기서 나갈 수 있는 화물 기차를 놓쳤습니다." 모바일과 뉴올리안즈와 아틀란타에서 사람들이 구원받았으며, 잭슨빌과 디트로이트와 신시내티와 펜사콜라에서 사람들이 구원받았다. 윙과 플로랄라와 그린브리어 앤다루시아, 앨라배마 물베리에서는 곳곳을 돌아다니며 설교했고, 랜드럼, 인맨, 타이론, 캐롤라이나 콜롬버스에서는 시골 사람들을 찾아다녔다. "하나님의 은혜가 내 위에 있고, 성경이 내 손에 있도다! 먼 땅에서 나는 울부짖으며 건노라, 죄인이여, 주께로 오라! 나는 주를 위한 전장에 있도다!"

제14장

하나님께서 허락하신 뜻

1949년과 1953년에 내가 알지 못한 어떤 일들이 내게 일어났다. 내가 성경대로 믿는 거리설교자가 되었다는 것을 알았다. 분명한 일이었다. 내가 시작했던 성경은 겉 표지부터 끝 표지까지 모두 하나님의 말씀이며, 근본주의 "크리스찬 학자계"는 또 다른 형태의 로마카톨릭이라는 것을 알았다. 나와 아내는 아무리 많은 자녀를 낳는다 해도 "잘 해나가지" 못할 것임을 알았지만, 성경은『네가 아내에게 매여 있느냐? 그렇다면 놓이기를 구하지 말라.』(고전 7:27)고 말씀하셨다. 그래서 결혼 생활을 계속 해나가는 것 말고 다른 대안이 없었다. 구령이 세상에서 가장 위대한 일이라는 것을 알았고, 여전히 두 번째 "빌리 선데이"나 최소한 "빌리 그래함" 같은 인물이 되고자 하는 열망이 있었다. 그러나 나중에 알게 된 두 가지 일이 일어났다.

1. 나는 남부 사람으로 변해가고 있었다. 나는 남부 액센트를 쓰고 있었다. 쇠고기와 스테이크보다도 닭고기와 생선을 더 좋아하게 되었으며, 고기보다는 야채에 점점 더 눈을 돌리게 되었다. 1942년 앨라배마 대학에 갔을 때 얻지 못했던 남부 "문화"에 대한 식견도 발전하고 있었다. 캐롤라이나 산간 지방에서 설교를 하면 할수록, 남부 도시 거리에서 술주정뱅이들을 다룰수록, 시골교회 "마당에서 저녁식사"를 하고, 앨라배마, 조지아, 미시시피, 테네시 이곳저곳의 그리스도인 가정으로 개인적으로 초대되면서, 느리면서도 확실히 나는 "반항아"로 변해가고 있었다. 나는 튀긴 오크라를 좋아했다. "붉은 눈"이 박힌 그레이비가 곁들여진, 집에서 만든 비스킷을 원했다. 동부콩과 튀긴 녹색 토마토에 후추 소스를 뿌렸다.

그것만이 아니다. 포트 벤닝에서 지냈던 날들 이후로 하나님께서 지으신 자연계가 매년 내게는 더 실제적이 되었다. 미사와키 캠프에서 잠시 지냈던 때와 CMTC에서 보낸 몇 주를 빼면 그때까지 나는 "도시 소년"이었다. 그러나 이제 나는 블루 리지와 그레이트 스모키 산맥을 돌아다니고 있었다. 나무들이 있었다! 나무들이, 특히 겨울에 나무들이 나에게 어떤 힘을 과시하는지... 예술가의 대단한 호사이다. 이른 아침 계곡을 가득 메운 푸른 안개, 특정 계절의 웨건 힐 갭과 그랜드파더 마운틴과 미첼산, 밀주업자들 소굴 깊숙이 들어간 계곡들은 너무나 고요해서 때로 "자신이 생각하는 소리까지" 들을 수 있다. 커다란 자작나무들과 소나무들, 치솟은 느릅나무들과 포플러 나무들이 있었다. 딕시 아래로 더 깊숙이 들어가면 참나무와 목련이 있었다. 루이지애나에서는 케이준 요리에 거머보와 가재 수프를 먹었고, 조지아에서는 돼지고기 바비큐를, 테네시 산간벽지에서는 "어머니들이 만들어 준 감자 요리"를, 앨라배마 블랙벨트에서는 "비스킷"을 물었다. 여행을 하면서 이 세상에서 살 만한 장소를 고를 수 있다면 스모키 산맥 빽빽한 숲의 한 중앙이나 대양 옆 해안가를 고를 것이다. - 지금까지는 그렇게 할 수 없었다. 나무들과 대양, 나머지는 없어도 살 수 있었다.

2. 남부인들이 "분리되었으나 평등한 시설"을 믿는 이유를 알게 되었다. 흑인들 구역에 있으면서 그들을 다루면서 흑인들에 대해 알게 되었다. 한 주는 앨라배마 해일 카운티에서 온통 흑인뿐인 곳에서 40명을 주님께로 인도했다. 나는 흑인 교회에서 설교했고 뭔가를 알아냈다: 흑인들은 백인과 같지 않다는 것을. 전에는 읽지 않았던 미국 남북전쟁과 미국 역사를 공부하는 데 많은 시간을 보냈다. 이제 내가 읽는 대부분의 책들은 존더반, 베이커, 이어드맨 출판사에서 나온 것들이었다. 소설은 전혀 읽지 않았고 이제는 설교를 읽었다. 맥크레돈, 맥킨토쉬, 선데이, 무디, 토레이, 피니, 스펄전, 웨슬리, 휫필드, 맥크레엔, 모건, 샘 존스, 밥 존스, 홀드맨, 릴리, 노리스, 모르드케 햄, 크리소스톰, 루터, E. J. 다니엘, 제시 핸들리, 히맨 애플맨, 버드 로빈슨 등의 설교를. 한 달에 한 번 성경 통독에 더해 하루에 책 한 권을 읽었다. 주석서가 쌓여 갔다. 고고학과 지질학에 대한 책들이 쌓여 갔고, 설교 개요와 설교 예화집이 쌓여 갔다.

3. 그러나 나는 보통의 인간이 되는 법을 아직 배우지 못했다. 내 인생은 (그때까지 이상하고, 기괴하며 비인간적이었음) 우발적이고 자연스럽지 못했으며 여전히 비인간적이었으나, 이제는 전에 전혀 배운 적

이 없는 인간의 천성에 대해 뭔가를 배우기 시작했다. 보병에서 내가 배운 것은 모두 "이치에 맞지 않으면 그 안에 패가 있다."와 "터프 가이는 항상 날카로움을 지닌 사나이다."였다. 여전히 나는 추상 속에서 살았다. 그것은 여전히 영화의 세계였다(예술가에게 다른 무엇이 있을 수 있겠는가?). 이 세계에서 나는 다른 사람의 필요를 진심으로 알지 못했다. 나는 완전히 하나님을 섬기는데 휩싸여 있었다. 나는 마태복음 10:37-39를 지키고 있었지만, 에베소서 5:25나 히브리서 13:3을 지키지 못하고 있었다. 속도가 너무 빨랐다. 그러나 내가 속도를 볼 때는 아무리 빨라도 느리게만 보였다.

진짜 문제는 아내와는 더 이상 전혀 교제가 없었다는 점이었다. 그녀는 집을 지키고, 아이들을 돌봤으며, 몇 끼 식사를 준비했고, 가끔씩 나와 함께 모임에 나갔다. 오고 가는 길에 우리는 다투고 집에 왔다. 한 번은 사역을 그만두지 않으면 나를 떠나겠다고 위협했다. 또 한 번은 사역을 그만두지 않으면 자살하겠다고 위협했다. 나는 그만 둘 생각이 없었다. 평생 군에만 있었고 앞으로 사역할 기간이 10년도 되지 않을 거라고 생각했다. 누군가를 위해 속도를 늦추지 않았다. 나의 동기는 누가복음 9:23-24, 갈라디아서 1:10, 빌립보서 3:14의 관점에서는 성경적이고 적절했지만, 점점 더 많은 시간을 길에서 보내고, 심방하는데 더 많은 시간을 쏟고 "섬기며" 공부하는데 더 많은 시간을 보내는 핑계거리이기도 했다. 아내는 혼자 남겨졌다. 그녀와 함께 시간을 보내려고 하면 상황이 더욱 악화되기만 했다. 한 시간도 안돼서 끔찍스러운 "과거"가 나타나곤 했다.

하나님께서는 "쓰시기에 합당"한 그릇을 얻기 전에 나에게 두 가지를 하셔야 할 것이다. 이 둘 모두 나는 전혀 환영하지 않을 것이다.

1. 나는 인간성을 되찾아야만 할 것이다. 댄스 밴드, 맥주 집, 술집, 병영, 해변, 총검술 훈련장, 뒷골목에서 받은 상흔이 너무나 커서 구원만으로 그 상흔을 치유하지 못했다. 나는 동정심도 없었고, 친절하지 않았으며, 예의 바르지도 공손하지도 않았다. 게다가 그런 미덕을 "타협"으로 보았다. 그리고 나에게 여자란 여전히 유용성 측면만을 가지고 있었다. 그중 최고는 "장미 가시보다 더 날카로웠나."는 점이나.

2. 나는 부르심을 완성해야만 할 것이다. 나는 부르심을 완성하고 있지 않았다. 나는 혼들을 이겨오고 있었다. 맞는 말이다. 내 설교로 젊은이들이 설교자로 부르심을 받고 있었다. 그것도 맞다. 복음 전도 집회에서는 거의 항상 열매가 있었다. "생계"를 위해 설교할 수 있었다. 이제 미 육군 지원 없이 사역만으로도 완전히 생활을 해결할 수 있었다. 그러나 하나님께서는 내가 복음 전도자로 끝나기를 원하지 않으셨다. 그분은 내가 성경 교사이기를 원하셨다.

나는 가르치는 일과 교사들을 멸시했다. 내 비젼에서 보지 못한 부분이 있다면 바로 그것이었다. 나는 22년간 학교 책상 앞에 앉아 있었다(초등 6년, 중등 3년, 고등 3년, 대학 4년, 대학원과 박사 과정 6년), 44세의 나이에 인생의 절반을 학교 책상에서 보냈다. 나는 가르치는 일을 멸시했다. 영화 볼 때를 제외하고 나는 관객이었던 적은 없었다. 그때조차도 거기서 본 것은 무엇이든지 즉시 구체적인 행동으로 옮기려고 했다. 나는 축구 경기나 야구 게임을 보는 것을 즐겨본 적이 없었다. 나는 두 경기 모두 해왔고, 골프나 테니스를 보는 것으로는 아무것도 얻지 못했다. 나는 이 두 스포츠 모두를 했다. 내가 관심을 가지고 본 두 가지 유일한 스포츠는 복싱과 하키였다. 즉 거기서는 움직임이 있었다. 내게 야구를 보는 것은 장기를 두는 것과 같았으며, 그보다 훨씬 더 재미없는 것이었다. 나는 액션을 원했다. 내게 "교사"란 목발을 짚고 서서 사람들에게 "달리는 법"을 가르치는 사람이었다. 1926년부터 1953년까지 나를 가르친 모든 교사들 중 조금이라도 존경심을 가졌던 사람은 4명이 넘지 않는다. 그 중 두 명은 군대 교관이었다. 약 45명 중 4명밖에 없다. 한 명은 페인트 벤닝에서 총검술 교관이었던 브론쿼스트 소령, 한 명은 토페카 고등학교에 "노처녀"였던 모디 비숍이었다. 한 명은 페인트 럭커에서 나의 중대장이었던 맥스 쇼엔닝이었고, 한 명은 보스웰 고등학교 수공예 강사인 미스터 브루스였다. 내 눈에 나머지 교사들은 인생에 실패하고 가르치는 것 외에 아무것도 할 수 없는 구색을 갖춘 약골, 얼간이, 바보, 대실패자들로 보였다. 밥존스 대학에서는 백주 대낮에 10m라도 따라 가고 싶은 교사를 단 한 명도 발견하지 못했다. 하키를 보느니 차라리 하는 편이 더 낫고, 누군가에게 설교를 가르치느니 내가 하는 편이 더 나으며, 구령하는 법을 누군가에게 가르치느니 내가 차라리 하는 편이 더 나으며, 태클 풋볼을 보느니 차라리 터치 풋볼을 하는 것이 더 나았다.

이런 태도이다 보니 나는 앞으로 많은 슬픔이라는 값을 치르게 될 것이다. 나는 두 눈을 뜨고 가르치는 것을 볼 수 없었다.

졸업 시기가 다가왔다. 이제는 나의 아주 친한 친구가 된 밥 존스 시니어가 대학에 남아 가르치는 것에 대해 말을 했다. 나는 그에게 "어림도 없다"고 말했다. 내게는 앞으로 여름 내내 모임이 예약되어 있었고, 겨울에 학교로 가게 될 그 해 매 주일 어딘가 교회에서 설교를 해왔다.

박사 논문을 선택했다: 「사도행전의 관점에서 본 실천 신학의 역사, *A History of Practical Theology in the Light of the Book of Acts*」였다. 당연히 그건 유도미사일이었다. 1949년 이후 내가 배웠던 사람들의 심장을 겨냥한 것이었다. 주제는 간단했다: 잃어버린 혼을 그리스도께로 인도하려고 노력하지 않는 사람은 그 사람의 믿음의 고백이 어떻든 이단이다. "원본이 축자적으로 완전히 영감받았음"을 믿는, 신학적으로 "복음적"이거나 "근본주의자"라고 고백하는 사람이 그 "원본"이 말씀하는 것을 실행하는 데 활발히 참여하지 않는다면 곰 인형만도 못하다. 나의 논문은 폭스바겐과 충돌할 시멘트 트럭처럼 밥존스 대학원 교수진을 강타했다.

먼저, 휘트 박사는 내가 행하는 방식을 보고 6년 동안 했던 학업에 "C"를 주었다. 두 번째로 논문을 검사하기로 되어 있던 브로큰셔 박사는 아파서 학교 병원에 입원했다. (그는 결코 완전히 회복하지 못했고 얼마 후 죽었다). 세 번째로 바튼 페인 박사는 (현재는 사망) 내가 듣고 있던 반 학생들에게 숙제를 내주기 시작했다. 너무 많아서 시험 때가 되자 나를 제외하고 수업을 듣던 학생 중 통과한 사람이 아무도 없었다. 이런 학업성취가 행정부의 귀에 들어가는 것을 두려워한 나머지 페인은 재빨리 "점수를 올려"줌으로써 최소한 학생 중 반이 통과할 수 있게 해 주었다. 그러나 그렇게 함으로써 그는 내 점수를 75와 80에서 100으로 올려 줘야만 했고, 두어 번은 반의 적정한 퍼센티지를 70%까지 맞추기 위해서 내 점수를 105점으로 줘야 했다.

성경강연회, 캔톤 침례교회 (1960-1970)

이 세 사람 모두 5대강령을 고수하는 무천년주의 장로교도들로서, 평생 단 한 사람도 그리스도께 인도한 적이 없는 사람들이었다.

"D-데이"가 다가오자 앞으로의 논문에 대해 페인 박사에게 "상담"을 받아야 했다. 그는 낙제시킬 준비가 되어 있었다.

페인 박사와의 논문 상담:

"알다시피 럭크만 군, 자네 논문에는 충분한 원본 자료가 포함되어 있지 않네. 원본 자료에서 충분히 자료를 인용하지 않았네."

"네, 부분적으로는 맞는 말씀입니다만 논문의 후반부 즉 A.D.1700년부터는 그렇게 했습니다."

"그렇지만 범위를 너무 넓게 잡는 바람에 만족할 만한 성취도를 얻지는 못했네. 내가 보여주지."

그리고 여기서 바톤 페인 박사는 자신의 책장으로 가서 자신의 논문을 꺼냈다. 사우스 캘리포니아 대학에서 그가 썼던 논문이었다. 나는 그것을 살펴보았다. 거기에는 히브리어, 콥틱어, 아람어, 헬라어, 영어, 라틴어, 독일어, 프랑스어 본문이 포함되어 있었다.

내가 물었다, "이 논문의 정확한 목적이 무엇입니까?"

"자, 자네가 본 바와 같이, 시리아어 본문에서처럼 사무엘상이 헬라어 칠십인역이 아니라 히브리어에서 왔을지도 모른다는 것을 증명하는 논문일세."

"그러면, 그걸 증명하면서 교수님은 무엇을 증명하셨습니까?"

"오, 럭크만 군, 논문은 완전한 작품은 아닐세. 더 심화된 연구를 위한 기초를 놓는 거지. 예를 들어 이 논문을 끝낸 후 사무엘하를 취할 수도 있지."

"자, 시리아어로 된 사무엘상하가 칠십인역이 아니라 히브리어에서 왔음을 결론적으로 증명했다고 치면, 그 다음엔 어떻게 되는 거죠?"

"나는... 미안한데 무슨 말인지 이해가 안 가는군?"

"네, 박사님, 이 학교의 창설자에 따르면 밥존스 대학은 두 가지에 관심이 있습니다. 학문적으로 뛰어나는 것뿐만 아니라 실제적인 적용에 관심이 있습니다. 제가 보기에 박사님의 논문은 이 학교의 기준을 충족시키지 못하는 것 같은데요. 박사님 논문에서 실제적인 것은 뭔가요?"

아, 세상에, 그 말이 넝마 조각을 덤불에 묶는 격이 되었다. 이 교수와의 이런 다툼의 결과로 나의 "변호"의 때가 되자 매복이 나를 기다리고 있었다. 그러나 나는 별 관심이 없었다. 나는 "크리스찬 학자들"이 어떤지 알았다. "경건한" 학자들에 대해 더 이상 아무도 나를 속이지 못할 것이다. 그들은 타락한 인문주의자들에 지나지 않는다. 그들의 최종권위는 자신들의 청구서를 지불해 주는 사람이다. 그들은 구령자들도 아니며, 구원받지 않은 사람들에 대한 부담도 없고, 그들 모두는 하나님 대신 사람들을 따르는데 자신들의 삶을 써왔다(혹은 사람들의 저서나 가르침).

논문을 변호할 때가 되자 브록키는 병실로 갔고, 휘트와 페인은 나타나지 않았다. 이로 인해 밥 존스 박사가 즉시 관심을 보였고, 두 교수를 한 번에 한 사람씩 불러 그들을 다그쳤다. 그런 후 교수진에 줄곧 어떤 이들이 있었는지 알게 되었다: 몸에 영적 뼈가 없는 두 명의 유아 세례자이자 오대강령을 붙잡고 있는 무천년주의 칼빈주의자들! (그가 알지 못하는 세 명이 더 있었다). 시니어는 그 둘을 내보냈다. 이로 인해 박사 학위를 받는 것이 늦어졌고, 다음 해까지 받지 못했다.

휘트와 페인을 버린 후 곧바로 밥존스 시니어 박사는 브로큰셔가 학교

프리스킬라, 피트 Jr., 제니, 다이애나, 피터, 마이크, 데이비드 (1960)

피트 Jr., 마이크, 데이비드 (1990)

병원에서 죽은 것을 알게 되었다. 그는 화장실을 가다 죽었다. 교수의 침대로 되돌아와서 밥존스 박사는 "브록키"가 죽기 바로 전에 학생들의 성적표에 점수를 매기고 있었던 것을 알았다. 그가 점수를 매긴 마지막 성적표는 내 것이었고 그 성적표 뒤편에 브록키는 "이 사람은 히브리어를 가르칠 수 있다."라고 기록해 놓았다. 이로 인해 시니어는 나에게 학교에 남아 가르칠 것을 요구하는 압박을 엄청나게 증가시켰다. 그러나 나는 그럴 수가 없었다. 나는 교사가 되고 싶지 않았다. 나는 가르치는 일을 경시했다.

학위를 받는데 1년이 지연되었다. 학위를 받고 북편에 있는 호머 로드히버 강단에서 걸어 나와 보도 아래로 가기 시작했다. 그때 어떤 목소리가 "이봐, 젊은이, 이리 오게나!"라고 했다. 전에 성경 강연회에서 들었던 고음의 쉰 듯한 목소리였다. 에반스빌 구호 선교회 감독인 어니스트 리빌의 목소리였다. 리빌은 프레드 아프만(밥존스 대학원 교수)과 함께 차에 앉아 있었다. 나는 차 쪽으로 갔다. 내가 말을 하기 전에 리빌이 말했다, "무릎 꿇게!" 명령은 명령이었다. 그래서 나는 무릎을 꿇었다. 그는 자동차 창문 밖으로 손을 내밀더니 내 머리에 자기 손을 올리고 처음으로 내게 비공식적인 "안수"를 해주었다. 그는 약 5분 정도 나를 위해 기도해 주었고, 나는 그에게 감사하고 일어나서 이렇게 특별한 "안수"로 내 인생에 임하시는 하나님의 인도하심을 깨닫지 못한채 내 길을 갔다. 바로 그 전에 나는 손에 박사 학위를 쥐고 모자와 가운을 쓰고 성직 임명을 받았다. 이렇게 해서 내 학위 세 개는 모두 교사의 학위로 받았다(학사, 석사, 박사). 종교 학위는 하나도 없었다.

내게 그곳에서 가르칠 것을 추천했던 사람의 이름과, 마지막 유언으로 자신의 설교 개요를 내게 남겼던 사람의 이름을 딴 두 개의 기숙사가 현재 밥존스 대학 캠퍼스에 서 있다는 것은 근본주의의 아이러니 중 하나이다. 브로켄셔는 자신의 키텔(R. Kittel)의 히브리 성경을 유언으로 내게 남겼는데 그 성경을 나는 지금도(1990)도 가지고 있으며, 내게 안수해 줬던 패피 리빌은 죽을 때 자신의 설교개요를 담고 있는 세 권으로 묶여 있는 공책을 내게 보냈는데 그것 역시 아직도 가지고 있다. 밥존스 대학에는 브로켄셔 홀과 리빌 홀이 있나. 밥존스 2세와 3세가 리빌과 브록키의 이름을 이용하는 것은 분명하다. 그러나 2세와 3세는 조금도 그들을 닮지 않았었다(지금도 닮지 않았다).

그후 성령께서는 앨라배마 베이 미네트에서 열렸던 일련의 부흥회에 믿지 못할 정도로 나를 찾아오셨다. 졸업과 동시에 베이 미네트 제일침례교회에서 일주일간 집회를 열었는데, 찰스 G. 피니와 빌리 선데이 때 있었던 일과 비슷한 부흥이 도시 전체에 일어났다. 사람들이 여기저기서 구원을 받았다. 침례교회에서 뿐아니라 장로교회나 감독교회에서까지 구원을 받았다. 변호사들이 바로 서고, 건설 노동자들이 구원받고, 고등학교 학생들이 복도에서 복음을 증거하고, 다섯 명의 젊은이들이 설교자로 부르심을 받았으며, 초청 시간에 너무나 많은 사람들이 앞으로 나오고 있었고, 주일학교 교실이 수용할 수 없을 만큼 넘쳐났고, 사람들이 너무 크게 소리 지르고 울어서 교회 비서는 "카드"를 기록할 수가 없었다. 이렇듯 혼을 쏟는 집회 뒤를 이어서, 그 도시에서 열 사람이 모여 반 에이커의 땅에 만 달러짜리 방 세 개에 화장실이 두 개가 달린 최신식 집을 나에게

사주었다. 내 수입은 아무것도 제하지 않고 한 달에 150달러였다. 40피트 베니어판에서 4년을 산 후 진짜 큰 저택으로 이사했다. 그 부흥회의 열매 중 하나는 딕맨이라는 이름의 남자로, 그는 표지판 사역에 관심이 있어서 미국의 거의 모든 주와 심지어 독일에까지 성경표지판을 세웠다.

이때부터 1959년까지 원하던 대로 나는 "복음전도자"였다. 나는 로스엔젤레스에서 노바 스코티아까지, 키 웨스트에서 시카고까지 설교하면서 나라를 돌아다녔다. 매 여름마다 미시간, 오하이오, 인디애나에 BBF 연합 "청년 캠프"에서 설교했고, 1964년까지 이 집회에서 135명의 젊은이들이 설교자로 부르심을 받았다는 것을 알았다. 앨라배마, 플로리다, 미시시피, 조지아 전역에서 설교했고, 그 후 북쪽으로도 올라가 오하이오, 미시간, 펜실베니아, 인디애나에서 설교를 시작했다. 존 로링즈와 뷰챔빅은 이 초창기에 나에게 문을 열어 준 신사들이었다. 나는 앨라배마 모바일, 오브레이 미첼 교회에서(윌슨가 침례교) 그들을 만났다. 휴 파일 역시 나에게 모임을 추천해 주었다. 존 R. 라이스도 「복음전도자들과 함께」라는 자신의 칼럼에 내 집회의 열매를 소개해 줌으로써 나에게 간단한 호의를 보여 주었다. 그때쯤 하나님께서는 나에게 또 다른 아름답고 건강한 아이를 주셨고(존 마이클, 1956. 9. 3), 새 집의 모든 청구서들은 제때에 지불되었다.

그러나 이때 가정의 문제는 최고조에 달했다. 제니는 새 집을 전혀 돌보지 않았다. 그녀는 내가 사역을 그만 두지 않으면 나를 버리겠다고 위협했다. 논쟁의 수위가 높아졌다. 그녀는 베이 미네트에 있는 나의 친구들을 좋아하지 않았다. 마침내 그 집과 돈 내는 것에 불평을 했고 우리는 그 집을 팔고 도시의 남쪽에 12에이커 땅을 샀다. 거기에는 앞쪽에 짐 월터라는 사람의 집이 있었다. 침실 두 개에 화장실이 하나 있는 집이었다. 나는 계속 여행을 했다. 캔자스, 미시시피, 알칸사스, 켄터키, 델라웨어, 메릴랜드, 오클라호마 등에서 1,000명이 구원받았고, 1,200명, 1,600명, 2,000명, 계속 되는 구원의 역사가 있었다. 1959년까지 나는 성경을 약 65번 읽었다. 네슬어판 헬라어 신약을 마태복음에서 베드로후서까지 모든 구절의 모든 단어 번역을 끝마쳤다. 그러면서 헬라어 본문에서 잘못된 것들을 다섯 가지 찾았다. 같은 기간에 내가 읽었던 영어 본문(KJV)과 비교해서 읽을 때마다 매번 40개 정도를 찾아 냈다. 나는 재빠르게 하나님의 능력과 축복이 "헬라어"에 있지 않다는 것을 알았다. 영어에 있었다. 코이네 헬라어는 죽은 언어이고, 죽은 자들만이 그걸 사용하려 한다.

나는 계속해서 거리와 교회와 감옥과 연방교도소에서 설교했다. 아틀랜타에서 초교파 교회와 집회를 한 적이 있었는데, 당시에는 거기에서 단 두 명만 구원받았다고 생각했다. 그러나 그 모임 직후 교회 전체가 구원받고(약 29명의 성인 회원들) 그리스도를 공개적으로 고백했으며 침례를 다시 받았다는 말을 35년 후에 그 교회 회원으로부터 전해 들었다. 아틀랜타 연방교도소에서는 14명의 죄수들이 그리스도를 공개적으로 고백했다.

제니는 내가 그녀에게 더 많은 관심을 보이지 않으면 자살하겠다고 위협했다. 한번은 손목을 그음으로써 미지근한 자살시도를 했다. 또 한 번은 한밤중에 시속 80km 속도로 고속도로를 여행하는 중에 차 문을 열고 몸을 던지려 했다. 그러나 나는 계속 사역을 했다.

내가 여행하는 동안 프랑스 낙하산 대원들이 디엔비엔 프후에 내렸고 (1953. 11), 공산당 사냥이 맥카시(1954. 2) 지휘로 계속되었다. 그러나

에드워드 R. 머로우가 아이젠하워 대통령의 지지로 라디오에서 그를 없애버렸다. 1954년 5월 17일 연방최고법원은 공립학교 시스템을 완전히 없애 버리기 위한 첫 발을 내디뎠다(1954. 5. 17). 이들은 강제로 연방 차원에서 강요된 인종 혼합을 명령했다. 호치민이 하노이를 차지하자, 25만 명의 베트남 사람들(대부분 로마카톨릭)이 남베트남으로 도망했다(1954. 10. 10). 아인슈타인이 죽었고(1955. 4. 18), 공산주의자들이 바르샤바 협정을 준비했고(1955. 5. 14), 러시아는 최초로 수소 폭탄을 터뜨렸다(1955. 11. 26).

재앙을 불러 오는 연방최고법원의 결정(그것은 각 주들의 권리를 위반함으로써 이루어졌다.)에 뒤이어 앨라배마 주 몽고메리에서 로사 박은 버스 앞좌석에 앉기로 결심을 했다. 그녀의 뒤를 승객들이 이었지만, 이내 백인들은 버스를 타지 않기로 결정했다. 그리고 백인들은 자동차를 샀다. 오서린 루시가 앨라배마 대학에 입학했고(1956. 2), 아이젠하워는 알칸사스 리틀 락에 총검을 가진 군대를 보내서(1957. 9. 25), 주들이 이제는 연방 재산이며 워싱턴 D.C. 소유임(수정 헌법 14조)을 알리려 했다. 아프리카인들의 유입으로 최초의 진짜 흑백 인간이 등장했다: 엘비스 프레슬리(1956. 9). 그는 미국 십대들에게 아프리카 음악, 아프리카 도덕, 아프리카 마약 문화를 가져다 주었다. 그는 술에 더해 다섯 개의 처방약에 의지해 살았다. 그는 미시시피 출신의 오순절 하나님의 교회 "크리스챤"이었다. 선레코드 회사 사장은 그가 "흑인처럼 노래할 수 있는 백인"에 꼭 들어 맞았다고 말했다. 아프리카를 위한 때가 되었다. 미국은 정글을 맞을 준비가 되었다.

적그리스도의 열 개의 연방 왕국을 준비하면서(단 2장), 유럽공동시장이 로마에 세워졌다(1957. 3. 25). 요한 23세가 피오 12세(아돌프 히틀러의 옛 친구)를 대신했고, 바티칸에 첫 번째 공산주의 교황이 되었다. 그는 전형적인 마르크스 이론(사회정의, 억압받는 소수, 부의 불공평한 분배, 자기 결정의 권리, 인권) 주위에 로마의 "신학"을 세우기 시작했다. 이것들은 바오로 6세와 요한 바오로 2세의 사역에서 그 정점에 이르렀다. 이들은 모든 활동에서 공산주의와 협력했으며, 특히 이스라엘과 미국 내 자본주의적 체제에 반대했다. 1959년 스탈린이 배신자임을 안 카스트로가 쿠바를 정복했다. 스탈린은 관식에 있을 때 행했던 방식에 대해 "신문 사상의 혹평" 때문에 흐루시초프에게 비난을 받았다(1956. 6. 5). 1959년 8월 하와이는 미연방의 오십 번째 주가 되었다. 알래스카는 그 이전 1월에 받아들여졌다.

이 시기에 럭크만 가정은 "위기"에 처했다. 1958년 텔레비전 사역이 내게 열렸고, 처음으로 나는 하나님께서 주신 나의 타고난 예술적 능력을 전국적으로 사용할 수 있게 되었다. 나는 미국 내에서 복음을 위한 참된 시각 매체를 유일하게 갖게 되었고, 그림으로 설명하는 성경 강연회를 그림을 그리면서 2천 번 이상 했다. 그러나 이 사역이 열렸을 때 가정의 불화는 거의 폭력의 수준으로까지 치달았다. (구원받기 전 옛날에는 몇 번 제니를 때린 적이 있지만, 그리스도인이 되고 나서는 그런 짓을 다시는 할 수 있을 거라고는 생각지 않았다. 내게는 이상한 일이었다. 내가 술을 마시고 담배를 피우고 욕을 하고 그녀를 학대할 때는 떠나고 싶어 하지 않다가, 이제 내가 올바르게 행동하고 그녀를 학대하지 않으니까 떠나고 싶어 했다.)

성령님을 슬프게 한 우리의 날들에 값을 지불해야 했다. "몸을 피곤케 하는" 데서 나라고 예외는 아니었다. "마음"의 상태는 여전히 반듯했지만 조금씩 이집트를 향해 뒤로 미끄러지고 있었다. 솔로몬이 경고한 "마음이 타락한 자"였다(잠 14:14). 나는 다시 아내를 배반할 찰나에 있었고 "가능성"은 아주 많았다. 나는 36살이었지만 성경과 보낸 시간 덕에 내 용모는 25살 때의 얼굴로 되돌아 갔다. 1948년 때의 모습보다 1958년 때의 모습이 더 젊어 보였다.

1959년 9월 30일 나의 다섯 번째 아이가 태어났다. 마침내 나는 남자 아이들 중 하나를 "주니어"라고 부르는데 동의했다. 이 세상에 "피터 S. 럭크만" 하나면 재림 때까지 이어지기에 충분하다고 생각했었다. 그러나 플로리다 펜사콜라에서 피터 S. 럭크만 주니어가 태어났다. (우리는 펜사콜라까지 병원으로 왔다갔다 운전을 했지만 할 수 있는 일은 많지 않았다. 모임에 갈 비행기를 타기 위해 한 달에 거의 세 번씩 거기까지 운전을 해서 가야만 했다. 모바일에서는 거의 비행기를 이용하지 않았다.) 이 세 번째 사내 아이를 데리고 다니면서 제니는 신경이 훨씬 더 예민해졌고 정서적으로 이전보다 더 화가 나 있었다. 이혼이나 자살을 하겠다는 위협이 계속되었고, 피터 주니어가 태어난 후에도 이런 위협은 계속되었다. 마침내 그녀는 거짓 "마비" 증세를 보였고 걷거나 설 수도 없는 체했다. 그녀를 돌보기 위해서 나는 여섯 개의 모임을 취소하고 베이 미네트로 돌아 갔다. "내가 진심으로 그녀를 사랑한다면 떠나지 못할 것이다, 등등" 이런 생각이었다. 그래서 나는 복음전도 사역을 그만두고, 엄청난 부흥에 뒤이어 내가 회심시킨 사람들이 장례식장에서 시작한 모임을 시작으로 작은 교회의 목사가 되고자 했다. 그들은 건물을 지을 준비도 하지 않았다. 이 목회는 몇 달 간 계속되었다(1960년 8월에서 10월까지).

그동안 카스트로는 자신이 공산주의자가 아니라고 주장한 후에 자신이 공산주의자라고 선언하고 신속히 쿠바에 있는 모든 미국 재산을 국유화시켜 버렸다(8. 7). 로마 올림픽에서 흑인이 메달을 따는 종목에 언론은 열광했고(9월), 남아프리카 폭동을 선동한 덕택에 재빠르게 남아프리카 공산주의자에게(알버트 존 루수리) 노벨 평화상이 수여되었다. 나중에 마틴 루터 킹 주니어에게도 똑같은 업적으로 동일한 상이 수여되었다. 정글로 되돌아가기 운동에 발맞춰 영국 진화론자인 루이스 B. 리키는 아담과 이브가 흑인이었다고 주장했다. 그는 가장 오래된 인류의 조상은 아프리카인들이었다고 주장했다(1961. 2. 24). 미국의 첫 번째 로마카톨릭 대통령이 관직에 올라(1960. 11), 베트남에서 전쟁을 가속화시키고 쿠바를 공격하려했을 뿐 아니라(피그 만), "비밀리에" 법안을 통과시켜 모든 철도, 공항, 탑승 항구, 개인 재산, 가계 물건, 은행 계좌를 몰수할 권리를 자신에게 부여했고, 더 나아가 가정들을 거주지에서 내몰아 어디론가 내쫓아 버릴 권리를 자신에게 부여하고자 했다. 이 "긴급상황" 법률은 아직도 책들에 의거하고 있다. 로마카톨릭은 독재자 콤플렉스를 가지고 있다: 카톨릭신앙은 기독교를 표방하는 파시즘의 형태이다. 카스트로, 배티스트, 샌디노, 샌디니스타, 노레이가, 트루데, 무솔리니, 히틀러, 알렌드, 트루질로, 페론은 모두 같은 교회 회원들이었다: 나폴레옹과 샤를마뉴를 낳은 그 교회(로마카톨릭).

1961년 4월 26일 케네디와 CIA는 피그 만을 "침공"했고 거의 천 명의 미국계 쿠바인들의 생명을 멸망시켰다. 그들 모두는 살해되거나 잡혔지만 소수는 작은 보트를 타고 떠다녔다. 마지막 순간에 충직한 "교회의 아들"이 자신이 속한 교회 회원들을 배와 비행기로 후원해줄 것을 거부해서 그들은 살해되었다.

좀 더 많은 일들이 일어났다. 베를린 장벽이 세워졌고(1961. 8), 옛날 럭크만이 가장 좋아했던 작가들 중 하나였던 헤밍웨이가 자신의 머리를 날려 버렸다(7. 2). 그는 키 웨스트 "슬로피 조"에서 동성연애자들과 어울려 다녔었다. 그리고 제니가 자신의 복음전도자 남편을 버릴 준비를 하고 있을 때, 로마카톨릭 대통령인 케네디는 베트남에 있는 그의 조언자들을 7,000에서 16,000으로 올렸고, 실제적인 목적을 위해 북베트남에 전쟁을 선포했다. 아무도 눈살을 찌푸리지 않았다. 이때 언론은 미국인들의 마음을 통제했고, 케네디는 미국 언론에 "신"이 되었다.

제니는 휠체어를 타고 있는 동안 몇 가지 계획을 세웠다. 이번에는 모든 것이 아주 상세하게 계획되었다. 그녀는 남편을 버리고 다섯 명의 아이를 모두 그녀가 데려가고 이런 저런 식으로 나의 파멸을 보장해 줄 흔적을 뒤에 남길 계획을 짰다.

1. 그녀는 정기적으로 의사의 진찰을 받고 있었다. 그래서 나를 떠날 때 의사에게 전화를 해서 구타당했다고 말했다. 이를 입증하려면 타박상 몇 개를 보여줘야만 할 것이다. 그래서 그녀는 폭력적인 논쟁을 계속하게 했다. 논쟁 중 나는 그녀의 팔을 움켜잡았고(때리지는 않고), 탁자와 싱크대로 그녀를 밀쳤다(때리지는 않았다). 그녀는 이때 난 멍을 의사에게 보여 주었다. 그녀의 피부는 세 번째 아기를 낳은 이후로 항상 극도로 예민한 상태여서 만지기만 해도 자국이 남았다.

2. 그런 다음 "장거리전화"로 내 부모님께 연락을 취해서 내가 "죠니"

형처럼 변해가고 있다고 그들에게 경고했다. 내가 미쳐 날뛰는 "종교적 광신자"가 되었고 정신과 의사의 상담이 필요하다는 것이었다.

3. 나를 그리스도께로 인도한 사람에게 연락을 해서(휴 파일) 내가 그녀와 우리 아이들의 생명을 위협했다고 말했다.

4. 이런 계획을 세우고 어느 날 아침 차를 훔쳐 다섯 아이를 데리고 그녀는 "도망쳐 버렸다." 농장의 "엄마"에게로 되돌아갔다. – 앨라배마, 해일 카운티. 그리고 짐 월터 집에 있는 나에게는 아무런 교통 수단도 남겨두지 않았다.

소요빌로 거는 모든 전화가 연결이 되지 않았고, 우편물은 모두 되돌아왔다.

나는 빈 집에 돌아와 다음의 경건한 글이 써진 메모를 문에서 발견했다, "모든 것을 하나님께로." 나는 수년 전 이미 그렇게 했다. 그러나 제니는 나를 절대로 하나님께 드리지 않았다. 이번에는 억지로 드렸지만 "자의적인 유기"의 형태를 취했고 하나님의 뜻에 복종한 것은 아니었다.

이제 암울한 시기가 왔다. 그녀의 남자 형제와 합의해서 제니는 차를 그로브 힐에 되가져다 놓았고 거기서 내가 차를 가져 왔다. 이렇게 해서 중고차 한 대와 텅 빈 집, "치프"라는 이름의 110 파운드 독일 셰퍼드 한 마리와 "더취스"라는 이름의 90파운드의 또 다른 독일 셰퍼드가 나에게 남았다.

그녀가 떠난 지 이틀 후 존 로링즈가 내게 전화를 해서 1년 전에 내가 그와 했던 복음 전도 임무를 완성해 줄 지 물었고, 나는 "못한다"고 대답했다. 이유를 알고 싶어 해서, 아내가 아파서 갈 수 없다고 말했다.

그가 말했다, "자네 아내는 자네를 버렸네, 그렇지 않은가?" (나는 그때 나쁜 소식이 얼마나 빨리 퍼지는지 알았다. 형제들은 모두 줄곧 서로서로 철저하게 조심했다. 분명한 건 내가 존 R. 라이스와 밥 존스 주니어가 생각한 것보다 더 쟁점이 되었다는 것이다.)

나는 여전히 반대하며 말했다, "이봐, 형제, 이런 식으로 이 난장판을 계속 이어갈 순 없네. 나는 빠지겠네."

로링즈가 말했다, "하나님께서 자네를 설교하도록 부르셨나?"

"맞네." 내가 대답했다.

"하나님께서 자네 아내를 설교하도록 부르셨나?"

"아닐세."

"그렇다면, 아내가 그만뒀다고 자네가 그만둘 순 없지, 안 그런가?"

그가 이겼지만 나는 여전히 그만 둘 계획이었다. 그와 집회를 하고, 멤피스에 예정된 다른 집회를 하고 나서, 그 다음에는 "발을 빼겠다."고 그에게 말했다.

외로운 날들이 이어졌다. 다섯 명의 아이들이 끊임없이 놀아대던 빈 집에 매일 들어오는 것이 어떤 것인지 모를 것이다. 제니가 그립지는 않았지만 아이들은 그리웠다. 곧 있으면 크리스마스였다. 내 부모님은 나를 병원에 입원시키려고 하셨고, 같이 사역했던 친구들은 나에 대한 믿음을 잃었으며, 모임들이 취소되었고 나에게는 개밖에는 데리고 뭔가를 할 대상이 없었지만 개들을 데리고 뭘 해야 할지 몰랐다.

그러나 시간과 조류는 아무도 기다려 주지 않는다. 청구서들은 여전히 날아 들어 왔다: 자동차세, 집세, 관리비 등. 사람에게는 소득이 있어야 한다. 내가 생계를 위해 뭘 할 수 있을까? 자, 나는 정말 아무것도 할 수 없었다. 나는 39살이었는데 사냥을 해 본 적도 없었고 서너 번

낚시 여행을 간 게 전부였다. 목수나 벽돌공으로 일해 본 적도 없었으며, 용접을 하거나 벽돌을 쌓을 줄도 몰랐다. 제니가 재정 문제는 모두 다 처리했기 때문에 나는 수표를 발행해 본 적도 없었다. 장부 정리나 가게 정리도 할 줄 몰랐다. 디스크 자키나 구조원, 댄스 밴드 드러머 말고는 어디 가서 직업을 가져 본 적도 없었다. 이런 모든 직업들은 제외되었다. 뭔가를 해낼 만큼 숙달된 전기공도 아니었으며, 건설현장 일도 경험이 없었다.

트럭은 운전할 수 있었다. 바로 그거였다! 트럭을 운전해서 청구서 비용을 낼 만한 돈을 벌 수 있을 거다. 나는 모바일 구호 선교회에 있는 나의 훌륭한 친구인 크라이드 레이놀드에게 전화를 해서 내 상황을 말했다. 사역에서 트럭 운전을 내게 시키고 일주일에 50달러를 지불해 줄까? 물론 그렇게 해 줄 것이다.

"이리 오면 내일 일하게 해 줄께." 그가 그렇게 말해서 나는 모바일로 갔다.

회상 장면:

"나 왔네. 트럭은 어디 있나?"

"어, 골목 바깥에 있네. 한 시간 동안은 운전할 일이 없을 걸세."

"스핀도 살펴 보고 기어와 운전대도 손에 익어야겠지."

"그럴 필요 없네, 피트."

"아니, 왜?"

"트럭을 다룰 줄 아는 사람은 항상 넘쳐나네."

"일자리를 주기로 한 것으로 아는데."

"말했지. 자네에게 맞는 일이 있네. 그 일을 해 주면 일주일에 50달러를 주지."

"좋아, 뭔데?"

"저기, 피터, 일주일에 두 번씩 성경 공부를 위해 모이는 십여 명 정도 되는 그리스도인들이 있는데, 한 번에 두 시간씩. 자네가 성경을 가르쳐 줬으면 하네."

'메시지'를 받는데 정말로 느린 사람들이 있다는 것은 때때로 참으로 놀랍다. 그때까진 아직 메시지를 받지 못했지만 그 일을 받아들였다. 그 모임은 약 8주 동안 계속되었다.

그동안 내 친구들은 (내게는 진정한 친구들이 몇 남아 있었다.) 제니와 나 사이에 어느 정도 대화가 가능하게 하고자 할 수 있는 온갖 일을 다 시도해 보았다. 앨라배마 엘버타 출신인 나의 독일계 친구가 와서 나와 오랫동안 이야기를 나누었다. 그들은 특히 내가 집회에 가고 없을 때 몇 년 간 제니를 눈여겨 보았다. 그녀가 없어진 게 나에게는 운이 좋은 일이라는 게 그들의 의견이었다. 다른 친구들은 밥 존스 시니어에게 연락을 해서 그에게 "중재"를 부탁했다. 그러나 그의 답장을 받고 앞으로의 전망을 살펴 본 후, 나에게 밥존스에게 가지 말라고 충고했다. 그의 답신의 요지는 어떠한 희생을 치르더라도 학교를 "스캔들"에서 보호하리라는 것이었다. 나의 친구들은 학교보다 나와 제니에게 더 관심이 많았다. 마침내 그들의 중재로 제니는 편지로 내가 정신과 상담을 받으면 되돌아올 것이라고 말했다. 나의 부모님이 나를 병원에 입원시키는데 사용할 내 정신과 진료 기록이 필요하다는 생각에서 나는 정신과에 세 번 갔다(하나는 조지아 페인트 벤닝에 있는 곳, 미시건 홀랜드에 하나, 앨라배마 투스카루사에 있는 곳 하나). 그러나 세 군데 모두에서 나는 이상이 없었다. 그 다음에 제니는 내가 교회를 단념하고 복음전도 사역으로 되돌아오면 돌아오겠다고 말했다. 그렇게 했지만 그녀는 돌아오지 않았다. 마지막 제안은, 물론 말도 안 되는 것이었지만 정관 수술을 받으면 돌아오겠다는 것이었다. 나는 1962년에 그렇게 했다. 하지만 그녀는 돌아오지 않았다. 돌아올 생각이 없는 것이었다. 친구들은 내가 바로잡기 위해 이 모든 일들을 해야 한다고 생각했다. 그래서 모두 다 했다. 그러나 네 번째 타협안이 도착하자 나는 절대적으로 그에 반대했다.

1962년 겨울은 회심한 후 내 생애 최악의 겨울이었다. 작은 모임과 적은 소득으로 독일 셰퍼트를 없애야 했다. 빈 집에 비행기 탈 일도 거의 없었다. 나를 비행기에 데려다 주거나 태우러 오는 사람도 없었다. 나는 차와 작은 트레일러를 가지고 갔다 12월, 1월, 2월은 모임을 하는 동안 눈과 얼음 속에 있는 트레일러에서 잠을 잤고, 봄에는 빈 집으로 되돌아왔다. 몇 번 진지하게 생명을 취해갈 생각도 했다. 한 번은 총을 꺼내 장전하고 "쏘는 몸짓"을 해보기까지 했다. 그러나 바로 눈앞에 총구멍을 갖다 댔을 때 총구멍이 어찌나 크게 보이던지 놀라웠다!

계속 나는 여행을 했다. 미시건의 잭슨과 뉴 버팔로, 메릴랜드의 해거스타운, 오하이오의 해밀톤, 레바논, 프랭클린, 콜럼버스, 캔톤, 신시내티, 클리브랜드, 캔자스의 캔자스 시티, 미주리, 오하이오의 미들타운과 데이톤, 펜실베니아의 버틀러와 알퀴파와 앰브리지, 알라바마의 폴리와 엘버타와 세이트우드, 테네시의 리들리와 다이어스버그와 코빙턴, 루이스빌의 거스리와 톡스빌과 루이스빌, 켄터키의 보울링 그린 등지에서 설교를 했다. 1962년까지 애틀랜타, 사바나, 메이콘, 아테네, 발도스타, 아타풀구스, 섬머빌, 오거스타, 웨이크로스, 조지아, 랜드럼, 인맨, 드래블러스 레스트, 스파르탄버그, 콜롬비아, 그린빌, 섬너, 팀몬스빌, 달링톤, 그리어, 파운튼 인, 로렌스, 우드러프, 피킨즈, 크렘슨, 리버티, 사우스 캐롤나이나에 더해서, 개스토니아, 콘코드, 체리빌, 모르간타운, 캐나폴리스, 핸더슨빌, 하이 포인트, 잭슨빌, 페이에트빌, 샤로트, 노스 캐롤라이나 그린스보로까지 다녔다. 여자들과 남자들이 구원을 받았다. 사람들이 구원받고 침례받았으며 침례교회에 합류했다.

봄에 재판할 때가 되자(그 당시에는 합의를 하지 않으면 이혼 사건을 재판했다.) 사역을 그만 둘 결심을 했다. 밥존스 대학과 앨라배마 대학과 캔자스 주립 대학에서 온 성적증명서를 기록하고 "교사"로서 세상 교육으로 되돌아갈 준비를 했다. 그런데 이때 나를 그리스도께로 인도했던 휴 파일 목사가 담임했던 교회인 펜사콜라 브렌트 침례교회에서 갑작스런 부르심이 있었다. 돌프스 프라이스(테네시 템플 대학원생)라는 그곳 목사가 사임을 하고 몇 마일 떨어진 곳에 다른 일을 시작하는 바람에 그곳이 엉망인 상태였다. 브렌트 교회는 지금은 파산한 크리스찬 학교를 시작했다. 빚이 삼십 만 달러가 넘었고 적절하게 등록되지 않은 채권 프로그램이 있는데다, 회중을 피폐화시킨 분열을 겪은 후 갚아야 할 채권이 이십만 달러나 됐다. 하룻밤 새에 천 명이 넘던 회원이 이백 명이 되었다. 열 명의 집사들이 이 잔해를 수습하고 있었으며, 매달 그들이 교회에 보여준 "청구서"는 16인치 종이에 행간 여백 없이 타이프를 친 다섯 쪽의 청구서들로 가득했다. 피아노 조율 기사와 꽃집에서 온 청구서에서부터 지붕 수리 회사와 사무실 집기에 이르는 온갖 청구서들이 있었다. 목사를 구할 때까지 그들을 위한 필요를 "공급"해 달라고 내게 부탁한 무리가 바로 이런 무리였다. 그들이 목사를 구하는 즉시 내가 사임하는 조건으로 나는 그 제의를 받아들였다. 나는 교육계로 들어갈 계획이었다. 내 작은 트레일러를 펜사콜라로 옮겨 와서 교회 주차장에 주차시키고 그곳과 베이 미네트 사이를 왔다 갔다 했다. 재판이 "진행 중"이었기 때문이다. 교회에서는 내게 일주일에 45달러를 주었다.

나의 이런 "공급"은 1년 반 동안 지속되었고, 그 교회를 담임하라는 부르심으로 종결되었다. 내가 구원받았던 그 교회를 말이나.

1962년에 재판이 이루어졌다. 그때 존 그렌이 지구 궤도를 돌았다(2. 26). 케네디는 미 육군에게 베트남에서의 영구적인 전쟁을 맡겼다(2. 28). 그리고 언론은 "재키"를 여신으로 등극시켰다. 그녀는 백악관의 "여왕"으로 불리면서 표준적인 로마카톨릭 파시스트 입장을 강화시켰다. 이렇게 케네디는 "왕"이 되었다. 재키는 즉시 인도의 공산주의자인 간디와 연계(3. 12)함으로써, 그 "써클"(마틴 루터 킹, 간디, 교황, 케네디가 사람들)이 깨지지 않게 했다. 재판이 끝날 때 우리의 카톨릭 대통령께서는 미국 군대를 태국에 보냈다(5. 29).

재판(두 회기) 결과는 다음과 같았다.

1. 제니에게는 어찌 됐건 이혼의 근거가 없으며 자신의 남편을 그냥 버린 것이다.

2. 앨라배마 법에 따르면 여자나 남자가 배우자를 버리고 1년 내로 화해하지 않으면 버림받은 당사자에게 자동적으로 이혼이 성립된다.

3. 아이들은 여름에는 내가 겨울에는 그녀가 나누어서 돌보게 되었다.

일주일 간의 "크리스마스 특권"은 내게 주어졌다. 우리는 둘 다 베이 미네트까지 운전해 와서 아이들을 "차에 태우고 운반"했다. 위자료 같은 건 없었고 아이들에 대한 "양육비"만 있었다: 한 달에 이백 오십 달러.

제니는 맏딸인 다이애나를 재판에 이용해서 자신의 주장을 입증시키려 했지만 역효과만 났고 증언에 "공모협의"가 있는 것으로 드러남으로써 그녀가 낸 소송 모두가 수포로 돌아갔다. 자신의 아버지(메이 아빠)를 통해 앨라배마 몽고메리에 정치적 접촉을 해서 이 사건을 앨라배마 최고 법원까지 가지고 갔지만 별 소용은 없었다. "재판부의 결정"은 이전과 동일했다.

판사 앞에서 우리는 둘 다 같은 질문을 받았다: "결혼을 파탄으로 이끈 데 대해 자신에게도 책임이 있음을 받아들이겠습니까?" 나는 "그녀가 내게 해대는 모든 비난을 받아들이겠다고."고 했고, 제니는 "절대로 받아들이지 않겠다."고 했다.

이것이 내가 구원받지 않은 날들에 했던 결혼의 끝이었다.

다음 해 여름 나는 아이들을 차에 싣고 캘리포니아로 데려 왔다. 내가 어린 아이들을 돌보기에는 "적절한 아버지"가 아니라는 복지부의 비난에도 불구하고 나는 네 아이 모두를(다이애나는 엄마와 같이 집에 있었다.) 한 여름에 에어컨 시설이 되어 있지 않은 차에 태우고 4천 마일 이상을 데리고 와서, 텍사스 엘 파소, 뉴멕시코 덴닝, 캘리포니아 니들, 그랜드 캐년, 세쿼이아 국립 공원에 있는 삼나무 숲을 가로지르며 그들에게 "아버지 노릇"을 했다. 줄곧 창밖으로 일회용 기저귀를 던지고, 다 닳은 브레이크 수리를 하고, 폭발한 라디에이터를 처리하고, 차에서 서로에게 물을 끼얹으며, 부흥회에 가면서 변비와 설사를 처리하면서 온갖 일을 다

했다. 아이들과 함께 돌아왔을 때 아이들은 모두 신체가 탄탄했다. "복지국"은 입을 다물었어야 했다.

캘리포니아에 있는 동안 로스엔젤레스 북쪽 레이크 흄에서 설교했는데, 어느 날 밤 식탁 앞으로 설교자들과 그 아내들이 가득 찼다. 나는 온갖 질문을 다 받았다. 성경에 나오는 어떤 질문보다 자기 의에 찬 바리새인들의 흥미를 끌 것 같은 그런 질문들이었다. "폭풍 전야"의 소강 상태가 식탁 전체에 내려 앉았을 때, 이런 신공 상태에서 내 맞은편에 앉은 설교자 한 명이 갑자기 이렇게 물었다, "이혼한 설교자가 사역을 할 자격이 있다고 생각하십니까?"

나는 삼십 쌍의 눈과 귀가 같은 채널로 돌려졌다는 것을 감지했다. 나는 재빨리 느헤미야가 했던 것처럼 기도를 하늘로 올려 보내고(느 2:4) 물었다, "뭐라고요?" (이렇게 해서 주님께서 답변을 주실 시간을 버는 것이다. 나는 종종 "성경 강연회"에서 특히 어려운 질문을 받을 때면 이런 전략을 사용했다.)

"이혼한 사역자가 사역을 할 자격이 있다고 생각하는지 물었습니다."

"글쎄요, 이런 식으로 생각해 봅시다. 당신과 아내에게 문제가 있어서 잘 지내지 못한다고 생각해봅시다."

꽝! 목표물 조준. 정확한 발사! 그의 아내가 그 옆에 앉아 있었는데 갑자기 홍당무처럼 벌게졌다. 그는 신경질적으로 자리를 고쳐 앉고(브로켄셔와 설리반 신부가 다시 떠오른다), 헛기침을 했다.

"그러다가 어느 날 아내가 갑자기 그만두고 당신을 떠난다고 해봅시다. 아내가 그만두었다고 당신도 사역을 그만둘 건가요?"

"글쎄요, 정확히 뭘 할지 모르겠는데요."

"그렇다면, 하나님께서 당신을 설교자로 부르셨나요?"

"네, 확실히 그러셨죠."

"하나님께서 당신의 아내를 설교하라고 부르셨나요?"

"아니요."

"그렇다면 아내가 그만두었다고 어떻게 당신이 그만둘 수 있나요?"

"그런 식으로 생각해 본 적은 한 번도 없습니다." 마침내 그가 솔직하게 말했다. "그렇다면 생각해 보세요. 소금 좀 건네 주시겠습니까?"라고 나는 말했다.

1962년과 1988년은 하나님의 자녀로서 내 생애에서 두 번 다시 절대로 살고 싶지 않은 2년이었다. 두 경우 모두 말로만 그리스도인이라고 고백하는 여자가 나를 떠나고 사역을 버렸다. 두 경우 모두 여자에게는 떠날 만한 성경적 근거가 없었다. 두 경우 모두 내 대적들은 내가 "끝났다"고 생각했다. 두 경우 모두 끝까지 나와 함께한 친구들이 있었다. 여자들은 둘 다 겨울에 떠났다. 둘 다 결혼 기간은 16년이었다. 둘 다 전국적으로 텔레비전 사역을 시작했을 때 떠났다. 1990년에 회고해 보면 이 사건들은 너무나 비슷해서 한 가지 결론에 이를 수밖에 없다. 즉 사람은 뿌린 대로 거둔다는 것이다. 1961년 내 가족이 헤어졌을 때 나는 불입금을 모두 치렀다고 생각했었다. 그러나 다 치러진 것이 아니었다. 16년 동안 나는 "받는 자"였고 제니는 "주는 자"였다. 사실 개심한 이후로 내가 제니에게 신실했다는 것도 사실이고, 그녀의 물질적인 필요를 모두 채워주었다는 것도 사실이고(이 주일에 두 번 가사도우미, 매 2년마다 새 차 등),

그녀의 영적 필요도 채워주려고 애썼다는 것도 사실이었다. 물론 헛된 일이었지만 말이다. 상처가 너무 깊었다. 상흔이 너무도 오래갔다. 결혼생활에서 여자들이 자신의 남편에게서 기대할 수 있는 그런 것들, 사소한 애정 섞인 말이나 찬사나 특별한 선물이나 개인적인 친밀감 같은 것이 없었다. 결혼의 시작이 잘못되었었다. 그 결혼은 올바르지 못하게 끝나야 했다. 그리고 그렇게 끝났다. 여러 해 후(11년간의 "은혜의 시대"가 지나고) 하나님께서는 제니의 입장이 되어보는 것이 어떤 것인지 볼 수 있는 기회를 나에게 주실 것이다. 배우자가 받기만 하고 아무것도 주지 않는 결혼한 그리스도인의 입장을 말이다. 1961년으로 되돌아가면 나는 16년간이라는 또 다른 결혼 생활을 할 운명이었다. 이 결혼에서 나는 온갖 생일과 기념일들을 기억하고, 적절한 시기에 적절한 방식으로 마음에서 우러나오는 사소한 것들을 기억해서 말하고, 선물과 데이트에 수천 달러를 쏟아 부었고, 젊은 한 여자를 교회에서뿐만 아니라 내 집에서 여왕으로 모셨다. 그에 대한 대가로 1988년 8월에 플로리다의 "불화합" 공지를 받았다.

책을 지키시는 분의 기억력은 오래갔다.

나는 이제 내 인생에서 너무나 느슨하고 편안해서 성경적으로 "타락한 상태"라고 묘사할 만한 그런 시기에 접어들었다. 나는 여름에 내 아이들을 모두 얻었고, 3년도 채 안돼서 맏딸인 다이애나(어머니가 재판에서 이용하고자 했던 딸)가 내게로 와서 자신의 죄들을 자백하고 피트와 마이클을 내게 영원히 넘겨줬다. 제니는 결국 아파트에서 음식도 아이들을 돌봐줄 맏이도 없는 상황을 맞았다. 1968년에 나는 내 아이들을 모두 되찾았고 피트와 마이크를 펜사콜라에 있는 브렌트 초등학교에 보냈다. 그동안 브렌트 교회는 두 명의 목사(조지아 출신의 쉬한과 텍사스 출신의 피트 맥과이어)를 불러들였으나, 둘 다 청구서들을 보고는 뒷걸음질쳤다. 나는 거기 있으면서 주일학교 놀이방이었던 작고 하얀 집에서 살게 되었다(존스 스트릿 25번가). 브렌트 교회는 학교 건물을 알린과 베키 호튼에게 팔고 엄청난 빚을 느리지만 확실히 꾸준히 갚아 나갔다. 나는 그들에게 교회가 적자를 벗어날 때까지만 담임을 하겠다고 했고 내 약속을 지켰다. 헤닝거, 로링즈, 밥 그레이, 빅은 내게서 뒷걸음질치지 않았다. 퓰렌즈나 모드리쉬(로체스터)도 그러지 않았다. 나는 매 여름마다 차타쿠아에 있는 규모가 큰 청년캠프에서 설교를 했고, 이제 내 소득으로도 내가 모임을 갖는 곳을 다시 후원할 수 있었다. 2년 동안 나는 교회로부터 주당 45달러를 받아 근근이 살아갔으며 주마다 모바일과 파나마 시티(혹은 포트 월튼 비치)로 운전을 하고 가서 소규모 성경 공부반을 가르쳤다. 이런 여분의 섬김으로 주당 40달러를 또 받았다. 1962년에는 금요일과 토요일 밤에 교회 뒷편 "식당과 강당 겸용 홀"에서 성경공부반을 시작해서 주당 40달러를 벌었다. 상황이 좋아지고 있었는데, 모두 성경공부를 통해서였다.

나는 가르치는 일을 멸시했었다.

1962년 6월 25일, 최고법원은(공립학교를 파괴한 후에) 더 이상 기도가 필요치 않다는 결론을 내리고, 매일 성경을 읽고 기도하는 것으로 시작했었던 학교 체제(1700-1900)에서 기도를 불법화시켰다. 기도가 없어지자 아프리카인들이 들어왔다. 연방법원 명령으로 소총과 총검으로 보호를 받으며 첫 번째 흑인이 들어왔다(1962. 9. 30). 그동안 조지 월레이스(1963. 4. 25)가 강제적인 인종 혼합에 반대해 처음으로 공개적으로 대중적인 보수적 입장을 취했다. 카톨릭 대통령 케네디는 무장 세력을 앨라배마 버밍햄에 보낸 다음 베를린 장벽에 모습을 드러내서 "신"의 역할을 하며 독일인들에게 자신이 베를린 사람이라고 말했다("Ich bin ein Berliner"). 그 말은 대담한 거짓말이었을 뿐 아니라 지금까지 정치인이 한 가장 위선적인 정치적 속임수이다. 두 종류의 베를린 사람이 있다. 그는 자신이 어느 쪽인지 말하지 않았다.

제2차 세계대전 끝에 아이젠하워가 했던 일을 한 것 때문에 유대인들은 아돌프 아이히만을 교수형에 처했다(1962. 5. 31). 마릴린 먼로는 자신과 케네디 형제들(바비와 잭)간에 무슨 일이 있는지 언론에 말해주겠다고 넌지시 알린 후에 아주 의심스러운 자살을 했다. 루즈벨트 부인이 죽었고(1962. 11. 10). 제2차 바티칸 공의회가 트렌트 공회 이후 최고의 허튼 소리를 발표하기 위해 열렸다(10. 11). 요한 23세는 케네디가, 뉴스위크지, 타임지, CBS, NBC, ABC의 지지를 업고 카톨릭 교회가 전혀 변한 것이 없는데도 이제는 변했다고 세상에 알렸다. 교황은 여전히 그리스도인이라고 고백하는 모든 이들의 수장이었으며(침례교도, 감리교도, 감독교도를 포함해서), 죄에 대한 용서는 오직 사제 서품을 받은 로마카톨릭 사제를 통해서만 이루어졌고, 트렌트 고백에 나온 모든 조항들은 여전히 사제들과 수녀들과 주교들과 대주교들과 교황 자신까지 단결시키고 있었다. 이 고백은 트렌트 공회(1546-1564)에서 프로테스탄트, 유대인, 모슬렘, 불교도들에게 가한 125개의 저주를 인정한다. 그것들은 여전히 구속력이 있고 효력이 있다. "미사"를 집전할 때 이제는 토착어로도 할 수 있다는 선언으로 이 피에 물든 신조가 교묘하게 숨겨져 있다. 그 옛날 피에 굶주린 살인자들은 여전히 피에 굶주린 살인자들이지만 이제 그들에게는

"좋은 언론"이 있다.

요한 23세는 1963년 6월에 죽고, 그 뒤를 급진적인 공산주의자인 바오로 6세가 이었다. 그는 중앙 아메리카와 남아메리카의 사제들에게 "자본주의 제국주의"에 항거하는 혁명에 참여할 것을 촉구하는 것으로 공회를 마무리했다. 1963년 6월 13일 케네디의 두 명의 카톨릭 친구들인 베트남 대통령과 베트남의 비밀경찰 수장은 불교에 대한 로마카톨릭의 옹졸함에 항거해 불교 승려들이 사이공에서 분신자살을 하는 것을 알고 공포에 질렸다. 사이공의 카톨릭 대주교는 베트남공화국 대통령인 디엠의 또 다른 형제였다.

공산주의자 교황이 자리에 오른 후 미국의 가장 위대한 음행하는 공산주의자(마이클 루터 킹 주니어)에게 "꿈이 하나 있었다." 그의 꿈은 주민들이 혼혈인 회색 미국이었다(1963. 8. 28). 이것은 쿠바와 러시아를 포함해서 지금까지 통과된 가장 위대한 공산주의자 입법을 알리는 서문이었다. 1964 공민권법은 미국 내 공립학교와 개인 사업을 파괴하고 결국에는 교회와 가정들을 보건교육후생부가 책임 맡게 했다. 종교적 자유주의자인 "킹"(말로는 침례교도라고 함)은 FBI에 따르면 상습적인 음행자이자 미국 내 "가장 악명 높은 거짓말쟁이"였다. 인생 기록을 조사할 수도 심지어 볼 수조차 없는 미국인의 유일한 "영웅"이 바로 그다. 몇 년 후 애버내시라는 사람이 개인적으로 FBI 기록을 직접 본 것을 증거하자 뉴스미디어(케네디 형제들처럼 그를 신으로 만들어주었던)는 전국적인 단체들의 지지를 등에 업고 애버내시가 거짓말쟁이며 정신병자라고 주장했다. 그러나 여전히 킹의 기록을 본 사람은 아무도 없다.

그때 나는 이런 문제들에 관심이 없었다. 나는 (최소한 일시적으로) 행복하게 살 수 있는 기회를 얻었다. 집사들이 교회를 운영하고 있어서 나에게는 거의 책임이 없었다. 아이들은 겨울에 떠났기 때문에(처음 2년), 내게는 시간이 많았다. 나는 글을 쓰기 시작했다. 그 전에 쓴 책으로는 두 권의 소책자뿐이었다: 〈짐승의 표〉와 〈성경바벨탑〉. 마을에 있던 그리스도인 여인(미세스 루드)이 처음으로 출판사를 세워 책을 출간했지만 계속해서 출판할 수 없어서 플로리다 팔라트카에 있는 그리스도인들에게 이 책들을 맡겼다. 나는 이제 앉아서 〈하나님의 나라와 천국〉, 〈로마카톨릭식 성경해석〉을 집필했다. 기계식의 움직이지 않는 언더우드 타이프라이터로 이 책들을 기록했고, 그 중 세 권은 "배리타이퍼"라는 휴대용 라이노타이프로 내가 직접 인쇄하기도 했다.

그리고 이제 처음으로 사냥과 낚시에 정말로 익숙하게 되었다. 성장기에는 이런 경험이 전혀 없었다. 이제는 거기에 몰두하게 되었다: 야생 칠면조 사냥, 사슴 사냥, 메추라기 떼 사냥, 22구경 총으로 다람쥐를 겨냥해 쏘기(삼 년에 74 마리), 비둘기 사냥 등등. 1960년까지 내가 총으로 겨냥한 것이라고는 사람이나 사람 모양의 것이었다.

그 다음으로 낚시를 갔다. 정말 낚시는 멋지다! 미시시피 투페로 출신의 빌 샤프라는 직업 어부가 집에서 만든 "사슴 꼬리로 만든 제물낚시"를 사용해 놓어 낚시법을 가르치며 "나를 훈련"시켰다. 연못이나 시냇물에서, 수소전기 댐에서(사디스, 그레나다, 픽윅, 짐 우드러프 등) 나에게 낚시하는 법을 보여주었다. 나는 곧 덴쇼와 모바일 리버에서 제물낚시를 하고 있었다. 그 다음에는 상류 낚시, 얕은 물에서 사는 물고기 낚시, 깊은 곳에 사는 물고기 낚시, "노란 꼬리 셀리," "수초가 없는 바늘"에 돼지껍

데기, 집에서 만든 "베이비 달튼 스피너즈," 최고의 모험은 빗자루 손잡이로 집에서 만든 상류에서 쓰는 플러그를 가지고 플로리다 백사장에서 몇 시간째 식용 게르치 무리를 낚시하는 것이다.

노블 보예트라는 베테랑 어부(미 육군 참전용사이기도 한데 제2차 세계대전 유럽작전무대에서 부상당했다.)가 나에게 숭어 잡이 그물 던지는 법을 보여주었다. 그렇게 해서 늪처럼 된 강의 내포와 만들, 작은 만, 운하, 대양을 헤집고 걸으면서 바깥 별빛 속에서, 달빛 속에서, 어두운 밤에 바깥에서 멋진 시간들을 보냈다: 숭어, 수컷연어, 반점 물고기, 민어, 전갱이, 나비고기, 놀래기, 때로는 새우까지. 아! 인생이 이런 거였군! 베트남에서 만 명이 죽고, 카이로, 하이티, 시리아, 사이공에서 일어난 소요로 수백 명이 죽고 부상당하고 있는데 나는 여기 플로리다에서 여름 별들 아래서 그물로 나의 아침 식사를 끌어올리고 있다! 잡은 지 12시간 내에 튀긴 신선한 숭어 만한 것은 세상 그 어디에도 없다. 검은 후추와 마늘 소금이 들어간 옥수수 가루, 테이블에 붉돔이나 참치를 올려놓으면 연회가 따로 없다!

6월 17일 미합중국의 소련 공산주의식 최고법원은 스탈린과 레닌이 러시아에서 했던 일을 했다: 미국 내 모든 교실에서 성경을 금지시킨 것이다. 그 일이 있고 누군가(오늘까지 누구인지 아무도 모른다.) 케네디의 머리통을 날려버렸다(11. 22). 암살범으로 알려진 오스왈드는 잭 루비에게 즉시 살해되었고, 잭 루비 역시 곧 죽었다. 로마카톨릭 디엠(베트남) 역시 우연히 "죽었다." CIA는 그에게서 발을 빼버렸다.

"하나님을 사랑하는 자들에게는 모든 일이 합력하여 선을 이룬다"(롬

8:28). 1961년은 내가 "인간화"되는 시작이었고, 1962년에는 (말 그대로) 새로운 인생이 시작되었다. 분명 나는 "새로운 피조물"로 그리스도 안에 영적 생명을 가졌지만 인간적인 관점에서 보자면 아직 육신의 삶을 처음부터 제대로 시작조차 하지 않은 것이었다. 제니는 옛 삶에서 "유임된 존재"였다. 싸움과 불화를 최소화시키기 위해 나는 성경과 사역에 몰두했지만(1949-1961), 그렇게 함으로써 내 인격에서 이미 잘못된 상태에 있던 두 가지 것을 더욱 악화시켰다.

1. 나는 전보다 더 "책을 좋아하는 사람"이 되었다. 그리스도께서 나를 만나셨을 때도 내가 책벌레였다는 것을 하나님은 아신다.

2. "복음전도자"로서 나는 항상 세상의 이목이 집중되는 위치에 있었다. 그렇게 나는 설교를 듣는 사람들의 삶을 "솔질"만 해주었다. 즉 그들 삶에 개입하지 않았다. 나는 여전히 "멀리 떨어져서" 그리스도인 사역을 보고 있었다. 이제 그 사역이 내게 와서 나를 삼켜버렸다. 나는 이제 "목사"가 되었다. 이 "직무"에 자격이 되지 않는데도 나는 목사였다. 목사직을 맡았다. (게다가 이 도시에서 33년 이상 목회를 했고 펜사콜라 시에서 "원로 목사"의 위치에 있다.)

1962년부터 1964년까지 나는 플로리다 텔러헤시, 조지아 타코아, 테니시 챤타누가, 퍼나디나 비치, 잭슨빌, 탬파, 세인트 피트, 레이크 시티, 파나마 시티, 펜사콜라, 캔톤멘트, 세인트 오거스틴, 플로리다 올란도, 오클라호마 다코마, 알칸사스 벤톤과 브라이세스빌, 존슨 시티, 엘리자베스톤, 테네시 브리스톨, 콜럼버스, 트리온, 노스 케롤라이나 윈스톤 살렘, 앨라배마 웸프카와 모바일에서 설교를 했다. 이 전에는 이미 가드센, 그로브 힐, 린덴, 데모폴리스, 그린스보로, 셀마, 몽고메리, 프로라라, 윙, 안달루

그림 설교 - 49년 동안의 전형적인 사역

시아, 로버츠데일, 앨라배마 버밍햄에서 설교를 했었다.

브렌트에서는 모든 사람을 직접 다루어야 했다. 나의 친구들은 헌신했고, 나의 적들은 악의에 찼다. 말하자면 "군대 계급에서 아래"에 있었다. 다시 한번 나는 "사병"으로 "중대 수준"에 근무했다.

컵에 남은 찌꺼기를 마시는 것 같을 때마다 하나님께서 다시 채워주곤 하셨다. 아니면 줄어들지 않게 계속해서 채워주고 계셨든지. 어느 쪽인지는 모르겠다. 1964년부터 회고하면서 놀라운 걸 발견했다. 그것은 엄청난 속도로 인생을 시작했던 한 젊은이가 길에서 나섯 번이나 완전히 멈춘 다음에 강제로 다시 시작했다는 것이다. 나는 군인의 포부를 가지고 시작했지만 라디오 아나운서로 훈련을 마쳤다. 전쟁으로 이것이 산산조각 나자, 다시 보병에서 "30세를 맞이하기로" 결심했다. 일본에서 있었던 사건으로 이것들이 다 물거품이 되자, 대학교육을 마친 26살에 모든 걸 다시 시작해야 했다. 새로 라디오를 시작한 지 얼마 안 되어 나는 구원받고 학교로 가서 대학부터 완전히 다시 시작했다. 이번 훈련은 복음전도자가 되기 위한 것이었다. 이제 40세의 나이에 목사가 되어 있었다. 원 안을 달리고 있는 느낌이었다. (나는 "경험"을 쌓고 있었던 것이다!)

그리고 한 가지 항목이 더 있다. 성경은 "목사와 교사"(엡 4:11)라고 말씀하셨다. 두 부르심은 서로 다른게 아니다. 목사들은 "가르치기를 잘 해야" 한다(딤전 3:2). 나는 사실 수요일과 일요일 정규 모임 외에 일주일에 네 시간씩 성경을 가르치고 있었다. 그것만이 아니다. 내 사역으로 젊은이들이 여기저기서 설교자로 부르심을 받았고, 브렌트에서 필요를 "공급"하는 동안 그 중 여덟 명을 안수해줘야 했다. 젊은이들은 즉시 어느 학교로 가야 할지 알고 싶어했다. 나는 그들을 밥존스 대학으로 보냈다. 밥존스 대학에 있는 여러 그룹의 대표들이 모두 펜사콜라 출신인 해도 있었다. 여전히 밥존스 시니어에 대한 믿음이 있었기 때문이었다. 그래서 학생들을 그에게 보냈다. 그때(1961-1964) 주니어가 모든 걸 맡고 있다는 사실을 깨닫지 못했다. 과거를 자랑하는 활동 말고는 아무것도 하지 않는, 부드럽고, 교양 있고, 말만 번지르르하고, 여성적인, 경건한 무리로 점차 바뀌어가고 있었다. 내가 밥존스 대학으로 보냈던 학생들은 모두 킹제임스성경을 거룩한 성경으로 받아들이지 않고 거부하는 모습을 하고 돌아왔다. 과정을 다 끝마친 학생은 단 한 명도 살아남지 못했다. 루터는 사라져버렸고 멜랑히톤만 존재하게 되었다. 내 젊은이들 중 하나가 "폭격당할 때마다" 주께서는 나를 붙잡고 말씀하시곤 하셨다, "좀 어리석지 않니? 그 젊은이들을 구원시키고 설교자로 부르심을 받게 해놓고는, 그들을 구원시키고 설교자로 부르신 그 책을 부인하는 법을 배우도록 보내다니! 네가 직접 가르쳐보는 건 어때? 네가 직접 학교를 시작해 보는 건 어떨까?"

나는 학교를 시작하고 싶지 않았다. 나는 교사가 되고 싶지 않았다. 나는 가르치는 일을 경시했다. 거리에서 설교하는 것은 좋지만(그리고 여전히 하고 있다.) 가르치는 것은? 글쎄... 브로켄셔 처럼? 휘트 처럼? 페인 처럼? 아프만 처럼? 패노시안 처럼? 위즈덤 처럼? 마틴 처럼? 프라이스 처럼? 커스터 처럼? 조드히아츠 처럼? 로버트슨 처럼? 브루너 처럼? 메이첸 처럼? 아니요, 고맙지만 사양하겠습니다.

승복할 수 밖에 없는 다양한 상황들:

세탁소에서 "즐거운 넝마조각들"로 혼란을 겪은 후에.

"아, 빨래를 뒤엉키게 해서 정말 죄송합니다. 럭크만 씨. 여기가 처음이라 라벨을 제대로 해놓지 못했네요."

"이젠 다 괜찮아졌는데, 뭘."

"아시겠지만 제가 열다섯 살 밖에 안돼서요. 엄마가 몹시 아프셔서 엄마 대신 일을 하고 있거든요."

"걱정할 거 없다. 진땀 빼지 말고, 그냥 그 옷이나 내게 주렴."

소녀는 라벨을 쳐다본다.

"아, 의사시군요!"

"글쎄, 그렇다고 할 수도 있지. 닥터라고 부르기도 하니까. 사실은 브렌트 침례교회 목사란다."

"아, 그러세요? 설교자시군요?"

"그래, 그렇단다."

소녀가 웃는다. "아, 네, 그러시군요. 선생님같이 보여서요!" ("교사"라고? 주님, 신경 쓰지 마세요, 별 말 아닙니다.)

하나님께서 일을 시작하시는 방식은 참으로 희한하다. 그렇지 않은가? 한 번은 나를 통해 개심한 한 젊은이가 오하이오에서 내려와(17살), 나를 깨우지 않으려고 내 집 앞마당에서 잠을 잤다. 아침에 내가 그 청년을 집 안으로 들어오게 해서 그를 위해 아침을 차리면서, 이 장소에서 뭘 하고 있었는지 물었다.

"목사님께서 학교를 시작하신단 말을 들어서요. 그래서 내려 온 겁니다." ("학교"를 시작한다고? 오 주님, 신경 쓰지 마세요, 별 말 아닙니다.)

그러나 인간화되는 과정은 가장 큰 일이었다.

아픈 아기들. 악성 림프종인 호지킨 병을 앓고 있는 아기를 데리고 있는 엄마. 아기는 엄마에게 고통을 멈추게 해달라고 울부짖는다.

엄마는 고통을 멈추게 할 수 없다.

산소 텐트에 들어가 있는 작은 소녀. 12살밖에 안된 어린 소녀가 암으로 죽어가며 텐트를 발로 만지작거리며 묻는다, "아빠, 이게 왜 있는 거예요? 내가 이런 걸 하고 있어야 해요?"

삶을 바로 잡기 위해 안간힘을 쓰며 울부짖는 부부들.

공장에서 일하며 세 아이를 키우기 위해 애쓰는 홀어머니. 청구서를 지불할 만한 돈이 없어서 겨울마다 가스와 전기가 끊긴다.

베트남에 갔다가 참호 속으로 굴러 들어온 수류탄 때문에 불구가 되어 돌아온 젊은이.

실직하고 자신의 문제들을 잊어 버리려 술에 파묻혀 사는 아버지. 술주정뱅이 아빠는 감옥에 있고 "엄마"를 돌보기 위해 거리로 나와 땅콩을 팔려고 하는 그의 어린 딸들(11살과 14살).

집을 불태워 버린다거나 강단에서 나를 쫓아내 굶주리게 하겠다고 위협하는 집사.

소리 지르며 주먹으로 탁자를 꽝꽝치는 여자들과의 상담.

땅 속으로 내려가는 70cm 길이의 작은 관들. 장례식장에서 흐느끼는 부모들에게 그 아기의 관 위에서 하나님의 은혜를 증거하는 일.

나를 두들겨 패겠다거나 법정에 고소하겠다는 집사.

소년단 학교에 온 어린 학생들의 상처와 긁힌 자국들을 매만져주기.

젊은 부부 주례.

교회 회원들이 나와 아들들(피터와 마이크)을 위해 따뜻한 세끼 식사를 준비했을 때 일주일에 세 차례 외식하기.

어떤 밤의 장면:

새벽 2시, 한 여인의 집에 가서 그녀의 40세 된 아들이 전부인의 애인과 총싸움 끝에 방금 살해 되었다고 말한다.

"찰스 부인, 좋지 않은 소식입니다." (그녀가 일어나 옷을 입고 부엌에 있는 작은 커피 테이블로 나와서 집사 한 명과 같이 앉은 후, 이 말을 그녀에게 한다).

"네, 목사님. 지금 이 시간이라면 안 좋은 소식이겠죠."

"아드님 에드윈에 관한 일입니다."

그녀는 눈을 깜빡이며 커피를 한 모금 홀짝이고 손을 무릎에 겹쳐 놓는다.

"이런 말씀을 드리게 되어 유감입니다만, 찰스 부인 아드님이 죽었습니다. 두 시간 전에 살해되었습니다."

그녀는 조용히 앉아 움찔하지도 않는다. (이 소식을 가지고 내 집 문에 온 남자를 기억해 낸다. 너무 심하게 울면서 말하는 통에 무슨 말을 하는지 알아들을 수가 없었다. 에드윈의 친구였다.)

"어떻게 죽었나요?" 60세의 여인이 멍하니 묻는다.

"총싸움으로 사망했습니다. 둘 다 총을 가지고 있었습니다. 그를 쏜 남자는 체포되었습니다."

"전 부인 때문이군요." 어머니가 말한다.

"네, 맞습니다."

어머니는 잠시 머리를 숙이고 있다가 머리를 들고 커피를 한 모금 더 마시고 부드럽게 말한다, "이런 일이 생길지도 모를 꺼라고 생각했었죠. 조만간 일어날 거라고."

"장례 준비를 해드릴까요? 아니면 다른 곳에 맡기실 건가요?"

"아니요, 목사님, 제가 처리하겠습니다."

"저희가 도울 일이 있으면..."

"있으면 연락드리겠습니다. 아시겠지만 목사님께서는 저를 위해 최상의 일을 이미 해주셨습니다."

"무슨 말씀이신지?"

"저기, 목사님 학생들(저런, 또 나왔네!) 중 한 명이 3주 전에 에디를 주님께로 인도했습니다. 저한테 와서는 자기가 구원받았다고 하더군요. 진심인 것 같았어요."

"네, 하나님께 감사할 일이군요. 찰스 부인. 하나님께 감사드립니다."

그리고 계속 되었다: 계속 계속. 3년간의 사냥과 낚시와 심지어 골프까지, 그리고 3년간의 상담과 구령과 가르치는 일, 주례, 장례를 겪은 후, 나는 기계가 아닌 사람의 형태와 모습을 갖춰가기 시작했다. 나는 다른 인류처럼 "인간"이 되어가고 있었다. 이는 완전히 새로운 삶을 의미하는 것이었다. - 캔자스 토페카를 떠난 후 내가 받은 네 번째 삶. 그러나 이 새로운 삶에는 인류에 합류함으로써 얻게 되는 약점과 장애도 수반될 것이다. 나는 전에는 경험해 보지 못한 방식으로 인간적인 압박감과 인간적인 감정과 인간적인 정서들에 메이게 될 것이다. 그리고 거기에는 위험이 도사리고 있었다.

제15장

교사가 된 장군의 아들

학교를 시작해야 한다는 압박감이 가중되었다. 금요일과 토요일 밤 성경공부모임에 온 학생들 중에는 벌써 헬라어를 배우고 싶어 하는 학생들이 있었다. 거기다 북부에 있는 교회들에서 사역하는 젊은 사역자들에게서 젊은이들이 성경을 공부할 수 있도록 보낼 수 있는 곳이 어딘지 묻는 편지들이 오기 시작했다. 밥존스 대학에서는 절대로 성경을 배우지 못하리라는 것을 나는 알았다. 그곳에서도 뭔가를 배울 것이고 깨끗한 환경에서 뭔가를 배우게 될 것이다. 그곳에서 성경에 관해 배우는 것은 모두 1929년 이전에 책으로 출판된 것들이었다. 게다가 밥존스 대학에는 학생들에게 천년왕국, 그리스도의 심판석, 휴거, 구원의 영원한 보장, 지역 침례교회, 올바른 물 침례 방식에 대한 성경적 진리를 말해줄 만한 배짱 있는 사람이 아무도 없었다. (1970년 이후에는 조금씩 바뀌기는 했다. 그러나 이는 미국 내 감리교, 루터교, 장로교, 감독교, 은사주의 집단이 완전히 붕괴했기 때문이었다.)

마침내 교회의 한 여인이(미세스 루드) 작은 학교를 세우면 4에이커의 땅을 주겠다고 제안했다. 그걸로 충분치 않다면 다른 다섯 명의 그리스도인들이 처음 건물 값을 대겠다고 제안했다. 짐 월터즈라는 사람의 5천 달러짜리 집이 될 것이다. 나는 몇 가지를 더 첨가하고 싶었다.

1. 주중에 매일 밤 가르치게 되면 게르치와 숭어 낚시를 80퍼센트 줄여야 할 것이다. 게르치 낚시는 일몰과 일출 때가 최고이며 숭어는 밤이 최고다.

2. 첫 학기에는 헬라어를 포함해서 최소한 12과목만 가르쳐야 할 것이다. 삼년 째도 히브리어를 포함해서 12과목이 될 것이다.

3. 교회에는 이미 위 북쪽에서 내려온 젊은이들과 지금까지 머리부터 발끝까지 교회를 운영해온 집사회 사이에 마찰이 있었다. 젊은이들은 모두 거리에서 설교했고 이것이 마을 내 "교회의 간증을 망치"고 있었다. (집사들과 그 지지자들은 마을 사람들에게 존경받는 "세련된" 교회, 즉 일종의 고립된 "사교집단"을 원했다.) 3년 전 내가 이들에게 왔을 때 마을 사람들이 이들을 비웃었다는 것을 벌써 잊어버렸다. 공개적으로 복음을 전파해서 비웃음을 샀던 것이 아니었다. 형편없는 신용 때문에 비웃음을 샀었다.

4. 테이프로 해나갈 수는 없을까? 내가 브렌트에 온 이후로 줄곧 사람들은 나를 "녹음"하고 있었다. 1964년쯤에 카세트가 나왔다. 내가 입을 열 때마다 누군가가 나를 녹음하고 있었다. 교회 뒤쪽 방에 녹음기 배터리가 있어서 일상적으로 모든 설교와 성경공부 테이프를 열 개씩 녹음하

고 있었다. 내 대신 이것들이 "가르치는 것"을 하게 할 수는 없을까? 나의 "팬들"이 창세기, 출애굽기, 다니엘, 전도서, 이사야, 요한복음, 마태복음, 사도행전, 로마서, 고린도전후서, 디모데전후서, 히브리서, 야고보서, 요한계시록의 모든 구절의 모든 단어를 녹음했었다.

5. 학교를 세우면 짐이 두 배가 될 것이다. 나는 이미 200명의 사람들을 담임하고 있었고, 격주로 주말마다 전국 각지에서 성경 강연회를 열고 있었다. 여기에 더해 점점 더 책 집필에 대해 생각하고 있었다. 내 머리 속에 너무 많은 정보를 집어넣어서 그걸 밖으로 방출하지 않으면 머리가 터질 것 같았다.

과도기(1960–1962)에, 균형을 회복하고 내 발로 서려고 노력하면서 나는 역사, 특히 군 역사책을 읽는 일에 몰두했다. 브렌트 침례교회 맞은편에 있던 작은 나무 집은 점차 독일 책들과 독일 군가로 가득 차기 시작했다. 나는 엄청난 역사적 진실을 발견하게 되었다. 텍사스보다 더 작은 한 나라가 러시아, 미합중국, 영국, 캐나다, 프랑스(제1차 세계대전에서는 이탈리아까지)와 맞붙어서 6년 동안 그들을 저지시켰으며, 연이어 두 번의 세계대전에서 패배하고도 두 번의 전쟁에 승리한 미국보다도 1965년에 더 높은 사기를 지녔다는 사실을 발견했다.

우레와 같은 소리의 독일 음악이 하루에도 몇 번씩 담을 너머 밖으로 나왔다. 이때 엘버타 출신의 옛 친구 로이 크리퍼(클레이퍼)가 많은 도움이 되었다. 독일의 영향은 점점 더 강해졌다. 개인적으로 독일 군대에 대해 공부하면 할수록(그때까지는 독일의 전투 전술만을 공부했었다), 더욱더 목회 사역에 머물러 있어야겠다는 생각이 확고해졌다. 내가 가르치는 일을 하게 된다면 그건 성경을 가르치는 일이 될 것이다. 구원받지 않은 독일 "보병"이 2차 대전 때 독일 군대에서 마귀 들린 카톨릭 선동정치가를 위해 겪었던 일을 겪을 수 있었다면, 주께서는 나에게 무엇을 기대하실 수 있었을까?

나는 학교를 세웠다.

이름은 「펜사콜라 성경 신학원, *Pensacola Bible Institute*」.

학교의 목적은 우선적으로 사역에 필요한 젊은이들을 훈련시키는 것이 될 것이다. 그러나 이는 너무 많은 분야를 망라하기에 두 가지에 집중하기로 결정했다. 오직 두 가지, 즉 성경을 배우는 것과 설교를 배우는 것만이다. 학교는 "성경신학원"(Bible Institute)이었다. 대학(College)도 아니고, 신학대학원(Seminary)도 아니며, 대학교(University)도 아니었다. 펜사콜라 크리스찬 대학, 밥존스 대학교, 테네시 템플, 침례교 성경 대학, 리버티 침례 대학교와는 경쟁도 하지 않을 것이다. 그들이 젊은이들에게 동일한 것들을 가르치면서 동시에 그들의 믿음을 파괴시킨다면, 우리는 그들에게 위협이 될 것이다.

교과과정은 야간 3년이었다. 이렇게 한 이유는 학생들이 정규 직업을 가지고 생계를 유지할 수 있게 하기 위해서였다. 우리에게는 캠퍼스도 기숙사도 울타리도 주차장도 홀 모니터도 감점제도도 없었고, 최소한의 기준 외에는 규칙도 규정도 없었다: 담배, 술, 마약, 극장 출입은 금지이며, 머리카락은 옷깃을 닿아서는 안 되고 여학생들은 드레스를 입어야 한다. 결혼한 젊은 남자들은 아내들을 수업에 무료로 데려올 수 있었다. 그들에게는 수업료를 받지 않았다. 첫해 과정은 설교학, 복음 찬양 인도, 신구약 개론, 헬라어 입문, 교회사 1, 조직신학, 창세기, 요한복음, 로마서, 마태복음, 고린도전후서였다. 2학년 과정은 교회사 2, 설교학 2, 그리스도의 생애, 성경지리학, 침례교 선교, 지역교회, 헬라어 2, 갈라디아서~골로새서, 출애굽기, 사도행전, 목회서신이었으며, 3학년 과정은 고급 헬라어, 기초 히브리어, 고급 조직신학, 문제의 구절들, 필사본 증거, 설교학 3, 출애굽기, 다니엘, 히브리서, 요한계시록이었다.

29개의 성적표, 29개의 출석부, 성경 과목들을 포함해서 29개의 과목(실제로는 헬라어와 교회사 등까지 포함해 더 많았다). (나는 수업에 쓸 교과서 5개를 집필했다: 교회사, 과학과 철학, 문제의 구절들, 지역교회, 필사본 증거.)

수업은 월, 화, 목, 6시부터 10시까지이고 수업 중간에 쉬는 시간이 한 시간. 수요일 밤에는 기도 모임. 월요일과 화요일에 7시부터 10시까지 수업을 하게 되면 때로 금요일 밤에도 수업을 하게 될 것이다. (내가 이렇게 한 것은 브렌트 사람들에게 다시 일어서도록 2년을 준 이후의 일이었다. 그러나 그들은 다시 일어서지 못했다. 그들은 교회를 호튼가에 팔았다. 수요일 저녁에는 6시에서 7시까지 수업을 하고 한 시간 기도 모임을 한 후 다시 8시부터 10시까지 계속 수업을 할 것이다. 우리는 12명의 학생으로 시작했다. 주차장도 없었다. 처음에는 실내 화장실도 없었다. 처음에는 진짜 난방기구(작은 가스 히터) 하나도 없었으며, 창틀 하나에 맞는 에어컨 하나밖에 없었다. 그때 바비 스컴너(항상 다른 사람 일에 간섭만 하던 자)라는 사람이 라이스파 사람(라이스파 사람인지 존스파 사람인지는 잘 기억나지 않는다.)에게 "럭크만은 성경을 믿는다는 이단을 이끌고 있다."라고 말했다. 즉 럭크만이 플로리다에 "아주 작은 학교"를 가진 "이단"을 이끌고 있다는 것이다. 작은 학교라는 말은 맞았다. 그러나 다

첫번째 성경공부반 교실 (브렌트 침례교회, 1960)

42명의 졸업반 학생들과 함께 (1978)

음 24년 내로 이 학교는 펜사콜리 크리스찬 대학과 밥 존스 대학교를 합한 것보다도 더 많은 "성경대로 믿는 구령자들"을 배출해 내었다. 그 학교들의 졸업생들은 생명을 낳지도 못하며 자신들의 모습을 드러내지도 못한다. 그들에게는 이미 만들어진 엄선된 고객들이 있었다. 그런데도 아무것도 생산하지 못했다. 우리 젊은이들은 설교자의 아들들도 아니었으며 교회에서 자라지도 않았다. 이들 대부분은 거리에서 왔거나 군 캠프나 숲에서 왔으며, 대다수는 구원받은 지 1,2년밖에 되지 않은 사람들이었다. 이중 30%가 회심한 카톨릭교도들이었다. 때로는 이미 "부르심" 같은 것을 받은 독립침례교회에서 자란 똑똑한 젊은이들도 있지만, 현재 해외 선교지에 있는 32명 가운데서 8명만이 여기 오기 전에 부르심을 받았을 뿐이다. 그 학교들은 이와 같은 열매를 생산할 수 없었다. 3천 명의 학생들을 가지고도 할 수 없었다.

두 번째 해에는 학생이 22명이었다. 삼 년째는 약 30명이었고, 1987년에는 약 180까지 늘었다.

1964년 8월 존슨은 공민권법이 통과되자 94억 5천만 달러의 납세자들의 돈을 빼내어 직장을 잃은 흑인들에게 지불했다. 브레즈네프가 고르바초프를 대신해서 권력을 잡았고(10. 17), 미국에서 가장 큰 음행하는 공산주의자가(마이클 루터 킹 주니어) 2년간의 소요와 불법과 재산파괴를 한 덕에 노벨 평화상을 받았다(12. 10). 3월 28일 북한 공산주의자 모자를 쓴 킹은 일단의 카톨릭 사제들과 공산주의자들과 자유주의 설교자들을 이끌고 부랑아들을 셀마로 모았다. 이들이 간 길에는 야간의 통속 희가극 쇼를 광고하는 광고 전단에 더해 콘돔, 맥주깡통, 담배꽁초가 남았다. 그 전단지들은 "백인 소녀들"이 밖으로 나와 "마음을 풀어 놓"게 하기 위한 초대장들이었다. 정글의 때가 도래하였다. 미국은 이제 "덤불숲" 속에 있게 되었다: 프레슬리 음악, 복지 지원금, 마약 문화의 발전, "시민운동가들"로 가장한 흑인 공산주의자들, "정치적 활동가"들로 가장한 백인 공산주의자들로 가득했다. 맥카디는 죽었고, 린든 존슨은 살아있었다. 패튼은 죽었고, 바비 케네디는 살아 있었다. 맥아더는 해고되었고, 제시 잭슨은 승진했다.

린든 존슨은 또 다른 군인 오만 명을 베트남으로 보낸 다음(1965. 7. 28), 또다시 10만 명을 보내고, 두 개의 법안에 더 서명함으로써 납세자들의 부담을 가중시키고 정글 문화를 뒷바라지 하게 했다. (노인의료보험제도, 7. 31; 투표권 8. 6). 와트는 곧 불타 재만 남았고, 시카고와 뉴욕과 클리브랜드에서는 흑인들이 존슨과 킹 목사에게 고무되어 공산주의 폭동을 일으켰다. 4명이 살해되고, 150명 이상이 부상당했지만 적절한 것으로 간주되었다. 그러나 흑인 "민권 운동가" 중 단 한 명이라도 살해해 잡힌 사람은 누구라도 언제나 체포되어 수감되었다. 패턴이 더 분명해졌다. 흑인은 흑인이나 백인을 죽일 수 있지만, 백인은 흑인을 죽일 수 없다. 이런 연방최고법원의 "통치"는 1970년대에 전국적인 규모로 조직되었고 문자 그대로 실행되었다. 피부색을 근거로 살인 사건을 재판했고, 최고형(그리고 경찰관의 형벌)이 그 사건에 관련된 피부색으로 결정되었다. 이러한 모습은 1989년에 최고조에 달해, 디트로이트 심포니 오케스트라 단원들을 음악 실력이 아니라 피부색에 따라 고용해야만 했다. 공민권법(1964) 때문에 미국 경제는 완전히 파산했다. 그 법에 따르면 미국 내 고용주들은 사업을 파괴하거나 최소한 손상시킬 수 있는 사람을 고용해야 했다. 일본인들과 사우디아라비아인들이 케네디와 킹과 존슨이 만들어 놓은 틈을 비집고 들어 왔다.

그동안 나는 (기적적으로) 45세라는 성숙한 나이에 이르렀다. 나는 이 나이가 되리라고는 전혀 예상치 못했다. 나는 아직도 골프와 테니스를 치고 낚시와 사냥을 하며, 가라데와 유도 수업도 듣고 있었다. 미래에 그분의 계획이 무엇이든(그분께는 계획이 있으시다.) 책을 지키시는 분은 나에게 과도기와 막간과 새로운 시작을 주시고 계셨다. 다음에 이어질 시험과 보상과 징계 전에 과도기를 주셨다. 지나간 시간을 뒤돌아보며 나는 문뜩 내 소년 시절의 우상들과 젊은 시절의 영웅들이 무너져 내리고 있다는 것을 깨달았다. 그들은 여기저기서 죽어가고 있었다. 수확하시는 분께서 언제 나를 감찰하실까?

게르트루드 스테인이 1946년 7월에 죽었다. H. G. 웰즈는 바로 그 다음 달에 갔다(8. 13). W. C. 필드는 1949년 크리스마스 시기에 이 세상을 떠났다. 그는 구원받지 못한 술주정뱅이로 살다가 죽었다. 헨리 포드는 83세에 죽었고(1947), 빌 로빈슨은 1949년 11월에 죽었으며, 조지 버나드 쇼는 1950년에 죽었다. 죽은 존 듀이(현대의 정글 고등학교 선두주자), 죽은 에바 페론(1952. 7), 죽은 산타야나(1952), 죽은 프로코피에프(1953), 죽은 유진 오닐(1953. 11), 죽은 메티스(1954), 죽은 토마스 맨(1955), 죽은 올리버(로렐과 하디), 죽은 마이크 토드(리즈 테일러의 남편, 1958)가 이제 내 뒤 어딘가에 누워 있었다. 이런 시체들은 몇 년 내내 내 뒤에 쭉 뻗어 있었다. 이들은 성장기에 내게 영향을 끼쳤던 사람들이었다: 마샬 장군, 에텔 베리모어, 클라크 게이블, 에밀리 포스트, 게리 쿠퍼, 타이 콥, 제임스 써버, 윌리엄 폴크너, 조지 브라끄, 그레이시 엘렌,

하포 막스, 허버트 후버, 그리고 윈스턴 처칠. 죽음의 행렬이 지나가고 있었다.

『한번 죽는 것은 사람들에게 정해진 것이고 그 뒤에 심판이 정해진 것 같이』(히 9:27).

이 이름들을 – 나를 형성했던 사람들 – 하나씩 하나씩 적어 내려가다 죄인들의 우두머리인 나, 내가(딤전 1:15) 아직도 "살아서 발길질하고 있다는" 것을 깨닫는 그 심정이 어떤지 모르리라. 나는 살아서 딜링거, 케이포운, 보니와 크라이드, 오머 밴 미터, 럭키 루시아노, 맥하인건 켈리, 마 바커, 패튼 장군, 맥아더 장군, 버트란드 러셀, 나의 어머니와 아버지의 죽음을 보게 될 뿐만 아니라 조안 크로포드, 베트 데이비스, 미르나 로이, 빙 크로스비, 윌리엄 포웰, 존 웨인, 아보트와 코스텔로, 아티 쇼, 록키 마시아노, 베니 굿맨, 토미와 지미 도로시, "베어" 브라언트, 쥬디 가랜드, 호치민, 프레드 아스테르, 에드워드 G. 로빈슨, 제임스 카그네이, 조 루이스, 듀크 엘링톤, 루이 암스트롱, 잉그리드 버그만, 아서 피에들러, 아홉 명의 대통령들의 죽음도 보게 될 것이다. 누군가의 보호를 받듯 불행을 비켜나가는 사람들도 있다. 흐루시초프는 나를 묻지 못했다. 반대로 나는 사람들이 그를 묻는 것을 지켜봤다. 뭔가가 나를 지탱하고 있었다. 나는 그게 뭔지 알고 있었다. 그건 한 권의 책이었다. 단 한 권의 책. 그것은 "종이에 인쇄된 잉크"일 뿐이지만, 그 책은 나를 지탱해 주었다. 또한 나는 누군가가 나를 지탱해주고 있다는 것을 알고 있었다. 단 한 분, 즉 십자가에 처형당하시고 장사되었다가 부활하신 유대인 메시야 단 한 사람, 그분은 언젠가 나를 그분에게로 "영접"하기 위해 다시 오실 것이다.

1964년에서 1972년까지 독신남으로 살면서 두 아들(피트와 마이크)을 길렀다. 데이비드는 농구 장학금을 받고 리빙스톤 대학을 다녔고, 프리스킬라는 나의 옛 모교(앨라배마)에 있었다 - 파이 베타 카파회 회원으로[6]. 다이애나는 결혼해서(지금은 미세스 워커) 얼마간 투스카루사에 살다 노스 캐롤라이나로 갔고 그 다음은 다시 앨라배마 그린스보로에서 살았다. 외로운 날들을 살아남는데 많은 도움을 받았다. 사실 가까운 친구들의 기도와 도움이 없었다면 독일식 사기 진작만으로는 절대로 살아남지 못했을 것이다. 이들은 내가 고비를 넘길 수 있게 해주었다(미첼가 사람들, 크리퍼가 사람들, 길레이가 사람들 등등). 엉망이었던 결혼생활을 경험한 후 재혼은 감히 생각지도 못했고 바르샤바 게토에 있는 유대인들만큼이나 "겁"을 집어 먹고 있었다. 제니가 바로 잡히기를 계속해서 기도했지만 여러 해가 지나면서 이런 희망이 헛되다는 것을 알았다. 사실 그녀는 내가 앨라배마에서 떠났던(1949) 옛 생활을 선택했고 아주 많이 수많은 남자 친구들과 어울렸다. 나중에 아이들이 이 모든 것을 내게 말해주었다.

베트남 반대 폭동, 흑인 "소울 브러더스"를 통한 베트남 군대의 대량적인 마약복용, 비틀즈의 출현(이들 모두 마약 중독자들이었다), 모든 수준에서 이루어지는 강압적인 인종 혼합과 더불어 미국이 정글 속으로 더 깊숙이 들어가면서, 성병은 두 배가 되었고, 공갈 폭행은 3배가 되었으며, 강간율은 4배가 되었고, 살인율은 보이지도 않게 되었다: 한 도시에서만 하루에 열 건 이상의 살인이 있었다. 나는 15년 동안 했던 일을 했다. 성경을 설교하며 이쪽 해안에서 저쪽 해안까지 여행을 했다. 그러나 이제는

6) 미국 대학 우등생들로 구성된 친목 단체

최소한 일주일에 나흘 밤은 성경을 가르치는 것 때문에 펜사콜라에서 꼼짝도 못했다. 정직하고 공정하게 말하자면 대략 1980년까지는 가르치는 일로의 부르심을 그렇게 진지하게 받아들이지 않았다고 고백해야 한다. 진지하게 받아들였어야 했는데 그렇지 않았다. 나는 가르치는 일을 경시했다. 이를 만회하기 위해 학생들을 게르치 낚시, 비둘기 사냥, 숭어 낚시에 데리고 갔다. 내가 배웠던 것을 학생들에게 가르쳤다. 내 서재 선반에서 일주일에 약 다섯 권의 책을 집어 들었다. 일 년에 약 250권. 그동안 내가 참석한 모임의 목사들의 서재에 있는 책을 읽고 있었다. "하루에 한 권" 비율로 독서는 계속되었다. (40세가 될 쯤 완전 맹인이 되지 않은 건 기적이었다.)

이 사역에서 주께서는 한 명씩 한 명씩 성경대로 믿는 목사들과 교사들과 복음전도자들, 선교사들을 배출하기 시작하셨다. 매년 주께서는 두세 개의 진짜 보석을 만들어내셨고, 6명 정도는 평균이었지만, 학교를 마친 학생들은 모두 성경을 믿었다. 매 졸업반에는 "약골들"과 얼간이들도 몇 있었지만 기껏해야 둘 이상은 되지 않았다. 24명의 졸업반 학생들 중에서 4명은 밥 존스나 하일즈 앤더슨 같은 재목이 될 것이고(성경을 믿는 것에 더해 거리에서 설교하고 삼년 간 헬라어를 공부하는 것을 추가하여), 6명 이상은 평범한 신학생(그렇게 똑똑하거나 날카롭지 않지만 선하고 견고하고 단단한 잘 균형 잡힌 젊은이들)이라고 말할 수 있겠다. 나머지는 그냥 보통, 성경대로 믿는 젊은이들로, 졸업 후 주님을 위해서 뭔가 할 수도 있고 하지 않을 수도 있을 것이다. 학생들 모두가 다 젊지는 않았다. 50대나 60대 남자들도 출석했다. 72살인 학생도 있었다. "세상에서 가장 이상한 대학"을 가지고 있다고 누가 아무리 주장한다 해도 "이상"

하다는 면에서는 우리가 단연 으뜸이었다. 같은 교실에 가장 젊은 학생은 15살이나 16살이었고 가장 나이든 학생은 60대였다. 같은 교실에서 같은 과목을 듣는 학생 중에는 대학 졸업자들도 있었고 중학교 낙제생도 있었다. 같은 교실에 은퇴한 육군과 해군도 있었고, 군복이라고는 단 한 번도 걸쳐본 적이 없는 개심한 고등학교 마약쟁이도 있었다. 구원받은 지 10년이 넘은 학생들도 있었지만 대부분은 4년이 안된 학생들이었다.

나는 그들에게 성경을 가르쳤다. 나는 성경이 "믿음과 실행의 모든 문제에서 최종 권위"라고 가르쳤고, 성경은 "살아 있고 활력이 있어 양날이 있는 어떤 칼보다도 예리"하기 때문에 언제든 어떤 학자를 비평하는 데 성경을 사용할 수 있다고 가르쳤다. 교수, 학자, 학교, 신학교, 언어학자, 대학 그 어느 것도 성경보다 뛰어나기는커녕 성경과 동등한 것은 없다고 가르쳤다. 밥존스, 리 로버슨, 잭 하일즈, 빌리 그래함, 제리 포웰, 알린 호튼, 디한 박사, 테오도르 엡, 존 라이스와 그들의 모든 친구들과 동료들은 성경이 없다면 직업을 갖지 못할 것이라고 가르쳤다.

성경을 잃어버린 나라는 끝났다고 가르쳤으며, 성경에 대한 신뢰를 잃지 않는 나라라면 절대로 성경을 잃어 버리지 않는다고 가르쳤다. 항상 "믿음의 근본주의자들"이라고 고백하는 크리스찬 대학들과 신학교들이 천천히 교묘하게 성경에 대한 신뢰를 파괴시킨다는 것도 가르쳤다. 1964년에 그렇게 가르친 것에 대해 나는 사과하지 않았다. 28년이 지난 지금도 사과 같은 건 하지 않는다. 성경을 믿는 한 어떤 책이라도 사용할 수 있으며, 성경을 믿지도 않으면서 성경을 이용해 생계를 유지하면서 자신을 믿고 따르는 사람들에게 자신이 성경을 믿는 것처럼 생각하도록 속이는 사람은 배교한 근본주의자라고 가르쳤다: 간단히 말해 그러한 사람은

졸업반 학생들에게 받은 선물 (1969)

거짓말쟁이며 사기꾼이고 위선자이다. 학생들에게 이렇게 가르친 것에 대해 1964년에 나는 사과하지 않았다. 28년이 지난 지금도 마찬가지다.

신구약 성경 모두에서 설교자들과 선지자들이 했던 것 – 적대적인 청중을 향해 공개적인 장소에서 진리를 선포하는 일 – 을 하기를 두려워하는 설교자는 누구나 자신의 부르심이나 고백에 합당치 않다고 가르쳤다. 여기서 "설교자"에는 주요 그리스도인 목사들과 복음전도자, 성경 교사, 대학교수, 유럽의 학장과 총장이 모두 포함된다. 게다가 인생에서 가장 중요한 것은 예수 그리스도와의 개인적인 관계이며, 이것이 그들의 직업, 가족, 친척, "교회사역," 그들의 사역과 그들의 "목표"보다 우선한다고 가르쳤다. 그때나 지금이나 이렇게 가르친 것에 잘못이 없다고 생각한다.

나는 학생들에게 강력한 선교의 부담을 주었고 온 모든 학생들에게 지역 교회의 중요성을 크게 강조했다. 나는 스템주의(벌링거주의, 극단적 세대주의)와 칼빈주의(오대강령 TULIP체제)와 은사주의(고맨, 코플랜드, 스와거트, 힉키, 하긴, 로버츠 등)의 오류를 지적해 주었고, 여호와의 증인들, 제7일 재림교 등의 오류를 간단하게 보여 주었다. 교회의 역사는 반 카톨릭이며, 그러므로 반 카톨릭(카톨릭의 계급과 그 가르침에 반대한다는 의미에서)이 아닌 사람은 역사 접근법이 잘못 되었다고 강조했다. 그런 사람은 무지하기 때문에 역사를 가르칠 수 없으며 역사에 대한 논평도 할 수 없다. 교황들은 모두 피에 굶주린 살인자들이며, 마틴 루터가 그들에 대해 묘사한 것처럼 "지옥 성하"나 "지극히 지옥 같은 아버지"라는 표현을 받을 만하다고 제시해 주었다. 아브로 맨하탄, O.C. 램버트, 폴 브랜셔드의 작품뿐 아니라 〈폭스의 순교사〉와 〈피로 얼룩진 극장〉도 교육과정의 일부였다. 라이프지와 타임지 편집자들보다도 우리 학생들이 세계에서 일어나는 사건들에 대해 더 나은 정보를 얻었다.

나는 네슬의 헬라어 신약을 학생들에게 비평적으로 가르쳤고 그것을 통해서 밥존스 대학과 달라스 신학대학의 교수진과 직원들이 강의료를 받고 풋내기를 속이는 얼마나 정교한 거짓말쟁이들인지를 입증하는 법을 보여 주었다. 나는 학생들에게 영어 성경 32개 역본을 사용하게 해서 다음 세 가지 위대한 진리를 그들에게 확증시켰다.

1. 킹제임스 성경만이 모든 진리를 포함하고 있다(예를 들어 모든 역본의 고후 2:17이나 딤후 2:15 참조).

2. 1880년 이후 출판된 영어 성경은 모두 1582년 예수회 림즈 역본의 로마카톨릭판이다(NKJV는 부분적으로 제외하고).

3. 그런 역본들을 가지고 "사람들을 그리스도께로 인도할 수" 있다는 사실이나, 그런 성경에서도 "믿음의 근본사항들"을 찾아 볼 수 있다는 사실은 전혀 중요치 않다. 이는 글이 없는 성경으로 누군가를 그리스도께로 인도할 수 있다거나(이렇게 할 수 있다) 시궁창에서 금반지를 찾는 것(그런 일이 있었다) 정도의 의미이다.

지구상에는 시간을 재는 절대 권위가 딱 하나 있는데 그건 영국에 있다고 학생들에게 가르쳤다. 지구상에서 딱 하나 있는 위치를 재는 절대 권위도 같은 장소에 있으며, 중국, 보르네오, 몽고, 그리스, 태국, 아이티, 호놀룰루, 알래스카 페어뱅크의 기온을 재기 위해서는 영국 열량 단위가 최종 권위이다. 하나님께서는 그분의 "손"뿐만 아니라 그분의 호흡을 학생들이 책상 위에 가진 그 책에 불어 넣으셨으며, 학생들이 교실을 떠나게 되면 그들의 가방 속에 최종 권위를 가지고 다니게 될 거라고 가르쳤다. 그러나 다음 일곱 가지에는 최종 권위가 절대로 없다.

1. 로마카톨릭 교황이나 그의 교회.
2. 유엔이나 그와 연관된 입법 기관.
3. 헬라어나 히브리어 어휘집.
4. 영어 사전.
5. 헬라어나 히브리어 필사본의 복사본의 복사본.
6. ASV, NASV, NIV, RSV같은 썩은 쓰레기 조각.
7. 아무리 "경건"하나거나 "학식이 넘나는" 학자의 의견이나 "선호."

펜사콜라 성경신학원에서는 사람이 아니라 한 권의 책을 따르면서 졸업하게 된다. 학생들은 사람이 아니라 한 권의 책에 믿음을 둔다. 사람이 아니라 한 권의 책을 옹호한다. 이 학교를 떠나면서 하나님께서 펜사콜라 성경신학원을 "세상의 의회"에서 "군인의 자세"를 가지고 "믿음의 근본사항들을" 담대히 대표하기 위한 "정통주의의 요새"로 기르셨다고 생각하며 가는 사람은 아무도 없었다. 나는 구원받기 전에도 그런 허튼 소리를 믿지 않을 만큼의 감각은 있었다. 학생들은 자신들의 몸에 가지고 다닐 수 있는 확실한 기반이 있음을 알고 여기를 떠났다. 그들은 하나님의 말씀에 뿌리 내리고 기초를 두었다. 근본사항 모음집 같은 것에 근거를 두지 않았다. 나는 하나님께서 그 책을 내게 주셨던 것처럼 학생들에게 그 책을 제시했다. 1949년 그레고리와 패리폭스(WEAR) 라디오 방송국 녹음실에서 나는 그 책을 "하나님의 말씀"이라고 불렀고, 그 다음 43년 동안 단 한 번도 그 입장에서 벗어나지 않았다. 그렇게 부를 수 있기 때문에 그렇게 불렀다든지 "현실적인 목적을 위해서" 그렇게 부르지 않았다. 하나님의 말씀이었으며, 현재도 하나님의 말씀이고, 사람들이 심판을 받을 때까지 하나님의 말씀일 것이기 때문에 그렇게 부른 것이다.

1964년부터 1990년까지 펜사콜라 성경신학원에서 가르친 것을 정확하게 알고 싶은 독자가 있다면 『피터 럭크만의 주석서 시리즈』를 구입하면 된다: 〈창세기〉, 〈출애굽기〉, 〈마태복음〉, 〈사도행전〉, 〈히브리서〉 등, 또한 〈교회사〉, 〈과학과 철학〉, 〈문제의 구절들〉, 〈지역교회〉, 〈짐승의 표〉, 〈하나님의 나라와 천국〉 등의 책들을 보면 된다. 이 책들이 신학원에서 가르친 자료들의 약 80%를 독자에게 제시해 줄 것이다. 이외에 약 6년간 운용한 후에 영어 과목이 더해졌고(미스 메캄), 이런 활동 내내 신학생들은 개인적으로 복음을 전파하는 일과 거리 설교를 해야 했다. 설교 자반을 위한 교과서로는 깁스의 〈설교자와 그의 설교〉였다. 조직신학 책은 에반스의 〈성경의 위대한 교리들〉이었다. 선교 교과서로는 단 하나의 교과서를 사용한 것이 아니고, 학생들에게 사역을 행하는 서로 다른 다섯 개의 선교위원회에 대한 자료들과, 서로 다른 다섯 개의 선교 역사, 서로 다른 30명의 개인 선교사들의 삶에 대한 전기 자료들을 학생들에게 제시한 다음 최소 일 년에 12명의 선교사들을 초대해 학생들에게 말하게 했다.

학생들의 성적은 33퍼센트 단위로 매겨졌다. 성적의 삼분의 일은 퀴즈에서 받은 평균 성적이고, 삼분의 일은 기말시험에서 받은 점수이고 삼분의 일은 학교와 교회에 출석하는 동안의 태도로 매겨졌다. "태도"를 학생 성적의 삼분의 일을 이룰 정도로 중요시했다. 내게 노력은 그리스도인 삶에서 태도를 보여주는 눈에 띄는 표현이다. 내게 있어서 노력은 두뇌, 재능, 돈, 교육, 친절함, 성실함, 협력, 동정, 깨끗함보다 더 가치 있는 것이었다(그 노력이 성경을 마스터하는 것, 아내와 잘 지내기, 시험통과, 하나님과의 교제 유지, 설교, 가르치기, 청구서 지불하기, 직업 찾기, 직업을 유지하기, 죄를 이기려는 것 등 어떤 것이든 간에). 이는 내 인생의 아주 초창기부터 나를 휘어잡았던 별난 점이었다. 거기서 벗겨난 적은 없었다. 회심했다고 해서 이런 확고한 의견이 절대로 바뀌지는 않았다. 전투에 마음과 혼을 쏟아 넣는 사람에게는 거의 모든 것이 용서가 되지만, 최선을 다하지 않고 웅크리고 있는 사람은 좀처럼 용서가 되지 않는다. 밥존스 시니어는 이렇게 말했다, "최선을 다하지 않는 것은 죄이다." 사람들이 걱정하는 주된 이유는 위기의 순간에 최선을 다하지 않고 항상 두려워하기 때문이라는 것을 금방 알게 되었다. 내게 있어서 마크 스피츠(올림픽 금메달 7관왕)와 마크 캐스티노(라인베커)[7]는 게으름뱅이들이었다. 한 가지만 했더라면 한 사람은 물속에서 자신의 기록을 사분의 일초나 2초 정도 단축했을지도 모른다. 다른 한 사람은 쿼터백을 스크리미지 라인 뒤쪽에서 태클한 후에 - 그가 해야 할 일을 하는 것 - 스스로 축하하며 인디언처럼 춤이라도 추었을 것이다. 미식축구 경기장에 있는 일부 허풍선이들은 누가복음 17:10을 읽어볼 필요가 있다. 그 말씀을 쓰신 분이 수영 선수들과 풋볼 선수들을 창조하신 분이시다.

크리스찬 교육 영역에서 나의 환경과 목표가 독특했기 때문에 교수 체제도 독특했다. 내게는 청구서를 지불해야 한다거나 건물을 지어야 한다는 부담이 전혀 없었다. 주어진 시간에 주어진 수의 학생들을 "성공적으로 마치게" 할 필요가 없었다. 기금 마련을 위해 들볶아대는 동창회도 없었다. 채권 프로그램도 없었고 엄청난 은행 계좌도 없었고, 진짜 직원도 없었고(지난 15년간의 활동에서 맥가우그헤이와 다른 세 명의 교사들이

7) 미식축구에서 상대팀 선수들에게 태클을 걸며 방어하는 수비수

나를 도왔다), 기숙사도 없고, 식당도 없고 협회나 회합도 없었고, (무엇보다) "학식 있는" 체 할 필요도 없었고, "높은 학문적 기준"도 없었다. 이로 인해 내 위치는 완전히 독특한 위치가 되었고, 교육 사업에 대해 아는 사람이라면 거짓말을 하지 않고는 다른 식으로 말할 수 없었다. 심지어는 오후 10시 이후에 학생들이 어디에 있는지 조차 몰랐다. 어딘가에서 술에 취해 있었을 지도 모르는 일이다. 학생들은 성인으로서의 책임감이 있기 때문에 나는 그들에게 성인의 특혜를 주었다. 펜사콜라 성경신학원은 근접한 경쟁자 없이 타의 추종을 불허했다.

교수법이라고는 단순히 지식을 전달하는 것이었다. 학생들이 얼마나 똑똑한지 알아보거나 얼마나 많은 지식을 흡수할 수 있는지 보기 위해 학생들에게 속임수를 쓰거나 덫을 놓을 의도는 전혀 없었다. 내 목표는 많건 적건 내가 아는 것을 학생에게 전달하는 것이었다. 그러기 위해 20세기 후반의 "거리의 말로" 가능하면 가장 단순하고 가장 명백한 언어로 말했다(때로 직설적이고 서툴고 사나운 언어). 시험을 보기 전에 모든 시험 문제를 학생들에게 주었다. 그들은 이 질문에 대한 답변을 배워야 했다. 학생들이 공부하지 않은 부분이나 배우지 않은 부분을 알아보는 데는 관심이 없었다. 나의 의도는 단 하나였다. 학생들이 자료를 얻는 것이다. 학생들은 자료를 얻었고, 그렇게 해서 그들은 대학에 있는 수천의 배교한 기독교 교사들과 그런 대학을 졸업한 수만의 졸업생들과, 그런 대학을 나온 친구들과 후원자들의 목표물이 되었다. PBI에서는 아무리 바보라도 신학대학원 교수들이나 세상에서 가장 위대한 헬라어 학자들이 성경에 있는지조차 모르는 정보를 성경에서 얻을 수 있었다. 우리 학교 졸업생들이 그들을 스쳐 가면 그들은 본능적으로 그걸 알았다.

밥존스 대학의 배교한 교수진들을 보호하기 위해 밥존스 주니어는 "럭크만파"와 "럭크만주의"라는 말을 만들어냈다(1970). 이 말은 곧 미국뿐 아니라 일본, 스페인, 오스트레일리아, 독일, 이탈리아, 필리핀에서 정체성을 확인하는 보편적인 상징이 되었다. 그의 아들 존 3세는 "킹제임스유일주의"라는 말을 만들어서 모든 사람들이 "주의"해야 할 새로운 "이단"에 표시를 해두었다. 두 처방 모두 밥존스 대학의 불신과 용기의 부족을 감추는 것이었다. 둘 다 자신들의 교사들을 보호하는 것이었다. 럭크만은 교사였다.

거리설교중 경찰과 맞닥뜨리다 (1965)

제16장

직접적인 뜻 안에서 맞은 재앙

로마서 12장에는 세 가지 "하나님의 뜻"이 나온다. 하나는 선하지만 하나님께 받아들여지지 않는다. 하나는 하나님께서 받으시지만 온전한 뜻은 아니다. 하나는 온전히 선하고 온전히 하나님께서 받으시는 온전하신 뜻이다. (헬라어 원본을 찾아봐야 소용없다. 거기에는 없으니까.) 이제 나는 나의 부르심과 관련해서 하나님의 온전하신 뜻 안에 있었다. 그것만이 아니다. 나는 "구원받은 죄인"이며 인간이기도 했다. 게다가 나는 이제 책을 저술할 준비가 되었다. 1968년경 다시 책 저술을 시작으로 다음 24년간 99권의 책을 출판했다. 적어도 이 중 열 권은 4백 쪽 이상의 책이고, 몇 권은 이백 쪽 이상이며, 팔백 쪽이 넘는 책도 한 권 있었다. 브렌트에서 무어라는 사람이 내가 거기를 떠날 때까지 책 출판을 맡았고, 마침내 학교 옆에 나 자신의 서점을 차릴 수 있었다. 짐 리틀존이 1976년부터 1987년까지 이 모든 활동을 했고, 밥 네이드링거는 1987년부터 그 이후 쭉 이 일을 했다.

1968년경 브렌트에서 종기가 곪아 터질 것 같은 상황이 되었다. 수년간 중요한 사업을 놓쳐버린 집사들이 일을 벌여 헌금을 각기 다른 펀드에 나누어 넣어두고 떠날 때 안전하게 숨겨둔 "비상금"을 그들 무리들이 갖게 했다. 그리고는 나와 다른 두 명의 집사를 고소하고 우리를 펜사콜라 법정에 세웠다. (메이슨 판사가 재판을 맡았다.) 판사는 이 사건을 기각했다. 다음 주 일요일에 전체 60가성 중 17가성이 나오지 않았다. (이들은 모두 2마일 아래 버거스 로드 침례 교회에 모습을 나타냈고, 거기서 그들의 새로운 목사인 바비 티드웰 - 그들과 함께 나간 여자들 중 한 명의 아들 - 은 삼 년도 안되어 해고 되어 시내에 교회를 시작했다.)

나는 총구 앞에 있었다. 밥존스 주니어는 나에게 그 교회를 단념하라는 압력을 계속해서 넣고 있던 중이었다. 그가 가장 좋아하는 졸업생들인 알린과 벡키에게 브렌트 침례교회가 필요했기 때문이었다. 그들은 교회를 초교파적인 여성적 학교인 밥존스대학의 또 다른 복제품으로 만들 생각이었다. 하지만 교회는 "적자에서 벗어"나기 시작하고 있었다. 1968년 교회 신용은 마을 어디에서나 좋았다. 혼들이 계속해서 구원받고 있었고, 성인들이 침례를 받았으며, 젊은이들은 설교로 부르심을 받았다. 시간은 계속 흘러갔다.

마오쩌둥은 중국에서 "문화혁명"을 시작했다(1966). 리차드 스펙은 간호사 여덟을 살해했고(7. 19), 찰스 휫트만은 텍사스 오스틴 탑 꼭대기에서 12명에게 총을 쐈다(8월). 레이건이 캘리포니아 주지사로 선출되었고

(11. 8), 카시우스 클레이는 겁을 집어먹고 군대에서 달아나 이름을 바꾸고(무함마드 알리) 자신이 양심적 병역거부자라고 주장했다. 그는 벌을 교묘히 모면했다. 피부색이 적절했던 것이다. 카시우스 클레이는 또 하나의 끝이 없고 단조로운 "첫 번째" 시리즈를 만들어냈다. 그 뒤로 신문과 잡지에서는 인종 평등을 증명하려는 의도가 너무나 지나쳐서 이것이나 저것을 한 "첫 번째 흑인"을 내보내는데 사로잡혀 있었다. 물론 이들이 증명한 것이라고는 어떤 인종이 너무 뒤쳐져 있어서 그들 중 하나가 뭔가를 따라잡으면 그게 뉴스거리가 된다는 것이었다. 흑인 중에는 헌법, 독립선언, 권리장전, 성경을 만들어낸 일에 관여한 사람이 아무도 없었고, 라디오, 비행기, 로케트, 미싱, 세탁기, 자동차, 증기 엔진, 전보, 연소 엔진, 텔레비전, 소총, 권총, 트렉터, 설파제, 전화기, 전자레인지, 플라스틱, 컴퓨터, 레이저, 클로로포름, 백신, 페니실린, 모터보트의 발명에 관여한 사람이 아무도 없기 때문에 흑인이 뭔가에 관여를 해야만 했던 것이다. 그래서 1964년부터 1990년까지는 "첫 번째 흑인 시장," "첫 번째 흑인 장군," "첫 번째 흑인 코치," "아카데미상을 수상한 첫 번째 흑인," 혹은 문학상이나 의학상이나 음악상이나 예술상을 받은 첫 번째 흑인이라는 끝없이 이어지고 반복되는 하나의 시리즈물이 이어졌다. 1980년대 꼴은 우스웠다: 엑슨 광고 자회사 임원회에서 일하는 "첫 번째 흑인"이나 학생들 절반이 백인인 초등학교 교장이 된 "첫 번째 흑인" 등. 텔레비전에 등장한 흑인 여성 판사들에게 백인들이 "존경하는 재판장님"이라고 부르는 모습을 보여주기 시작했으며, 1968년 올림픽 경기를 하고 있을 때 뉴스 매체(CBS, NBC, ABC, 히어스트 앤 카네트 신문, 타임지, 라이프지, 뉴스위크지 등)는 모두 공산당의 공식적인 경례를 "블랙파워 경례"라고 불렀

다. 사진 속에 단 한 명의 흑인도 나오지 않는데도 50여개의 스페인 공산주의자들이 동일한 경례를 하는 사진과 카스트로가 통치하는 쿠바인들의 사진 50여장을 내보내면서 이렇게 불렀다. 공산당의 공식적인 경례는 꽉 움켜 쥔 주먹인데, 1921년 이후 계속 그랬다.

독일의 가르침과 독일군 전술 덕택에 이스라엘은 야생 고양이가 종이백을 통과하듯 6일 만에 함족을 격파했다(1967. 6). 디트로이트에서는 낙하산 부대원들을 동원해서 공산주의자들의 폭동을 저지시켜야 했다. 이 폭동으로 일 억 오천 반 달러의 재산이 파괴되었다. 경찰은 가만히 서서 흑인들이 상점을 약탈하는 것을 보고만 있으라는 명령을 받았고 그렇게 했다. 내게 그 사진들이 있다. 도둑들의 피부색이 검은색이었기 때문이었다. 흑인들이 아니었다면 현장에서 체포되었을 것이다. 혼혈로는 처음으로 써굿 마샬이 연방최고법원에 올라탔다. 그는 폭도들을 달래기 위해 임명되었다. 킹의 두 친구인 랩 브라운과 스톡리 카미첼은 무장 혁명과 폭력을 사용한 정부 전복을 주장했다. 그런데도 벌을 받지 않았다. 백인이 아니었기 때문이다. 올리버 노스의 피부색이 잘못됐었다.

베트남에서 신년 대공세로 인해 남베트남 전체가 초토화되었고 몇 천 명이 넘는 미국인들이 죽었다(1967. 1. 31). 록 콘서트를 한 후에 프리스코는 동성연애자들에게 “프룻 시티”가 되었고(1967), 하이트 애쉬베리는 변태성욕자들의 수도가 되었다. 4월 5일에 제임스 얼 레이가 지금까지 미국이 낳은 최고의 음행하는 공산주의자를 암살했다(추정). 마이클(마틴이 아니라) 루터 킹은 멤피스 시내 로레인 호텔 자기 방 밖에서 총에 맞았다. 즉시 4개의 도시에서 (시카고, 볼트모어, 워싱턴, 신시내티, 4. 9) 흑인들이 폭동을 일으켜 오십만 달러 이상 상당의 물건들을 훔치고 오천만 달러 상당의 재산을 파괴했다. 그런데도 그들은 벌을 받지 않았다.

"반대하는 소수"가 브렌트 교회를 떠난 후에 나는 청구서를 지불할 때까지 거기 있었다. 헌금 액수가 많아졌고 출석도 많아졌다. 그러나 내 상황은 좋아지지 않았다. 이제 거의 8년을 돕는 자 없이 혼자 사는 것은 유쾌하지 않았다. 마귀가 여러 차례 나를 공격했다. 이대로는 계속할 수 없다는 것을 알았다. 내게는 영원한 동반자가 필요했고, 이런 식의 뒤죽박죽 삶이 더 오래 지속된다면 어디선가 기혼녀와 염분을 낼지도 몰랐으며 그러면 "형제들"은 야외군사훈련의 날을 맞이하게 될 게 뻔했다. 그러나 재혼하면 대적자들에게 빌미를 하나 더 줄 것이다. 산헤드린에서는 재혼이 금지되었다. 바리새인들은 모두 이 점에 있어서 로마카톨릭 교리를 가르쳤다. 전 부인이나 남편이 십년 전에 재혼을 했을 수도 있고 다른 가정을 꾸리고 있다 해도 어딘가에 살아 있으면 당사자는 재혼하면 안되었다. (이 문제에 관한 모든 내용은 〈결혼, 이혼, 재혼〉에 담겨 있기 때문에 이에 대해 여기서 신학적 논의를 할 필요는 없다). 기회를 잡고 무일푼이 될 수도 있었다. 혹은 지내던 대로 지내다가 무일푼이 될 다른 기회를 잡을 수도 있었다. 몇 달간 기도한 끝에 재혼하기로 결심했다. 문제는 누구와 하냐는 것이었다. 성도들이 싫어하지 않는 사람과 결혼하면 내 재혼에 대해 그렇게 반대하지 않을 것이라는 점을 나는 재빨리 눈치챘다. 최소한 1943-1949년 같지는 않을 것이다. 내 견해로는 옛날에 겪었던 그런 싸늘한 상황은 되지 않을 것이라고 생각했다. 젊은 여자여야 했다. 40이 넘은 여자는 아무리 활력이 넘친다 해도 나와 보조를 맞출 수 없을 것이기 때문이다. 나는 또한 "구령자"를 염두에 두고 있었다. 그러나 목사의 아내를 염두에 두고 있지는 않았다. 브렌트 교회 빚을 다 갚으면 사임할 생각이었고 그러면 가르치는 것과 복음 전도 사역을 하게 될 것이다. 그런 식으로 디모데전서 3장에 "목사"에 대해 지나치게 관심이 많은 광신도들의 입을 다물게 할 것이다. 물론 그들은 입을 다물지 않을 것이지만 그런다 해도 그들의 위선만 가중시킬 뿐이다.

내가 선택한 여자는 젊은 여자였다. 그녀는 젊고 예뻤다. 그녀는 성경적 이혼을 했고 구령자였다(적어도 그렇게 생각했다). 몇 년간 그녀의 가족을 알고 지냈는데, 그녀가 성경적 근거 하에 이혼했다는 상황도 알고 있었다. 그녀의 전 남편은 가정이 깨지기 전 신학원 강의를 몇 개 맡기도 했었다.

(십 년 만에 처음으로) 전 부인 제니를 짧게 만나본 후 재결합에 대한 모든 희망이 사라졌다는 것을 확신했다. 그녀는 아이들을 보러 펜사콜라에 이틀 동안 내려와 있었고 그 시간에 그녀와 몇 마디 나눴는데 그녀는 1944년에서 1949년까지 내가 믿음을 저버린 것에 대해서만 이야기 했다. 그녀는 절대로 그중 어느 것도 잊지 않고 있었다. 나는 그녀가 했던 비난들을 기억하고 있었고, 그런 비난들은 밥존스 대학에서 너무나 많이 들었던 것이었다. 그녀는 떠났고 다시는 그녀를 보지 못했다.

1972년 나는 리틀 존 부부의 딸인 셔리 루벤과 결혼했다. 리틀 존은 나중에 서점을 운영하기로 되어 있었다. 결혼한 지 두 달도 안돼서 그녀는 자신이 설교자의 아내가 되기를 원하지 않는다고 알려줬고, 결혼한 지 2년도 안돼서 수면제 복용으로 생명을 끊으려 했다. 악몽에서 깬지 얼마 되지 않아 또다시 악몽을 꾸게 된 것이다. 그러나 이번에는 두 가지 면에서 달랐다. 나는 내가 구원받지 않았을 때 결혼한 여자를 사랑하지 않았다. 이번 아내는 사랑했다. 게다가 나는 그녀의 가족을 사랑했고, 여기에는 그녀의 어린 두 딸(로라와 레이첼)뿐 아니라 그녀의 어머니와 아버지, 그녀의 여자 형제와 남자 형제도 포함되었다. 그들은 모두 정기적으로 교회에 출석했고 성경에 관심이 있었다. 두 번째로 나는 이 결혼 생활을 절대적으로 유지해야 한다는 필요성을 알고 있었다(혹은 알고 있다고 생각했다). (스트라이크가 세 번이면 아웃이다!) 어떤 희생을 치르더라도 이번 결혼은 유지해야 했다. "어떤 희생"에는 거의 나를 파멸시키는 것까지 포함되었다. 책을 지키시는 분은 책들을 덮을 준비를 하고 계셨지만, 결혼 생활에서 모든 것을 주면서도 반역과 무관심만을 되돌려 받는 것이 어떤 것인지를 알 때까지는 럭크만의 책은 덮지 않으실 것이다. 1944년과 1961년 사이에 썼던 계산서를 피리 부는 사나이에게 지불해야 할 때가 되었다. 연수까지, 그리고 거의 달까지 채워서 지불했다.

바비 케네디의 생명이 그에게서 떠났다(1968. 7. 8). 흑인들은 납세자들이 그들의 돈이나 "혹은 다른 것"을 넘겨줘야 한다고 요구하며 워싱턴 D.C.를 행진했다(6. 25). 시카고 민주당 전당대회에서 폭동이 일어났고(8. 29), "첫 번째 흑인 여성"이 대표로 선출되었다. 그녀는 흑인 공산주의자로 내내 공산주의 소속이었다. 그녀는 뉴욕 브룩클린에서 열두 번째 미하원 의원선거구를 대표했다. 즉 95%가 흑인인 지역.

달 궤도를 돈 첫 번째 우주비행사가 무사히 귀환했고(12. 27), 새해가 되자 얼스터에서 폭력이 발생했다(1969. 1. 4). 거기서 교황과 연계된 IRA 테러리스트들이 여전히 얼스터 자유 주를 없애고 에이레와의 합병을 강요하고 있었다. 1969년 4월쯤 삼만 사천 명 이상의 미국인들이 이기지 못하는 전장 베트남에서 죽었다. 그곳 지도자들은 시간과 사람들을 죽이는 것 말고는 뭔가를 하고자 하는 의도가 전혀 없었다. 암스트롱은 종이 쪽지에 기록된 다윈의 선전 문구를 암송한 후 달 위에서 말을 했다. 그를 거기 보내는데 250억 달러가 들었는데도 그가 돌아왔을 때 그를 위로 보내 살펴보라고 한 문제의 해답 하나도 가져오지 못했다. 다윈주의 원숭이 인간들은 달에 도착하면 창조의 "비밀들"이 열리기를 희망했었다. 그러나 완전히 망쳤다. 그러다 목성, 금성, 토성, 수성에 또 다른 100억 달러라는 거금을 들여 또 다시 실패했나. 테드 케네디는 "대통령식"을 원하다 살인을 하고도(1969. 7. 30) 벌을 모면했다: 친척이 좋았고, 좋은 언론이 있었으며 정치적 당이 적절했다..

정글의 열대우림이 급속히 자라 우드스탁 페스티발에서는 삼천 피트까지 자랐다(뉴욕에서 8. 17). 거기서 록음악, 마약, 음행, 술, 나체, 마귀 들림, 약물, 아프리카 춤들이 훌륭하게 조화를 이루었다. 수많은 십대들이 얼굴에 진짜 마녀 마스크를 그렸다(베니 굿맨과 진 크루파는 마침내 프레슬리와 비틀즈의 도움으로 "돈을 벌었다." 캘리 중위는 이백오십만 명의 저항자들이 워싱턴 D.C.에서 행진한 후에(11월) 베트남 미라이에서 엄청난 실수를 저질렀다.[8] 찰스 맨슨은 7명의 사람들을 조직적으로 살해한 후에 평생을 에어컨이 설치된(텔레비젼과 하루 세끼 식사를 포함해서) 감옥을 예약했다. 그는 자신의 이마 가운데에 검은 십자가를 하고서 자신이 "끝없는 구렁의 천사"라고 말했다(계 9:11). 켄트 주에서 징계 행위가 일어났다("대학살"로 불리는). 수천 명의 성도착자들이 난데없이 모습을 나타내기 시작했다(6. 28). 이들은 마이클 루터 킹이 했던 변명거리를 내놓

8) 베트남 남부의 작은 마을에서 1968년에 미군이 이곳 주민을 대량 학살했다

았다: 즉 "차별". 제니스 조프린, 앤젤라 데이비스, 다니엘 베리갠과 이디아민이 1970과 1971년에 표지 기사를 장식했다. 이디아민은 남아프리카에서 백인들이 20년간 살해한 흑인보다 더 많은 흑인들을 여덟달 만에 살해했다(2만 명). 언론의 후원으로 그는 그에 대한 벌을 받지 않았다. 피부색이 적절했던 것이다. 얼스타의 카톨릭 테러리스트들은 살상율을 2배로 증가시켰고 언론은 그들을 후원했다. CBS, NBC, ABC도 그랬다(1971. 8. 25).

나는 기도 모임 후에 브렌트 교회 성도들에게 내 결혼에 대한 "무기명투표"를 하게 했다. 찬성 이백 명, 반대 백 명이었다. 이런 상황이라면 사임하는게 나았다. 첫째로, 나는 거기 머물면서 내 회중의 삼분의 일과 싸울 생각은 없었다(괴로워하지 않고 그렇게 할 수도 있었지만!). 둘째로, 14년이 지난 브렌트 교회는 이제 "적자를 벗어"났다. 빚을 다 갚았다. 내가 누구에게 교회를 넘겨준다 해도 "운영비" 말고는 한 푼도 더 지불할 필요가 없었다. 이십만 달러 상당의 채권과 삼십만 달러 상당의 교회 청구서들을 청산했다. 나는 사임했고, 내가 떠난 사람들에게 일을 스스로 할 수 있는 2년의 기간을 주었다. 300명에서 250명으로 줄어들더니, 200명, 150명, 100명(두 명의 다른 목사들을 불러들였는데)으로 줄어들었고, 100명에서 70명, 50명, 30명이 되었다. 마지막으로 남은 집사가 말했다, "일이 이렇게 가게 해서는 절대로 안 됩니다. 여러분의 문제는 모두가 자만으로 가득 찼다는 거죠. 사실, 여러분은 그 어떤 목사가 오더라도 만족하지 못할 겁니다. 럭크만 목사님 외에는요. 그러면서도 너무 교만해서 목사님께 그 사실을 알리지 못하는 거죠."

나는 1974년에 17명의 회원으로 성경침례교회를 창립했다. 2년도 안 돼서 회원이 200명이 넘었다. 그 기간 동안에 학교와 서점을 위한 건물을 두 개 더 지었다. 그리고 그 후에 교실 두 개와 체육관이 달린 또 하나의 건물을 지었다. 비용은 모두 1989년 이전에 다 치러졌다. 재정은 퇴역해 군장교인 밋첼 형제가 맡았다.

그리고 여기서 이중 생활이 시작되었다. 어떤 일에도 평화로운 말로 합의에 이르지 못하는 확고부동한 아내를 달래야만 했다. 그녀는 간호사가 되고 싶어 했지만 내가 허락하자 그만둬 버렸다. 그리고 내가 간호사가 되지 못하게 했다고 불평했다. 나는 딸들이 아홉 살과 열한 살이 된 이후로는 둘 모두 훈육할 수가 없었다. 그 나이가 되기 전에 아이들을 훈육할 때마다 거의 주먹 다짐 이전까지 진행되곤 했었다. 바깥 대중 앞에서는 "럭크만의 새 아내와" 함께하는 행복한 "럭크만 가족"이었지만, 집 안에서는 "마룻바닥에 타월 하나, 바닥에 종이포장지, 버리지 않은 쓰레기, 흑인 도시 같은 뒤뜰 모습"에, 창문들은 닫으면 안 되었고, 차양을 쳐야 했고, 옷을 매일 갈아입어야만 했고(특히 정장), 침실은 엉망이었고, 부엌도 엉망이었고, 사람들에게 상담을 어떻게 해야 할지도 몰랐다. 가사도우미 에브린은(십년 간 우리 집 일을 해 주었는데) 자신이 뭘 하고 있는지 몰랐고, 아이들 중 제대로 된 아이는 아무도 없었고, 개를 어떻게 돌봐야 할지도 모르는 상황" 등등.

나는 꽃들과 캔디와 여분의 다이아몬드 반지들을 샀고, 식사를 위해 아내를 데리고 나갔고, 그걸로 충분치 않다면 독일로 세 번의 허니문을 떠났다(아내와 나만). 그리고 여름마다 그리스도인 캠프에 가서 여자 아이들이 수영하고 공놀이하고 말을 탈 수 있게 했다. 그러나 모든 게 소용없었다. 공항에 가면서 싸우고 돌아오면서 싸우고, 교회 가는 길에도 싸우고, 돌아오는 길에도 싸웠다(혹은 무시무시한 침묵을 지키든지). 결혼한 지 두 달도 안돼서 시작된 싸움은 시간이 갈 수록 더했다. 아내는 마침내 교회 신문에 낼 기사를 타자치고 있었는데, 그 기사들을 찢었고, 내가 그림 그리고 있는 동안 이젤판 위의 그림을 떨어뜨리고, 집에 유리잔을 내던졌다. (세상에 이런 교제라니!) 그녀의 모든 필요를 공급해줬고, 미국에서 가장 복음적이고 성경적인 사역 중 하나에 참여하는 특권을 제공해주었다. 그런 무리 중에 친구를 선택할 수 있었다. 약 오백 명 되는 회중 가운데 절친한 친구는 딱 두 명이었다. (처음에 백에서 삼백 명이 되는 회중 가운데서 친한 친구는 한 명이었다). 그녀가 가까이 하는 유부녀는 거의 모두 이혼을 했다. 나는 십 년간 그들 중 넷을 세었다. 그녀의 참된 위로자이자 안내인이며 상담자이며 파트너는 언제나 하나님이 아니었다. 학생 중 한 명(제임스 맥가우이)과 결혼한 그녀의 자매였다. 나는 재빨리 내 배우자가 기도 생활도 전혀 하지 않으며, 일 년에 한 번도 성경을 읽지 않는다는 것을 알았다. 그러나 나는 그녀를 사랑했고, 그래서 그녀를 위해 "덮어 두었다." 나는 하나님을 사랑했고 그래서 잘 되게 해 보려고 노력했다.

그동안 사역은 가속화되었다. 회중도 늘어났고, 학교도 전성기를 누렸고, 성경 강연회도 활성화되었다(밥 그레이와 헤롤드 헨닌거가 나와 연락을 끊었지만). 구령도 계속되었다. 사람들은 구원받았다. 알칸사스 벤톤, 오클라호마 툴사, 위스콘신 그린 베이, 오하이오 프레더리카, 텍사스 컴포트, 텍사스 산안토니오, 캘리포니아 로스엔젤레스, 캘리포니아 샌디에고, 워싱턴 시애틀, 네바다 라스베가스, 뉴욕 로체스터 등에서 수많은 사람들이 구원받았다. 이제는 2,600명, 2,800명, 2,900명, 3,000명이 구원받았다. 장부 수가 올라갔다. 1950-1980년 사이에는 4,000명이 구원을 받았다. 아마 더 될 지도 모른다. 서점에서는 성경 공부 테이프와 설교 테이프를 지구 끝까지 내놓기 시작했다. 뒤이어 전도지가 네 가지 언어로 나왔고(영어, 중국어, 독일어, 스페인어), 라디오 프로그램, 그림을 그리며 강의하는 텔레비전 강의가 나왔다. 이제 "성경을 위한 전투"가 왕성하게 진행 중이었고, BJU(밥 존스 대학교)와 PCS(펜사콜라 크리스찬 학교)와 다른 곳의 배교자들은 자신들이 성경대로 믿는 사람들인 체 해야 했나. 그게 효과가 없으면 그들은 여러 가지 것들을 시도했다.

1. 학생들이 나의 책을 읽거나 내 테이프를 듣는 것을 금지시킴.

2. 내 방송이 나가는 WMEZ를 학생들이 듣지 못하게 금지시킴.

3. 에드워드 힐즈(혹은 데이비드 오티스 풀러)가 쓴 책들을 자기네 캠퍼스에서 금지시킴.

4. 성경대로 믿는 사람들을 모조리 싸잡아 "럭크만파"로 매도하기. 심지어 내 책을 읽어 본 적도 없고 내 이름을 알지도 못하는 사람들에게까지 그런 딱지를 붙였다.

5. "경건한 비평가들"의 추측으로 권위 역본을 고치지 않는다는 이유로 성경대로 믿는 사람들을 모조리 "이단" 회원으로 낙인찍기.

1972-1980년은 젊은 사역자들을 훈련시키는 해였다. 나는 평상시와 다름없이 여름에는 격주, 겨울에는 한 달에 한 번씩 성경 강연회를 열었다. 그동안에는 책을 썼다. 로라와 레이첼이 십대가 될 때까지는 (13살, 16살) 가정문제가 "마지막 대결" 구도까지는 가지 않았다. 그런 다음 "누

워서 침 뱉기"를 했다. 이 기간 동안 나는 몇 권 분량의 성경 주석서를 썼고, NASV, NKJV에 관한 시리즈물과, 그림을 그리며 설명하는 강의 설교를 포함한 소책자들을 썼다. 이미 오하이오 캔톤에 있는 그리스도인 명예의 전당에 들어갈 스무 점 정도의 그림을 그려놓은 상태였고, 이제 요한계시록 그림을 시작해야 한다는 부담을 느꼈다. 1988년까지 요한계시록에 들어갈 144점의 아크릴 그림과 유화를 완성해 놓았다. 내게는 22피트짜리 "순항 보트"가 있어서 아이들을 낚시에 데리고 갈 수 있었지만, 아이들의 엄마의 간섭 없이는 아이들에게 그 무엇도 가르칠 길이 없었기 때문에 로라와 레이첼은 결코 낚시를 배우지 못했다. 나는 아내에게 라켓볼하는 법을 가르쳤고, 골프하는 법을 가르치려고 애썼다. 그러나 아내는 우리가 라켓볼 코트로 갈 때마다 뭔가 싸울 거리를 찾아냈고, 골프에서 한 가지가 끝나면, 클럽을 잡는 법이라든지, 공을 보는 방법이라든지, 스윙하는 방법이나, 어떤 클럽을 사용해야 할지 배우려 하지 않았다. 아무것도 배우려 하지 않았다. (그런 다음 내가 자신과 시간을 보내지 않는다고 불평을 했다. 전에도 그런 말을 어디선가 들었던 것 같은데!!)

나는 계속 했다. 브루쳐 장군의 소년 드러머는(약 1810-1815) 드럼을 칠 때 "후퇴"를 북으로 치는 법을 배우지 못했다. 그는 70세가 넘어서 군마를 타고 전장으로 갔다. 나는 1980년에 59세라는 불가능한 나이에 이르렀고 여전히 주께서는 나를 참아주고 계셨다. 아, 하나님의 은혜여!

멕시코에서 열차 사고로 147명이 죽었고(1972. 10. 6), 모스크바에서는 여객기 사고로 170명의 또 다른 사람들이 자신들의 창조주를 만나러 갔다(10. 14). 니카라과에서 일어난 지진으로 하루에 만 명이 영원으로 들어갔다(12. 25). 나는 그 열차에도 타지 않았고 그 제트기도 타지 않았으며, 니카라과에도 있지 않았다. 나이지리아에서 비행기 사고로 180명이 죽었고(1973. 1. 22), 파리에서는 122명이 비행기 사고로 더 죽었다(7. 11). 다마스커스에서는 100명의 시민이 폭발로 생명을 잃었고(10. 9), 텔아비브에서는 1,800명이 더 죽었다(11. 6). 『너희 생명이 무엇이냐? 잠깐 보이다가 사라지는 안개니라』(약 4:14). 로마에서 아테네로 가는 미국 제트 항공기에 탄 30명을 테러리스트들이 살해했다(12. 17). 상파울로에서는 175명이 불타는 사무실 건물에서 죽었다(1974. 2. 1). 이란과 이라크 군대가 충돌해서 70명이 죽었다(2. 10). 발리에서는 팬암 제트 항공기가 충돌해서 170명이 죽었다(1974. 4). 같은 날 아일랜드에 있던 카톨릭 테러리스트들은 프로텐스탄트 얼스터에서 통틀어 천 명의 프로테스탄트를 살해했다. 뉴스 매체는 계속해서 카톨릭교도들을 지지했고 그건 오늘날도 마찬가지다. (교황은 "얼마나 수치스러운가!"라는 말만 했다). 이탈리아 브레스키아 쓰레기통에서 터진 폭탄으로 6명이 숨졌다(1974. 5. 28). 인도에서는 천연두로 만 명이 심판석으로 갔다(6. 5). 이에 필적하도록 하기 위해 주께서는 사이클론으로 온두라스에서 또 다른 천 명을 쓸어버리셨다(9. 20). "천 명이 네 옆에서, 만 명이 네 오른편에서 쓰러질 것이나..." 럭크만은 여전히 살아 있었다. 그리스도인들은 그가 죽기를 원했다. (1986년까지 그의 아내는 그가 죽기를 원했다.) 카톨릭교도들도 그가 죽기를 원했다. 기독교 대학과 종합 대학에 있는 기독교 학자들은 럭크만의 장례식에 참석할 수 있다면 2년간의 월급도 내 줬을 것이다. 나는 살아 있었다.

파키스탄에서 일어난 지진으로(1974. 12. 20) 8,700명이 죽었고, 영국에서는 카톨릭 테러리스트들이 17명을 더 죽였고(11. 1), 더블린에서는 23명을 더 죽였다(5. 7). 베트남에서는 비행기 사고로 100명의 고아들이 죽었다(1975. 4. 4). 내가 결혼한 지 3년도 되지 않아서 이스턴 항공 제트기 한 대가 뉴욕에 추락해서 109명이 죽었다(1975. 7). 188명의 모로코인들이 아가디에서 또 다른 제트기 추락으로 죽었으며, 카톨릭 테러리스들은 벨파스트에서 또 다른 12명의 프로테스탄트를 살해했다(10. 2). 나는 1951년 이후 제트 항공기와 터보프롭 엔진이 달린 비행기로 일 년에 평균 6만 마일 여행하고 있었다(144,000 마일 이상). 『그분께서 그를 자기의 눈동자(apple)처럼 지키셨도다』(신 3;10). 나 같은 썩은 사과가 이런 엄청난 죽음에서 어떻게 살아남았는지 영광스러운 본향에 갈 때까지는 결코 알지 못하리라.

레바논 제트 항공기가 사우디아라비아에 추락해서 82명이 숨졌다(1976. 1, 1). 과테말라에서 일어난 또 다른 지진으로 14,000명의 생명이 완전이 박살이 났고(1976. 2), 뉴기니아 지진으로 900명이(7. 8) 죽었으며, 정부를 전복시키려다 18명의 에티오피아인들이 사형되었고, 콜로라도에서 갑작스런 홍수로 139명이 죽었으며(1976, 8), 같은 달 모잠비크에서 300명의 로지디아인들이 죽었고, 또 같은 달 수단에서 80명이 정부 전복을 시도하다 사형되었다. 유고슬라비아에서는 두 비행기가 서로에게 충돌해서(9, 10) 173명이 죽었고, 볼리비아에서 US707 추락으로 102명이 더 죽었다(10. 13). 터기에서는 지진으로 또 다른 3000명이 죽었다. "순례"에서 돌아오던 100명의 모슬렘인들이 홍해에서 익사했고(12. 23), 카이로에서는 44명이 죽고 600명이 부상당하는 것으로 새해를(1977. 1) 시작했다. 3월에 루마니에서 일어난 지진으로 750명이 죽었다. 브루셀에서는 호텔에서 발생한 불로 302명이 죽었고(5. 23), 켄터키에서는 나이트클럽에서 난 불로 160명이 불타 죽었다(5월). 나는 1949년 이후 최소 600개의 호텔에 묵어 왔고, 구원받기 전에 최소 40개의 나이트클럽을 다녔다. "하나님이여, 죄인인 저에게 자비를 베푸소서."

사람들이 "파리 목숨처럼" 죽어갈 때(그리고 물에 빠진 생쥐처럼, 불나방처럼, 발에 밟힌 개미처럼) 나는 여전히 "야전"에 있었다. 나는 이제 4년 이내에 은퇴를 생각하는 56세다. 내가 "30세"로 군복무를 했다면 3년 전에 은퇴했을 나이이다(1974). 같은 장소에서 30년을 일한 사람을 생각해 보면 은퇴 나이가 19년은 지났을 나이가 되어가고 있었다. 나는 텍사스 전역에서 설교했다(그라함, 달라스, 포트 워스, 알링톤, 콤퍼트, 산안토니오, 모나한). 플로리다 헤이네스 시티에서는 카터를 위해 설교했고, 사우스 캘리포니아 플로렌즈에서는 몬로 형제를 위해서, 플로리다 세인트 피트에서는 라본느 로위를 위해, 플로리다 올란도에서는 웨어 형제를 위해, 캘리포니아 포모나에서는 바테마를, 플로리다 데이드 시티에서 쿠첸을, 오클라호마 툴사에서는 팩을, 샌안토니오에서 보남을, 바톤 로지에서 프렌치를, 프린트에서 디난트를, 세인트 피트에서 바비 클락을, 세인트 피트에서 쿨버슨을, 오하이오 미들타운에서 시어스를 위해, 인디애나 폴리스에서 크리튼 헤일 형제를 위해, 인디애나폴리스에서 그레그 딕슨을, 탐파에서 가몬 형제를, 탐파에서 스카티 드레이크를 위해 설교했다. 나는 위쪽 버지니아 킹 조지와 오하이오 와드스워스 있었고, 위스콘신 그린 베이에서 할리 케크와 함께 있었고, 뉴욕 포체스터에서 물린즈와 모드리쉬와 함께, 오하이오 트로이에서 탐 더프와 함께, 잭슨빌에서 밥 그레이와 레스터 로로프와, 텍사스에서 오스왈드 스미스와 하비 스프링거와 함께 있었다. 나는 낙스빌에서 피스 형제를 위해, 루이즈빌에서 만구스 형제를 위해, 뉴올리언즈에서 맥퍼슨 형제를 위해 설교했다. 그밖에 어디에서 했는지 하나님께서는 아신다. 사람들이 구원을 받았다. 사람들이 여기저기서 구원을 받았다. "하나님의 사랑을 나눈다"거나 "그리스도를 당신의 삶 속으로 들어오게한다"거나 "그리스도를 위한 결단을" 한다거나 "하나님께서 당신의 문제들을 해결하게" 하는 식으로 사람들이 구원받은 것이 아니었다. 옛 방식의 성경을 쿵하고 던지고, 지옥불과 저주를 설교하고, 노스 케롤나이나 방식의 가죽을 찢고 피부가 찢기고 껍질이 벗겨지는 설교를 통해 구원받은 것이었다.

수백만 명의 생명의 잔이 내 주위 여기저기서 내동댕이쳐지고 있었다. 거의 반세기 동안 그랬었다. 내 차례가 올 것이다. 그러나 "그분의 선하심과 은혜의 풍성함이여!" "아, 자비가 영원히 지속되는 분의 자비여!" 나보다 더 가치 있는 수천 명도 더 되는 사람들이 전등처럼 도로에 내동댕이쳐지는 동안에도 나의 잔은 넘쳐났다.

인도에서 사이클론으로 하루에 만 명이 죽었고(1977. 11. 20), 에콰도르에서 일어난 폭동으로 120명이 죽었고, 싱가포르에서 비행기 추락으로 100명이 죽었으며(12. 1), 건축 공사장의 비계 붕괴(1978. 4. 7), 호메이니를 위한 집회, 팔레스타인에서의 총싸움, 시리아와 "기독교" 군대 간의 전투와 파업들로 190명도 더 되는 사람들이 사라졌다. 프리스코 출신의 은사주의 목사 - 그는 인종 통합, 여성해방, 동성연애, 복지, 저소득자들을 위한 식료품 할인 구매권, 차별철폐조처, 방언, 신유, 사회주의를 설교했다. - 는 가이아나에서 대미를 장식했다. 그는 포도 청량음료 분말에 청산가리로 장식을 해서 뉴스매체와 텔레비전을 믿었던 909명의 풋내기들을 끝장냈다. 짐 존스는 이 글을 쓰고 있는 이 시간에 뉴스 매체에서 후원하는 모든 프로젝트를 대표했다(그리고 후원했다). 그는 직업 안전 위생 관리국과 보건교육후생부의 온갖 면허증을 가지고 있었고, 베이커나 스와거트(그리고 고어맨, 힉키, 로버츠, 하긴, 에윙)처럼 은사주의자였다.

세월은 흘러갔다. 나를 "양육"했던 여자들과 남자들이 한 명씩 한 명씩 지옥으로 가는 것을 보는 것이 어떤 것인지 독자들은 모르리라! 나는 극장, 도서관, 육군, 그리고 교실에서 "양육"되었다. 죽은 사람들이 독사들에게는 "아무것도 아닌 사람들"일지 모르지만, 그들은 나의 동료들이었고 멘토였으며 안내자들이었고 상담자들이었으며 움이 트는 "교사들"이었다. 스펜서 트레이시가 죽었고, 에디 캔터가 죽었으며, 에롤 그린이 죽었고 그 다음엔 잭 베니, 월트 디즈니, 보리스 카로프, 벨라 루고시, 제인, 로셀, 제임스 케이니, 찰스, 로튼, 월리스 비어리가 죽었다. 해리 트루먼은 1972년 12월 26일 죽었다. 에드워드 G. 로빈슨(작은 시저)이 1973년 1월 26일에 죽었다. 에디 릭켄백커는 7월 24일에 죽었다. 첼로 연주가였던 파블로 카살은 10월 22일에 죽었다. 1939년부터 나의 우상이었던 진 크루파는 1977년 10월 16일 결산을 했고 뒤이어 벤 구리온(12. 1), 쳇 헌트리(1974. 3. 20), 디지 딘(7. 11), 찰스 린드버그(8. 26), 잭 베니(12. 21)가 뒤를 따랐다. 나는 그들의 영화를 봤고, 그들의 책을 읽었으며, 그들의 음악을 들었고, 그들이 하는 농담을 들었고, 그들이 구기 종목을 하는 것을 지켜 봤으며, 수년 간 신문에서 그들 기사를 읽었었다. 그들이 죽은 것이다. 『죄의 삯은 사망이요...』(롬 6:23)

나는 수산 헤이워드보다 더 오래 살았고(1975. 3. 17, 사망), 장제스(4.

5), 케이시 스텐겔(9. 29), 헤일 셀레이스(8. 28)보다 오래 살았다. 내가 성경을 설교하고 가르치는 동안 프란시스코 프랑코가 죽었고(11. 20), 폴 로베슨이 죽었으며(1976. 1. 23), 릴리 폰즈가 죽었고(1976. 2. 13), 몽고메리 장군이 죽었으며(3. 24), 폴 게티와 조니 머서가 죽었으며, 마오쩌둥이 죽었다. 그들 뒤를 제임스 존스, 조안 크로포드, 워너 본브라운, 그라우초 막스, 거이 롬바르도, 빙 크로스비가 따랐다. 『사망이 우리 창문들로 올라오며...』(렘 9:21).

나는 성경을 가르쳤다. 1978년 어떤 사람이 나를 성지 순례에 초대했고, 나는 농담삼아, "같이 가겠습니다만 프랑크프르트에 나를 내려놓고 되돌아가는 길에 다시 나를 데리고 가 주세요."라고 했다. 그들은 나에게 프랑크프르트행 왕복항권권을 구입해줬고 나는 갔다. 나는 독일에 2주간 머물면서 샘백과 즈웨이브러큰에서 설교한 다음 벅트스게이덴으로 내려가서 히틀러가 지냈던 독수리 둥지로 올라갔다. 옛날 2차 세계대전 당시의 독일군와 접촉해 보기 위해 나는 "에리카"와 "릴 마린"을 휘파람으로 불었고 접촉을 했다. 그 나라 전역에 독일어로 된 전도지를 배포했고, 동독에까지 전도지를 배포했다. 나는 아내를 데리고 노이슈반스타인, 푸에센, 케임시에 있는 루드비히 성들을 두루 다녔고, 다하우를 거닐었다. 오벨암메르가우와 미텐발드에서부터 뮌헨과 프랑크프르트까지 카톨릭 성당에 전도지를 남겼다.

2년 후에 또 한 번의 여행을 하게 되었는데 그 여행에서 주께서는 내가 결코 잊지 못할 방식으로 나를 붙드셨다. 이번에는 히틀러가 태어난 곳에 갔고(인강에 있는 브래노) 전도지를 나눠 주고, 뉴렘버그 스포츠펠

래스트에 연설가의 단상으로 올라갔다. 아돌프가 섰던 곳에 서서 내 앞 텅빈 필드를 응시했다. 그곳은 남겨진 방과 더불어 4개의 아스트로돔을 수용할 수 있었다. 그곳에서 옛 수채화가가 틀림없이 봤을 것에 대해 생각해 보았다. 그 독재자는 연설가였으며 화가였고 보병이었다는 생각이 나를 뒤흔들었다. 그가 어린 소년이었을 때 사탄이 그를 붙잡았다. 내가 방금까지 있었던 브래노에서 누군가가 그에게 복음전도지를 줬다면 어땠을까? 학교에서 집으로 가고 있던 브래노의 십여 명의 학생들에게 내가 방금 전도지를 준 것처럼 말이나. 다음 세대 독재자가 태어나서 성장하고 있는 곳은 어디일까?

나는 아내를 비엔나에 있는 오페라 하우스에 데리고 갔고 떠나기 전에 맛있는 구운 고기로 그녀에게 만찬을 먹였다. 오페라하우스 오는 길에 있는 비엔나의 장미정원을 거닐며 나는 거의 울 것 같았다. 때로 경직된 걸음, 차가운 푸른 눈들, 군인풍의 사람들이 우리가 지나가는 것을 보았다. 공원에 앉아 있는(잘 차려 입은) 노인들을 보았는데 많은 이들이 절대적으로 아무것도 하지 않고 앉아 있었다. 신문조차 읽지 않고 있었다. 오스트리아는 세계에서 두 번째로 높은 자살률을 보이고 있었다. 『그들은 스스로 현명하다고 말하나 우둔하게 되었고...』(롬 1:22)

나는 독일어를 조금씩 해보았지만 진짜 긴 대화를 할 만큼 잘 하지는 못했고, 내게 부담이 되었다. 나는 비엔나에 있었다. 나는 무엔켄에 있었다. 나는 벅트스게이덴에 있었다. 나는 전도지를 나눠줄 수 있었고, 구원받았는지 물어볼 수 있었고, 때로는 (조금이라도 영어를 할 줄 아는 사람이면) 좀 더 이야기를 할 수 있었지만 그 사람의 개인적인 일들에서 그리스도의 필요성을 이야기하는 수준으로까지는 진행할 수 없었

어느 "거리 음악가들"에게 복음을 전하다

다. 점점 더 풍경에는 흥미가 떨어졌다. 나는 이전 보병을 다루고 싶어졌다. 옛 피가 여전히 거기 있었던 것이다. 어느 날 밤 브라하우스에서 화장실에서 한 남자가 나와 나를 멈춰 세웠다. 그는 내 또래였다. 그는 조금 취해있었다. 나를 멈춰 세우고는 말을 하기 시작했다. 그는 울부짖듯 말을 했다. 자신이 말하는 것을 내가 전혀 이해하지 못한다는 것을 알기 전까지 거의 10분 동안이나 말을 했다. 오늘까지 나는 그가 무슨 말을 했는지 알지 못하지만 그는 말하는 내내 울부짖었다. 내게 뭔가를 구걸하는 것은 아니었다.

비엔나 시내 한 호텔에서 나는 아내가 옷 입는 걸 기다리며 침대에 누워 있었다. 발레 공연을 갈 예정이었다.

다시금 그 목소리:

"피트, 이 나라는 뭐가 잘못된 걸까?"

"구원을 받지 못했습니다. 잃어버린 존재들이죠. 지옥에 갈 겁니다. 그들 눈 속에서 볼 수 있습니다."

"사람들이 도처에서 지옥으로 가고 있구나."

"저도 압니다. 이 사람들을 생각하면 참을 수가 없습니다. 엘비스나 비틀즈가 지옥에 가는 생각을 하면 별로 화가 나지 않는데, 이 사람들은... 이 사람들은 예의도 바르고 잘 훈육되었고 깨끗하고 순종적이며 용감합니다. 참을 수 없습니다."

『차별이 없느니라. 이는 모든 사람이 죄를 지었으므로 하나님의 영광에 이르지 못하다가...』(롬 3:22-23).

"압니다. 안다구요. 그래도 여전히 저를 괴롭힙니다. 롬멜이 히틀러와 같이 지옥에 있나요? 펍스 프릴러! 그가 히믈러와 같이 지옥에 있나요? 하나님, 주님은 아십니다! 주님은 아시죠!"

"자, 이 나라의 문제가 뭘까?"

"주님의 책에 대해 이들은 전혀 모릅니다. 이들은 주님의 책을 제외한 모든 걸 알고 있습니다."

"왜 그럴까?"

"제 생각에는 성경...이 없어서 그런 것 같습니다." 나는 거의 말할 뻔했다. 그 다음 혀를 깨물고 똑바로 천장을 쳐다봤다.

"성경 뭐가 없다구? 피트?"

나는 소리 내어 그 말을 속삭였다. 조용히 아주 조용히! 그 말이 내 귀에 들리는 게 싫었다. "성경 교사. 그들에게 성경을 가르쳐 줄 사람이 없습니다."

"그러면 내가 너를 뭘 하도록 불렀지?"

1980년 이후 가르치는 일이 이전과는 완전히 달라졌다. 나는 성경을 가르치도록 부르심받는 것이 이 세상에서 지극히 높은 부르심이라고 생각하며 본국에 돌아왔고, 다음 7년 동안 정말로 가르치는 일을 했다. 나는 모든 과목을 다시 바꾸고, 그중 세 개의 교수요목을 작성했으며, 그중 4개의 교과서를 썼고 과를 복습하지 않고는 교실에 들어가지 않았다. 그때까지는 그냥 공책을 집어 들고 가서 "즉흥적"으로 했다.

집에 온 지 석 달도 안 되어 하나님께서 나를 다시 붙드셔서, 북쪽 노스 캐롤나이나 옛 방식대로 성경을 집어던지며, 소리지르며, 30분간 무릎을 꿇고 독일을 위해 울부짖었다. 하나님께서 원하신다면 교회와 학교를 내 동료에게 넘겨주고 (59세의 나이에) 지금이라도 가겠다고 말씀드렸다. 하나님께서는 "안돼"라고 말씀하셨다. 나는 옛 시골 교회의 나무로 된 마룻바닥에서 뒹굴었다(강단 뒤쪽에 있어서 아무도 나를 볼 수 없었다).

"누군가를 보내 주세요! 누군가를 보내 주세요! 누구라도 보내 주세요! 그들이 지옥으로 가고 있습니다. 여기 지상에서도 지옥을 경험한 사람들입니다. 저 세상에서도 지옥으로 가게 될 겁니다! 뭐라도 해 주세요. 누군가를 보내 주세요!"

『그러므로 추수의 주께 기도하여 추수할 일꾼들을 보내 주소서 하라』(마 9:38).

지상에서 응답되지 않은 기도가 수많이 있지만 이 기도에 대한 응답은 받았다. 게토와 길 리가 독일로 갔고, 트로스클레어와 포트가 독일로 갔으며, 신드램과 애트웬거가 오스트리아로 갔고, 볼라드가 오스트리아로 갔으며, 쉐라우즈와 볼릭이 갔고, 하나님의 은혜로 우리는 루터 성경을 다시 묵자로 인쇄할 수 있었고, 에라스무스 본문 몇 개를 킹제임스성경에 쓰인 베자 본문과 맞게 수정해서 인쇄할 수 있었다.

허버트 험프레이가 죽었고(1978. 1. 3), 바오로 5세가 죽었으며(1978. 8), 그 뒤를 이은 불운한 요한 바오로 1세는 다소 반공산주의 성향을 보였는데 "통치"를 시작한지 두 달도 안 되어 죽었다. 그의 "심장마비"와 관련된 정황이 신뢰하기에는 무리가 있었고 〈바티칸의 살인〉(아브로 맨하탄)에 이 이야기는 아주 잘 나와 있다. 폴란드 출신 전문 배우가 요한 바오로 1세의 뒤를 이었는데 그는 지금까지 세상에서 볼 수 있었던 가장 위대한 국제 정치가로 세계 기록을 세울 것이었다.

과테말라에서 삼십 명이 죽었고(1978. 10), 미국에서 일어난 최악의 비행기 재앙으로 73명이 죽었으며(1979. 5. 29), 골다 메이어가 죽었고(1978. 12. 8), 스페인에서는 호텔의 불로 73명이 불에 타 죽었고(1979. 7. 12), "내각에 남은 첫 번째 흑인 여성"이 계속 있었다. 패트리시아 해리스라는 이름의 백인과 흑인 사이의 혼혈이었다. 혼혈인 서굿 마샬이 그녀에게 취임선서를 하게 했다. 그래서 그는 "반만 흑인인 사람을 선서시킨 첫 번째 혼혈"이 되었다. 마틴 루터 킹은 "멤피스 호텔에서 총에 맞은 첫 번째 흑인"이 되었고, 제시 잭슨은 "그 사건이 어떻게 일어났는지에 대해 거짓말한 첫 번째 흑인"이 되었다. (수많은 "첫 번째들"을 언론에서는 놓치고 있었다.)

허리케인 데이비드가 도미니카공화국에서 400명을 죽였는데(1979, 9) 20년도 안 된 오늘날 누가 그 일에 신경이나 쓰겠는가? 『모든 사람들의 끝이 없도다』(전 4:16). 남극에 비행기가 추락해서 275명이 죽었다(11. 28). 알 캡(릴 애브너)이 죽었고(11. 5), 리처드 로저스도 죽었으며(오클라호마), 지미 듀란트도 죽었고, 제시 오웬도 죽었고, 알프레트 히치콕도 죽었다. 다음의 유명 인사들이 그들을 뒤이어 묘지로 갔다: 피터 셀러즈, 존 레논(비틀즈), 매 웨스트, 조 루이즈, 빌 할리(코메츠), 알버트 스피어, 나탈리에 우드, 릭오버 제독, 호우기 카미첼(스타르더스트), 헨리 폰다, 존 벨루쉬, 잉그리드 버그만(1980, 1982).

그때쯤 나는 "그 아름다운 해안"에 친구 몇을 모으기 시작하고 있었다. 처음 내가 구원받았을 때는 구원받은 "사랑하는 사람들"이 없었기 때문에 하늘 나라에서 "사랑하는 사람들"을 만나는 것을 기대할 수 없었다.

화물 열차에 받쳐 버린 럭크만 목사의 트럭 (1977)

그러나 이제(1980) 나는 그 가사를 이해하기 시작하고 있었다. "아, 친구들이 구름한 점 없는 곳에서 기다리고 있네! 그들이 간 길을 따르라고 나를 부르고 있네! 그들은 갑옷을 벗었고 세상에서의 일도 끝났네! 인내로 믿음을 지키고 생명의 면류관을 얻었네!"

거리 설교를 하도록 나를 인도했던 글렌 천크도 본향으로 갔다. 밥존스 대학 출신의 나의 동료 졸업생인 클레이 해드리도 본향으로 갔다. 찬양 인도자였던 빅 밥 퍼슨즈도 본향으로 갔다. 나의 영웅이자 "역할 모델"이었던 밥존스 시니어도 본향으로 갔다. 위대한 반 카톨릭주의자였던 알렉스 던랩도 본향으로 갔다. 구호 선교회 동료였던 지미 스트라우드도 본향으로 갔다. 닥터 디한도 떠났다. 찰스 풀러로 갔고 밥 잉글도 갔다.

나의 감독 교회 의사였던 노르만도 본향으로 갔다. (나의 어머니, 아버지와 자매는 1966년에 모두 세 달 간격으로 죽었다. 그들 모두는 그리스도 안에 있는 구원하는 믿음을 고백하지 않았다. 그들은 세례받고 견진성사를 받은 이신론자들로 살다가 죽었다.) 앨라배마 윙에서 구원받은 빅 거즈 병장도 본향으로 갔다. 페인트 월튼 비치의 빅 짐 퀴그리도 본향으로 갔다.

나에게 첫 번째 성경을 주었던 여인인 앨라배마 소요빌 출신의 사랑하는 그 옛날의 맘 메이도 곧 "몸에서 떠나 주와 함께"(고후 5:8) 있게 되었다. 그녀의 자매인 로사 이모도 함께 갔다. 나에게 안수해주던 패리 레빌도 떠났다. 올리버 그린도 떠났다. 나의 이전 보병친구였던 러셀 펠(앨라배마, 엘버타)도 떠났다. 레스터 로로프도 곧 비행기 추락으로 떠났다. 리 라슨(파나마 시티)도 죽었고, 프란시스 길리(이사회 회원 중 한 명)도 곧 떠났고, 짐 캑케이도 갔으며 헤드릭스 형제도 곧 갔다. 내게 22피트

생가죽 채찍을 휘두르는 법을 가르쳐주었던 네바다 스티브 호모키도 본향의 영광으로 갔으며, 곧 사랑하는 옛 "호모"도 갔다. 호모는 우리 교회 마스코트로, 여러 해 동안 건달로 지냈던 노총각이었다. 그는 회심했지만 거의 평생을 "분명한 사고"를 하지 못했다. 그는 우리 교회의 최고의 축복 중 하나였다. 이들 무리가 점점 더 쌓여가고 있었다. 곧 달라스 빌링톤, 파이팅 밥 슐러, B.R. 라킨이 "눈물의 골짜기"를 떠나 본향으로 가서 왕의 식탁에 앉아 "하나님의 나라에서 먹고 마시게" 되었다(눅 14:15).

"아, 하늘나라의 본향을 생각해 보라! 강변 옆에 너무나도 아름다운! 상미가 절대로 시들지 않은 나라로. 거기서 만나리, 거기서 만나리, 생명 나무가 피는 곳, 거기서 만나리!"

언젠가 나도 "본향"에 갈 것이다. 이제 나는 "본향"이 어딘지 알았다. 나는 종종 향수병을 앓았지만, 두 번 다시 면도도 하지 않고 반쯤 취한 채, 죄에 미쳐 피곤에 절어 반쯤 죽은 상태에서 뒹굴었던 그날 밤처럼은 아니었다. 버려진 감리 교회에 들어가 "아, 하나님 저를 데려가 주세요! 집으로 가고 싶습니다!"라고 했던 그날 밤처럼은 아니었다. 그때는 "본향"이 어디 있는지 몰랐지만 이제는 어디 있는지 안다. 그곳을 가리킬 수도 있다. 북반구 어디서든지 똑바로 그곳을 가리킬 수 있다. "인생의 길을 걷다 어느 날, '너를 위해 하늘 나라에 큰 저택을 짓고 있단다.'라고 부드럽게 말씀하시는 소리를 들었네. 아름답고 아름다운 집!"

사람들이 구원받았다. 3,200명, 3,500명, 3,800명, 4,000명. 1985년까지 4,000명이 넘는 죄인들이 내가 인도하는 모임에서 그리스도를 발견했다고 고백했다. 1990년까지 6,000명을 넘게 될 것이다.

미국 각지에서 사람들이 구원받았다. 나는 로링즈 형제를 위해 설교했고(신시내티), 뷰챔빅(디트로이트), 로버트 테일러(텔러헤시), 로저스 형제(오하이오 캔톤), 아트 마틴(오하이오 캔톤), 지미 스트라우드(멤피스), 오브레이 미첼(모바일), 애드킨즈(테네시 낙스빌), 로터코(인디애나 호바트), 켄 블루(워싱턴 시애틀), 웨이도(텍사스 알링톤), 단난트와 로링즈와 보남에서 했던 매년 계획된 평시 모임에서 설교했다. 계속되었다. 낙스빌 로선, 델라웨어 프레더리카에서 잉그램, 펜실베니아 레드 리온에서 츄먹, 뉴욕 오번에서 깁, 노스 캐롤라이나 에어리 산에서 랙키, 미시간 리보니아에 허버트 노에, 플로리다 포트, 메이어즈에서 밥비 엘리스, 미시간 랜싱에서 돈 그린을 위해 설교했다. 나머지 사람들의 소재는 놓쳐 버렸다.

제17장

수확기

59번째 생일이 지나고 석 달 후에 나는 처음으로 아이스 스케이트 신발을 신고 야외 링크로 가서 아이스하키를 했다.

라켓볼이나 "블러디 볼"(1m 물 속에서 하는 아주 "군인적인" 형태의 수구)을 하다 아주 빈번하게 다치게 되면(1972-1980) 아내는 "커서 뭐가 되려고 그러세요?"라고 말하곤 했다. 나는 항상 "하키 골키퍼가 될 거야." 라고 말하곤 했다. 보병 공격과 총검 공격이 합쳐진 듯한 내가 아는 유일한 게임이었다. 40세가 넘어서 시작한 게임에서, 59세에 팔꿈치와 주먹에 맞아 얼굴에 이 두 개가 깨끗해졌고, 50세 이후에 한 게임 덕에 다리와 얼굴에 꿰맨 자국이 있고, 나중에는 하키 퍽으로 맞아 눈구멍에서 눈이 거의 튀어나올 뻔했지만 그건 60세 이후의 일이었다. 나를 "보통 사람들의 법에서 벗어난 사람"이라고 부르는 사람이 있을지 모르겠다. 테레빈유

하키 경기 (1988)

와 가솔린으로 가득 찬 페인트 트럭에 있는 기차 잔해 덕택에 얼마간 라켓볼을 미루었지만 그렇게 오랫동안은 아니었다.

스케이트를 탈 때 좀처럼 서 있을 수가 없었다. 일단 움직이기 시작하면 멈출 수가 없었다. 그러나 "골키퍼"를 하면 스케이트를 그렇게 많이 탈 필요가 없었다. 처음에 선수들은 모두가 "교회 청년들"이었고 그들은 "퍽을 치지"도 못했다. 이렇게 두 번의 겨울이 지나자 선수들이 "퍽을 치기" 시작했다. 그동안 나는 신학원 교과 과정의 일부로 하키를 집어 넣었고, 새 체육관이 생기자 우리가 처음 한 일은 사이드에 판을 대고 양쪽 끝 주위에 널빤지로 울타리를 만들어서 거기에 네트를 치고(팸이 요령없이 슬랩숏을 하다 코가 부러진 후) 두 개의 견고한 골대를 만들었다. 1980년과 1990년 사이(60에서 69세)에 나는 롤러 스케이트를 타고 약 두 시간, 아이스 스케이트를 타고 14시간, 내 발로 서서 사백 시간 "네트를 돌봤다"(옛날 게이트 키퍼). "골키퍼"는 "액션"이 있는 곳이다. 골대 앞에서는 "느긋"하게 있지 못한다. 공이 링크의 다른 쪽 끝에 있어도 편하게 있을 수 없다. (야외 링크에서) 기온이 20도에서도 땀이 흘러내리고 피가 요동치며 아드레날린이 분비된다. 이백 파운드의 남자들을 어깨 양쪽에 스케이트 날 한 쪽씩을 걸치고 어깨로 들어 올려 시속 30km의 속도로 네트 속으로 뛰어들어 골대를 벽까지 몰고 간 적도 있었다. 몇 번은 "반쯤 프로선수들"과 "리그전 선수들"이 팀에 합류해서 경기를 한 적도 있었고, 빠르게 내 쪽으로 오는 퍽을 잡아 던져야 하기도 했다(공을 치는 대신 피하는 것 같은 느낌이 든다). 거의 재앙을 당할 뻔한 후에 나는 보통 착용하는 장비 외에 끝이 강철로 뾰족하게 된 신발에 더해 헬멧과 마스크를 매번 쓰게 되었다.

커스터와 커틸렉, 히머즈와 허드슨, 허트슨과 휴즈, 호튼과 힌드선(얼마나 많은지 놀라울 뿐이다!), 섬너, 파노시안, 아프맨, 멘톤, 던칸, 워커, 젠닝즈, 콤즈, 맥레, 파스태드, 프라이스가 "킹제임스성경에 있는 오류"에 대해 고함을 치며 열변을 토하면서 미국 전역에 있는 성경대로 믿는 성도들을 "럭크만파"라고 저주하는 동안 나는 "방해하는 자와 잡는 자" 역할을 하며 "패스"에 너무나 열중한 나머지(혹은 "빈틈"을 비집고 들어가느라) 나에게 부탁을 했다 해도 단 하루의 시간도 그들에게 내 줄 수 없었을 것이다. 그즈음(1984) 나는 1950년대 나와 함께 경기를 했던 사람들의 손자들과 "블러디 볼" 게임을 하고 있었다.

『오직 주를 앙망하는 자는 자기의 힘을 새롭게 하리니 독수리처럼 날개로 치솟을 것이요, 그들이 달려도 피곤치 않으며 걸어도 곤비치 아니하리라』(사 40:31). 그전에(혹은 그 이후에) 가정사로 어떤 희생을 치렀든, 그 이전에(혹은 그 이후에) 그리스도를 위해 사람들에게 복음을 전하느라 어떤 문제를 겪었든, (그 전이나 그 이후에) 주님의 명령을 실행하고자 하는 열심으로 나의 친구들이나 가족들을 실망시켰을 수도 있는 모든 일들이 그럴 만한 가치가 있었다. 내가 얻을 "수확"은 또 하나의 나의 가정을 해체시키는 것뿐만 아니라 갈라디아서 6:8의 처음 반절에 더해 후반부 반도 포함하게 될 것이었다.

해외에서는 차 안에 있던 폭탄 하나가 14명의 사람들을 영원으로 날려버렸다(1983. 1). 이란이 이라크를 침공했고(2월), 힌두교도들이 인도에서 모슬렘인들을 습격해서 600명을 죽였다(2월). 총격으로 리스본에서 일곱 명이 죽었고(1983, 7), 남아프리카에서는 석탄탄광 폭발로 64명이 죽었다. 또 다른 첫 번째로 "첫 번째 흑인 미스 아메리카"가 나왔다(바네사 윌리엄즈, 혼혈 레즈비언). "도시를 파산시킨 첫 번째 흑인 시장"이 있었는데도 언론에서는 언급하지 않았다. "마약과 코카인을 판매하고 사용한 첫 번째 흑인 시장"이 있었는데도 언론에서는 침묵했다. "마약남용으로 죽은 첫 번째 흑인 운동 선수"가 어딘가에 묻혔고, "시리아에서 방면된 첫 번째 흑인"에 더해(1983. 1), "열 명 이상의 여자들을 강간한 첫 번째 흑인"이 어딘가의 감옥에 수감되었다. "베트남에서 미 육군에 마약을 들여 온 첫 번째 흑인"이 누구였는지는 아무도 찾아내지 못했다(『히어로스 앤 헤로인』, 웨스턴 앤 샤퍼, 뉴욕 포켓 북, 1972). 이로 인해 마약 문제가 너무나 커서 주정부에서도 어떻게 해 볼 도리가 없었고, 그렇게 해서 미 육군은 삼분의 일이 암흑이 되어 버렸다. 그런 식으로 "소울 브러더스"는 전쟁을 치르지 않고도 마약을 얻을 수 있었다.

베이루트에서 폭탄 공격으로 216명의 해군이 죽었지만(10. 25), (교황과 함께) 언론은 계속해서 PLO를 지지했다. 교회에 들어오는 레즈비언들과 동성연애자들이 증가하자 그들의 구미에 맞춰 NCCC는 하나님을 중성의 "격"으로 만들어 남성성을 무력화시켰다(1983. 10. 14). 1983년 11월 2일 레이건은 "아무것도 하지 않는 국경일"(마틴 루터 킹의 생일)에 서명해서 미국 법으로 입법화시킴으로써, 마이클 킹은 "그의 친구들조차도 그의 개인사를 살펴볼 수 없는 국가 영웅이 된 첫 번째 흑인"이 되었다.

카톨릭 테러분자들이 런던에서 폭탄으로 다섯 명을 죽였고(1983. 12. 17), 이란, 이라크, 캄보디아, 라오스, 뉴기니아, 아프가니스탄, 예루살렘, 뉴델리, 앙골라, 남아프리카, 폴란드, 그리고 그 외 다양한 곳에서 또 다른 2만 명이 싸우다 생명을 잃었다. 정글로 되돌아가자 또 다른 옛 아프리카 정글에서 나온 질병인 에이즈가 알려진 사례만도 4천 건이 넘는 수를 자랑하며 미국에 들어왔다(1984. 4. 23). 에이즈는 항공기 "승무원"(스튜어디스가 아니라)으로 일하던 성도착자를 통해 들어왔다. 제시 잭슨은 아래로 내려가더니 그의 친구인 피델 카스트로와 훌륭하고 격이 없는 대화를 나누었고(6. 26), 미국흑인지위향상협회 덕에 자신이 "진보"하고 있다고 생각하는 어느 흑인을 위해 미국 평균 가정의 가치가 완전히 사라졌다. 흑인들이 들어오자 백인들이 나갔다. 그래서 1983년 미국인을 위한 "보통 평균 집값이" 10만 달러가 되었다(1984. 6. 29). 1에이커 땅에 있는 세 개의 침실과 두 개의 화장실이 달린 내가 사는 벽돌집은 평균보다 조금 아래였다. 그 집은 만이천 달러였다.

처음 몇 년 동안(1984-1987) 마르코가 나가고(필리핀), 신 추기경이 미세스 아키노를 이용해서 정부를 인수했으며, 리처드 버튼과 인디라 간디가 모든 육체의 길을 갔고, 게츠는 동일한 위법 행위로 다섯 번 재판을 받았으며, 아프리카에서 가장 위대한 흑인 공산주의자가 오백 명 이상을 죽인 폭동을 선동한 것으로 마틴 루터 킹의 노벨 평화상을 받았다(투투 주교, 1984. 12. 10). 마이클 잭슨과 카톨릭 밸리 댄서인 마돈나가 미국을 더 깊은 정글로 몰아 갔고, 록과 마약은 항상 연관성이 있기에, 제너럴모터스와 유에스스틸을 부끄럽게 하며 마약 판매가 미국에서 산업이 되었다. 아프리카에 있는 공산주의자들을 돕기 위해 온갖 록 음악가들과 "헤비 메탈"들이 콘서트를 열었다(1985. 7. 13). 그 돈은 "굶주리고 있는 어린 아이들을 돕는다"는 가면을 쓰고 에티오피아와 중앙 아메리카에 있는 공산주의 지도자들에게 갔다. 권력을 잡고 있는 정당들이 누구를 먹여야 하고 누구를 굶겨야 할지를 알고 있었던 것이다. 1985년에 미국은 파산했고, 1914년 이후 처음으로 채무국이 되었다(9. 16). 미국이 복음을 외치는 미치광이를 무모하게 버리면서 공산주의와 통합으로 나아갈 때 동유럽은 두 개의 작전이 실패라는 것을 깨달았다. 그래서 베를린 장벽이 마침내 무너졌다(1989). 그러나 그때 미국은 1850년에 유행하던 칼 막스와 1783년부터 나왔던 "자유와 평등과 박애"에 사로잡히게 되었다. 뉴스 매체를 믿은 덕에 시대에 백 년이나 뒤진 것이다. 일본과 사우디아라비아는 젖먹이들을 깨끗이 처리해 버렸다.

나는 성경을 설교하고 가르쳤다. 아내가 나를 버리고 "성격의 불일치"를 이유로 가정을 "파탄" 내기 오래 전에 (그래서 그녀는 경찰과 결혼할 수 있었다.) 말씀을 뿌렸던 결과가 되돌아 오고 있었다. 나 역시 그 결과에 놀랐다. 물론 나는 성경을 믿었지만, 총 결산을 하자 하나님께서 하셨던 일을 나를 통해 하실 수 있다는 생각을 전혀 못했다. 나는 살아서 40이 되리라고는 기대하지 못했지만 그것을 넘어 30년을 더 살았다. 내가 하고 싶었던 일은 오직 복음 전도자였고, 복음 전도 일이 멈추었을 때 나는 "살아 남는 것" 외에는 절대로 많은 일을 하지 못할 거라고 생각했다. 그러나 하나님께서 내가 하기를 원하시는 그 일을 찾아낼 수 있는 능력을 나에게 주시고, 그 일을 할 수 있도록 건강과 힘을 주시자 그 결과는 놀라웠다.

여기 내 앞에 내가 개인적으로 훈련시켰던 젊은이들이 있었다. 나는 학교를 이끌면서 그들을 교수진에게 넘기지 않았었다. 나는 학장도 총장도 명예 교수도 아니었다. 나는 이 젊은이들의 교실 교사였다. 이들과 함께 나는 낚시를 하고 사냥을 했으며, 나는 그들 가정에서 그들의 가족과 함께했었다. 이건 "학생회"도 아니었다. 그들은 그리스도 안에서 나의 아들들(일부는 나의 딸들)이었으며, 그들은 "하나님께서 이곳에서 내게 주신 아들들"(창 48:9)이었다. 그리고 그들은 참으로 놀라운 주의 군대로 바뀌었다!

사랑하는 옛 나탄 베미스! 그는 2학년과 5학년에 낙제를 하고 중학교를 끝마치지 못했다. 그가 해군에서 우리에게 왔을 때 그는 성경(Bible)을 "Bibul"이라고 썼다. 그는 헬라어에서 두 번 낙제했지만 마침내 통과했고, 혼들을 이겨 왔으며, 여기 있는 내내 복음을 증거했고, 가짜 치유자 에윙이 마을에서 나가도록 기도했다. 그런 다음 한 겨울에 몬타나 칼리스펠로 올라가 퀸셋식 조립 주택에서, 열 명으로 구성된 교회에서 영하 30도 속에서 목회를 했다. 그는 그곳 거리에서 설교했고 거의 20년 동안 혼들을 그리스도께로 인도해 왔다.

그 다음으로 오하이오 캔톤 출신의 빌딩도급업자인 아트 마틴이 있었다. 그는 여기 내려와 학교를 다니느라 임금이 60%나 삭감되었다. 아홉 시간씩 벽돌을 쌓은 후에 교실에 온 그는 너무나 피곤에 지쳐서 눈을 뜨고 있을 수가 없었다. 그는 캔톤으로 되돌아가서 그의 집 지하실에서 교회를 시작했고, 몇 명 안 되는 사람들에게 신실하게 설교한 후에(때로는 자기 가족밖에 없을 때도 있었다.), 하나님께서 그에게 오하이오 주에서 가장 아름다운 건물을 최고의 위치에 주셨다.

그 다음으로 프로이트 엘모가 있었다. 그는 모든 시험에서 94점 아래로 받은 적이 없으며 대개 98점 이상을 받았다. 그는 펜사콜라 성경신학원에 오기 위해 장학금을 받고 하버드대에 갈 수 있는 기회를 거절했다. 졸업하고 그는 달라스로 가서 석사 학위를 받았다.

학생 중 하나는 변호사가 되었다(데이브 림머). 또 다른 학생은 의사가 되었다(케이스 페린). 또 다른 학생은 비행기 조종사가 되어(조나단 리치몬드) 독립 선교회를 세워서 이십 명 이상의 선교사들을 후원했다.

웨인 먼드는 펜사콜라 성경신학원에 오기 전에 자신의 직업이었던 어부를 직업으로 삼는 사람들에게 갔다. 전 세계의 어업 지역에서 성경을 설교하기 위해 라디오 방송을 만들었다.

존 페이슬리는 졸업을 하고 떠나게 되었을 때 "어디로 가야 하는 지도 모르면서"(히 11:8) 짐을 꾸렸다. 믿음으로 맹목적으로 가서(수머니에는 200달러도 안 되는 돈만 있는 상황에서), 오레곤에서 주일학교에 천 명 이상이 참여하는 교회의 협력 목사가 되었다.

빌 해그는 카리브해 지역과 중앙 아메리카에 선교사가 되어서 개인 구령만으로 3천 명 이상의 사람들을 그리스도께 인도했다.

브루스 맥도웰은 하나님께서 자신을 거리 설교자로 부르셨다고(디토제랄드 슈텍) 말하고서 15년 동안 미국 거리에 나갔으며, 단 한 끼의 식사나 단 한 번의 청구서도 놓치지 않고 다 지불했다.

오하이오 저맨타운 출신 청년인 웰돈 존스는 과달라하라에 가서 그 나라 말을 원어민처럼 할 수 있게 배운 후 세 개의 멕시코 교회를 세웠다.

아, 하나님이여! 얼마나 큰 특권인지요! 아, 나의 하나님이여, 참으로 큰 호사가 아닐 수 없습니다! 피터 S. 럭크만에게 나의 하나님께서 얼마나 큰 분수에 넘치는 친절과 선하심을 보여주셨는지요! 나는 이 청년들에게 헬라어와 히브리어를 가르쳤고, 그들에게 교회사와 성경 고고학을 가르쳤다. 나는 그들에게 신학과, 문제의 구절들, 필사본 증거와, 창세기, 출애굽기, 다니엘, 마태복음, 사도행전, 로마서, 고린도전서, 히브리서, 야

교회 오케스트라 : 관악기 8, 바이올린 5, 트럼본 2, 튜바, 트럼펫 4, 첼로, 색소폰, 기타, 북

고보서, 베드로전후서, 디모데전후서, 디도서, 요한계시록, 갈라디아서, 요한복음, 에베소서, 빌립보서, 골로새서의 모든 구절을 가르쳤다. 나! 뒷골목, 술집, 나이트클럽, 댄스밴드, 훈련장, 케이프 멘데시노, 제너럴 그랜트, 시그마누 형제회, 라디오 방송국의 피터 S.가 아니였던가! 낭비한 시간을 보충할 기회를 갖게 된 것이었다. "수확기"였고 수확은 눈 덮인 들판처럼 하얗다.

맥스 고트니는 노스캘리포니아에 시골 교회를 세웠고, 데이비드 맥퍼슨은 뉴올리언즈에서 "처음부터" 시작해서 훌륭한 침례교 회중을 만들어냈다. 에릭 브레즐톤은 오하이오에서 같은 교회에서 15년 넘게 목회를 하고 있으며 자신이 살고 있는 사방 오마일 내 모든 가정에 복음을 증거했다. 마이크 네프에르는 졸업 후 세 개의 작은 교회에서 목회를 했다. 탐 우드워드는 플로리다 밀톤 자신의 고향으로 가서 여러 해 동안 목회 사역을 하며 사람들을 그리스도께 인도하고 새로운 공장을 세워서 전 세계적인 인쇄 사역을 차렸다. 샘 깁은 목회를 하다가 전임 복음 전도자로 나가서 길바닥에 자신의 가족을 데리고 나섰다. 그는 책을 세 권 썼다. 로저 랜달은 오하이오 해리슨에서 성경대로 믿는 선교 지향적인 교회에서 목사로 사역하고 있으며 멕시코 선교에 큰 후원자가 되었다. 칼 베이커는 사우스 캐롤라이나 패리 아일랜드 바로 밖에서, "처음부터" 시작해서 사람들을 구원시키고 사역을 위해 젊은 설교자들을 훈련시켰다. 잭 패터슨은 여러 해 동안 잭 하일즈와 일한 후에 그의 "오른팔" 격이 되어 레스터 롤로프와 견습 사역자로 섬기고 있다. 릭 소웰은 오하이오 토레도에 미국에서 가장 훌륭한 복음주의적 교회 중 하나에서 일하고 있다: 주차장에서부터 침례탕까지 모두가 킹제임스성경을 기반으로 하고 있으며 살아 있

거리설교자들 (1994)

는 사람이건 죽은 사람이건 그 누구에게도 사과하지 않는 사역을 하고 있다. 탐 바드는 뉴잉글랜드에서 목회를 했으며, 케호 형제도 마찬가지였다. 허맨 파운튼은 미시시피 루세데일에서 미국에서 가장 큰 어린이집을 세워서(롤로프 다음으로 큰) 여러 해 동안 소련식 판사들과 싸웠다. 로니 본드는 아이오와 탈라하세와 매트버챠드에서 목회를 했으며, 릭 데미첼은 아이다호 주에서 가장 큰 성경적 사역을 했는데도, 그가 우리에게 왔을 때인 1975년부터 이 글을 쓰고 있는 지금 이 시간까지 권위역본에서 단 하나의 단어도 고칠 필요가 전혀 없었다.

믿을 수만 있다면 하나님께서는 이 모든 일에 나를 참여시키셨다. 내가 평생 할 수 있었던 일보다 더 많은 일을 자신들이 섬기는 장소에서 할 수 있는 젊은이들을 형성하고 만드는 기회를 내가 갖게 된 것이다. 자신들이 믿지도 않는 책을 사용하는 밥존스 대학의 가련하고 무지몽매한 이교도들은 이 기간 동안에 성경을 뜯어 고치는 걸스카우트가 되는 것 외에는 아무 일도 하지 않은 것이 증명되었다. 같은 기간에 PCS에서는 성경대로 믿으며 거리에서 설교하고 혼을 이겨오는 목사나 복음전도자를 단 한 명도 배출하지 못했다. 주께서는 매년 내게 여기저기서 이런 젊은이들을 주셨다.

지치지 않고 얼마든지 더 말할 수 있다. 다른 사람들은 이 젊은이들을 몰라도 나는 안다. 나는 그들에게 거리에서 설교하는 법을 가르쳤고 그들과 함께 나가서 그들과 함께 설교했다. 나는 그들에게 문을 두드리는 법을 가르치고, 전도지를 나눠주는 법을 가르쳤으며, 카톨릭교도를 다루는 법과 캠벨주의자들을 다루는 법과 은사주의자들을 다루는 법을 가르쳤으며, 나는 그들에게 지상에서 가장 높은 권위를 가진 것은 그들이 개인적으로 가지고 다니는 그 책이라고 가르쳤다. 나는 그들에게 이 지상에는 그 책의 단 하나의 단어도 고칠 만큼 똑똑한 사람은 살고 있지 않다고 가르쳤다.

빌 베일리는 선교사가 되어 그리스로 갔으며, 래리 쎄로스도 그랬다. 벤 길리는 독일 선교사로 갔으며, 데이비드 트로스클레어도 독일로 갔다. 휘트 형제는 오스트레일리아로 갔고 스트라우드 마이크 길버트 형제도 갔다. 해스 형제는 서로 다른 길을 갔다. 한 명은 캐나다로, 다른 한 명은 멕시코로 갔다. 마자페리는 이탈리아로 갔고, 쿠친은 스코틀랜드로 갔다. 하나님께서는 나를 전 세계로 퍼질 수 있게 해 주셨다. 로니 포웰과 린톤 스미스는 타이완을 "집"으로 삼았고 로버트 챈시는 얼스터로 갔다.

그레그 리네하트는 플로리다 파나마 시티 근처로 가서 훌륭한 침례교회를 얻었고, 크리스 허프와 브러더 히튼은 디트로이트 북쪽으로 가서 교회를 얻었고, 댄 길버트와 토니 머가와 스티브 앤드러스는 "과일과 견과류의 땅"에서 성경대로 믿는 침례 교회들을 세웠다. 나는 비그즈, 쿤필드, 햇필드, 킵, 린스, 리맨을 훈련시켰다. 그들 모두 성경대로 믿는 독립 침례 교회에서 목회를 했고, 매튜 웰치, 로버트 헤이즈, 마이크 로버츠, 마이크 내피에르도 마찬가지였다. 교도소와 연방 감옥에 가서 사역을 한 우리 사람들을 다 말하려면 시간이 부족하다(지핸트, 피어스, 소시에르 등). 이들은 모두 주의 군대의 군사들이다. 여기 열거한 사람들 중 성경을 고치는 자는 한 사람도 없다. 전체 군대에서 "사람을 따르는 자"는 한 명도 없다. 이들 모두는 성경을 믿고 그 성경을 그들에게 주신 분을 따른다. 브라스 스티븐즈, 래머 첸놀트, 스티브 쿠퍼, 와들, 데니 존, 제임스 케글, 샘 쿠파, 마이크 로버츠, 스캇 스트로벨(뉴욕), 카일 스티븐즈(미네아폴리스), 론 사이키즈(남아프리카), 부리스(버지니아) 등. 그 즈음 내 아내는 나를 버리고 그녀의 친척들을 모두 교회에서 데리고 나갔다. (아내의 자매는 22년간 나의 협력자였던 제임스 맥가우이와 결혼했었다.) 수확이 한창이었고 거두는 자들은 황금 곡식을 곳간으로 던지고 있었다.

그동안 그레이스 켈리(모나코)가 차사고로 죽었고(1982. 9. 10), 테네시 윌리엄즈가 죽었으며(1983. 2. 25), 앨라배마 코치 베어 브라이언트가 죽었고(1983. 1. 26), 아서 가드프리가 죽었고(3. 16), 잭 뎀프시가 죽었고(5. 31), 조니 웨이스뮬러(타잔)가 죽었고(1984. 1. 20), 마크 클라크 장군(로마)이 죽었다(4. 16). 나는 하나님의 은혜로 카운트 베시에, 제임스 매슨, 트루먼 카포트, 마크 챈겔(예술가), 죠세프 멘겔(아우슈비츠), 록 허드슨, 오슨 웰즈, 율 브리너, 제임스 카그니, 브로더릭 크로포드, 베니 굿맨, 테디 윌슨(굿맨의 피아노 연주자), 캐리 그랜트, 앤디 워홀, 리버레이스, 데니 케이, 리타 헤이워스, 어스킨 칼드웰(작가), 앤드레스 세고비아(기타리스트), 루돌프 호에스(히틀러의 대리인), 야샤 하이펫츠(바이올리니스트)보다 더 오래 살았다.

1960년 이후로 나는 "빌어 온 시간"을 살아 왔다. 그때까지(내 아내가 버릴 때까지 이십칠 년) 여러 해 동안 하나님께서 얼마나 나를 인내하며 참으셨는지! 나는 알지 못한다. 그리고 하나님께서는 나에게 "참으시는 것" 그 이상의 일을 하셨다. 내 잔이 넘쳐 흘렀다. 그 잔은 내가 세상의 잔을 집어던져버렸을 때인 1949년에 잡은 잔이었다. 『내가 구원의 잔을 들고 **주**의 이름을 부르리라... 오, **주**의 선하심을 맛보아 알지어다』(시 116:13, 34:8).

그런데 이번에는 광기에 싸여 신랄하게 되지 않고, 앉아서 성경이 말씀하시는 대로(느 5:7) "숙고" 했다. 이번에는 최소한 처음에 우울함과 분노로 얼굴이 붉어진 후, 분명하고 분석적이 되어야만 할 것이다. 이번에는 여러 면에서 전보다 더 심했다. 왜냐하면 이제 성경의 적들이 자신들이 사용할 수 있는 뭔가를 성경을 신뢰하는 젊은 남자들과 여자들의 믿음을 파괴하는 변명거리로 제시했기 때문이었다. 내가 가장 크게 실망한 점은 하나님께서 마지막까지 개입하지 않으셨고, 그 여인이 내가 원치 않는 비성경적 이혼을 강요하지 못하게 막지 않으셨다는 점이었다. 사실 나는 성경적 근거가 있다 할지라도 이혼은 찬성하지 않는다. 나는 어느 누구에게도 이혼을 하라고 말한 적이 없으며 그건 지금도 마찬가지다. 나는 (1949년 3월 14일 이후로) 성경적 근거가 있어도 용서와 회복이 해결책이라고 항상 믿었다.

그러나 여기서 나는 다시 혼자가 되었다. 그녀가 떠난 후 "전" 부인이 무슨 짓을 했었는지 의심의 여지가 없었다. 들리는 말들이 엄청났고 일상 대화 주제가 되어 버렸다. 내게 문제는 "이제 어떻게 하나?"는 것이었다.

1. 나는 일 에이커 땅에 침실 세 개와 두 개의 화장실이 딸려 있고, 현관 진입로에는 차 세 대가 있는 집에 혼자였다. 얼간이 말고는 누가 이런 구색이 혼자 사는 남자에게 어울린다고 생각하겠는가? 텍사스에 사는 나의 친구들이 이 집에 대한 그 여자의 "몫"을 지불해 주었다. 그래서 나는 이 집을 팔 필요가 없었다. 이혼절차 비용도 전혀 들지 않았다. "관리와 유지비"도(그녀가 재혼할 때까지 일 년도 걸리지 않았기 때문에) 교회에서 나오는 주택 비용보다 적었다. 나는 한 푼도 잃지 않았다. 제니가 떠났을 때는 집과 땅 모든 것을 다 잃었지만 말이다.

2. 전처럼 혼자 살면서 "깨끗하게" 살아갈 기회를 가질 수도 있었다. 믿건 말건 도처에 여전히 "가능성"이 있었기 때문에 66세에 혼자 사는 것은 지극히 어려울 것이다. 아내가 떠나기 전 마지막 2년 동안은 아내가 그동안 내내 그랬던 것 만큼이나 나는 거의 타락한 상태에 있었다. 1985년 이후 몇 번은 "벼랑 끝"까지 갔었다. 전 아내가 다시 돌아오겠다는 조건으로 내건 유일한 것은 내가 그녀의 형부에게 교회를 넘기고 서점을 그녀의 아버지에게 넘기는 것이었다. 나는 1961년에 있었던 뭔가를 기억해 냈다. "당신이 교회를 그만두고 복음전도 사역을 하면 당신에게 돌아갈게요." "당신이 수술을 하면 당신에게 돌아갈게요." "정신과 의사와 상담을 하면 당신에게 돌아갈게요." "아니요, 당신이 내 정신과 의사를 만나야 당신에게 돌아갈 거예요." 등등. 그 여자는 거짓말을 했었다. 돌아올 생각이 전혀 없었다. 나는 또 내 "전" 부인이 그녀의 아버지 면전에서 했던 말을 기억했다, "난 당신을 떠날 생각은 전혀 없었어요. 그런 일로 왜 나를 비난하는 건가요?" 그리고 그녀의 아버지는 그 말을 확증했었다. "자네는 그냥 상황을 상상하고 있는 거네." 참 대단한 상상력이다.

3. 두 번의 실패를 겪고서도 "또 노력하고, 노력"한다면 둘 중 하나일 것이다: 두뇌가 없든지, 배짱이 과하든지 말이다. 이번에는 누군가를 기다리며 9년을 낭비하지 않았다. 이번에는 이렇게 말했다, "이봐, 친구, 하나님께서 틀림없이 자네와 끝내시려하나 보군. 하나님께서 자네에게 가정을 주실 때를 대비해서 이 집과 땅을 잘 관리하도록 하게. 하나님께서 그것들을 자네에게 주셨으니까. 이 세상 어딘가에 하나님을 사랑하고 그분을 자신의 생의 첫째로 두는 진짜 그리스도인 여인이 있을 거야. 그 여

인은 어디 있을까? 나는 찾아보기 시작했다. 내가 가장 잘 아는 얼굴들과 사람들이 있는 곳을 찾아보았다. 뭔가를 기억해 내고 서너 방향으로 찾아보았다. 혼자서 세 명의 사내아이를 키우는, 혼자 사는 여자가 교회에 있었다. 전 부인의 부탁으로 이 세 아이를 여름에 데리고 DVBS에 데려다 준 적이 있었지만 그 아이들의 어머니를 만난 적은 없었다. 이제 그녀를 봤다. 그녀는 매 주일마다 거기에 있었다. 그녀가 매 주일마다 거기에 앉아 있었다면 그녀 옆에는 누가 앉았는지 사람들에게 물어 보았다. 그녀는 1986년 이후로 거기에 있었다. 게다가 세 아이를 펜사콜라 크리스찬 학교에 보내느라 일주일에 40시간을 일하고 있었다. 이번에는 조사를 많이 했고 조사에 비해 기도는 그렇게 많이 하지 않았다(이번에 실수는 안 돼, 피터 S. 실수는 지금까지로 충분해). 나는 이제 목사의 아내를 찾고 있었다. 이번에는 그 무엇보다 목사의 아내가 최우선 고려 대상이었다.

내가 "살펴 본" 여인은 파멜라 아이린 휴긴즈로, 메리트 부부의 딸이었다. 파멜라의 할머니는 알트 하이매트 출신이었다. 팸과 진짜 "데이트"를 하기 전에 나는 그녀의 가장 친한 친구들(샤론가 사람들)을 살폈다. 이들은 그녀와 평생을 알고 지내 온 사람들이었다. 폐암으로 그녀의 아버지가 돌아가셨을 때 팸이 어떻게 반응했는지 살폈다. 그녀가 복음을 증거하는지 알아 보기 위해 일하는 곳도 살펴보았다. 그녀는 복음을 전파했다. 다른 "가능성 있는 여자들"이 있었지만 팸이 가장 인상적이었다. 나는 그녀의 집에 초대받아 아이들과 같이 식사를 하면서 집에서는 어떻게 행동하는지 알아보기로 했다. 석 달간 일주일에 한 번씩 그녀와 아이들과 같이 식사를 했다. 나는 그녀가 아이들을 훈육하는 것을 지켜봤고, 때로 "못

본 체" 하는 것을 봤고, 그녀의 집을 살펴보고 그녀가 집을 어떻게 유지하는지도 살펴보았다. "감시"하는 동안 그 집 옆을 지나 운전할 때는 거기에 "남자 친구들"이 있는지 살펴보곤 했다. 그뿐만 아니라 여러 차례 좀 이상한 시간에 전화를 해서 남자 목소리가 나는지도 살펴보았다. 이제 나는 주사기를 집어 든 의사를 대하는 아이처럼 여자들에 대해 의심도 많고 겁도 많았다. 팸의 생활이 전개되었다. 그녀는 기도 생활을 하고 있었다. 그녀는 혼자서 성경을 공부했다. 그녀는 실제로 침례교회에서 양육되었으며, 교회를 사랑했고, 교회 성도들을 사랑했다. 그녀는 조그맣고 다 닳은 방 두 개 달린 마당도 없고 아무런 사치품도 없는 집에서 살고 있었다. 동정과 연민으로 시작된 것이 점차 진정한 사랑으로 변해갔다.

간단하게 정리 하겠다: 24년간 나와 함께 일했던 학교 비서(미첼 부인)가 나에게 교회에서 공개적으로 결혼하도록 상담해 주었다. 내게는 그런 결혼식이 내가 할 수 있는 가장 큰 실수처럼 보였었다. 이전에 했던 두 번의 결혼에서는 증인이 두 명 밖에 없었다. 그러나 "내 허리를 동이고" 강력한 믿음의 도약을 했다. 말하자면 이번 도약은 지금까지 내가 인생에서 한 가장 큰 도약이었다. 정규 주일 오후 예배 때에 헌금을 걷은 후 우리는 결혼을 했다: 신부들러리들, 결혼식 케이크 등 온갖 것을 다 했다. 입석 외에는 만원이었다. 나는 내 결혼을 "이용해 먹으려는" 배교한 근본주의자들 면전에서 내 믿음을 과시해 보여주고 있었다. 효과가 있었다. 이 여인은 보석이었다. 그녀는 잠언 31장에 나오는 여인으로, 내가 설교했었고 내 평생 들었지만 한 번도 만난 적이 없었던 그런 여인이었다. 그 결혼 후에는 실망이 없었고 그 이후로도 없었다. 이제 내게는 아이들이 열 명이 되었다. (나는 항상 적어도 열 명은 되어야 한다고 말했다.) 이제

독일에서, 럭크만 부부

트로스클레어 형제와 함께 한 거리설교

내 집은 다시 소년들의 웃음소리와 게임과 노는 소리와 싸우는 소리와 야단치는 소리와 뜨거운 식사와 교제와 독일 셰퍼드와 독일 음악과 재미로 가득 차 있다. 『연수가 다 찬 후 네가 네 무덤에 가리니 마치 곡식단이 제때에 들어옴 같으리라』(욥 5:26). 내가 오늘밤 죽는다 해도 내 집과 물건들은 하나님을 사랑하고 나를 사랑하는 여인의 손길 가운데 있을 것이며, 세 명의 어린 소년들은 아마도 절대로 갖지 못했을 좋은 집을 이제 갖게 되었다. 하나님께서는 식사 후에 먹을 "디저트"를 아껴 두셨다. 교회 여자들이 즉시 팸에게 와서 여기저기서 그녀와 친구가 되었다.

로슨가 5420번지 복숭아나무에는 먹을 수 있는 복숭아가 열렸고, 변기 좌석도 더 이상 들러붙지 않았고, 진입로 바깥에서 운전하다 타이어에 펑크를 내는 사람도 더 이상 없고, 장난감이나 뜰에 널브러진 낚시 그물에 대해 불평하는 사람도 더 이상 없으며, 덥다거나 춥다고 불평하는 사람도 더 이상 없다. 오늘날까지(1992. 12)도 나는 여기에 익숙하지가 않아서 내가 유약하고 뚱뚱해질까봐 걱정이다.

신혼여행은 다시 독일로 갔다. 버체스게이든과 "독수리 둥지"에 다시 갔다. 그러나 이번에는 모든 것이 질서가 잡혀 있었다. 먼저 DC-10 여객기 앞좌석의 일등석으로 오고 갔다. 두 번째는 우리가 한 모든 활동이 영적이었다. 세 번째로 이번 여행은 적합한 여인과 동행한 여행이었다. 나는 뉴렘버그에서 트로스클레어 형제를 위해 4일간의 모임에서 설교를 했고, 팸에게 체임시에 있는 루드비히 성을 구경시켜 주었고, 인골스태츠에서 펍스 프릴러의 친척들과 여기 펜사콜라에 있는 한 독일인의 자매를 찾아다니는 동안 "풍경"을 감상했다. 개인적으로 복음을 전할 수는 없었지만 두 곳 모두에 독일어로 된 전도지를 두고 왔고, 인골스태츠에 있는

독일에서 !!

프릴러의 자녀들(혹은 손자 손녀들)의 집 문에 메모를 남겨 두었다. 나는 팸을 데리고 뉴렘버그 구 도시에 있는 독일 박물관과 로텐버그의 중세 도시를 거쳐 스포츠 팰래스트에 있는 연설가의 연단에 다시 갔다. 살즈버그에서 연주회에도 갔다. 가면서 전도지를 남겼다. 차가 가면서 연료를 재사용하는 일종의 터보장착식 아우디 차를 타고 아우토반 고속도로를 달리며 팸이 스릴을 만끽하게 해 주었다.

"켈스테인"에 앉아서 우리는 이태리, 오스트리아, 독일을 한 번에 볼 수 있었다. 하나님께서 구름을 걷어주셔서 거의 한 시간 동안이나 전체 장관을 충분히 볼 수 있었다. 앞쪽과 왼쪽으로는 독일 알프스가, 왼쪽 후미 쪽으로는 이태리 알프스가, 오른쪽과 오른쪽 후미로는 오스트리아 알프스가 펼쳐졌다. "아, 주 나의 하나님이여, 내가 엄청난 경이로움으로 주의 손으로 만드신 세상들을 숙고하나이다!" 팸은 우리가 독일을 떠날 때 특별한 이유없이 눈물을 흘렸다. "핏줄" 때문이었으리라. 아내의 할머니와 할아버지께서(바그너) 독일 출신이셨다. 아내가 독일을 직접 눈으로 본 건 이번이 처음이었다. 『당신은 지금까지 좋은 포도주를 간직해 두었도다』(요 2:10).

제18장

내 잔이 넘치나이다

재혼으로 사역이 망가지지 않고 오히려 가속화되었다. 나는 이런 일을 이제 세 번 겪었다. 제니가 떠났을 때는 베이 미네트에 있던 베델침례교회를 그만뒀고(1960), 재혼했을 때는 1972년에 하던 브렌트 침례교회를 사임했고, 로라와 레이첼이 완전히 내 손을 벗어나고 그들의 엄마가 그들의 행동을 더욱 조장했을 때인 1985년에는 성경침례교회를 사임했었다. 형제들은 항상 이렇게 소리 질러 대곤했다, "그는 자격이 없어. 그 사람은 자격이 없다구!" 이 나라에서 가장 타락한 배교자 중 하나(밥존스 대학 성경부 수장)는 "하나님께서 보여주신 뜻으로 인해 럭크만은 어느 교회에서도 설교할 기회를 갖게 되어서는 안 된다."라고 썼다. 그래서 나는 형제들의 말 대로 했다. 즉 사임했다. "하나님께서 보여주신 뜻"을 확실히 하기 위해 나는 세 번 사임했다. 나는 가끔 훌륭하고 경건하며 헌신되고 "한번만 결혼한" 형제들이 한 번이라도 사임하게 되면 그들에게 어떤 일이 벌어질까 궁금해 하곤 한다. 그들이 "하나님께서 보여주신 뜻" 안에 있는지 확실히 알아보려면 그들 모두 한 번쯤 시도해 봐도 괜찮을 것 같다는 생각이 든다. 누가 알겠는가? 그들 모두 "하나님께서 계시해 주신 뜻"에서 벗어나 있을지도 모른다!

처음 사임했을 때 하나님께서는 테이프 사역을 말 그대로 땅 끝까지 가게 하셨고 현재는 분량이 네 배로 늘어서 여전히 진행중이다. 두 번째로 사임했을 때 하나님께서는 책과 전도지 사역을 열어주셔서 말 그대로 땅 끝까지 갔었다. 세 번째로 사임했을 때 하나님께서는 텔레비전과 비디오테이프 사역을 열어 주셔서 알래스카 페어뱅크에서부터 아이티까지, 그리고 그리스 아테네부터 호놀룰루까지 사역의 범위를 펼쳐 주셨다. 훌륭하고 경건하며 한 번만 결혼한 형제들이 히스테리를 일으킬지도 모르겠지만 주께서는 4개 국어로 된 전도지 사역, 카세트 사역(8백 시간 이상의 자료들), 교도소 사역(십여 개의 교도소에 있는 "감방에 갇힌 새들"에게 자료를 보내고 서신을 왕래하는 사역)과 필리핀 원어민과 나이지리아 목사들에게 하는 사역을 덤으로 더해 주셨다. 이는 100명의 젊은이들이 전임 사역자로 들어온 것에 더해 "여분"으로 주께서 덤으로 주신 사역들이었다. 『우리가 구하는 것이나 생각하는 모든 것보다 훨씬 풍성하게 하실 수 있는 그분께...』(엡 3:20)

하나님께서는 "그분께서 계시해주신 뜻"에 대해 아주 특이한 생각들을 가지고 계심이 분명하다. 이는 커스터, 밥 존스 3세, 섬너, 콤즈, 젠닝즈, 힘머즈, 허드슨, 웨이트와 무리들이 전혀 알지 못하는 것이다. 그들은 하나님께서 계시해 주신 뜻이 무엇인지 알아보기 위해 (헬라어 원

피터 S. 럭크만 부부

본 대신) "성경을 찾아보는" 데 좀 더 시간을 들여야 할 것 같다. 나는 때로 그들의 "경건함" 때문에 그들이 그토록 어리석은 게 아닌가 하는 의심이 든다.

이제 1992년이다. 지금은 어떤가? 아무 생각이 없다. 곧이 아니라면 언제라도 휴거가 일어날거라고 기대하고 있다. 주께서 지체하신다면 우리 모두의 미래는 뻔하다: 즉 병원 침대와 무덤이다. 주께서 일 년 더 지체하신다면 국가적으로 국제적으로 온갖 지옥이 더 터져 나올 것이다. 왕 없이 "왕국을 도래"시키려는 인간의 어떠한 노력에도 내게는 환상이 없다. 나는 사람들을 안다. 나는 열다섯 살이 되기 전부터 시작해서 다 자란 성인들과 함께 내 인생을 모두 보냈다. 그리스도께서는 "사람들을 조심하라."(마 10:17)고 말씀하셨다. 그리스도께서 돌아오실 때(마 22:41) "인간이 인간에게 행하는 비인간성을 종식"시키는 일을 하고 있는 인문주의자들에게 어떤 일이 일어날지 나는 알고 있다. 이 문제에 있어서 성경은 아주 분명한 입장을 취하고 있다. 그 일이 끝나기 전에 우리 모두는 전부 감옥에 있을 수도 있지만, 그렇지 않다면 우리는 모두 장의사 손에 있을 것이다.

그러나 내가 말할 수 있는 건 내 인생은 하나의 큰잔치였다는 점이다.

배정받은 "70세"가 되어 내가 할 수 있는 말은 "내 인생은 성찬이었다."는 것이다. 갈보리 양 옆에서 내 잔은 넘쳐났다. 나는 리필을 요구할 수 없다. 더 이상 잡고 있을 수도 없다. 인생에서 내가 가졌던 모든 야망, 신약에 나오는 영적이고 그리스도인다운 것들뿐 아니라 심지어는 "마음"(엡 2:3)의 육욕적이고 육신적이며 경건치 않은 욕망들까지도 글자 하나까지 전부다 성취되었다. 나는 "잔 바닥에 있는"(잠언) 독사의 무는 것과 살무사의 쏘는 것을 안다. 방종한 젊은 날의 황폐함을 거두는 것이 어떤 건지도 안다. 내가 내보냈던 배들의 짐을 내려야만 했고, 항구에 나가 아무도 도와주는 이 없이 혼자서 해야만 했다: 죽은 고양이들, 죽은 새우들, 커피 찌꺼기, 썩은 생선, 말라 틀어진 토사물, 달걀껍질들, 모든 짐을 내려야 했다. 섬뜩할 정도로 엉망인 곳을 통과하면서 하나님의 은혜만이 나를 유지시켜 주었다. 이제 거의 목적지에 이른 상황에서 햇빛만이 천상의 도시로 가는 이 모든 여정의 모습을 비춰 주고 있다.

"전" 부인이 떠났을 때 네이드링거 형제가 서점을 책임맡았고, 순식간에 부유한 개심한 유대인 한 명이 그 일에 투자하기로 마음먹었다. 네이드링거 형제는 〈수백만이 사라지다: 사실인가 허구인가?〉라는 제목의 삽화가 들어간 팜플렛을 출간했다. 이 놀라운 팜플렛(일 년도 안 되어서)으로 팔백 명 이상의 예수 그리스도를 영접한 사람들이 결심을 표명하는 서명을 해서 보냈다(이름과 주소와 함께). 오늘날까지 우리가 알지 못하는 얼마나 많은 사람들이 구원받았는지 모르겠다. 평상시처럼 근본주의자들은 (특히 환란을 통과한다고 주장하는 사람들) 또 한 번 욱하는 감정을 느꼈다. 우리 목표는 2백만 부를 찍는 것이었고 지금도 인쇄기는 계속 돌아가고 있다.

청중의 수를 측정하는 니엘슨 비에 따르면 나는 지금 펜사콜라 모바일 지역에서만 매주 2만 3천 명에게 설교하고 있다. 그림을 그리며 하는 강연은 이제 37개 텔레비전 방송국에서 방송되고 있으니, 가능한 주간 청중 수는 4백만이 족히 넘었다.

루손에서 필리핀 목사들과 함께 (1945-1947년 사이 필리핀 병사들을 훈련시켰던 곳)

남침례교회 소속 금발의 복음전도자인 에디 마틴이 내게 했던 말이 생각난다(1953년에): "피트, 자네가 밥존스 시니어를 위해 횃불을 들고 다니는 한 자네는 결코 '대중'에게 접근하지 못할 걸세." 에디, 다시 생각해 보는 게 좋겠네.

1952년 앨라배마의 남침례교회 목사가 했던 충고가 생각 난다: "럭크만, 그런 식으로 설교하다가는 나무들 말고는 설교할 대상이 없을 걸세." 나는 나가서 도끼 하나를 샀다.

아, 브렌트에서 집사의 아내가 말하는 소리를 들을 수 있었다. 맥크레오드 부인이 주일 오전 예배가 끝나고 허공에 성경을 흔들며 소리쳤다: "당신은 끝났어! 하나님은 완전히 당신과는 끝을 내셨다구! 하나님께서 당신 아내와 아이들을 데려가 버리셨고, 당신은 사회 활동을 못할 거야!" 1966년의 일이었다. 참으로 대단한 예언의 은사가 아닌가?

1956년에 메시지를 듣고 내가 자신의 감정을 상하게 했다고 장전한 45구경 총을 꺼내들었던 시장이 있었다. 그는 방아쇠를 당기지는 못했다.

밀톤에 사는 마약 복용자 의사는 내 머리를 잘라서 쓰레기통에 버리겠다고 협박했다(1967). 안 자른 걸 보니 칼을 잃어버렸나보다.

화가 난 한 젊은이는 버밍햄 밖 주 도로에서 내가 옆을 지나가는 걸 싫어해서 창문틀에 38구경 총을 대고 나에게 연석 쪽으로 건너가라고 명령했다. 나는 그에게 머리를 흔들고는 길 아래로 내려갔다. 1968년에 있었던 일이었다.

1987년에도 그런 일이 있었다. 이사 중 한 사람이 이렇게 말했다, "내 전화 한 통으로 이 모든 활동을 문 닫게 할 수도 있지." 그가 그럴 수 있다는 걸 전혀 의심치 않았고, 지금도 전혀 의심치 않는다. 그가 전화하면

요한계시록 그림 (계 21,22장)

누가 했는지 추측해 볼 필요도 없을 것이다. 지금까지 우리는 문을 "열고" 있고, 현대 크리스찬 "교육가들"(배교한 근본주의자들)이 받은 타격은 너무나도 커서 그들은 결코 완전히 회복하지 못할 것이다. 하나님께서 오늘밤 나의 사역을 접으신다 해도 책들과 테이프와 비디오 테이프들은 쭉 이어질 것이고 휴거 이후까지 계속 갈 것이다.

지금 나는(1992) 끝이 가까이 왔다고 생각하고 있지만, 전에도 이런 식으로 생각한 적은 몇 번 있었다: 머리통을 날려버릴 준비가 되었던 1949년과, 24시간 만에 아내와 아이들을 잃어버렸던 1960에 또 한 번 그랬고, 하나님께서 나와는 영원히 확실하게 끝내셨다고 생각했던 1987년에 또 한 번 그랬다. 그러나 누가 알겠는가? 나는 차 잎이나 크리스탈 공을 가지고 점을 칠 수는 없다. 1949년 구원받았을 때 살아서 결코 40살이 되지 못할 거라고 어머니 무덤에 대고도 맹세할 수 있었다. 그건 1961년에 그랬다. 나는 60년대, 70년대, 80년대를 지났다. 그리고 이제 1993년을 맞을 것이다.

"위험들과 수고와 덫을 지나 왔네. 주님의 은혜로 여기까지 안전하게 왔네. 은혜로 본향으로 인도되리!"

"할아버지, 제레미 데려오셨어요?" "할아버지! 곰 인형 좀 주세요!" "할아버지, 그림에서 이건 무슨 뜻이에요?" "할아버지, 우리 피지 가는 거예요?" "할아버지, 우리랑 같이 식사해요." "할아버지!"

이 할아버지가 나란 말인가? 아이들이 내게 하는 말인가? 하딩이 대통령이었던 1921년 프랭클린 가에서 태어난 그 아기에게 말하고 있는 건가? 캔자스 토페카 거리 출신으로 댄스 밴드와 술집과 병영에서 나와 담배 피우고 술 마시고 거짓말하며 욕하고 훔치고 속이고 음행하던 싸움쟁이에게 말하고 있는 건가? 어떻게 그럴 수가? "놀라운 은혜로다. 나 같은 죄인 살리신 놀라운 은혜가 참으로 감사할 뿐이로다. 한때는 길 잃었으나 이제는 구원받았으며, 눈멀었으나 이제는 보게 되었도다!"

여전히 혼들이 구원받고 있다. 2주 전에는 17명이 구원받았다(1990. 1). 성인들이 계속해서 침례를 받고 있다. 3주 전에는 회심한 로마가톨릭 교도 성인 두 명에게 침례를 주었다. 감옥에서는 죄인들이 계속 구원받고 있다: 1989년 이후 100명이 넘는다. 거리에서도 계속해서 사람들이 구원받고 있다: 1989년 이후로 200명이 넘는다. 1988년 새해 이후로 했던 성경 강연회에서 매번 최소 한 사람씩 구원을 받았다. 가끔은 일곱 명도 구원을 받는다. 미국의 주요 크리스찬 대학과 종합 대학은 "하나님께서 계시하신 뜻"을 전혀 알지 못하는 것이 분명하다.

"하나님께서 계시하신 뜻"과 관련해서 대미를 장식하는 일이 이제 일어났다. 내 68세 생일 바로 이전까지는 일어나지 않았다(정확히 말하자면 생일 전 8일). 11월 11일(전에는 휴전 기념일이라고 불렀지만 휴전이 우스갯소리가 되어버렸기 때문에 지금은 "참전용사의 날"이라고 부른다.) 우리는 "행진"했다. 말 그대로 행진했다. 여러 해 동안 이렇게 하고 싶었지만 이런 날이 올 줄은 생각지도 못했는데, 교회에 30명으로 된 밴드와 멈추지 않을 드럼 파트가 생겼다: 록 드러머 세 명이 회심한 것이다. 나도 오래된 독일 튜바(1887)에서 먼지를 떨어내고 합류했다. 우리는 독일

색채를 띠고 있다: 붉은색, 흰색, 검은색(옛 독일 제국). 여자들에게는 검은 색 셔츠에 흰색 블라우스를 입히고, 행진하는 남자들은 검은 바지와 흰 셔츠를 입고 붉은 색 타이를 맸다. 다음과 같이 쓰여진 9피트짜리 성경 간판을 허공에 들고 거리를 행진했다: "죄의 삯은 사망이요," "반드시 너희의 죄가 너희를 찾아낼 것임을 알라," "수고하고 무거운 짐 진 자들아, 다 내게로 오라," "아들이 있는 자는 생명이 있고," "믿지 않는 자는 정죄함을 받으리라," "너희가 생각하지 않은 시간에 인자가 올 것이기 때문이라," "사람에게 옳게 보이는 길이 있으나…," "한번 죽는 것은 사람들에게 정해진 것이고 그 뒤에 심판이 정해진 것같이," "내게 오는 자는 내가 결코 내어 쫓지 아니하리라." 영국 군대식 걸음으로 우리는 팰리폭스를 걸었다(구스 스텝「다리를 굽히지 않고 높이 들면서 걷는 행진」을 가르쳐 주려했는데 다리가 올라가지 않아서). 드럼을 치면서: "십자가 군병들아," "요새를 지키라." 성경을 똑바로 치켜들고, "모든 문제의 해답인 성경을 흔들리라, 주님의 은혜로 하늘나라 갈 때까지!!"

미국에서 이런 광경은 그 어디에서도 없었다: 그 이전에도 없었으며 이후에도 없을 것이다. 똑바로 앞을 쳐다 보고 잘 차려입고 열을 유지하며 똑바로 가게 했다. 미소도 웃음도 없었다. 사열대에 있는 사람들은 우리 줄이 주방위대, ROTC, 해군항공기지병사들보다 "더 잘 차려입었다."고 말했다.

그러나 이건 그렇게 대단한 건 아니었다. "큰 사건"은 한 명을 제외하고는 행진하는 사람들 중 누구도 알아채지 못했다. 부대들이 대형을 이루고 행진로가 정해졌을 때, 보라, 우리가 행진을 했는데도 거리에 있던 사람이나 대열에 있던 사람 누구도 알지 못했다(아직도 믿기지 않는다!). 1949년 3월에 내가 달렸던 바로 그 거리, 비를 맞으며 감리교회로 뛰어갔던(11장) 정확히 바로 그 모퉁이를 돌았다. 로욜라 출신 예수회 회원을 내가 마지막으로 만났던 세인트 미카엘 성당 구역을 우리는 행진했다.

책을 지키시는 분의 기억은 오래 갔다.

그래서 40년이 지나서 설리반 신부의 장난감 집을 그 신부의 "카톨릭 회심자"가 튜바를 불며 바로 그의 얼굴에 킹제임스성경을 흔들며 지나갔다. 그 신부의 현관문 계단 옆으로 성경 구절이 기록된 20개의 간판들이 지나갔다. 사진 찍는 사람이 사진을 아무렇게나 찍었는데, 세인트 미카엘 성당 현관을 담고 있는 커다란 성경 구절이 쓰인 사진들이 나왔다. 이렇게 쓰여 있었다, 『사람에게 옳게 보이는 길이 있으나, 그 끝은 죽음의 길들이니라.』

책을 지키시는 분은 그것을 40년간 남겨 놓으셨다.

나는 수정구를 통해 미래를 볼 수는 없다. 내 자녀들과 손자손녀들은 모두 구원받았으며 건강하다. 지금까지 여섯 쌍의 결혼 중에서 이혼한 쌍은 한 쌍뿐이다: 데이비드와 테레사는 여전히 제밀린과 거스(실제로는 스테판 아우구스투스)와 매튜와 함께 있다. 프리스킬라와 마이크는 여전히 존과 캐서린과 함께 있다. 다이애나와 아이어빙은 로라와 존과 아직 함께하고 있다. 마이크의 가정은 깨졌고(히더와 앤드류), 피터 주니어는 아직 결혼을 하지 않았다. 배짱이 없어서라고 그 아이를 놀리기도 한다. 그러나 그 아이가 배짱을 부리기를 정말로 기대하지는 않는다. 누군가가 내 삶의 스타일을 시도해 볼 것을 진심으로 권하지 않는다. 절대로 제대로 못할 것이다. J. 프랭크 노리스의 실제 삶을 모방할 수 없는 것과 같이, 밥 존스 시니어나 존 웨슬리를 모방할 수도 없다. 하나님께서는 똑같은 두 개는 만들지 않으신다. 복사본 같은 건 없다. 모든 것에서 나를 따르거나 내가 믿는 모든 것을 믿거나 "럭크만파"로 불릴 사람은 없다. 내 자식들도 내 조언이나 충고를 모두 다 받아들이지는 않았다. 밥 존스 3세, 젠닝즈, 콤즈, 허트슨, 허드슨, 히머즈, 던칸, 웨이트, 워커, 맥레, 커스터, 파노시안, 프라이스, 마틴, 위즈덤 등과 같은 배교자들이 "이단" "럭크만파"에 대해 말하는 유일한 이유는, 예쁜 건물들 몇 개와 성경을 제외한 다른 모든 것들을 배우기 위해 돈을 지불하는 젊은이들 외에는 보여줄 게 아무것도 없는 자신들의 무능하고 열매 없고 폐허가 된 삶을 은폐하기 위해서이다.

내 생에서 아무리 많은 "휴식"을 취해도 언젠가 모래 시계의 모래는 바닥날 것이다. 주께서 지체하신다 해도 이 지상에서 영원히 사는 사람은 아무도 없다. 조만간 죽음이 우리 모두를 사로잡을 것이다. "시간과 조류"는 사람을 기다려 주지 않는다. 바울은 자신의 경주를 끝마쳤다. 내가 나의 경주를 아주 끝마치지 않았다 해도 그리 많이 남지 않았음이 분명하다. 옛 아담의 몸은 계속되지 않을 것이다. 그러나 내 생과 나의 "때들"을 보면(내가 그것들을 이 책으로 만드는 이유가 이것이다) 내게 넘치도록 쏟아 부으신 하나님께 감사의 물결이 넘칠 뿐이다. 그분이 넘치도록 쏟아 부으신 내 잔에 대해서. 엘비스 프레슬리나 존 벨루쉬처럼 살다가 죽는다면 얼마나 끔찍하겠는가! 존 레논이나 마릴린 먼로처럼 살다가 죽는다면 얼마나 무섭겠는가? 하딩 대통령에서부터 부시 대통령에 이르는 기간을 살아오면서 둘러본 내 주위 인간 군상들의 삶은 얼마나 가련한 삶이었는가! 하나님께서 내게 은혜를 베푸셨던 것만큼 그들에게 은혜를 베풀지 않으시다니 얼마나 슬픈 일인가! 게티와 하워드 휴즈는 실패자들로 비참하고 궁색하고 불행한 사람들이었다. 루즈벨트와 트루먼: 낙담하고 속임당한 정치인들로 한 평생 아무것도 성취하지 못하고, 죽은 후에 지상에서 단 한 명의 인간에게도 유익을 주지 못했다. 케네디와 마이클 킹 주니어: 구원받지 못한 교황들과 구원받지 못한 마르크스주의자들을 섬기다가 젊은 날에 총에 맞았다. 클라크 케이블과 제임스 스튜어트, 캐리 그랜드와 개리 쿠퍼, 존 웨인과 스펜서 트레이시: 평생을 환상 속에서 살며, 자신의 모습도 아니고 그렇게 살 수도 없는 인생을 살아가는 체하며 살다 죽어 심판석에 섰을 때 자신들의 걸레 같은 의 말고는 보여줄 게 아무것도 없는 존재들이다. 얼마나 비참한 실패자들인가! 롤링 스톤과 헤비 메탈, 혜성들과 황제들, 잭슨과 마돈나, 스프링스틴, 프린스, 엘튼 존은 어떤가? 아프리카 섹스 음악으로 모은 돈이 있는 은행 계좌나 술이나 마약에 의지해 살아가야 하는 가련하고 낙담하고 비참하며 외로운 사람들이다. 돈, 음식, 옷, 차, 음행, 성도착 말고는 그들에게 아무것도 없다. 이들 모두를 합친 것보다 솔로몬은 더 많은 쾌락을 즐겼고, 더 많은 아내를 가졌고, 더 많은 음식과 돈과 집과 재산과 관심과 재능과 권력을 가졌지만, 인생에 대한 활기 넘치는 조망조차도 할 수 없었다. 얼마나 큰 비극인가.

알프레드 히치콕이나 프랭크 시나트라나 록 허드슨이나 쥬디 가랜드나, 주 예수님 대신 "교황"에게 소망을 둔 로마카톨릭 신자들처럼 살다가 죽는다면 얼마나 비참하겠는가! 조지 패튼이나 더글라스 맥아더처럼 자신의 조국을 위해 일생을 바쳤는데 그들의 위대하고 에큐메니컬을 추구하는 국제 사회주의의 "새로운 세상"에 적합하지 않다고 조국으로부터 배신을 당하고 제거당하는 사람들의 운명은 어떻겠는가! 숄크나 아인슈타인이나 본 브라운이나 다른 월면보행자 – "세상을 더 살기 좋은 곳"으로 만들기 위해 노력하는 세상적인 속물들의 자리에 내가 있지 않은 것이 얼마나 다행한 일인가! 나는 그들이 왔다 가는 것을 보았고, 결국에는 내가 이들 중 단 한 사람이라도(아티 쇼, 버니드 쇼, 유진 오닐, 노르맨 록웰, 그랜 밀러, 아우디 머피, 덜링거나 마리오 란자) 일생에 단 하루라도 부러워한 적이 있다면 하늘과 땅이 나를 비웃을 만한 일임을 깨달았다. 내 인생과 비교했을 때 이들 음악가들, 예술가들, 영화 스타들, 전쟁 영웅들, 백만장자들, 과학자들, 교육가들, 정치가들은 참으로 비참하고 지독한 삶을 살았다. 이 승무원들 모두는(조 나매스, 카터 대통령, 지미 콘너즈, 존슨 대통령, 팁 오닐, 버나데트 데브린, 스탈린, 레닌, 티모시 오레리, 웨스트모랜드, 조니 카슨, 딘 마틴, 스트워트 커스터, 밥 존스 주니어, 케네스 웨스트, 카디널 스펠맨, 풀톤 쉰, 아프만 파스태드, 마틴, 프라이스, 더그 커틸렉, 윌트 더 스틸트, 바비 훌, 바비 오, 호머 던칸, 로날드 워커, 배베 루스, 루 헤흐리그, 아놀드 하머 등) – 이들은 전부 하나님을 위해서나 하나님의 책을 위해서는 이 지상에서 하나의 흔적도 남기지 않고 살다가 죽었다. 이 인물들 중에는 자신들이 믿지도 않는 책인 성경을 가르친 기독교인들도 있다. 이들은 자신들이 성경보다 더 우위에 있는 최종 권위라고 말하면서 생계를 유지하기 위해 성경을 사용했다. 이들이 이 세상에 남긴 흔적이라고는 성경 대신 그들을 따르는 교만하고 어리석으며 자기 의에 찬 젊은이들뿐이다. 이들은 그리스도인 불신자를 양산하느라 삶을 낭비했다.

이송오 목사와 함께, 럭크만 부부 (펜사콜라, 1991)

끝이 가깝다. 장의사가 날 떠맡든지 어떨지는 모르겠지만 내가 아는 한 가지는 이것이다, 『이 불쌍한 사람이 부르짖었더니 주께서 들으시고 그를 그의 모든 고난에서 구원하셨도다』(시 34:6). 이번 주에 내가 묻힌다면 합당한 지휘관이 있는 올바른 군대에서 34년간 복무하고 떠나는 셈이 될 것이다. "30년간 일한 사람"이 아니라 "43년간 일한 사람"이 될 것이다.

하나님께서는 나에게 너무나 선하셨기에 그분을 찬양하려면 영원이라는 시간이 필요하리라. 세상의 "지혜롭고," "권력이 있고," "좋은 가문에서 태어난 자"(고전 1장)가 신문 표제를 장식하는 동안 하나님께서는 나에게 사람들의 혼들을 주셨다. 세상이 그 "선택된" 자들을 극찬하며 그들에 대해 열변을 토하는 동안, 하나님께서는 천년왕국까지 지속되고 이 세상이 불타서 재가 된(벧후 3장) 이후에도 남게 될 열매를 모으기 위해(요 15:1-5) 나를 뒷골목으로 보내시고 고속도로와 샛길로 가게 하셨다.

나는 수백 개의 전구들이 각자 300 와트 전기를 내뿜는 샹들리에가 있는 궁전에서 30와트의 작은 전구와 같았다. 그러나 다시 한 번 나는 엄청난 보상을 받았다. 나는 육체적인 힘을 원했었고 하나님께서는 그것을 나에게 주셨다. 나는 지적인 지혜를 원했고 하나님께서는 그것을 나에게 주셨다. 나는 하키 골키퍼가 되고 싶었는데(내가 성장할 때) 내가 "문을 지키는 자"로 끝맺음했다는 건 분명하다. 내가 미국 외에 정말로 보고 싶었던 유일한 나라는 독일이었다: 주께서는 독일로 다섯 번의 여행을 허락하셨다. 나는 항상 세상의 위대한 음악에 정통하고 싶었다(베토벤, 브람스, 헨델, 모차르트, 하이든, 슈베르트, 스트라우스, 무소르그스키 등). 결과적으로 그렇게 되었다: 여덟 개의 스피커를 통해 사백 시간의 연주가 흘러나온다. 나는 글을 쓰고 싶었다. 글을 썼고 책들이 서점에서 팔린다. 나는

이송오 목사와 함께 (펜사콜라, 1998)

예술가가 되고 싶었다. 연필, 초크, 펜, 잉크로 너무나 많은 그림을 그렸고 기억조차 나지 않는다. 수채화, 유화, 파스텔화, 목탄화, 아크릴화가 수백 점은 된다. 나는 음악가가 되고 싶었는데, 처음에 주께서 나에게 하모니카를 주시더니 그 다음에는 드럼 세트, 그 다음은 기타, 그리고 마지막으로 튜바를 주셨다. 나는 대양 옆에서 살고 싶었다. 지금 나는 30년이 넘게 그렇게 살고 있다. 내 작은 땅에는 포플라나무, 목련나무, 층층나무, 모과나무, 오크나무, 피칸 나무, 소나무들이 있다. 나는 항상 숲 같은 곳에서 살았다. 50그루의 나무들이 있다. 나는 아이들을 사랑한다. 항상 대가족을 갖고 싶었다. 주께서는 내게 열 명의 아이들을 주셨고 열한 명의 손자손녀들을 주셨다. 나는 항상 개를 좋아했다. 1959년 이후로 내 집에는 항상 독일 셰퍼드가 있었다. 나는 건강을 탐했었고 주께서는 내가 라켓볼, 터치풋볼, 배구, 축구, 하키를 70대까지 하게 허락해 주셨다.

어느 죄인이 지상에서 무얼 더 원할 수 있겠는가? 내게는 나를 사랑하는 아내가 있고 나도 아내를 사랑한다. 팸은 잠언 31장에 나오는 여인이다. 자녀들은 모두 구원받았다. 나는 아직도 하루에 5km씩 조깅을 할 수 있고 아직도 일주일에 열 시간씩 가르치고 있으며 일 년에 제트 여객기로 오만 마일을 여행하고 있다.

『하나님께서 그가 요청하는 것을 허락하셨더라』(대상 4:10).

몇 년 전 어느 날 저녁, 1984년 추수감사절이라고 생각되는데 미시건 프린트 트윈 시티 침례교 템플의 할러데이 인으로 운전해 가고 있던 중이었다. 나의 옛 시절 갱스터 친구인 에드먼드 디난트도 운전하고 있었다. 그 친구는 그곳 교회에서 거의 30년간 목회를 했다. 그도 나처럼 세계 2차대전, 한국전, 베트남, 그리고 이 자서전에 나온 온갖 것들에서 살아 남았다. 70대인 디난트는 이제 백발의 성도가 되었다. 때로 그의 얼굴에서 "조직폭력배"의 희미한 흔적이 스치기도 한다. 그의 팔목 뼈는 내 허벅지 뼈처럼 굵고, 다른 사람의 얼굴을 박살내느라 너무 많이 부러져 매듭이 진 그의 망치 같은 두 주먹의 손가락 관절은 두 개의 핑크색 볼링 공처럼 보였다.

그와 나는 항상 가까운 사이였다. 우리는 1958년 차타우콰 캠프에서 돌아오는 길 어딘가에서 만났는데 우리는 "메모를 비교"하는 걸 좋아했다. 그는 나의 과거를 이해했고, 나 역시 그의 과거를 이해했다. 그와는 달리 나는 교도소에 간 적은 없었다. 그는 있었다. 그 외에도 그는 "세금 징수원들"과 관련된 끔찍스러운 일타일점의 일화들과 사람이 관여할 수 있는 온갖 종류의 싸움 속에서도 살아남았다: 주먹 싸움, 깨진 병을 가지고 하는 싸움, 칼싸움, 면도칼 싸움, 총싸움, 큣대 싸움, 하나님께서는 아신다. 그는 조직 폭력배의 일원으로 세 개의 가명을 가지고 활동했고, 그가 구원받은 밤 산악 지대로 돌아가던 그날에도 교회 직원에게 가짜 이름을 댔었다. 에드먼드 디난트는 프랑스인이었다. 나는 오스트리아인이었다(오스트리아인은 사분의 삼은 독일인이다). 내가 도시에 있는 (캔자스) "평지"에서 자라는 동안 그는 산속 수풀에서 자랐다(아디론댁스). 그런데도 우리는 항상 마음이 통했다. 배우자와도 갖지 못하는 그런 마음의 통하는 점이 있었다.

디난트가 한번은 성경침례친교회의 "경건한" 회원들에게 (이들은 모두 교사들이었다) 말했다. "내가 이 성경에 대해 여러분이 믿는 것을 믿는다면[그는 머리끝부터 발끝까지 '킹제임스'였다.] 나는 절대로 설교자가 되지 않았을 겁니다. 그냥 조직폭력배로 남아 있었을 겁니다." 밥존스, 테네시 템플, 펜사콜라 크리스찬 학교, 휘튼, 풀러, 무디, 세더빌, 달라스, BBC, 덴버의 교수진을 이보다 더 잘 표현한 말은 들어 본 적이 없다.

자, 차가 서서히 얼음 낀 교차로를 통과하며 움직였다. 거기에는 녹지 않은 눈이 여기저기 많이 있었다. 우리는 약 3km의 밤길을 달려 평소처럼 "회상"을 했다. 그러다가 침묵이 차를 휘감았고, 1.5km 정도를 더 운전하는 동안 눈 위 포장 도로를 달리는 타이어가 녹은 눈에 내는 소리 외에는 아무 소리도 없었다. 갑자기 우리 둘 다 서로의 얼굴 쪽으로 고개를 돌리고 우리 둘 다 완전히 일치해서 같은 말을 했다(똑같이). 우리는 말했다, "형제, 자네도 알겠지만 자네와 난..." 그러다 우리는 웃음을 터뜨렸다. 우리가 무슨 말을 하려고 했든지 단어 하나까지 모두 다 일치했을 것이다. 우리가 무슨 말을 하려고 했는지 안다. 우리 둘 다 알고 있었다. 신호나 단 한 번의 공모도 하지 않고도 동시에 완전히 똑같이 말하려 하고 있었다, "형제, 자네도 알겠지만 자네와 난 최상의 삶을 살았어." 웃고 나서 우리 둘 다 뒷문장이 뭔지 말을 했다.

내가 말하려고 하는 것을 이해하는 그리스도인들은 그리 많지 않을지도 모른다. 이해하려면 독자들도 에드먼드 디난트 같이 되어야 한다. 그와 나는 형제간보다 더 가까웠다. 우리 둘 다 상대방이 무슨 생각을 하는지 추측해 볼 필요가 없었다. 우리는 서로의 동기와 방식을 이해하고 있었을 뿐만 아니라 서로의 장점과 약점도 다 알고 있었다. 요나단과 다윗의 관계 같았다: 『...그를 자신의 혼과 같이 사랑하니라』(삼상 18:3). 하나님께서 디난트 형제를 본향으로 데려가셨을 때 난 지상에서 가장 친한 친구를 잃었다. 더 많은 도움이 되고, 그만큼 믿을만하고 충실한 친구들이 있지만, 우리의 교우관계를 흠 없게 해주는, 자동적으로 인지할 수 있는 내적 이해를 가진 사람은 없다.

나는 마음에 있는 것을 말할 것이다.

디난트와 내가 하고자 했던 말은 이것이었다.

1. 하나님께서는 여느 죄인에게 인생에서 주실 수 있는 모든 것을 우리에게 주셨다. – 좋은 것과 나쁜 것 모두. 하나님께서는 우리를 죽이거나 불구로 만들지 않고서 인생의 "뒷면"에 있는 오물을 "맛"만 보게 하신 것이 아니라 그 속에서 뒹굴게 하셨다. 반대로 하나님께서는 우리에게 그분을 계시해 주실 때까지 우리가 건강하게 살도록 허락하신 후 우리가 진정으로 찾고 있었던 것을 우리가 알아차리지도 못한 상태에서 주셨다.

2. 그 다음 하늘의 창문을 열어서 우리 둘 다 다 받을 수 없을 정도의 엄청난 축복을 쏟아부어 주셨다. 명예, 축복, 돈, 회심자들, 모든 기도 응답이 한 접시에 백 달러 하는 미식가의 연회처럼 다가왔다. 그 어느 것도 받을 만한 일을 하지 않았고 그럴 가치가 없는데도 말이다. 옛 생명에서 우리에게 아무것도 아끼지 않으셨던 주님은 새 생명에서도 우리에게 아무것도 아끼지 않으셨다. 『자기 아들을 아끼지 아니하시고 우리 모든 사람을 위하여 내어 주신 분이 어찌 그 아들과 함께 또한 모든 것을 우리에게 값없이 주시지 아니하겠느냐?』(롬 8:32) 우리는 "생명"을 맛보았을 뿐 아니라 잔을 들고 벌컥벌컥 마셨고 찌꺼기를 흘려 보냈다 – 갈보리 양쪽에서.

"형제, 알겠지만, 자네와 난 최고를 받았지." 참으로 맞는 말이다. 겹겹

이 싸인 시체와(2차 세계대전에서 2천2백만 명 이상, 한국전에서 30만 명 이상, 베트남에서 10만 명 이상), 줄에 줄을 선 대리석 묘비들을(헐리우드 스타들, 갱스터들, 저자들, 화가들, 음악가, 백만장자, 정치가, 군 장성들) 우리 뒤로 하고 있다. 우리 뒤에는 죄의 날들이 있을 뿐 아니라 열매 넘치는 사역도 있다. 우리 앞에는 주께서 지체하시면 병원 침대와 무덤이 있겠지만 결국 영광이 우리 앞에 펼쳐질 것이다. 에드먼드 디난트는 지금 그 영광중에 있다. 내 주를 "얼굴과 얼굴"을 대면하고 볼 때면 그 친구도 만나게 될 것이다. 그때 우리 둘 모두 찬양하며 거룩한 웃음 중간 중간 이렇게 말할 것이다(한 번에), "형제, 자네도 알겠지만, 우린 최고를 받았지."

나는 그렇게 믿는다. "내 잔이 넘치나이다."

필리핀

루손 섬 엔젤레스 시

성경핵심 강연회 (판니 섬)

로저 바요나 선교사, 그가 사역하는 교회 입구에서

매일 성경학교 반

일로일로 시에 있는 딕맨 형제의 사역지

물소들이 뒹구는 다물래그 구멍, 1946 (130쪽)

크리스찬 스쿨 - 일로일로, 1994

왼쪽에 모자 쓴 남자는 럭크만이 구원받기 전 필리핀에서
근무할 때 그의 소대원이다.

대한민국

공항에서 나와 아내를 반기는 한국인들

이송오 목사(왼쪽)와 럭크만 목사

성경핵심강연회, 서울, 성경침례교회 (1993)

서울 대학로, 거리설교 (1993)

인도

인도 친구와 함께 한 럭크만 부인

빈민 어린이들 앞에서 하모니카를 불어주는 럭크만 목사

봄베이의 한 빈민가로 설교하러 가는 럭크만 목사
(이곳의 평균적인 한달 수입은 미화 5달러 정도이다.)

9백만 개의 신들이 있는 인도 힌두교 사원들

(왼쪽에서부터) 쿰마 형제, 와레 형제, 럭크만 부인

예배 후 아이를 위해 기도해 주는 럭크만 목사

힌두교 신들: 인도, 하이데라바드

교회 봉헌 예배. 주변 60km 이내에는 어떤 교회도 없다.

인도의 한 지역 고아원
평균 수입도 안되고, 정부의 보조도 없고, 지역 교회들의 도움도 없다.

넬로아(동부 해안)에서 성경강연회에 참석하러 온 가리카파티 형제와 목사들

950명의 설교자들 앞에서 한
"열린 성경 포럼"
(하이데라바드)

하이데라바드에서 열린 성경핵심강연회

완전문맹자들인 최하층 천민 "패리어"에게 설교함

지역 하천에서 행해진 침례식

도로변과 시장에서 거리설교

힌두교 지역에서 거리설교

멕시코

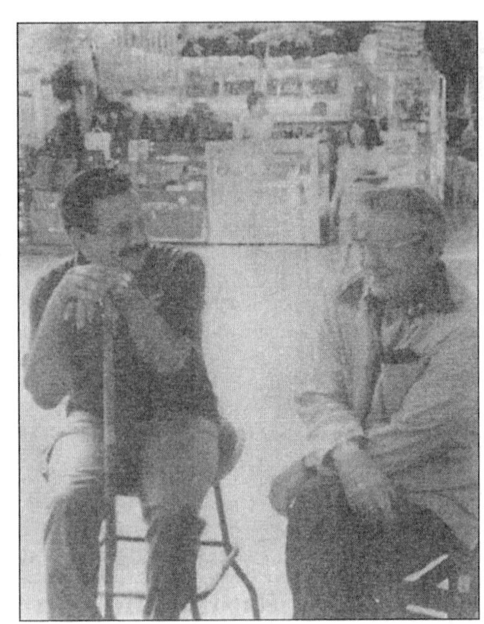

과달라하라에서 상점
경비에게 복음전하다

웰돈 존스 형제가 설립하고 건축한 교회

과달라하라 근처에서 거리 설교 (존스 형제와 함께)

존스 형제 교회에서 강의

우크라이나

펜사콜라성경신학원 졸업생
릭키 볼릭 형제와 함께

우크라이나 오데사

침례받기 위해 기다리는 성도들

침례받은 한 가족 (우크라이나, 오데사)

뉴욕

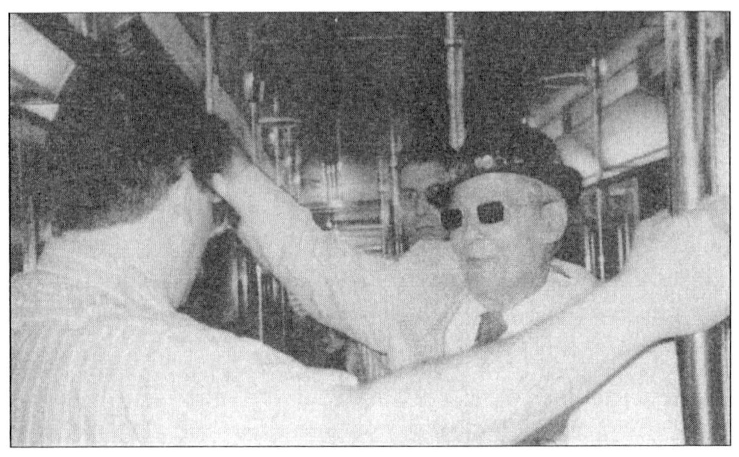

전철 안에서 복음 전파

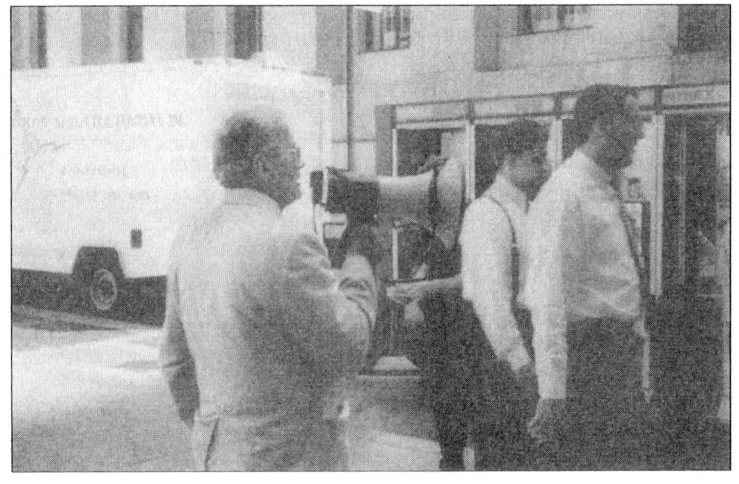

월스트리트에서 거리 설교

한 장로교회에서 설교, 뉴욕

한 유대인에게 복음 전함

하와이

하와이 오하우 섬에서 럭크만 부부

헤르난데츠 형제 (그가 교회를 개척하기 시작한 곳에서)

복음전파 밴드 행진

FOR THE WAGES
OF SIN IS DEATH;
BUT THE GIFT OF
GOD IS ETERNAL
LIFE THROUGH
JESUS CHRIST
OUR LORD.
ROMANS 6:23
BIBLE BAPTIS
Dr. Peter S. Ruckman

교회 오케스트라 관악기 파트, 튜바를 연주하는 럭크만 목사

썩지 않을 면류관

초판1쇄 / 2011년 10월 15일
초판3쇄 / 2023년 5월 4일
지은이 / 피터 럭크만
옮긴이 / 편집부
펴낸이 / 말씀보존학회
펴낸곳 / 말씀보존학회
등록 / 제409-2022-000036호
주소 / 서울시 강서우체국 사서함 90호
전화 / (02) 2665-3743 · 팩스 / (02) 2665-3302
인터넷 / www.biblemaster.co.kr

잘못된 책은 바꿔드립니다.
값 20,000 원